Münsterische Beiträge zur Theologie
Neue Folge
Band 6

MÜNSTERISCHE BEITRÄGE ZUR THEOLOGIE

Begründet von Franz Diekamp und Richard Stapper
Fortgeführt von Hermann Volk, Bernhard Kötting,
Bruno Schüller und Harald Wagner
Herausgegeben von der Katholisch-Theologischen Fakultät Münster

Neue Folge
Band 6

DER SCHATTEN DER INSTITUTION

Theologie angesichts sexualisierter Gewalt in der katholischen Kirche

Herausgegeben von
Ludger Hiepel, Thomas Neumann,
Michael Pfister und Julia van der Linde

Aschendorff Verlag

Münster
2024

Gedruckt mit freundlicher Unterstützung der Stiftung zur Ausbildung katholischer Geistlicher im Bistum Münster.

MIX
Papier | Fördert gute Waldnutzung
FSC® C089473
FSC
www.fsc.org

Umschlagabbildung: Detail aus einer Glasmalerei in der Katholisch-Theologischen Fakultät (E. Mataré; 1961): Paulus

www.aschendorff-buchverlag.de

Printed in Germany
Gedruckt auf säurefreiem, alterungsbeständigem Papier ♾
ISBN 978-3-402-12318-8
ISBN (E-Book-PDF) 978-3-402-12319-5
DOI 10.17438/978-3-402-12319-5

Hinweis zur Awareness

In diesem Buch wird sexualisierte Gewalt in der katholischen Kirche und der Umgang mit dieser thematisiert. Das sind emotionale Themen, die sehr belastend sein können. Sie können traumatisierende Erfahrungen wachrufen oder Reaktionen auslösen, die es nahelegen, sich in einem Gespräch einer professionellen Person anzuvertrauen.

Beratungsangebote

- *Das Hilfe-Portal Sexueller Missbrauch:*
  https://www.hilfe-portal-missbrauch.de/

  Das Hilfe-Portal Sexueller Missbrauch ist ein Angebot der Unabhängigen Beauftragten für Fragen des sexuellen Kindesmissbrauchs (UBSKM) der Bundesregierung Deutschlands.

- *Hilfe-Telefon Sexueller Missbrauch: 0800 22 55 530*

  Das Hilfe-Telefon berät anonym, kostenfrei und mehrsprachig. Das Hilfe-Telefon Sexueller Missbrauch ist ein Angebot von N. I. N. A. e. V. – gefördert von der Unabhängigen Beauftragten für Fragen des sexuellen Kindesmissbrauchs. Der Verein N. I. N. A. e. V. setzt sich auf unterschiedlichen Ebenen dafür ein, Kinder und Jugendliche besser vor sexualisierter Gewalt zu schützen.

  Auch online berät es vertraulich und datensicher Jugendliche und Erwachsene, auch Angehörige und Fachkräfte zu allen Fragen, die mit dem Thema sexuellen Missbrauchs zu tun haben: https://www.hilfe-telefon-missbrauch.online/

Inhalt

WAS KÖNNEN WIR IN ZUKUNFT TUN?

Geleitwort

„Schweigen ist feige, Reden ist Gold“ — so schrieb es Marius Müller-Westernhagen vor 20 Jahren und singt es bis heute. Leichter fiel es, die jahrzehntelange sexualisierte Gewalt in der Katholischen Kirche zu verdrängen. Der einfachere Weg schien es zu sein, die von den kirchlichen Autoritäten bis heute systematisch betriebene Strategie von Verschleierung und Behinderung der Aufklärung von sexuellem Missbrauch zu verschweigen. Das ein Leben lang andauernde Leiden der Opfer zu sehen und zu thematisieren war und ist dagegen belastend. Auch in Zeiten, in denen die weltanschauliche Autorität der Kirche schwindet und ihre gesellschaftliche Macht erodiert, fällt es vielen Menschen schwer, sich die in der Katholischen Kirche begangenen Verbrechen deutlich vor Augen zu führen. Es braucht offensichtlich bis heute Überwindung und Mut, die in der Institution immer noch wirkmächtige Praxis der Duldung, Verharmlosung und Verschleierung als das zu benennen, was sie ist: Mittäterschaft.

Umso wichtiger war der Studientag, den die Katholisch-Theologische Fakultät der Universität Münster im April letzten Jahres dem Thema der sexualisierten Gewalt in der Kirche gewidmet hat. Von entscheidender Bedeutung war dabei, dass an diesem Tag nicht nur über Betroffene dieser sexualisierten Gewalt gesprochen wurde, sondern diese selbst ihre Stimme erhoben haben. Ihnen zuzuhören ist unverzichtbar dafür, das verdrängende Schweigen und die entsetzte Sprachlosigkeit zu überwinden. Es ist daher nur konsequent, den vorliegenden Band mit Karl Hauckes Schilderung seiner eigenen Missbrauchserfahrungen zu eröffnen. Die Bereitschaft und der Mut, über das ihm und anderen zugefügte Leiden zu sprechen, verdienen Respekt und verpflichten uns dazu, das Schweigen zu beenden. Die Zivilgesellschaft insgesamt und alle, die sich dem christlichen Glauben verbunden fühlen, sind aufgefordert, hinzuschauen und zuzuhören. Es obliegt uns, für die notwendige Aufklärung und Aufarbeitung zu sorgen und sicherzustellen, dass sie nicht unterbleibt oder gar durch die Institution verhindert wird.

Der Schatten, den diese Institution auf eine Katholische Fakultät wirft, weil in ihr sexualisierte Gewalt systematisch möglich war und geduldet wurde, betrifft Studierende und Lehrende zugleich. Er belastet Forschung und Lehre gleichermaßen. Folgerichtig hat sich die Katholische Fakultät der Universität Münster mit einem Studientag dieser Herausforderung gestellt. Falsch wäre es, Studierende, Lehrende, Forschende oder andere Angehörige einer Katholischen Fakultät unter Generalverdacht zu stellen oder eine Kollektivschuld über sie zu verhängen. Genauso falsch aber wäre es anzunehmen, die in der Katholischen Kirche über Jahrzehnte ausgeübte sexualisierte Gewalt müsse keine Auswirkungen auf die Theologie als Wissenschaft oder die Katholische Fakultät als wissenschaftliche Institution haben. Nicht nur je individuell als religiöse Subjekte, sondern auch als Absolventinnen und Absolventen müssen die Studierenden in ihren beruflichen und sozialen Kontexten mit der moralischen und rechtlichen Schuld der Institution Kirche umgehen. Forschende und Lehrende müssen die Realität sexualisierter Gewalt in der Katholischen Kirche in den Studiengängen und ihren Forschungsfragen reflektieren, um angemessene theologische Antworten zu entwickeln. Der Studientag sollte dazu dienen, die Problematik der sexualisierten Gewalt in der Kirche in Form von neuen Studieninhalten und Forschungsfragen wissenschaftlich zu adressieren. Anstöße zur Aufarbeitung des Unrechts und zur Identifikation von möglichen Handlungsoptionen greifen die von Karl Haucke in diesem Band formulierten Forderungen an eine präventive Theologie aus Sicht verschiedener wissenschaftlicher Disziplinen auf.

Als wissenschaftliche Institutionen haben Fakultät und Universität gemeinsam die Pflicht, sich mit der Schuld und dem Versagen der Katholischen Kirche auseinanderzusetzen. Es gilt, daraus Konsequenzen für Forschung und Lehre zu ziehen. Nur so können sie ihrem Anspruch gerecht werden, Verantwortung für unsere Gesellschaft dort zu übernehmen, wo es in ihrer Macht und in ihrem Zuständigkeitsbereich liegt. Als Bürgerinnen und Bürger haben wir darüber hinaus die Pflicht, dieses viele Jahrzehnte lang immer wieder zugefügte Leiden zu sehen, als moralisches Unrecht anzuerkennen und unsere Sprachlosigkeit zu überwinden. Dazu gehört auch, nicht zuzulassen, dass sich Täter, Mittäter und Mitwisser von sexualisierter Gewalt durch die Institution Kirche ihrer rechtlichen Verantwortung entziehen können.

Münster, im April 2024

Michael Quante
Prorektor für Internationales, Transfer und Nachhaltigkeit
an der Universität Münster

Grußwort

Nach Erscheinen der Studie „Macht und sexueller Missbrauch in der katholischen Kirche. Betroffene, Beschuldigte und Vertuscher im Bistum Münster seit 1945" im Juni 2022 war es ein Anliegen der Fakultät, sich gemeinsam mit dem sexuellen Missbrauch im Bistum Münster und dessen Aufarbeitung auseinanderzusetzen und nach Konsequenzen für die Theologie zu fragen. Im April 2023 konnten zwei Studientage stattfinden, an der sich eine große Zahl von Angehörigen aller Statusgruppen der Fakultät beteiligt hat. Die Vorträge und Gespräche haben eine nachhaltige Wirkung entfaltet.

Für die einzelnen Sektionen der Theologie ergaben sich vielfältige Aufgaben, die hier nur angedeutet werden können.

Unser Institut für Biblische Exegese und Theologie (IBET) hat eine Tagung zu toxischen Bibelhermeneutiken folgen lassen. Im Zentrum stand zum einen die Frage, wie es Tätern gelingen kann, biblische Begründungen für Missbrauch anzuführen. Zum anderen wurde der Blick auf die Missbrauchsgeschichten in der Bibel geschärft und überlegt, wie mit diesen Geschichten umgegangen werden kann.

Die historische Theologie muss vertieft nach historischen Wurzeln und Spuren des Missbrauchs forschen. Die systematische Theologie stellt sich den ekklesiologischen Fragen. Welches Verständnis von Kirche und Amt begünstigt Missbrauch? Die theologische Ehtik geht der Frage nach, wie Prävention gelingen und wie mit Betroffenen umgegangen werden kann. Die praktische Theologie untersucht, wie in Schule und Gemeinde Missbrauch und Prävention thematisiert werden können, so dass eine dauerhafte Achtsamkeit entsteht. Zudem rücken Vorgänge in bislang weniger beachteten Bereichen in den Fokus. Prof. Dr. Judith Könemann geht in einem groß angelegten Forschungsprojekt dem geistlichen Missbrauch in Geistlichen Gemeinschaften im Bistum Osnabrück nach.

Neben den theologischen Fragen stellt sich die Fakultät aber auch der Frage nach ihrem eigenen Umgang mit Macht. Machtgefälle und Abhängigkeitsverhältnisse gehören zum universitären Alltag, Diskriminierungen sind keine Seltenheit. Auch das Verhältnis zur verfassten Kirche ist nicht unbelastet. Dabei hat nicht nur die Kirche, sondern auch die Fakultät eine Schuldgeschichte, die es aufzuarbeiten gilt. In einem längeren Prozess, der ebenfalls auf den Studientag zurückging, hat sich die Fakultät intensiv mit der Ehrenpromotion desjenigen Bischofs auseinandergesetzt, der für gravierende Missbrauchstaten Verantwortung trug. Im November 2023 verabschiedete der Fachbereichsrat eine Erklärung, die sich von der Ehrenpromotion Lettmanns im Jahr 1990 distanzierte. Die Fakultät hatte Lettmanns Wirken im Geist des II. Vatikanischen Konzils geehrt. Im Kontext des Missbrauchs hatte Bischof Lettmann die Vorgaben des Konzils für das bischöfliche Wirken aber gerade nicht umgesetzt. Für die Zukunft heißt das für die Fakultät, keine leichtfertigen Ehrungen vorzunehmen, sondern genau hinzuschauen.

Die Studientage haben Vieles in Bewegung gebracht. Sie wurden mit großem Engagement von Ludger Hiepel, Julia van der Linde, Dr. Thomas Neumann und Dr. Michael Pfister vorbereitet. Ich danke der Vorbereitungsgruppe dafür sehr.

Der „Stiftung zur Ausbildung katholischer Geistlicher im Bistum Münster" danke ich herzlich für die Finanzierung der Studientage und der vorliegenden Publikation.

Schließlich bleibt mir, auch den Autorinnen und Autoren zu danken, die ihre Beiträge zur Verfügung gestellt haben. Sie bildeten die Grundlage der Studientage und der Arbeit in den Workshops. Dass sie nun in gedruckter Form vorliegen, ist der Fakultät eine Verpflichtung. Sie wird sich auch weiter mit dem Thema Missbrauch auseinandersetzen.

Münster, den 03.04.2024

Norbert Köster
Dekan der Katholisch-Theologischen Fakultät

Der Schatten der Institution
DOI 10.17438/978-3-402-12323-2

Fakten, Herausforderungen und Anliegen

Eine Einführung

LUDGER HIEPEL, THOMAS NEUMANN, MICHAEL PFISTER UND JULIA VAN DER LINDE

Am 26. und 27. April 2023 haben sich Lehrende, Studierende und Mitarbeitende der Katholisch-Theologischen Fakultät der Universität Münster im Rahmen zweier Studientage intensiv dem Thema sexualisierter Gewalt[1] in der Kirche gewidmet. Die breite und kontroverse, vor allem medial geführte Debatte über sexuellen Missbrauch in der katholischen Kirche ist der Anlass für diese Tagung gewesen. Die vom Bistum Münster beauftragte Studie „Macht und sexueller Missbrauch in der katholischen Kirche", die unter der Leitung von Prof. Dr. Thomas Großbölting an der Universität Münster entstanden ist,[2] diente in besonderer Weise als Diskussionsgrundlage.

1 Im Titel des vorliegenden Bandes wird der Begriff *sexualisierte Gewalt* verwendet. Der Begriff stellt heraus, „dass es sich dabei um Gewalt handelt, die mit sexuellen Mitteln ausgeübt wird" und die Taten „niemals eine sexuelle Erfahrung, sondern immer Gewalt" sind (Unabhängige Beauftragte für Fragen des sexuellen Kindesmissbrauchs: Definition von Kindesmissbrauch. Online unter: https://beauftragte-missbrauch.de/themen/definition/definition-von-kindesmissbrauch; Stand: 19.03.2024). Im Gegensatz dazu macht der Begriff des sexuellen Missbrauchs ggf. besser deutlich, dass dieser auch dann vorliegt, wenn keine körperliche Gewalt ausgeübt wird. Gegen den Begriff des sexuellen Missbrauchs wird jedoch häufig eingewendet, er impliziere, es gäbe einen angemessenen *Ge*brauch von Kindern und ihrer Sexualität. Diesbezüglich hat Doris Reisinger zwischen personenbezogenem und sachbezogenem Missbrauch differenziert, wobei personenbezogener Missbrauch den normwidrigen Umgang mit Menschen bezeichnet, insbesondere das Hinwegsetzen über deren Selbstbestimmungsrecht. Es ist dieser personenbezogene Missbrauchsbegriff, der im Begriff *sexueller Missbrauch* gemeint ist. Beide Begriffe – sexualisierte Gewalt und sexueller Missbrauch – bieten je eigene Vor- als auch Nachteile. Daher haben wir uns dazu entschlossen, beide Begriffe in diesem Band zu verwenden und auch den Autor:innen dieses Bandes ihre Begriffswahl überlassen. Vgl. Ebd.; Reisinger, Doris: Religiöse Eigenlogik und ihre Konsequenzen. Eine Analyse der katholischen Mehrdeutigkeit des Missbrauchsbegriff. In: Dies. (Hg.): Gefährliche Theologien. Wenn theologische Ansätze Machtmissbrauch legitimieren. Regensburg 2021, 58–76; Dies.: Missbrauch von Menschen oder Missbrauch von Macht? Zur fundamentalen Bedeutung eines personenbezogenen Verständnisses von spirituellem Missbrauch. In: Lebendige Seelsorge 74/2 (2023), 146–151.

2 Frings, Bernhard u. a.: Macht und sexueller Missbrauch in der katholischen Kirche. Betroffene, Beschuldigte und Vertuscher im Bistum Münster seit 1945. Freiburg i. Br. 2022. Online

Dass die Studientage zunächst sexualisierte Gewalt insbesondere an Minderjährigen in den Mittelpunkt der Auseinandersetzungen stellten, ist dem Fokus der Münsteraner Missbrauchsstudie wie dem der meisten anderen Studien geschuldet. Im interdisziplinären Austausch sollte der theologische Forschungs- und Lehrbedarf eruiert und diskutiert werden. Dabei ist zu berücksichtigen, dass die bisherige Aufarbeitung und Präventionsarbeit ebenso wie die bisherige Forschung innerhalb der verschiedenen Disziplinen und deren Lücken historisch bedingt sind durch die Entwicklung der öffentlichen Auseinandersetzung.

Die Studientage sollten Ausgangspunkt sein für die weitere Beschäftigung theologischer Forschung und Lehre mit verschiedenen Formen von Missbrauch im kirchlichen Kontext. Denn zum einen – darauf haben verschiedene Veröffentlichungen bereits aufmerksam gemacht – sind

> „Politik, Strafverfolgungsbehörden und nicht-theologische Wissenschaft […] darauf angewiesen […], sich in ihrer Auseinandersetzung mit religiös legitimierter oder verschleierter Gewalt auf einschlägige theologische Befunde stützen zu können."[3]

Es bedarf darüber hinaus theologischer Deutungskompetenz, um im Anschluss an Ergebnisse anderer Disziplinen nach den je eigenen Bedingungen, Ausprägungen und Folgen von Missbrauch innerhalb der Kirche sowie dem Umgang damit fragen zu können.[4] Zum anderen arbeiten die Absolvent:innen der unterschiedlichen Studiengänge der Fakultät später u. a. in verschiedenen pastoralen Kontexten oder als Lehrer:innen in der Schule und damit in Bereichen, in denen sie Betroffenen begegnen werden und in denen Überlegungen und Wissen zu Prävention ebenso wie zu Intervention und zum Umgang mit geschehenem Missbrauch relevant sind.

Bereits im Zuge der Vorbereitung der Studientage war es uns ein Anliegen, Betroffene mit einzubeziehen. Im Sinne eines Dialogs auf Augenhöhe haben wir an den Beginn der Tagung den Beitrag eines Betroffenen gestellt, denn nur im Hören und im Miteinander- und nicht Übereinanderreden kann konstruktive Arbeit gelingen. Darüber hinaus war von vornherein zu berücksichtigen, dass Betroffene unter uns sind. Dieses Faktums, das sämtliche Statistiken nahelegen, waren wir uns erstens bei den Studientagen bewusst. Zweitens richtet es den Fokus darauf, dass Dialog mit Betroffenen nicht irgendwelche *Anderen* fernab der

unter: https://www.uni-muenster.de/imperia/md/content/wwu/journalisten/macht_und_sexueller_missbrauch_im_bistum_muenster.pdf (Stand: 19.03.2024).

3 Reisinger, Doris: Wenn theologisch begründete Macht gefährlich wird. Interdisziplinäre Denkschneisen. In: Dies. (Hg.): Gefährliche Theologien. Wenn theologische Ansätze Machtmissbrauch legitimieren. Regensburg 2021, 7–15, hier 8.

4 Vgl. Striet, Magnus/Werden, Rita: Vorwort. In: Dies. (Hg.): Unheilige Theologie! Analysen angesichts sexueller Gewalt gegen Minderjährige durch Priester (Katholizismus im Umbruch 9). Freiburg i. Br. 2019, 7–14, hier 12.

eigenen Lebenswelt meint, sondern dazu anhält, auch innerhalb des eigenen Wirkungsbereichs die nötige Sensibilität für mögliche Erfahrungen und Traumatisierungen zu entwickeln.

Der Titel der Studientage und dieses Bandes „Der Schatten der Institution" mag auf den ersten Blick etwas nebulös klingen. Die Verantwortung für die im Raum der Kirche und von Kirchenvertreter:innen begangenen Verbrechen ist keine abstrakte Größe, sie liegt bei denjenigen, die diese Verbrechen begangen haben und bei den Menschen, die diese Verbrechen vertuscht haben. Dieser dunklen Seite können die Verantwortungsträger auf den unterschiedlichen Ebenen des kirchlichen Lebens nicht (mehr) ausweichen – auch die Theologie nicht. Kinder, Jugendliche und auch Erwachsene wurden – wie Martin Schmitz es treffend ausdrückt – zu Opfern, nicht obwohl, sondern weil sie katholisch sind.[5] Die Betroffenen sexualisierter Gewalt lagen und liegen, um im Bild aus dem Gleichnis vom barmherzigen Samariter zu sprechen, verletzt und gebrochen am Straßenrand und einige Mitglieder der Kirche gingen nicht nur vorbei, sie schalteten auch noch die Straßenlaternen aus und zerrten sie in den Schatten. Sie ließen die Betroffenen in der Finsternis zurück, um den Glanz der Institution nicht zu schmälern. Die erlittenen Taten haben Lebenswege überschattet. Einige konnten sich zurück ins Licht kämpfen, andere sind der Dunkelheit erlegen, wieder andere setzen sich unermüdlich dafür ein, dass die Taten ans Licht gelangen. Dieser metaphorische und tatsächliche Schatten ist im Titel dieses Bandes gemeint. Ebenso wie Menschen andere Menschen in die Finsternis stürzten und in den Schatten zerrten, können auch nur Menschen die Finsternis mit Licht vertreiben. Als Christ:innen und Theolog:innen ist es unsere Aufgabe, in die Finsternis zu treten, nach den systemisch-strukturellen Bedingungen, die Missbrauch in der Kirche ermöglicht haben und ermöglichen, zu fragen und uns auch der eigenen Verantwortung zu stellen.

Der Fokus dieses Bandes liegt auf einem bestimmten Teil des Schattens, dem sexuellen Missbrauch von Minderjährigen. Erkenntnisse aus diesem Bereich sind aber sehr wohl auf die Frage sexuellen Missbrauchs gegenüber Erwachsenen, seien es Grenzverletzungen[6] oder sexuelle Übergriffe[7], anwendbar. Ebenfalls ist das

5 Vgl. Schmitz, Martin: „Weil ich katholisch war!" – Über das Versagen der Kirche – Bericht eines Betroffenen. In: Thema Jugend. Zeitschrift für Jugendschutz und Erziehung 3/2020, 6–8.

6 Definition nach Bistum Münster: Augen auf. Hinsehen und schützen. Informationen zur Prävention von sexualisierter Gewalt an Kindern und Jugendlichen. Stand 1. Mai 2022. Online unter: https://www.bistum-muenster.de/fileadmin/user_upload/Website/Downloads/Rat-Hilfe/Praevention/2022-12-Augen-auf.pdf (Stand 19.03.2024): „Grenzverletzungen beschreiben ein einmaliges oder maximal gelegentliches unangemessenes Verhalten, das zumeist unbeabsichtigt geschieht. Häufig geschehen diese aufgrund von fehlender persönlicher oder fachlicher Reflexion oder weil, besonders in der Arbeit mit Kindern und Jugendlichen, konkrete Regelungen für bestimmte Situationen nicht klar und transparent gemacht wurden."

7 Ebd., Definition sexueller Übergriff: „Sexuelle Übergriffe sind klare Hinwegsetzungen über gesellschaftliche Normen, institutionelle Regeln, fachliche Standards und die indi-

Themenfeld des geistlichen Missbrauchs, der oft vorausgehend oder begleitend zu sexualisierter Gewalt aufritt, zu bedenken, wenngleich er im Band keine zentrale Rolle einnimmt. Sehr wohl wird aber auf den Machtmissbrauch geschaut, der mit allen beschriebenen Formen des Missbrauchs verbunden ist.

Dieser Band ist folglich kein vollumfängliches Handbuch für den Umgang mit sexualisierter Gewalt in der Kirche. Aber er kann und soll Ausgangspunkt für weitere interdisziplinäre und vor allem theologische Überlegungen sein. Neben den Handlungsvorschlägen in einzelnen Situationen bedarf es nämlich auch einer grundsätzlichen Reflexion der Theologie. Denn gerade die Theologie muss als Glaubenswissenschaft Worte finden, wie künftig vor diesem Hintergrund theologische Forschung und Lehre betrieben werden können, die Impulse der Aufarbeitungsstudien aufgreifen und die Sprachlosigkeiten und Unsicherheiten in der Kirche durchbrechen. Als wissenschaftliche Disziplin hat sie ein neues Vorzeichen erhalten und dieses wollen wir mit dem Band für Lehrende und Studierende unseres Fachbereichs und darüber hinaus aufgreifen und seine Auswirkungen ausgehend von der Münsteraner Studie diskutieren.

Das deutsche „Skandaljahr“[8] 2010 und der weltkirchliche Kontext

Für eine theologische Auseinandersetzung mit sexualisierter Gewalt ist zunächst ein Blick auf die bisherigen Entwicklungen notwendig, die zum Öffentlichwerden der unterschiedlichen Formen von Missbrauch sowie der Strukturen, die diese begünstigt haben, aber auch zu ersten Schritten der Aufarbeitung und Präventionsarbeit geführt haben. Schließlich legt die zeithistorische Verortung der Beschäftigung mit Missbrauch nicht nur Anbahnungskontexte und Täterstrategien sowie Motivationen und Argumentationsformen der kirchlichen Verantwortlichen frei, sondern sie kann auch dazu beitragen, die bisherige Aufarbeitungspraxis kritisch zu hinterfragen und Problemfelder eröffnen, die nicht zuletzt auch theologisch neu durchdacht werden müssen.

Aus der Perspektive der katholischen Kirche in Deutschland ist es das Jahr 2010, das eine deutliche Zäsur markiert. Das Öffentlich-Werden von Fällen sexuellen Missbrauchs am Berliner Jesuitengymnasium Canisius-Kolleg löste hierzulande erstmals eine breite gesellschaftliche Debatte über sexualisierte Gewalt in

viduellen Grenzen und verbale, nonverbale oder körperliche Widerstände der Opfer. Sie geschehen nicht zufällig oder aus Versehen; sie sind zielgerichtet und in der Regel nicht einmalig.“

8 Zur medialen Skandalisierung der Ereignisse vom Frühjahr 2010 vgl. Damberg, Wilhelm: Missbrauch. Die Geschichte eines internationalen Skandals. In: Aschmann, Birgit (Hg.): Katholische Dunkelräume. Die Kirche und der sexuelle Missbrauch. Paderborn 2022, 3–22, hier 5, 11–13.

katholischen Einrichtungen aus. Durch die öffentliche Aufmerksamkeit, die das Thema seither erhalten hat, haben sich zahlreiche Betroffene von Missbrauch in den unterschiedlichsten kirchlichen Kontexten ermutigt gesehen, ihr Schweigen zu brechen.[9] Das Zeugnis der Betroffenen im konkreten Fall des Canisius-Kollegs bewegte den damaligen Schulleiter, P. Klaus Mertes SJ, zum Handeln, wodurch ein deutlicher öffentlicher Appell an die Amts- und Würdenträger der Kirche erging, die Dimensionen und Ursachen der Verbrechen aufzuarbeiten und zukünftig für Prävention zu sorgen. Auf ihrer Versammlung Ende Februar 2010 reagierte die Deutsche Bischofskonferenz mit der Wahl des Trierer Bischofs Stephan Ackermann zum Beauftragten für Fragen sexuellen Missbrauchs Minderjähriger im kirchlichen Bereich und nahm die Überarbeitung der seit 2002 geltenden Leitlinien vor sowie einer Rahmenordnung zum Vorgehen bei sexuellem Missbrauch auf. Einzelne Diözesen gaben zudem erste Erhebungen in Auftrag, die das Ausmaß sexuellen Missbrauchs untersuchen sollten. Ebenso stand die Frage nach der Regelung von Entschädigungen im Raum.

Den Ereignissen in Deutschland waren Entwicklungen in anderen Ländern vorausgegangen. So hatte in den USA seit den 1980er Jahren und in Irland in den 1990er Jahren das Bekanntwerden gravierender Missbrauchsfälle zu einer öffentlichen Debatte und verschiedenen Aufarbeitungsinitiativen geführt. In den USA gilt gemeinhin der Fall des Priesters Gilbert Gauthe aus dem Jahr 1985 als entscheidende Wegmarke: Der Priester der Diözese Lafayette in Louisiana wurde von einem staatlichen Gericht wegen sexuellen Missbrauchs in 30 nachweisbaren Fällen zu 20 Jahren Haft verurteilt. Das Urteil führte zu einer ersten publizistischen Auseinandersetzung mit sexualisierter Gewalt in der Kirche und 1989 zur Gründung des *Survivors Network of those Abused by Priests* (SNAP) als erster Vereinigung von Missbrauchsbetroffenen weltweit. Eine weitere Wegmarke in der öffentlichen Wahrnehmung stellte die Recherche eines Teams von Journalisten des *Boston Globe* von 2002 dar. In zahlreichen Artikeln zeichneten sie ausgehend vom Fall des Priesters John Geoghan den Umgang des Erzbistums Boston mit Missbrauchstätern nach und machten Strategien wie Vertuschung, Versetzung von Beschuldigten und die Weigerung einer Zusammenarbeit mit der staatlichen Strafverfolgung sichtbar. Der Skandal erschütterte die US-amerikanische Kirche schwer und führte zu staatsanwaltlichen Ermittlungen gegen führende Persön-

9 Vgl. KATSCH, Matthias: Damit es aufhört. Vom befreienden Kampf der Opfer sexueller Gewalt in der Kirche. Berlin 2020, 45–81; SALIZE, Hans Joachim/DREßING, Harald: Von der Aufklärung zur Aufarbeitung des sexuellen Missbrauchs. Die MHG-Studie und ihre Rezeption. In: BAHNE, Thomas (Hg.): Verletzbarkeit des Humanen. Sexualisierte Gewalt an Minderjährigen im interdisziplinären Diskurs. Regensburg 2021, 172–188, hier 178; N. N.: Chronologie der Ereignisse. In: HALLAY-WITTE, Mary/JANSSEN, Bettina (Hg.): Schweigebruch. Vom sexuellen Missbrauch zur institutionellen Prävention. Freiburg i. Br. 2016, 299–305.

lichkeiten des Erzbistums Boston, woraufhin ein National Review Board eingerichtet wurde.

Jenseits der medialen Öffentlichkeit hatte es bereits im Nachgang zu den Ereignissen Mitte der 1980er Jahre eine erste wissenschaftliche Studie im Auftrag der US-Bischofskonferenz gegeben, auf deren Grundlage allerdings nicht weitergearbeitet wurde.[10] Ab 1990 folgten die Studie des Psychologen und Theologen Stephen Joseph Rossetti und das Sachbuch „Lead us Not into Temptation" des Journalisten Jason Berry.[11] Die öffentliche Resonanz auf die Publikationen blieb allerdings verhalten. Im Nachgang zum Bostoner Skandal gab das National Review Board, das die US-Bischöfe ins Leben gerufen hatten, beim renommierten John Jay College of Criminal Justice in New York eine Studie in Auftrag, die für alle US-amerikanischen Diözesen für den Zeitraum von 1950 bis 2002 das Ausmaß und die Arten des verübten Missbrauchs untersuchen sollte und 2004 veröffentlicht wurde.[12] 2011 veröffentlichte das John Jay College eine zweite Untersuchung, die nach den Ursachen und strukturellen Hintergründen von sexualisierter Gewalt durch Geistliche fragte.[13]

Auch in Irland machten im Laufe der 1990er Jahre verschiedene Fernsehdokumentationen das Thema sexualisierter Gewalt an Minderjährigen in katholischen Einrichtungen öffentlich. Dies war umso brisanter, da im katholischen Irland Staat und Kirche eng verbunden waren und das Bildungs- und Wohlfahrtssystem größtenteils in kirchlicher Trägerschaft lag. Besonders die über lange Zeit vorherrschenden Missstände in der Heimerziehung gerieten dabei in den Fokus. Die irische Regierung stand zusehends unter Druck, weshalb Ministerpräsident

10 Peterson, Michael/Mounton, Ray/Doyle, Thomas P.: The Problem of Sexual Molestation by Roman Catholic Clergy. Meeting the Problem in a Comprehensive and Responsible Manner. 1985. Online unter: https://www.documentcloud.org/documents/1216510-doyle-mouton-peterson-report-1985 (Stand: 19.03.2024). Vgl. hierzu auch Damberg: Missbrauch, 6 f.

11 Rossetti, Stephen Joseph (Hg.): Slayer of the Soul. Child Sexual Abuse and the Catholic Church. [ohne Ort] 1990 [dt. Übersetzung: Sexueller Missbrauch Minderjähriger in der Kirche. Psychologische, seelsorgliche und institutionelle Aspekte, hg. von Wunibald Müller und üs. von Anke Braun, Mainz 1996]; Ders.: A Tragic Grace. The Catholic Church and Child Sexual Abuse. Collegeville 1996; Berry, Jason: Lead us Not into Temptation. Catholic Priests and the Sexual Abuse of Children. New York 1992.

12 U. S. Conference of Catholic Bishops: The Nature and Scope of the Problem of Sexual Abuse of Minors by Catholic Priests and Deacons in the United States: A Research Study Conducted by the John Jay College of Criminal Justice. Washington D. C. 2004. Online unter: https://www.usccb.org/sites/default/files/issues-and-action/child-and-youth-protection/upload/The-Nature-and-Scope-of-Sexual-Abuse-of-Minors-by-Catholic-Priests-and-Deacons-in-the-United-States-1950-2002.pdf (Stand: 19.03.2024).

13 Terry, Karen J. u. a.: The Causes and Context of Sexual Abuse of Minors by Catholic Priests in the United States 1950–2010. New York 2011. Online unter: https://www.usccb.org/sites/default/files/issues-and-action/child-and-youth-protection/upload/The-Causes-and-Context-of-Sexual-Abuse-of-Minors-by-Catholic-Priests-in-the-United-States-1950-2010.pdf (Stand: 19.03.2024).

Bertie Ahern im Mai 1999 eine umfassende staatliche Untersuchung der Missbrauchstaten in katholischen Einrichtungen anordnete. Die Ergebnisse wurden 2009 im sogenannten „Ryan Report" veröffentlicht, benannt nach dem Juristen Sean Ryan, der seit 2003 den Kommissionsvorsitz innehatte.[14] Hinzu kamen im Laufe der Zeit weitere Detailuntersuchungen zu einzelnen Diözesen.[15] In diesem Zusammenhang zeigten sich vielfältige Verfehlungen der kirchlichen Oberen, die ihrer Aufsichtspflicht nicht nachgekommen waren und Vorkommnisse vertuscht hatten. Im Nachgang zur Veröffentlichung der Berichte der Aufarbeitungskommission traten vier Bischöfe zurück und der Staat übernahm in Kooperation mit den Diözesen und Ordensgemeinschaften die Entschädigungszahlungen an Betroffene.[16]

Dem irischen Beispiel, die Aufarbeitung in die Hand einer unabhängigen nationalen oder staatlichen Aufarbeitungskommission zu geben, sollten später weitere Länder folgen. Die Australische Premierministerin rief etwa 2013 die *Royal Commission into Institutional Responses to Child Sexual Abuse* ins Leben, die sich mit sexualisierter Gewalt in verschiedenen staatlichen, zivilgesellschaftlichen und religiösen Institutionen beschäftigte. In ihrem Abschlussbericht von 2017 ist der katholischen Kirche ein umfangreicher Abschnitt gewidmet.[17] In Frankreich lag der Fokus der 2019 eingerichteten *Commission indépendante sur les abus sexuels dans l'Église* (CIASE) allein auf dem Missbrauch in der katholischen Kirche. Ihren Bericht legte die Kommission im Oktober 2021 vor.[18]

Die Maßnahmen des Vatikans

Der sexuelle Missbrauch von Minderjährigen war schon immer in der Kirche eine Straftat,[19] so auch in neuester Zeit rechtlich fixiert im CIC/1917 und später

14 Gov.ie: Report of the Commission to Inquire into Child Abuse. The Ryan Report. 2009. Online unter: https://www.gov.ie/en/publication/3c76d0-the-report-of-the-commission-to-inquire-into-child-abuse-the-ryan-re/ (Stand: 19.03.2024).

15 Besonders prominent ist der sogenannte „Murphy Report" zur Erzdiözese Dublin: Commission of Investigation: Report into the Catholic Archdiocese of Dublin. 2009. Online unter: https://www.gov.ie/en/publication/13804-report-by-commission-of-investigation-into-catholic-archdiocese-of-dublin/ (Stand: 19.03.2024).

16 Vgl. Damberg: Missbrauch, 8 f.

17 Vgl. Royal Commission into Institutional Responses to Child Sexual Abuse: Final Report, Bd. 16: Religious Institutions. 2017. Online unter: https://www.childabuseroyalcommission.gov.au/religious-institutions (Stand: 19.03.2024).

18 Commission indépendante sur les abus sexuels dans l'Église: Les violences sexuelles dans l'Église catholique de France 1950–2020. Rapport de la CIASE. 5. Oktober 2021. Online unter: https://www.ciase.fr/rapport-final/ (Stand: 19.03.2024).

19 Vgl. Damberg: Missbrauch, 5.

im CIC/1983. Allerdings firmiert diese Straftat unter der schillernden und viel problematisierten[20] Tatbestandsbeschreibung *contra sextum* (Verstöße gegen das Sechste Gebot). Bereits die rechtlichen Bestimmungen im CIC/1917 reichten jedoch offensichtlich nicht aus, so erließ das Heilige Offizium – heute Dikasterium für die Glaubenslehre – 1922 und 1962 *Geheiminstruktionen* mit dem Titel „Crimen sollicitationis", die jedoch nur den Diözesanbischöfen bekannt waren.[21] Wohl u. a. aufgrund von äußerem Druck und Empfehlung des damaligen Präfekten der Kongregation für die Glaubenslehre, Joseph Kardinal Ratzinger, erließ Papst Johannes Paul II. 2001 das Motu Proprio „Sacramentorum sanctitatis tutela"[22], veröffentlichte aber wiederum nicht die angehängten „Normae de delictis congregationis pro doctrina fidei reservatis", in denen auch Verbrechen contra sextum behandelt werden. Immerhin enthielten die teils immer noch geheimen Normen die Anweisung an alle Bischofskonferenzen, Regeln zum Umgang mit sexuellem Missbrauch zu erlassen. Erst im Jahr 2010 veranlasste Papst Benedikt XVI. als Nachfolger Papst Johannes Pauls II. die Veröffentlichung der „Normae de delicta graviora"[23] und erstmals konnte sich auch die Fachwelt mit diesem Rechtstext auseinandersetzen. Die Handlungsnormen waren erstmals kein Geheimnis mehr. Ebenfalls im Jahr 2010 – bzw. je nach Lesart bereits 2007 – initiierte Papst Benedikt XVI. eine Reform des gesamten Strafrechts des CIC/1983. Diese Reform wurde erst am 8. Dezember 2021 mit der Promulgation des erneuerten Strafrechts durch Papst Franziskus mit der Apostolischen Konstitution „Pascite gregem Dei" abgeschlossen.[24] Papst Franziskus setzte in seinem Pontifikat jedoch neben der „großen" Strafrechtsreform weitere wirkmächtige Akzente: Bereits am 22. März 2014 errichtete er die Päpstliche Kommission für den Schutz von Minderjährigen, die mit ihrem Statut vom 21. April 2015 ihre Arbeit aufnahm.[25] Vom 21. bis 24. Februar 2019 berief Papst Franziskus ein Sondertreffen mit allen Vorsitzenden der

20 Vgl. Hack, Tobias: Delicta contra sextum. Moraltheologische Analyse einer problematischen Handlungsklassifizierung. In: Meckel, Thomas/Pulte, Matthias: Das neue kirchliche Strafrecht zwischen Kontinuität und Diskontinuität (Kirchen- und Religionsrecht 36). Münster 2023, 73–98.

21 Vgl. Lüdecke, Norbert: Sexueller Missbrauch von Kindern und Jugendlichen durch Priester aus kirchenrechtlicher Sicht. In: Münchener Theologische Zeitschrift 62 (2011), 33–66; hier vor allem FN 86 mit weiteren Belegen. Beide Instruktionen finden sich online unter: https://www.bishop-accountability.org/resources/ (Stand: 19.03.2024).

22 Johannes Paul II.: Motu proprio „Sacramentum sanctitatis tutela" vom 30. April 2001. In: Acta Apostolicae Sedis 93 (2001), 737–739.

23 Kongregation für die Glaubenslehre: Normae de gravioribus delictis, 21. Mai 2010. In: Acta Apostolicae Sedis 102 (2010), 419–430.

24 Papst Franziskus: Apostolische Konstitution „Pascite gregem Dei" vom 23. Mai 2021. In: Acta Apostolicae Sedis 113 (2021), 534–637.

25 Staatssekretariat: Statut der Päpstlichen Kinderschutzkommission, 21. April 2015. In: Acta Apostolicae Sedis 107 (2015), 564–567.

Bischofskonferenzen zum Thema „der Schutz von Minderjährigen in der Kirche" ein. Rechtlich ermöglichte Papst Franziskus mit dem Motu proprio „Come una madre amorevole" vom 4. Juni 2016 und dem Motu proprio „Vos estis lux mundi" vom 7. Mai 2019 die Sanktionierung von Bischöfen, die durch Nachlässigkeit oder mit Vorsatz Verbrechen sexuellen Missbrauchs vertuscht haben.[26] Am 16. Juni 2020 erließ die Kongregation für die Glaubenslehre ein Vademecum zu einigen Fragen in den Verfahren zur Behandlung von Fällen sexuellen Missbrauchs Minderjähriger durch Kleriker.[27]

Insgesamt hat die Normendichte erheblich zugenommen und es wurden universalkirchlich Institutionen gegründet, die die Ahndung von Missbrauch und seine Prävention in den Fokus rücken sollen. Das nur zögerliche Handeln der Universalkirche seit 1917 und die in immer kürzeren Intervallen erfolgten päpstlichen Interventionen seit 2010 decken sich jedoch mit dem bisher dargelegten partikularen Umgang mit sexualisierter Gewalt.

MHG-Studie und weitere Untersuchungen zum Missbrauch in deutschen Diözesen

Die Entwicklungen in den USA, Irland und auch im Vatikan waren den Bischöfen wie der deutschen Öffentlichkeit bekannt, als die Causa *Canisius-Kolleg* die Deutsche Bischofskonferenz im Februar 2010 zu ersten Maßnahmen bewegte. Dennoch gingen nicht wenige Verantwortliche davon aus, dass es sich in Deutschland um *Einzelfälle* handelte.[28] Als im Frühjahr 2010, befördert durch das große Medieninteresse, immer mehr Fälle von Missbrauch aus den unterschiedlichen

26 Papst Franziskus: Motu proprio „Come una madre amorevole" vom 4. Juni 2016. In: Acta Apostolicae Sedis 108 (2016), 715–717; Ders.: Motu proprio „Vos estis lux mundi" vom 25. März 2023. Online unter: https://www.vatican.va/content/francesco/de/motu_proprio/documents/20230325-motu-proprio-vos-estis-lux-mundi-aggiornato.html (Stand: 19.03.2024).

27 Kongregation für die Glaubenslehre: Vademecum zu einigen Fragen in den Verfahren zur Behandlung von Fällen sexuellen Missbrauchs Minderjähriger durch Kleriker. Online unter: https://www.vatican.va/roman_curia/congregations/cfaith/documents/rc_con_cfaith_doc_20200716_vademecum-casi-abuso_ge.html (Stand: 19.03.2024).

28 Vgl. Fegert, Jörg Michael: Empathie statt Klerikalismus. Chancen und Grenzen externer Unterstützung bei der Auseinandersetzung mit sexuellem Missbrauch. In: Stimmen der Zeit 144 (2019), 189–204, hier 194 f.; Lüdecke, Norbert: Warum erst 2010? Hinweise und Anfragen zur Vorgeschichte eines Skandaljahres der Kirche in Deutschland. In: Anuth, Bernhard/Dennemarck, Bernd/Ihli, Stefan (Hg.): „Von Barmherzigkeit und Recht will ich singen" (FS Andreas Weiß; Eichstätter Studien 84). Regensburg 2020, 353–379, hier 355–357; Wolf, Hubert: Macht-Missbrauch im Männerbund. Zur Geschichte der vielleicht tiefsten Krise der katholischen Kirche. In: Prüller-Jagenteufel, Gunter/Treitler, Wolfgang (Hg.): Verbrechen und Verantwortung. Sexueller Missbrauch von Minderjäh-

kirchlichen Einrichtungen bekannt wurden, schlug Bundesjustizministerin Sabine Leutheusser-Schnarrenberger (FDP) vor, nach dem irischen Modell eine staatliche Untersuchungskommission einzurichten, was zu einem öffentlichen Schlagabtausch mit dem Freiburger Erzbischof und Vorsitzenden der Deutschen Bischofskonferenz, Robert Zollitsch, führte. Aufgrund einer Intervention von Bundeskanzlerin Angela Merkel (CDU) wurde schließlich als Kompromiss ein *Runder Tisch Sexueller Kindesmissbrauch* ins Leben gerufen, an dem neben dem Justiz-, Bildungs- und Familienministerium sowie den beiden christlichen Kirchen auch weitere Institutionen und Organisationen des öffentlichen Lebens teilnehmen sollten.[29] Die ehemalige Bundesfamilienministerin Christine Bergmann (SPD) wurde zur ersten Unabhängigen Beauftragten der Bundesregierung für Fragen des sexuellen Kindesmissbrauchs (UBSKM) ernannt. Der Runde Tisch legte im November 2011 seinen Abschlussbericht vor, der vor allem Vorschläge für therapeutische Unterstützung sowie finanzielle Entschädigung der Betroffenen machte und Standards für die zukünftige Präventionsarbeit empfahl. Aus Protest gegen eine aus ihrer Sicht mangelnde Berücksichtigung der Anliegen der Betroffenen gründeten die Betroffenen des Canisius-Kollegs und anderer katholischer Einrichtungen den Verein *Eckiger Tisch*.[30] Eine staatliche Aufarbeitung des Missbrauchs in den deutschen Diözesen und Ordenseinrichtungen fand nicht statt. Die deutschen Bischöfe setzten stattdessen auf eigenverantwortliche Aufarbeitung. Dazu verhandelte die Bischofskonferenz zwar zunächst mit dem renommierten Kriminologischen Forschungsinstitut Niedersachsen über eine Kooperation, diese kam aber letztlich aufgrund von Bedenken zum Datenschutz und zur Publikationsform nicht zustande.[31] Im März 2014 wurden schließlich das Zentralinstitut für Seelische Gesundheit in Mannheim, das Institut für Kriminologie der Universität Heidelberg und die Professur für Kriminologie, Jugendstrafrecht und Strafvollzug der Universität Gießen mit einer Studie betraut.[32]

Diese psychologisch-kriminologische Untersuchung, die nach den Anfangsbuchstaben der Standorte der beteiligten Institutionen MHG-Studie bezeichnet

rigen in kirchlichen Einrichtungen (Katholizismus im Umbruch 13). Freiburg i. Br. 2021, 21–44, hier 32–36.

29 Vgl. Damberg: Missbrauch, 12 f.; Löbbert, Raoul/Löwisch, Georg: Der Mann, der Merkel täuschte. In: Christ und Welt Nr. 47 vom 8. November 2023. Online unter: https://www.zeit.de/2023/47/missbrauchsskandal-katholische-kirche-staatliche-aufarbeitung (Stand: 19.03.2024).

30 Vgl. Katsch: Damit es aufhört, 58–61.

31 Vgl. Deutsche Bischofskonferenz: Pressemitteilung vom 9. Januar 2013. Online unter: https://www.dbk.de/presse/aktuelles/meldung/deutsche-bischofskonferenz-will-kriminologisches-forschungsprojekt-zum-thema-sexueller-missbrauch-mi (Stand: 19.03.2024).

32 Vgl. Deutsche Bischofskonferenz: Pressemitteilung vom 24. März 2014. Online unter: https://www.dbk.de/presse/aktuelles/meldung/interdisziplinaeres-forschungskonsortium-fuehrt-studie-zum-thema-sexueller-missbrauch-an-minderjaehri (Stand: 19.03.2024).

wird, erschien 2018 und markiert einen wichtigen Zwischenschritt in der wissenschaftlichen Aufarbeitung sexualisierter Gewalt an Minderjährigen in der katholischen Kirche Deutschlands.[33] Die Studie hatte zum Ziel, „a) Kennzahlen zum quantitativen Umfang des sexuellen Missbrauchs Minderjähriger in der katholischen Kirche [zu] erarbeiten, und b) Strukturen und Dynamiken innerhalb der katholischen Kirche [zu] identifizieren, die entsprechende Tatvorgänge befördern oder begünstigen."[34] Trotz anfänglicher Kritik an dieser thematischen Ausrichtung, dem methodischen Ansatz sowie der Beauftragung und Finanzierung der Studie durch die deutschen Bischöfe ist die MHG-Studie in den letzten Jahren zum wissenschaftlichen Referenzpunkt in der Debatte um sexuellen Missbrauch in der Kirche und darüber hinaus geworden.[35] Die Verfasser selbst werden allerdings nicht müde, gegen eine Fixierung auf die erhobenen Zahlen (Täter und Betroffene) und die innerkirchlichen Risikofaktoren (u. a. kirchliche Sexualmoral, Pflichtzölibat, Priesterausbildung, Klerikalismus und Männerbünde in der Kirchenhierarchie) auf den großen Erkenntnisgewinn der Studie über die Situation der Betroffenen zu verweisen. Denn laut Dreßing und seinem Team werde entgegen der kirchlichen Rhetorik des Zuhörens der nötige Perspektivwechsel hin zu den Betroffenen nach wie vor nicht konsequent vollzogen.[36] Zugleich setzten mit Erscheinen der MHG-Studie Debatten und Beschlüsse in der Bischofskonferenz ein, die sich vor allem auf den Bereich der Prävention und der Entschädigung beziehen, wobei letztere bis heute umstritten ist.[37] In Zusammenarbeit mit dem damaligen UBSKM, Johannes-Wilhelm Rörig, und dem Betroffenenbeirat beim UBSKM gelang es Ende April 2020, einheitliche Kriterien und Standards für eine unabhängige Aufarbeitung festzulegen.[38] In

33 Dreßing, Harald u. a.: Forschungsprojekt „Sexueller Missbrauch an Minderjährigen durch katholische Priester, Diakone und männliche Ordensangehörige im Bereich der Deutschen Bischofskonferenz". Projektbericht. 24. September 2018. Online unter: https://www.dbk.de/fileadmin/redaktion/diverse_downloads/dossiers_2018/MHG-Studie-gesamt.pdf (Stand: 19.03.2024).

34 Salize/Dreßing: Aufklärung, 174.

35 Vgl. Bahne, Thomas: Einleitung. Verletzbarkeit des Humanen. In: Ders. (Hg.): Verletzbarkeit des Humanen. Sexualisierte Gewalt an Minderjährigen im interdisziplinären Diskurs. Regensburg 2021, 11–15, hier 13.

36 Vgl. Salize/Dreßing: Aufklärung, 174–181.

37 Eine Zusammenstellung der Maßnahmen (Stand August 2023) bietet die DBK auf ihrer Homepage: vgl. Gilles, Beate/Kopp, Matthias: Zentrale Maßnahmen der katholischen Kirche in Deutschland im Zusammenhang mit sexuellem Missbrauch an Minderjährigen im kirchlichen Bereich seit Januar 2010. Online unter: https://www.dbk.de/fileadmin/redaktion/microsites/Sexualisierte_Gewalt_und_Praevention/Sonstige-Dateien/Massnahmengegen-sex-Missbrauch_2010-2023.pdf (Stand: 19.03.2024).

38 Vgl. UBSKM/Deutsche Bischofskonferenz: Gemeinsame Erklärung „über verbindliche Kriterien und Standards für eine unabhängige Aufarbeitung von sexuellem Missbrauch in der Katholischen Kirche in Deutschland" vom 28. April 2020. Online unter: https://beauf

der Folge wurden in allen Diözesen unabhängige Aufarbeitungskommissionen und Betroffenenbeiräte eingerichtet.[39]

Parallel bzw. im Nachgang zur MHG-Studie gab die Mehrheit der deutschen Diözesen eigene Folgeuntersuchungen in Auftrag, die sich mit Missbrauchstaten, mit dem Umgang der kirchlichen Verantwortlichen im eigenen Jurisdiktionsbereich und/oder mit den psychologischen Langzeitfolgen für Betroffene befassen. Die Studien und Gutachten zeichnen sich durch eine fachwissenschaftliche und methodische Vielfalt aus.

Die ersten Untersuchungen, die publiziert wurden, waren juristische Gutachten, die von Anwaltskanzleien oder juristisch besetzten Aufarbeitungskommissionen im Auftrag von (Erz-)Bistümern erstellt wurden. Beispiele hierfür sind die bereits veröffentlichten Gutachten zu den (Erz-)Bistümern Aachen (November 2020)[40], Berlin (Januar 2021)[41], Köln (März 2021)[42], München und Freising (Januar 2022)[43],

tragte-missbrauch.de/fileadmin/user_upload/200428_Gemeinsame_Erklaerung_UBSKM_Dt.Bischofskonferenz.pdf (Stand: 19.03.2024).

39 Vgl. Fegert, Jörg Michael/Stein, Wolfgang/Zollner, Hans: Betroffenenbeteiligung. Zur Partizipation von Opfern sexueller Gewalt an Aufarbeitungsprozessen. In: Stimmen der Zeit 148 (2023). 13–25, hier 15.

40 Rechtsanwaltskanzlei Westpfahl – Spilker – Wastl: Sexueller Missbrauch Minderjähriger und erwachsener Schutzbefohlener durch Kleriker im Bereich des Bistums Aachen im Zeitraum 1965 bis 2019. Verantwortlichkeiten, systemische Ursachen, Konsequenzen und Empfehlungen. 9. November 2020. Online unter: https://westpfahl-spilker.de/wp-content/uploads/2020/11/Gutachten_Bistum_Aachen.pdf (Stand: 19.03.2024).

41 Brand, Peter-Andreas/Wildfeuer, Sabine: Sexueller Missbrauch an Minderjährigen durch katholische Priester, Diakone und männliche Ordensangehörige im Bereich des Erzbistums Berlin seit 1946. Januar 2021. Online unter: https://www.erzbistumberlin.de/fileadmin/user_mount/PDF-Dateien/Erzbistum/ErzbischofKoch/20210823GutachtenSexuellerMissbrauch.pdf (Stand: 19.03.2024).

42 Kanzlei Gerke, Rechtsanwaltskanzlei Gercke – Wollschläger: Gutachten. Pflichtverletzungen von Diözesanverantwortlichen des Erzbistums Köln im Umgang mit Fällen sexuellen Missbrauchs von Minderjährigen und Schutzbefohlenen durch Kleriker oder sonstige pastorale Mitarbeitende des Erzbistums Köln im Zeitraum von 1975 bis 2018. Verantwortlichkeiten, Ursachen und Handlungsempfehlungen. 18. März 2021. Online unter: https://mam.erzbistum-koeln.de/m/2fce82a0f87ee070/original/Gutachten-Pflichtverletzungen-von-Diozesanverantwortlichen-im-Erzbistum-Koln-im-Umgang-mit-Fallen-sexuellen-Missbrauchs-zwischen-1975-und-2018.pdf (Stand: 19.03.2024). Die Veröffentlichung im Frühjahr 2021 zog große mediale Aufmerksamkeit auf sich, da die Bistumsleitung das für Oktober/November 2020 angekündigte Gutachten unter anderem aus äußerungsrechtlichen Gründen nicht veröffentlichte, der ursprünglichen Kanzlei den Auftrag entzog und eine neue Kanzlei beauftragte. Vgl. Erzbistum Köln: Pressemitteilung. Informationen zum aktuellen Stand der Unabhängigen Untersuchung. 4. November 2020. Online unter: https://www.erzbistum-koeln.de/news/Informationen-zum-aktuellen-Stand-der-Unabhaengigen-Untersuchung/ (Stand: 19.03.2024).

43 Rechtsanwaltskanzlei Westpfahl – Spilker – Wastl: Sexueller Missbrauch Minderjähriger und erwachsener Schutzbefohlener durch Kleriker sowie hauptamtlich Bedienstete

Mainz (März 2023)[44] und Freiburg (April 2023)[45]. Für das Bistum Würzburg läuft seit November 2022 ebenfalls eine juristische Untersuchung.[46]

Orientiert an der kriminologisch-psychologischen Ausrichtung der MHG-Studie wählten einige Bistümer eine ähnliche Methodik für ihre Aufarbeitungsstudien. Die Studien folgten bzw. folgen unterschiedlicher Schwerpunktsetzungen, bedienen sich aber grundlegender Methoden aus dem Bereich der Sozialwissenschaften. Dazu gehören etwa diejenigen zu den Bistümern Essen[47] und Hildesheim[48], die beide vom Münchener Institut für Praxisforschung und Projektberatung erstellt wurden, sowie diejenigen des Erzbistums Hamburg[49] und der Diözese Augsburg[50], die von psychiatrischen Instituten (Hamburg: Klinik für Forensische Psychiatrie und Psychotherapie, Universität Ulm; Augsburg: Lehr-

im Bereich der Erzdiözese München und Freising von 1945 bis 2019. Verantwortlichkeiten, systemische Ursachen, Konsequenzen und Empfehlungen. 20. Januar 2022. Online unter: https://westpfahl-spilker.de/wp-content/uploads/2023/01/WSW-Gutachten-Erzdioezese-Muenchen-und-Freising-vom-20.-Januar-2022.pdf (Stand: 19.03.2024).

44 Weber, Ulrich/Baumeister, Johannes: Erfahren. Verstehen. Vorsorgen. Studie zu Taten gegen die sexuelle Selbstbestimmung seit 1945 im Verantwortungsbereich des Bistums Mainz. 3. März 2023. Online unter: https://www.uw-recht.org/images/230327%20Bericht%20EVV_Druck.pdf (Stand: 19.03.2024).

45 Endress, Eugen/Villwock, Edgar: Abschlussbericht der Arbeitsgruppe „Machtstrukturen und Aktenanalyse" der GE-Kommission zur Aufarbeitung sexuellen Missbrauchs in der Erzdiözese Freiburg. 11. April 2023. Online unter: https://www.ebfr.de/media/download/variant/1068824/bericht-ag-aktenanalyse.pdf (Stand: 19.03.2024).

46 Unabhängige Kommission zur Aufarbeitung des sexuellen Missbrauchs in der Diözese Würzburg: Pressemitteilung. 29. November 2022. Online unter: https://ukam-wue.de/Pressemitteilungen.html?file=files/Pressemitteilungen-aktuell/Pressemitteilung_der_UKAM_Wuerzburg_29-11-2022.pdf (Stand: 19.03.2024).

47 Dill, Helga u. a.: Aufarbeitung sexualisierter Gewalt im Bistum Essen. Fallbezogene und gemeindeorientierte Analysen. Februar 2023. Online unter: https://www.bistum-essen.de/fileadmin/relaunch/Bilder/Soziales_und_Hilfe/Sexueller_Missbrauch/ipp/IPP_Studie_Bistum_Essen.pdf (Stand: 19.03.2024).

48 Hackenschmied, Gerhard u. a.: Aufklärung und Aufarbeitung sexualisierter Gewalt im Bistum Hildesheim während der Amtszeit von Bischof Heinrich Maria Janssen. Abschlussbericht der Expertengruppe zum Projekt „Wissen Teilen", 2 Bde. 24. September 2021. Online unter: https://www.bistum-hildesheim.de/fileadmin/dateien/PDFs/missbrauch/pk-20210914/Hildesheim_Band_II.pdf (Stand: 19.03.2024).

49 Rinser, Laura/Streb, Judith/Dudeck, Manuela: Abschlussbericht. Aufarbeitung und Dokumentation des sexuellen Missbrauchs von katholischen Priestern und anderen im Dienst der katholischen Kirche stehenden Personen an Minderjährigen in Mecklenburg von 1946 bis 1989. 24. Februar 2023. Online unter: https://www.uniklinik-ulm.de/fileadmin/default/Kliniken/Forensische-Psychiatrie/Abschlussbericht_Final.pdf (Stand: 19.03.2024).

50 Forschungsprojekt „Sexualisierte Gewalt an Minderjährigen im Kontext der katholischen Kirche im Bistum Augsburg: Psychische Belastung im Lebensverlauf, interpersonelle Faktoren und transgenerationale Effekte", vgl. Reck, Corinna/Schuwerk, Tobias: Pressemitteilung. November 2023. Online unter: Presseinfo_LMU_Aufarbeitungsstudie_27.10 (Stand: 19.03.2024).

und Forschungseinheit Klinische Psychologie des Kindes- und Jugendalters, Ludwig-Maximilians-Universität München) verantwortet wurden bzw. werden. Die Bistümer Münster[51] und Passau[52] sowie das Erzbistum Paderborn[53] setzten bzw. setzen dagegen auf eine geschichtswissenschaftliche Erforschung der Missbrauchstaten. Auch diese Studien kommen freilich nicht ohne eine Auseinandersetzung mit den anderen genannten Disziplinen aus.[54] Die historisch-juristische Untersuchung zum Bistum Osnabrück trägt dem auch durch die Zusammensetzung des Forschungsteams Rechnung.[55] In den Bistümern Speyer und Trier laufen aktuell ebenfalls historische Studien, die aber um psychologisch-sozialwissenschaftliche Teilprojekte erweitert werden.[56]

51 Frings u. a.: Macht und sexueller Missbrauch.

52 Forschungsprojekt „Sexueller Missbrauch von minderjährigen Schutzbefohlenen durch katholische Kleriker im Bistum Passau 1945 – 2020. Ausmaß und Umstände – Reaktionen und Handhabung seitens Kirche, Öffentlichkeit und sozialem Umfeld der Betroffenen“ unter Leitung von Hans Christof Kraus und Marc von Knorring, vgl. Bistum Passau: Pressemitteilung. 24. Juni 2022. Online unter: https://www.bistum-passau.de/artikel/missbrauchsstudie-in-auftrag-gegeben (Stand: 19.03.2024).

53 Unter der Leitung von Nicole Priesching gibt es an der Universität Paderborn seit 2020 das Projekt „Missbrauch im Erzbistum Paderborn – eine kirchenhistorische Einordnung. Die Amtszeiten von Lorenz Jaeger und Johannes Joachim Degenhart (1941–2022)“, seit 2023 erweitert um ein Teilprojekt zur Amtszeit von Erzbischof Hans-Josef Becker (2002–2022); vgl. Erzbistum Paderborn: Pressemitteilung. 23. Mai 2023. Online unter: https://www.erzbistum-paderborn.de/beratung-hilfe/hilfe-bei-missbrauch/aufarbeitung/ (Stand: 19.03.2024).

54 Allein schon das zu untersuchende Quellenmaterial stammt schließlich aus dem medizinischen, juristischen und pädagogischen Bereich (vgl. Aschmann, Birgit: „Katholische Dunkelräume“ – Denkanstöße für eine historiographische Aufarbeitung. Eine Einleitung. In: Dies. (Hg.): Katholische Dunkelräume. Die Kirche und der sexuelle Missbrauch. Paderborn 2022, XV).

55 Schmiesing, Jürgen/Schulte-Nölke, Hans/Westphal, Siegrid: Betroffene – Beschuldigte – Kirchenleitung. Sexualisierte Gewalt an Minderjährigen sowie schutz- und hilfsbedürftigen Erwachsenen durch Kleriker im Bistum Osnabrück seit 1945. Zwischenbericht: Pflichtverletzungen der Bistumsleitung. 2022 [überarbeitete Fassung vom 26. Mai 2023]. Online unter: https://www.s-gewalt.uni-osnabrueck.de/fileadmin/documents/public/PDFs/Zwischenbericht_Stand_26.05.2023.pdf (Stand: 19.03.2024).

56 Für Speyer arbeitet ein interdisziplinäres Forschungsprojekt an der Universität Mannheim unter der Leitung der Historikerin Sylvia Schraut seit März 2023 unter dem Titel „Sexueller Missbrauch im Bistum Speyer durch katholische Priester, Diakone, Ordensangehörige und Mitarbeitende des Bistums (seit 1946)“, vgl. Unabhängige Kommission zur Aufarbeitung des sexuellen Missbrauchs im Bistum Speyer: Pressemitteilung. 14. März 2023. Online unter: https://www.bistum-speyer.de/news/nachrichtenansicht/?tx_ttnews%5Btt_news%5D=32825&cHash=b6979e26f5c39e648b1bffi6359c385c (Stand: 19.03.2024).
Zum Bistum Trier vgl. Haase, Lena/Raphael, Lutz: Sexueller Missbrauch an Kindern und Jugendlichen im Bistum Trier in der Amtszeit Bernhard Steins (1967–1981). Zwischenbericht des Projekts „Sexueller Missbrauch von Minderjährigen sowie hilfs- und schutzbedürftigen erwachsenen Personen durch Kleriker/Laien im Zeitraum von 1946 bis 2021 im Verantwortungsbereich der Diözese Trier: eine historische Untersuchung. November 2022. Online un-

Einzelne Bistümer stützen sich bei der Aufarbeitung sexualisierter Gewalt aus den unterschiedlichen Gründen vorerst auf die Ergebnisse der MHG-Studie und die Arbeit der eigenen Aufarbeitungskommissionen, ohne weitere Studien in Auftrag zu geben. Die Bistümer Dresden-Meißen und Görlitz haben mit dem Erzbistum Berlin und dem Militärbischofsamt eine Interdiözesane Kommission zur Aufarbeitung gegründet.[57] Erfurt und Magdeburg haben eigene Aufarbeitungskommissionen ins Leben gerufen.[58] Die Bistümer Eichstätt, Regensburg und Rottenburg-Stuttgart und das Erzbistum Bamberg sind ähnlich verfahren.[59] In Regensburg ist hinsichtlich der Regensburger Domspatzen die Thematik von Machtmissbrauch und körperlicher Züchtigung in den letzten Jahren intensiv erforscht worden.[60]

ter: https://www.aufarbeitungskommission.bistum-trier.de/fileadmin/user_upload/Benutzer/internet-redaktion/Studie_Bischof_Stein_Zwischenbericht2022.pdf (Stand: 19.03.2024).

57 Bistum Dresden-Meißen: Pressemitteilung. 11. Mai 2023. Online unter: https://www.bistum-dresden-meissen.de/aktuelles/interdioezesane-kommission-zur-aufarbeitung-sexuellen-missbrauchs-hat-sich-konstituiert (Stand: 19.03.2024).

58 Bistum Erfurt: Pressemitteilung. 1. November 2021. Online unter: https://www.bistum-erfurt.de/presse_archiv/nachrichtenarchiv/detail/umfassende-und-transparente-aufarbeitung/ (Stand: 19.03.2024); Bistum Magdeburg: Pressemitteilung. 16. Februar 2022. Online unter: https://www.bistum-magdeburg.de/spiritualitaet-seelsorge/praevention-und-aufarbeitung/aufarbeitungskommission/pressekonferenz-aufarbeitung-webseite.html (Stand: 19.03.2024).

59 Unabhängige Aufarbeitungskommission der Diözese Eichstätt. Online unter: https://www.uak-eichstaett.de/startseite/ (Stand: 19.03.2024); Bistum Regensburg: Pressemitteilung. 17. Mai 2021. Online unter: https://bistum-regensburg.de/news/ein-unabhaengiges-gremium (Stand: 19.03.2024); Kommission zur Aufarbeitung des sexuellen Missbrauchs in der Diözese Rottenburg-Stuttgart. Online unter: https://ak.drs.de/index.html (Stand: 19.03.2024). Für die Erzdiözese Bamberg hat am 01.07.2024 ein Forschungsteam um den Kriminologen und Strafrechtler Prof. Dr. Stefan Harrendorf vom Lehrstuhl für Kriminologie, Strafrecht, Strafprozessrecht und vergleichende Strafrechtswissenschaften der Universität Greifswald und die Rechtspsychologin Prof. Dr. Renate Volbert, Professorin für Rechtspsychologie mit Schwerpunkt Aussagepsychologie von der Psychologischen Hochschule Berlin, ihre Arbeit aufgenommen. https://praevention.erzbistum-bamberg.de/medien/60eb73fe-4724-474f-8b06-1087768b0156/24-05-17_pressemitteilung-uksm.pdf (Stand: 21.05.2024).

60 Weber, Ulrich/Baumeister, Johannes: Vorfälle von Gewaltausübung an Schutzbefohlenen bei den Regensburger Domspatzen. Untersuchungsbericht. 18. Juli 2017. Online unter: https://www.uw-recht.org/images/Abschlussbericht_Domspatzen.pdf (Stand: 19.03.2024); Frings, Bernhard/Löffler, Bernhard: Der Chor zuerst – Institutionelle Strukturen und erzieherische Praxis der Regensburger Domspatzen 1945 bis 1995. Regensburg 2019; Rau, Matthias/Breiling, Lisanne/Rettenberger, Martin: Regensburger Aufarbeitungsstudie. Sozialwissenschaftliche Analysen und Einschätzungen zur Gewalt bei den Regensburger Domspatzen 1945 bis 1995 (BM-Online. Elektronische Schriftenreihe der Kriminologischen Zentralstelle Wiesbaden 18). 2019. Online unter: https://www.krimz.de/fileadmin/dateiablage/E-Publikationen/BM-Online/bm-online18.pdf (Stand: 19.03.2024).

Der knappe Überblick macht deutlich, dass unter dem Begriff *Aufarbeitung* eine Vielzahl von Projekten in die Tat umgesetzt wurden, die unterschiedliche Perspektiven und Fokussierungen aufweisen und zunächst lediglich sexualisierte Gewalt an Kindern und Jugendlichen in den Blick nehmen. Juristische Gutachten richten ihren Blick auf justiziable Täter, Tathergänge und institutionelle Verantwortlichkeiten. Historische und soziologische Studien fokussieren gesellschaftliche Kontexte, kirchliche Strukturen und Anbahnungskontexte, in denen Missbrauch möglich wurde und psychologische Untersuchungen wenden sich den manipulativen Strategien der Täter und den verschiedenen Traumatisierungen der Betroffenen zu. Es wird auch deutlich, dass die wenigsten Studien nur eine fachliche Perspektive auf die Missbrauchsthematik gewählt haben, was allein schon aufgrund der Komplexität der Sache selbst wenig dienlich wäre. Nur die Beleuchtung der Bedingungen, die Missbrauch ermöglichten, aus den verschiedenen Blickwinkeln erlaubt ein besseres Verstehen der Tatzusammenhänge und der strukturellen Probleme dahinter.

Bei aller methodischen Unterschiedlichkeit der Studien machen diese deutlich, dass es einen *Schlussstrich* nicht geben kann. Vielmehr ermöglichen die erhobenen Daten und systemischen Faktoren eine Verstetigung der differenzierten Aufarbeitung, die Erarbeitung von Konzepten für die Intervention und Prävention sowie einen konsequenten Perspektivenwechsel hin zu den Betroffenen.[61] Hinsichtlich der Aufarbeitung bisheriger Missbrauchstaten lassen sich ausgehend von den Risikofaktoren, die die MHG-Studie identifiziert hat, in historischer Perspektive die Tatorte bzw. Anbahnungskontexte, die strukturellen Faktoren und Abwehrmechanismen innerhalb der Institution Kirche und der Gesellschaft im Allgemeinen eruieren, die dazu beitrugen, dass das Leid der Betroffenen lange Zeit nicht wahr und ernst genommen wurde. Während die bisherigen Studien sich überwiegend auf Täter, Beschuldigte und kirchliche Strukturen fokussierten, bietet sich auch eine genauere Rekonstruktion der Schicksale der Betroffenen an.[62] So können die psychischen, physischen und sozialen Folgen des erlittenen Unrechts, aber auch Überlebens- und Bewältigungsstrategien von Betroffenen genauer erfasst und retraumatisierende Situationen vermieden werden.

61 Vgl. Bahne: Einleitung, 13.

62 Vgl. Aschmann: Denkanstöße, XIII–XIV; Fegert: Empathie, hier 191 f.; Ders./Stein/Zollner: Betroffenenbeteiligung; Priesching, Nicole/Kleinehagenbrock, Frank: Missbrauchsforschung als Thema der Zeitgeschichte. In: Historisches Jahrbuch 143 (2023), 423–444.

Anliegen des Bandes

Spätestens seit der Veröffentlichung der MHG-Studie 2018 hat auch in der Theologie eine Auseinandersetzung mit Missbrauch eingesetzt, zu der dieser Band beitragen will. Die Studien über sexualisierte Gewalt in der Kirche in Form von Sammelbänden sind mittlerweile zahlreich und beleuchten die Thematik aus unterschiedlichen Perspektiven.[63] Warum ist also noch ein Sammelband zu diesem Thema notwendig?

Die dem Band zugrundeliegende Tagung wurde als Veranstaltung vor allem für die Studierenden der Theologie und die Angehörigen der Katholisch-Theologischen Fakultät konzipiert. Unbestreitbar ist der Dialog in der Scientific Community breit und kontrovers angelegt, doch was ist mit den zukünftigen Theolog:innen, mit den Personen, die sich in der gegenwärtigen Situation dafür entscheiden, Theologie zu studieren, und das Wagnis eingehen, Verantwortung in einer Institution zu übernehmen, deren Glaubwürdigkeit in der Gesellschaft massiv in Frage gestellt ist? In einzelnen Lehrveranstaltungen wird immer wieder das Thema sexualisierter Gewalt aufgegriffen, aber müsste nicht die Systematik des

63 An dieser Stelle seien nur einige wirkmächtige Publikationen genannt: Alessandro, Lia/ Middelbeck-Varwick, Anja/Reisinger, Doris (Hg.): Kirchliche Macht und kindliche Ohnmacht. Konturen, Kontexte und Quellen theologischer Missbrauchsforschung. Münster 2023; Aschmann, Birgit (Hg.): Katholische Dunkelräume. Die Kirche und der sexuelle Missbrauch. Paderborn u.a. 2022; Bahne, Thomas (Hg.): Verletzbarkeit des Humanen. Sexualisierte Gewalt an Minderjährigen im interdisziplinären Diskurs. Regensburg 2021; Brüntrup, Godehard (Hg.): Unheilige Macht. Der Jesuitenorden und die Missbrauchskrise. Stuttgart 2013; Goertz, Stephan/Ulonska, Herbert (Hg.): Sexuelle Gewalt: Fragen an Kirche und Theologie. Berlin/Münster 2010; Großbölting, Thomas: Die schuldigen Hirten. Geschichte des sexuellen Missbrauchs in der katholischen Kirche. Freiburg i. Br. 2022; Haslbeck, Barbara u.a. (Hg.): Erzählen als Widerstand. Berichte über spirituellen und sexuellen Missbrauch an erwachsenen Frauen in der katholischen Kirche. Münster 2020; Loretan, Adrian (Hg.): Machtmissbrauch und sexuelle Gewalt in der Kirche. Beiträge aus Rechtswissenschaft und Theologie (ReligionsRecht im Dialog 33). Wien/Zürich/ Münster 2023; Prüller-Jagenteufel, Gunter/Treitler, Wolfgang (Hg.): Verbrechen und Verantwortung. Sexueller Missbrauch von Minderjährigen in kirchlichen Einrichtungen (Katholizismus im Umbruch 13). Freiburg i. Br. 2021; Reisinger, Doris: Spiritueller Missbrauch in der katholischen Kirche. Freiburg i. Br. 2019; Dies. (Hg.): Gefährliche Theologien. Wenn theologische Ansätze Machtmissbrauch legitimieren. Regensburg 2021; Remenyi, Matthias/Schärtl, Thomas (Hg.): Nicht ausweichen. Theologie angesichts der Missbrauchskrise. Regensburg 2019; Sander, Hans-Joachim: Anders glauben, nicht trotzdem. Sexueller Missbrauch der katholischen Kirche und die theologischen Folgen. Ostfildern 2021; Striet, Magnus/Werden, Rita (Hg.): Unheilige Theologie! Analysen angesichts sexueller Gewalt gegen Minderjährige durch Priester (Katholizismus im Umbruch 9). Freiburg i. Br. 2019 Sautermeister, Jochen/Odenthal, Andreas (Hg.): Ohnmacht. Macht. Missbrauch. Theologische Analysen eines systematischen Problems. Freiburg i. Br. 2021.

Theologiestudiums an sich überdacht werden, angesichts der zahlreichen Verbrechen und der zwingenden Hinwendung zu den Betroffenen? Müssten nicht die Studierenden in den Diskurs eingebunden werden, befähigt werden, sich reflektiert mit dem Thema in Theorie und Praxis auseinanderzusetzen? Sind nicht ihre Perspektiven zu berücksichtigen? Diese Fragen haben wir uns im Vorfeld der Tagung gestellt und konnten nur zu der einen Antwort kommen: Ja! Der vorliegende Band richtet sich daher in besonderer Weise an Studierende, die Hintergrundinformationen und erste Anstöße zur Beschäftigung mit der Missbrauchsthematik suchen.

Als zweiten Aspekt haben wir die Frage ausgemacht, ob es nach der Aufdeckung der Verbrechen des sexuellen Missbrauchs nicht einer neuen bzw. anderen Fokussierung der Theologie und damit auch eines veränderten Theologiestudiums bedarf. Dieser Frage haben sich bis dato ausführlich lediglich Hans Joachim Sander[64] und Gregor Maria Hoff[65] gewidmet. Als Ausgangspunkt für weitere Überlegungen kann die These von Johann Baptist Metz[66] dienen, dass es historische Ereignisse und Prozesse gibt, die die Theologie fundamental prägen. Theologie kann nicht mehr betrieben werden, ohne diese Fixpunkte zu berücksichtigen. Sie verändern das Verständnis der Theologie nachhaltig. Die Aufdeckung der zahllosen Taten sexuellen Missbrauchs und ihrer Vertuschung ist u. E. ohne Zweifel ein solcher Fixpunkt. Vier Thesen in Anlehnung an Johann Baptist Metz können dabei evtl. als Leitplanken dienen:

1. These: Christliche Theologie muss von der Einsicht geleitet sein, dass Christ:innen ihre Identität nur bilden und hinreichend verstehen können im Angesicht der Betroffenen. Aus der Auseinandersetzung mit dem geschehenen Missbrauch als historischer Wirklichkeit stellt sich die Frage nach der eigenen Rolle oder Verantwortung. Dadurch werden nicht nur Christ- und Kirchesein infrage gestellt, sondern es eröffnen sich auch Wege zu einer Haltungsänderung, die eine Schlussstrich-Mentalität ausschließt.

2. These: Die Erfahrungsgeschichte der Betroffenen hat drastische Auswirkungen auf die theologische Rede von Gott und Mensch im Leid, auf die Theodizee und Anthropodizee.

3. These: Christliche Theologie muss die Dimension und die Autorität der Betroffenen in die christliche Sprech- und Glaubensweise integrieren und zur Geltung bringen, denn Kirchen- und Gottesbilder funktionieren nicht ohne die historischen Erfahrungen der Gläubigen.

64 Sander: Anders glauben, nicht trotzdem.

65 Hoff, Gregor Maria: Vertrauensbruch. Zur theologischen Bedeutung des systemischen Missbrauchs. In: Herder Korrespondenz 12/2021, 21–24.

66 Metz, Johann Baptist: Im Angesicht der Juden. Christliche Theologie nach Auschwitz. In: Concilium 20 (1984), 382–289.

4.These: Eine christliche Soziallehre, die die Perspektive der Betroffenen mitdenkt, formuliert *Caritas* und *Barmherzigkeit* anders.

Wir können mit diesem Sammelband gewiss keine abschließende Antwort darauf geben, wie ein Theologiestudium und Theologie allgemein post *Missbrauchs-Skandal* aussehen soll – das ist auch gar nicht unsere Intention. Wir beabsichtigen Denkanstöße zu geben, damit die Mitglieder theologischer Fakultäten und Institute gemeinsam überlegen und miteinander in den Diskurs treten, was verändert werden könnte.

Struktur des Bandes

Um sich dem Thema sexualisierter Gewalt in der Kirche nähern zu können, ist die Theologie sowohl auf das Zeugnis der Betroffenen als auch auf den interdisziplinären Dialog angewiesen, um davon ausgehend nach dem eigenen Beitrag zur Aufarbeitung und Prävention verschiedener Formen von Missbrauch in der Kirche zu suchen. Beidem trugen die Studientagen in ihrer Konzeption Rechnung.

Bereits im Vorfeld der Studientage wurde am 25. April 2023 die Ausstellung „Betroffene zeigen Gesicht" eröffnet, die von Dr. Ilonka Czerny entwickelt wurde und einen Monat lang in der Katholisch-Theologischen Fakultät zu sehen war.[67] Sie dokumentiert Einzelschicksale von Betroffenen, indem sie Fotos aus deren Kindheit und kurze Texte der Betroffenen den Besucher:innen zugänglich macht.

Zudem leitete Karl Haucke, u. a. Vorstandsmitglied von *Eckiger Tisch e. V.* und Mitglied des Betroffenenbeirats des UBSKM, den inhaltlichen Teil der Studientage ein, indem er von seiner Missbrauchserfahrung erzählte. Sein Beitrag „Humpty Dumpty im Tempel des Herrn. Erfahrungen sexualisierter Machtausübungen im kirchlichen Kontext und Forderungen an eine präventive Theologie" bildet den Auftakt des vorliegenden Bandes, der den Studientag dokumentiert.

Die folgenden vier Beiträge stehen unter dem Rahmentitel „Anstöße zur Aufarbeitung". In ihnen wird ein Ist-Stand aus historischer, pastoraltheologischer und juristischer Perspektive eruiert, aus dem Anregungen zur Aufarbeitung abgeleitet werden.[68]

67 Katholisch-Theologische Fakultät: Pressemitteilung. Online unter: https://www.uni-muenster.de/FB2/aktuelles/Ausstellung_Betroffene_zeigen_Gesicht.html (Stand: 14.03.2024).

68 Beim Studientag hatte in dieser Sektion noch der Soziologe Marius Stelzer zum Thema „Licht- und Schattenseiten kirchlicher Rollenbilder und Amtsverständnisse. Eine pastoralsoziologische Perspektive" gesprochen. Wir bedanken uns für seine Bereitschaft, diesen Vortag zu halten. Seinen schriftlichen Beitrag für diesen Band hat er leider absagen müssen. Mit dem Beitrag von Jan Loffeld wird das Thema der Priesterbilder nun adressiert.

Klaus Große Kracht, Co-Autor der Münsteraner Missbrauchs-Studie, behandelt in seinem Beitrag „‚Nur mit Mühe waren die Eltern zu bewegen, von einer Einschaltung der Kriminalpolizei abzusehen …' Der Missbrauchsskandal, seine Aufarbeitung und die Studienergebnisse für das Bistum Münster" die Konzeption, die Ergebnisse und Denkanstöße der Münsteraner Studie.

Jürgen Schmiesing, Co-Autor der Osnabrücker Missbrauchs-Studie, widmet sich in seinem Beitrag „Spezifisch katholisch? Strukturelle Bedingungen sexualisierter Gewalt in der Kirche" den systemischen Risikofaktoren, deren Bewältigung zentrale Herausforderungen für die Kirche und die Theologie darstellen.

Jan Loffeld, Professor für Pastoraltheologie an der Universität Tilburg, lenkt in seinem pastoraltheologischen Beitrag „Welche Typen braucht die Zukunft? Pastorale Berufe am ‚Ende der Eindeutigkeit'" den Blick auf die für die Seelsorge verantwortlichen Personen und ihre Rollenbilder. Dabei macht er bestimmte selbst gewählte oder fremd zugeschriebene Typen als Risikofaktoren aus.

Die erste Sektion schließt Philipp Donath, Professor für Arbeitsrecht an der University of Labour Frankfurt a. M., mit seinem juristischen Beitrag „Kinderschutz und Kinderrechte als Grundprinzipien des nationalen und des internationalen Rechts" ab. Er rückt die Kinder und ihre Grundrechte in das Zentrum der Debatte. Ihre Rechte wurden massiv verletzt, ihre Rechte sind aktiv zu fördern. Sie sind Subjekte und nicht Objekte.

Der zweite Teil der Beiträge im Sammelband steht unter dem Titel „Was können wir tun?" Hier wird sich aus kriminologischer, pädagogisch-präventiver, kanonistischer und moraltheologischer Perspektive verschiedenen Handlungsoptionen gewidmet.[69]

Tillmann Bartsch, stellvertretender Direktor des Kriminologischen Forschungsinstituts Niedersachsen, behandelt in seinem Beitrag „Sexualisierte Gewalt – Ein (höchst) kursorischer Überblick aus kriminologischer Perspektive" die Möglichkeiten und Grenzen strafrechtlicher Ahndung sexuellen Missbrauchs und plädiert für eine ganzheitliche Betrachtung über das Strafrecht hinaus.

Rebekka Burke, Leiterin des Referats Religionspädagogik in Kindertagesstätten des Erzbistums Hamburg, fokussiert in ihrem Beitrag „‚Also, dass die von Anfang an halt nicht so ein Papiertiger erstellen […]'. Institutionelle Schutzkonzepte zwischen Konzeptarbeit und gelebtem Kinderschutz" die Entwicklungsprozesse hin zu Institutionellen Schutzkonzepten und die elementaren Kriterien für funktionierende und nachhaltige Konzepte.

69 Beim Studientag hatte in dieser Sektion noch Prof. Dr. Thomas Reker, Facharzt für Psychiatrie, Psychotherapie und forensische Psychiatrie, zum Thema „Trauma: Definition, Folgen und traumasensibler Umgang – Ein kurzer Überblick" referiert. Er hat seinen schriftlichen Beitrag für diesen Band leider absagen müssen. Mit dem Beitrag von Julia van der Linde wird nun ein Beitrag zu einer narrationssensiblen Theologie adressiert.

Thomas Neumann, Akademischer Rat am Institut für Kanonisches Recht der Universität Münster, zeigt in seinem Beitrag „Wenn der Ernstfall eintritt? Orientierungshilfen für den rechtlichen Umgang mit sexuellem Missbrauch" die kirchenrechtlichen Rahmenbedingungen bzw. Rechtsprinzipien für den Umgang mit sexuellem Missbrauch und die konkreten kirchenrechtlichen Handlungsweisen für eine Intervention von der Meldung bis zum Urteil auf.

Diese zweite Sektion schließt Julia van der Linde, Wissenschaftliche Mitarbeiterin am Seminar für Moraltheologie der Universität Münster, mit ihrem moraltheologischen Beitrag „Traumatisierung und epistemische Ungerechtigkeit als Herausforderungen autobiographischer Erzählungen über sexuellen und spirituellen Missbrauch" ab. Darin eröffnet sie theologisch-ethische Perspektiven für den Umgang mit den Schilderungen Betroffener.

Auf dem Weg

Mit dem Studientag ist es gelungen, eine Reflexion theologischer Forschung und Lehre anzuregen, die über die Beschäftigung mit sexualisierter Gewalt an Kindern und Jugendlichen hinaus geht und auch Erwachsene und spirituellen Missbrauch in den Blick nimmt, ebenso die eigenen institutionellen Strukturen innerhalb der Universität.

Im Nachgang des Studientages hat sich die Fakultät intensiv mit der am 17. Januar 1991 wegen seiner vorbildlichen Amtsführung als Bischof verliehenen Ehrenpromotion an Bischof Dr. Reinhard Lettmann beschäftigt. Grund dafür waren die Ergebnisse der 2022 veröffentlichten Studie „Macht und sexueller Missbrauch in der katholischen Kirche", die Reinhard Lettmann ein *intensives Leitungs- und Kontrollversagen* im Zusammenhang mit sexuellem Missbrauch durch Priester im Bistum Münster bescheinigen. Vor dem Hintergrund des heutigen Wissens über Lettmanns Umgang mit Tätern und Opfern sexuellen Missbrauchs durch Priester im Bistum Münster hätte sie ihm nicht verliehen werden dürfen. Der Fachbereichsrat, das höchste Gremium in der Katholisch-Theologischen Fakultät, hat in seiner Sitzung am 14. November 2023 beschlossen, sich von dieser Ehrenpromotion an Bischof Dr. Reinhard Lettmann zu distanzieren.[70]

Seit Ende 2022 ist eine Forschungsgruppe unter der Leitung von Judith Könemann, Professorin für Religionspädagogik, Bildungs- und Genderforschung, von den Bistümern Münster und Osnabrück beauftragt worden, Formen geistlichen

70 Siehe die Pressemeldung: Katholisch-Theologische Fakultät der Universität Münster: Katholisch-Theologische Fakultät distanziert sich von Ehrendoktorwürde für Bischof Reinhard Lettmann. Online unter: https://www.uni-muenster.de/FB2/aktuelles/ehrenpromotion_lettmann.html (Stand: 14.11.2023).

Machtmissbrauchs in Geistlichen Gemeinschaften zu untersuchen. Besondere Aufmerksamkeit finden dabei – neben Arbeiten an der begrifflichen Klärung des Phänomens *geistlichen/spirituellen Missbrauchs* – insbesondere die Untersuchung der Bedingungen und Faktoren für die Entstehung und Aufrechterhaltung geistlichen Missbrauchs sowie die Analyse religiöser Praktiken, theologischer Überzeugungen und anthropologischer Konzepte, die diesen begünstigen.[71]

An der Fakultät wurde 2023 das Amt einer Interventionsbeauftragten als Ansprechperson bei Übergriffen sexualisierter, psychischer oder emotionaler Art eingerichtet und Judith Könemann beauftragt.

Am 19. und 20. Februar 2024 fand am Institut für Biblische Exegese und Theologie (IBET) eine Fachtagung zum Thema „Toxische Bibelhermeneutiken? Bibel, Missbrauch und die Verantwortung der Exegese" statt. Ausgewiesene Expert:innen im Bereich der Missbrauchsforschung diskutierten dabei mit Bibelwissenschaftler:innen über die Rolle der Bibel, ihrer Auslegung und Rezeption für das Anbahnen, Begehen und Vertuschen sexuellen Missbrauchs in kirchlichen Kontexten. Wolfgang Grünstäudl, Professor für Theologie des Neuen Testaments und Biblische Didaktik in Münster, hatte sie zusammen mit Judith König, wissenschaftlicher Mitarbeiterin am Lehrstuhl für Exegese und Hermeneutik des Neuen Testaments der Katholisch-Theologischen Fakultät der Universität Regensburg, vorbereitet.[72]

Der Studientag aber auch die letztgenannte Tagung zeigen deutlich, dass auf dem theologischen Feld noch viel zu tun bleibt. Die Theologie ist gut beraten, den interdisziplinären Dialog weiter zu intensivieren und davon ausgehend nach dem eigenen Beitrag zur Aufarbeitung und Prävention von sexualisierter Gewalt und Machtmissbrauch in der Kirche zu suchen.

Dank

Unser herzlicher Dank gilt allen, die zu der Realisierung des vorliegenden Bandes beigetragen haben, angefangen bei allen Autor:innen, die durch ihre Beiträge das breite Spektrum des Bandes ermöglichen.

71 Zum Projekt siehe unter: Katholisch Theologische Fakultät der Universität Münster: Projekt „Geistlicher Missbrauch in Geistlichen Gemeinschaften". Online unter: https://www.uni-muenster.de/FB2/gm_projekt/ (Stand: 19.03.2024).

72 Für den Tagungsbericht siehe Pape, Julia: „Kann man Exegese heute noch so betreiben wie vor 2010?". Online unter: https://www.uni-muenster.de/FB2/aktuelles/IBET/bericht_toxische_bibelhermeneutiken2024.html (Stand: 19.03.2024).
Theolog:innen unterschiedlicher Disziplinen diskutieren gemeinsam über ‚toxische Bibelhermeneutiken' und die Rolle der Bibelwissenschaft angesichts der Missbrauchskrise. Vgl. ebd.

Den studentischen Hilfskräften Luisa Bier und Hannah Tigges danken wir für die Unterstützung beim Korrekturlesen und Setzen der Beiträge, sodass der Band zügig erscheinen konnte.

Wir sind Dr. Bernward Kroeger aus dem Lektorat vom Verlag Aschendorff für die freundliche Beratung und kompetente Betreuung sehr dankbar.

Wir danken schließlich der *Stiftung zur Ausbildung katholischer Geistlicher im Bistum Münster* herzlich für die Finanzierung des Sammelbands und der Studientage.

Auch die Studientage wären ohne die tatkräftige Unterstützung aus den Reihen der Fakultät in der geplanten Form nur schwer umsetzbar gewesen.

Allen voran danken wir den Mitarbeitenden des Dekanats und besonders unserem Dekan Prof. Dr. Nobert Köster und Prodekanin Prof. Dr. Judith Könemann für die Unterstützung mit Rat und Tat.

Wir danken den Mitgliedern des Professoriums, die sich bei den verschiedenen Programmpunkten der Studientage und rund um die Tagung eingebracht haben und auch jetzt im Nachgang die Impulse weiterentwickeln.

Wir danken den Kolleginnen und Kollegen aus dem akademischen Mittelbau für die Beteiligung an den Studientagen, bei den Workshops und die Bereitschaft, als Ansprechpartner:innen im eigens eingerichteten Rückzugsraum präsent zu sein.

Außerdem bedanken wir uns bei den Mitarbeiterinnen in den Lehrstuhlsekretariaten, Jacqueline Bischof, Anke Chrestin, Maria Schmiemann und Agnes Wiedemeier für ihre tatkräftige Unterstützung.

Schließlich danken wir den Studentischen Hilfskräften des Kanonistischen Instituts, des Seminars für Mittlere und Neuere Kirchengeschichte und des Seminars für Moraltheologie Luisa Bier, Anna David, Paul Klostermann, Aaron Seibel, Hannah Tigges und Pia Wenner, die uns unermüdlich hinter den Kulissen der Tagung unterstützt haben.

Münster im März 2024

Die Herausgebenden
Ludger Hiepel, Thomas Neumann, Michael Pfister und Julia van der Linde

Literaturverzeichnis

Alessandro, Lia/Middelbeck-Varwick, Anja/Reisinger, Doris (Hg.): Kirchliche Macht und kindliche Ohnmacht. Konturen, Kontexte und Quellen theologischer Missbrauchsforschung. Münster 2023.

Aschmann, Birgit: „Katholische Dunkelräume" – Denkanstöße für eine historische Aufarbeitung. Eine Einleitung. In: Dies. (Hg.): Katholische Dunkelräume. Die Kirche und der sexuelle Missbrauch. Paderborn u. a. 2022, XI–XXVII.

Dies. (Hg.): Katholische Dunkelräume. Die Kirche und der sexuelle Missbrauch. Paderborn u. a. 2022.

Bahne, Thomas (Hg.): Verletzbarkeit des Humanen. Sexualisierte Gewalt an Minderjährigen im interdisziplinären Diskurs. Regensburg 2021.

Ders.: Einleitung. Verletzbarkeit des Humanen. In: Ders. (Hg.): Verletzbarkeit des Humanen. Sexualisierte Gewalt an Minderjährigen im interdisziplinären Diskurs. Regensburg 2021, 11–15.

Berry, Jason: Lead us Not into Temptation. Catholic Priests and the Sexual Abuse of Children. New York 1992.

Bistum Dresden-Meißen: Pressemitteilung. 11. Mai 2023. Online unter: https://www.bistum-dresden-meissen.de/aktuelles/interdioezesane-kommission-zur-aufarbeitung-sexuellen-missbrauchs-hat-sich-konstituiert (Stand: 19.03.2024).

Bistum Erfurt: Pressemitteilung. 1. November 2021. Online unter: https://www.bistum-erfurt.de/presse_archiv/nachrichtenarchiv/detail/umfassende-und-transparente-aufarbeitung/ (Stand: 19.03.2024).

Bistum Magdeburg: Pressemitteilung. 16. Februar 2022. Online unter: https://www.bistum-magdeburg.de/spiritualitaet-seelsorge/praevention-und-aufarbeitung/aufarbeitungskommission/pressekonferenz-aufarbeitung-webseite.html (Stand: 19.03.2024).

Bistum Münster: Augen auf. Hinsehen und schützen. Informationen zur Prävention von sexualisierter Gewalt an Kindern und Jugendlichen. Stand 1. Mai 2022. Online unter: https://www.bistum-muenster.de/fileadmin/user_upload/Website/Downloads/Rat-Hilfe/Praevention/2022-12-Augen-auf.pdf (Stand 19.03.2024).

Bistum Passau: Pressemitteilung. 24. Juni 2022. Online unter: https://www.bistum-passau.de/artikel/missbrauchsstudie-in-auftrag-gegeben (Stand: 19.03.2024).

Bistum Regensburg: Pressemitteilung. 17. Mai 2021. Online unter: https://bistum-regensburg.de/news/ein-unabhaengiges-gremium (Stand: 19.03.2024).

Brand, Peter-Andreas/Wildfeuer, Sabine: Sexueller Missbrauch an Minderjährigen durch katholische Priester, Diakone und männliche Ordensangehörige im Bereich des Erzbistums Berlin seit 1946. Januar 2021. Online unter: https://www.erzbistumberlin.de/fileadmin/user_mount/PDF-Dateien/Erzbistum/ErzbischofKoch/20210823GutachtenSexuellerMissbrauch.pdf (Stand: 19.03.2024).

Brüntrup, Godehard (Hg.): Unheilige Macht. Der Jesuitenorden und die Missbrauchskrise. Stuttgart 2013.

Commission indépendante sur les abus sexuels dans l'Église: Les violences sexuelles dans l'Église catholique de France 1950–2020. Rapport de la CIASE. 5. Oktober 2021. Online unter: https://www.ciase.fr/rapport-final/ (Stand: 19.03.2024).

Commission of Investigation: Report into the Catholic Archdiocese of Dublin. 2009. Online unter: https://www.gov.ie/en/publication/13804-report-by-commission-of-investigation-into-catholic-archdiocese-of-dublin/ (Stand: 19.03.2024).

Damberg, Wilhelm: Missbrauch. Die Geschichte eines internationalen Skandals. In: Aschmann, Birgit (Hg.): Katholische Dunkelräume. Die Kirche und der sexuelle Missbrauch. Paderborn 2022, 3–22.

Deutsche Bischofskonferenz: Pressemitteilung vom 24. März 2014. Online unter: https://www.dbk.de/presse/aktuelles/meldung/interdisziplinaeres-forschungskonsortium-fuehrt-studie-zum-thema-sexueller-missbrauch-an-minderjaehri (Stand: 19.03.2024).

Deutsche Bischofskonferenz: Pressemitteilung vom 9. Januar 2013. Online unter: https://www.dbk.de/presse/aktuelles/meldung/deutsche-bischofskonferenz-will-kriminologisches-forschungsprojekt-zum-thema-sexueller-missbrauch-mi (Stand: 19.03.2024).

Dill, Helga/Täubrich, Malte/Caspari, Peter/Schubert, Tinka/Hackenschmied, Gerhard/Pinar, Elan/Helming, Elisabeth (Hg.): Aufarbeitung sexualisierter Gewalt im Bistum Essen. Fallbezogene und gemeindeorientierte Analysen. Februar 2023. Online unter: https://www.bistum-essen.de/fileadmin/relaunch/Bilder/Soziales_und_Hilfe/Sexueller_Missbrauch/ipp/IPP_Studie_Bistum_Essen.pdf (Stand: 19.03.2024).

Dreßing, Harald/Salize, Hans Joachim/Dölling, Dieter/Hermann, Dieter/Kruse, Andreas/Schmitt, Eric/Bannenberg, Britta: Forschungsprojekt „Sexueller Missbrauch an Minderjährigen durch katholische Priester, Diakone und männliche Ordensangehörige im Bereich der Deutschen Bischofskonferenz". Projektbericht. 24. September 2018. Online unter: https://www.dbk.de/fileadmin/redaktion/diverse_downloads/dossiers_2018/MHG-Studie-gesamt.pdf (Stand: 19.03.2024).

Endress, Eugen/Villwock, Edgar: Abschlussbericht der Arbeitsgruppe „Machtstrukturen und Aktenanalyse" der GE-Kommission zur Aufarbeitung sexuellen Missbrauchs in der Erzdiözese Freiburg. 11. April 2023. Online unter: https://www.ebfr.de/media/download/variant/1068824/bericht-ag-aktenanalyse.pdf (Stand: 19.03.2024).

Erzbistum Köln: Pressemitteilung. Informationen zum aktuellen Stand der Unabhängigen Untersuchung. 4. November 2020. Online unter: https://www.erzbistum-koeln.de/news/Informationen-zum-aktuellen-Stand-der-Unabhaengigen-Untersuchung/ (Stand: 19.03.2024).

Erzbistum Paderborn: Pressemitteilung. 23. Mai 2023. Online unter: https://www.erzbistum-paderborn.de/beratung-hilfe/hilfe-bei-missbrauch/aufarbeitung/ (Stand: 19.03.2024).

Fegert, Jörg Michael: Empathie statt Klerikalismus. Chancen und Grenzen externer Unterstützung bei der Auseinandersetzung mit sexuellem Missbrauch. In: Stimmen der Zeit 144 (2019), 189–204.

Ders./Stein, Wolfgang/Zollner, Hans: Betroffenenbeteiligung. Zur Partizipation von Opfern sexueller Gewalt an Aufarbeitungsprozessen. In: Stimmen der Zeit 148 (2023). 13–25.

Frings, Bernhard/Großbölting, Thomas/Große Kracht, Klaus/Powroznik, Natalie/Rüschenschmidt, David: Macht und sexueller Missbrauch in der katholischen Kirche. Betroffene, Beschuldigte und Vertuscher im Bistum Münster seit 1945. Freiburg i. Br. 2022.

Online unter: https://www.uni-muenster.de/imperia/md/content/wwu/journalisten/macht_und_sexueller_missbrauch_im_bistum_muenster.pdf (Stand: 19.03.2024).

Frings, Bernhard/Löffler, Bernhard: Der Chor zuerst – Institutionelle Strukturen und erzieherische Praxis der Regensburger Domspatzen 1945 bis 1995. Regensburg 2019.

Gilles, Beate/Kopp, Matthias: Zentrale Maßnahmen der katholischen Kirche in Deutschland im Zusammenhang mit sexuellem Missbrauch an Minderjährigen im kirchlichen Bereich seit Januar 2010. Online unter: https://www.dbk.de/fileadmin/redaktion/diverse_downloads/dossiers_2019/Massnahmen-gegen-sex-Missbrauch_2010-2019.pdf (Stand: 19.03.2024).

Goertz, Stephan/Ulonska, Herbert (Hg.): Sexuelle Gewalt: Fragen an Kirche und Theologie. Berlin/Münster 2010.

Gov.ie: Report of the Commission to Inquire into Child Abuse. The Ryan Report. 2009. Online unter: https://www.gov.ie/en/publication/3c76d0-the-report-of-the-commission-to-inquire-into-child-abuse-the-ryan-re/ (Stand: 14.03.2024).

Großbölting, Thomas: Die schuldigen Hirten. Geschichte des sexuellen Missbrauchs in der katholischen Kirche. Freiburg i. Br. 2022.

Haase, Lena/Raphael, Lutz: Sexueller Missbrauch an Kindern und Jugendlichen im Bistum Trier in der Amtszeit Bernhard Steins (1967–1981). Zwischenbericht des Projekts „Sexueller Missbrauch von Minderjährigen sowie hilfs- und schutzbedürftigen erwachsenen Personen durch Kleriker/Laien im Zeitraum von 1946 bis 2021 im Verantwortungsbereich der Diözese Trier: eine historische Untersuchung. November 2022. Online unter: https://www.aufarbeitungskommission.bistum-trier.de/fileadmin/user_upload/Benutzer/internet-redaktion/Studie_Bischof_Stein_Zwischenbericht2022.pdf (Stand: 19.03.2024).

Hack, Tobias: Delicta contra sextum. Moraltheologische Analyse einer problematischen Handlungsklassifizierung. In: Meckel, Thomas/Pulte, Matthias: Das neue kirchliche Strafrecht zwischen Kontinuität und Diskontinuität (Kirchen- und Religionsrecht 36). Münster 2023, 73–98.

Hackenschmied, Gerhard/Caspari, Peter/Paul, Christa/Straus, Florian/Mraß, Ulrike/Meyer, Sebastian: Aufklärung und Aufarbeitung sexualisierter Gewalt im Bistum Hildesheim während der Amtszeit von Bischof Heinrich Maria Janssen. Abschlussbericht der Expertengruppe zum Projekt „Wissen Teilen", 2 Bde. 24. September 2021. Online unter: https://www.bistum-hildesheim.de/fileadmin/dateien/PDFs/missbrauch/pk-20210914/Hildesheim_Band_II.pdf (Stand: 19.03.2024).

Haslbeck, Barbara/Heyder, Regina/Leimgruber, Ute/Sandherr-Klemp, Dorothee (Hg.): Erzählen als Widerstand. Berichte über spirituellen und sexuellen Missbrauch an erwachsenen Frauen in der katholischen Kirche. Münster 2020.

Hoff, Gregor Maria: Vertrauensbruch. Zur theologischen Bedeutung des systemischen Missbrauchs. In: Herder Korrespondenz 12/2021, 21–24.

Johannes Paul II.: Motu proprio „Sacramentum sanctitatis tutela" vom 30. April 2001. In: Acta Apostolicae Sedis 93 (2001), 737–739.

Kanzlei Gerke, Rechtsanwaltskanzlei Gercke – Wollschläger: Gutachten. Pflichtverletzungen von Diözesanverantwortlichen des Erzbistums Köln im Umgang mit Fällen sexuellen Missbrauchs von Minderjährigen und Schutzbefohlenen durch Kleriker oder sonstige pastorale Mitarbeitende des Erzbistums Köln im Zeitraum von 1975 bis 2018.

Verantwortlichkeiten, Ursachen und Handlungsempfehlungen. 18. März 2021. Online unter: https://mam.erzbistum-koeln.de/m/2fce82a0f87ee070/original/Gutachten-Pflichtverletzungen-von-Diozesanverantwortlichen-im-Erzbistum-Koln-im-Umgang-mit-Fallen-sexuellen-Missbrauchs-zwischen-1975-und-2018.pdf (Stand: 19.03.2024).

Katholisch Theologische Fakultät der Universität Münster: Projekt „Geistlicher Missbrauch in Geistlichen Gemeinschaften". Online unter: https://www.uni-muenster.de/FB2/gm_projekt/ (Stand: 19.03.2024).

Katholisch-Theologische Fakultät: Katholisch-Theologische Fakultät distanziert sich von Ehrendoktorwürde für Bischof Reinhard Lettmann. Online unter: https://www.uni-muenster.de/FB2/aktuelles/ehrenpromotion_lettmann.html (Stand: 19.03.2024).

Katholisch-Theologische Fakultät der Universität Münster: Pressemitteilung. Online unter: https://www.uni-muenster.de/FB2/aktuelles/Ausstellung_Betroffene_zeigen_Gesicht.html (Stand: 19.03.2024).

Katsch, Matthias: Damit es aufhört. Vom befreienden Kampf der Opfer sexueller Gewalt in der Kirche. Berlin 2020, 45–81.

Kommission zur Aufarbeitung des sexuellen Missbrauchs in der Diözese Rottenburg-Stuttgart. Online unter: https://ak.drs.de/index.html (Stand: 19.03.2024).

Kongregation für die Glaubenslehre: Normae de gravioribus delictis, 21. Mai 2010. In: Acta Apostolicae Sedis 102 (2010), 419–430.

Kongregation für die Glaubenslehre: Vademecum zu einigen Fragen in den Verfahren zur Behandlung von Fällen sexuellen Missbrauchs Minderjähriger durch Kleriker. Online unter: https://www.vatican.va/roman_curia/congregations/cfaith/documents/rc_con_cfaith_doc_20200716_vademecum-casi-abuso_ge.html (Stand: 19.03.2024).

Löbbert, Raoul/Löwisch, Georg: Der Mann, der Merkel täuschte. In: Christ und Welt 47 vom 8. November 2023. Online unter: https://www.zeit.de/2023/47/missbrauchsskandal-katholische-kirche-staatliche-aufarbeitung (Stand: 19.03.2024).

Loretan, Adrian (Hg.): Machtmissbrauch und sexuelle Gewalt in der Kirche. Beiträge aus Rechtswissenschaft und Theologie (ReligionsRecht im Dialog 33). Wien/Zürich/Münster 2023.

Lüdecke, Norbert: Sexueller Missbrauch von Kindern und Jugendlichen durch Priester aus kirchenrechtlicher Sicht. In: Münchener Theologische Zeitschrift 62 (2011), 33–66.

Ders.: Warum erst 2010? Hinweise und Anfragen zur Vorgeschichte eines Skandaljahres der Kirche in Deutschland. In: Anuth, Bernhard/Dennemarck, Bernd/Ihli, Stefan (Hg.): „Von Barmherzigkeit und Recht will ich singen" (FS Andreas Weiß; Eichstätter Studien 84). Regensburg 2020, 353–379.

Metz, Johann Baptist: Im Angesicht der Juden. Christliche Theologie nach Auschwitz. In: Concilium 20 (1984), 382–289.

N. N.: Chronologie der Ereignisse. In: Hallay-Witte, Mary/Janssen, Bettina (Hg.): Schweigebruch. Vom sexuellen Missbrauch zur institutionellen Prävention. Freiburg i. Br. 2016, 299–305.

Pape, Julia: „Kann man Exegese heute noch so betreiben wie vor 2010?". Online unter: https://www.uni-muenster.de/FB2/aktuelles/IBET/bericht_toxische_bibelhermeneutiken2024.html (Stand: 19.03.2024).

Papst Franziskus: Apostolische Konstitution „Pascite gregem Dei“ vom 23. Mai 2021. In: Acta Apostolicae Sedis 113 (2021), 534–637.
Ders. Motu proprio „Come una madre amorevole“ vom 4. Juni 2016. In: Acta Apostolicae Sedis 108 (2016), 715–717.
Ders.: Motu proprio „Vos estis lux mundi“ vom 25. März 2023. Online unter: https://www.vatican.va/content/francesco/de/motu_proprio/documents/20230325-motu-proprio-vos-estis-lux-mundi-aggiornato.html (Stand: 19.03.2024).
Peterson, Michael/Mounton, Ray/Doyle, Thomas P.: The Problem of Sexual Molestation by Roman Catholic Clergy. Meeting the Problem in a Comprehensive and Responsible Manner, 1985. Online unter: https://www.documentcloud.org/documents/1216510-doyle-mouton-peterson-report-1985 (Stand: 19.03.2024).
Priesching, Nicole/Kleinehagenbrock, Frank: Missbrauchsforschung als Thema der Zeitgeschichte. In: Historisches Jahrbuch 143 (2023), 423–444.
Prüller-Jagenteufel, Gunter/Treitler, Wolfgang (Hg.): Verbrechen und Verantwortung. Sexueller Missbrauch von Minderjährigen in kirchlichen Einrichtungen (Katholizismus im Umbruch 13). Freiburg i. Br. 2021.
Rau, Matthias/Breiling, Lisanne/Rettenberger, Martin: Regensburger Aufarbeitungsstudie. Sozialwissenschaftliche Analysen und Einschätzungen zur Gewalt bei den Regensburger Domspatzen 1945 bis 1995 (BM-Online. Elektronische Schriftenreihe der Kriminologischen Zentralstelle Wiesbaden 18). 2019. Online unter: https://www.krimz.de/fileadmin/dateiablage/E-Publikationen/BM-Online/bm-online18.pdf (Stand: 19.03.2024).
Rechtsanwaltskanzlei Westpfahl – Spilker – Wastl: Sexueller Missbrauch Minderjähriger und erwachsener Schutzbefohlener durch Kleriker sowie hauptamtlich Bedienstete im Bereich der Erzdiözese München und Freising von 1945 bis 2019. Verantwortlichkeiten, systemische Ursachen, Konsequenzen und Empfehlungen. 20. Januar 2022. Online unter: https://westpfahl-spilker.de/wp-content/uploads/2023/01/WSW-Gutachten-Erzdioezese-Muenchen-und-Freising-vom-20.-Januar-2022.pdf (Stand: 19.03.2024).
Rechtsanwaltskanzlei Westpfahl – Spilker – Wastl: Sexueller Missbrauch Minderjähriger und erwachsener Schutzbefohlener durch Kleriker im Bereich des Bistums Aachen im Zeitraum 1965 bis 2019. Verantwortlichkeiten, systemische Ursachen, Konsequenzen und Empfehlungen. 9. November 2020. Online unter: https://westpfahl-spilker.de/wp-content/uploads/2020/11/Gutachten_Bistum_Aachen.pdf (Stand: 19.03.2024).
Reisinger, Doris: (Hg.): Gefährliche Theologien. Wenn theologische Ansätze Machtmissbrauch legitimieren. Regensburg 2021.
Dies.: Missbrauch von Menschen oder Missbrauch von Macht? Zur fundamentalen Bedeutung eines personenbezogenen Verständnisses von spirituellem Missbrauch. In: Lebendige Seelsorge 74/2 (2023), 146–151.
Dies.: Religiöse Eigenlogik und ihre Konsequenzen. Eine Analyse der katholischen Mehrdeutigkeit des Missbrauchsbegriff. In: Dies. (Hg.): Gefährliche Theologien. Wenn theologische Ansätze Machtmissbrauch legitimieren. Regensburg 2021, 58–76.
Dies.: Spiritueller Missbrauch in der katholischen Kirche. Freiburg i. Br. 2019.
Dies.: Wenn theologisch begründete Macht gefährlich wird. Interdisziplinäre Denkschneisen. In: Dies. (Hg.): Gefährliche Theologien. Wenn theologische Ansätze Machtmissbrauch legitimieren. Regensburg 2021, 7–15.

REMENYI, Matthias/SCHÄRTL, Thomas (Hg.): Nicht ausweichen. Theologie angesichts der Missbrauchskrise. Regensburg 2019.

RINSER, Laura/STREB, Judith/DUDECK, Manuela: Abschlussbericht. Aufarbeitung und Dokumentation des sexuellen Missbrauchs von katholischen Priestern und anderen im Dienst der katholischen Kirche stehenden Personen an Minderjährigen in Mecklenburg von 1946 bis 1989. 24. Februar 2023. Online unter: https://www.uniklinik-ulm.de/fileadmin/default/Kliniken/Forensische-Psychiatrie/Abschlussbericht_Final.pdf (Stand: 19.03.2024).

ROSSETTI, Stephen Joseph: A Tragic Grace. The Catholic Church and child sexual abuse. Collegeville 1996.

DERS. (Hg.): Slayer of the Soul. Child Sexual Abuse and the Catholic Church. [ohne Ort] 1990 [dt. Übersetzung: Sexueller Missbrauch Minderjähriger in der Kirche. Psychologische, seelsorgliche und institutionelle Aspekte, hg. von Wunibald MÜLLER und üs. von Anke Braun, Mainz 1996].

ROYAL COMMISSION INTO INSTITUTIONAL RESPONSES TO CHILD SEXUAL ABUSE: Final Report, Bd. 16: Religious Institutions. 2017. Online unter: https://www.childabuseroyalcommission.gov.au/religious-institutions (Stand: 19.03.2024).

SALIZE, Hans Joachim/DREßING, Harald: Von der Aufklärung zur Aufarbeitung des sexuellen Missbrauchs. Die MHG-Studie und ihre Rezeption. In: BAHNE, Thomas (Hg.): Verletzbarkeit des Humanen. Sexualisierte Gewalt an Minderjährigen im interdisziplinären Diskurs. Regensburg 2021, 172–188.

SANDER, Hans Joachim: Anders glauben, nicht trotzdem. Sexueller Missbrauch der katholischen Kirche und die theologischen Folgen. Ostfildern 2021.

SAUTERMEISTER, Jochen/ODENTHAL, Andreas (Hg.): Ohnmacht. Macht. Missbrauch. Theologische Analysen eines systematischen Problems. Freiburg i. Br. 2021.

SCHMIESING, Jürgen/SCHULTE-NÖLKE, Hans/WESTPHAL, Siegrid: Betroffene – Beschuldigte – Kirchenleitung. Sexualisierte Gewalt an Minderjährigen sowie schutz- und hilfsbedürftigen Erwachsenen durch Kleriker im Bistum Osnabrück seit 1945. Zwischenbericht: Pflichtverletzungen der Bistumsleitung. 2022 [überarbeitete Fassung vom 26. Mai 2023]. Online unter: https://www.s-gewalt.uni-osnabrueck.de/fileadmin/documents/public/PDFs/Zwischenbericht_Stand_18.03.2024.pdf (Stand: 19.03.2024).

SCHMITZ, Martin: „Weil ich katholisch war!" – Über das Versagen der Kirche – Bericht eines Betroffenen. In: Thema Jugend. Zeitschrift für Jugendschutz und Erziehung 3/2020, 6–8.

STAATSSEKRETARIAT: Statut der Päpstlichen Kinderschutzkommission, 21. April 2015. In: Acta Apostolicae Sedis 107 (2015), 564–567.

STRIET, Magnus/WERDEN, Rita (Hg.): Unheilige Theologie! Analysen angesichts sexueller Gewalt gegen Minderjährige durch Priester (Katholizismus im Umbruch 9). Freiburg i. Br. 2019.

STRIET, Magnus/WERDEN, Rita: Vorwort. In: DIES. (Hg.): Unheilige Theologie. Analysen angesichts sexueller Gewalt gegen Minderjährige durch Priester. (Katholizismus im Umbruch 9). Freiburg i. Br. 2019, 7–14.

TERRY, Karen J./LELAND SMITH, Magret/SCHUTH, Katarina/KELLY, James R./VOLLMAN, Brenda/MASSEY, Christina: The Causes and context of Sexual Abuse of Minors by Catholic Priests in the United States 1950–2010. New York 2011. Online unter: https://www.usccb.org/sites/default/files/issues-and-action/child-and-youth-protection/upload/The-Causes-and-Context-of-Sexual-Abuse-of-Minors-by-Catholic-Priests-in-the-United-States-1950-2010.pdf (Stand: 19.03.2024).

U. S. Conference of Catholic Bishops: The Nature and Scope of the Problem of Sexual Abuse of Minors by Catholic Priests and Deacons in the United States: A Research Study Conducted by the John Jac College of Criminal Justice. Washington D. C. 2004. Online unter: https://www.usccb.org/sites/default/files/issues-and-action/child-and-youth-protection/upload/The-Nature-and-Scope-of-Sexual-Abuse-of-Minors-by-Catholic-Priests-and-Deacons-in-the-United-States-1950-2002.pdf (Stand: 19.03.2024).

UBSKM/Deutsche Bischofskonferenz: Gemeinsame Erklärung „über verbindliche Kriterien und Standards für eine unabhängige Aufarbeitung von sexuellem Missbrauch in der Katholischen Kirche in Deutschland" vom 28. April 2020. Online unter: https://beauftragte-missbrauch.de/fileadmin/user_upload/200428_Gemeinsame_Erklaerung_UBSKM_Dt.Bischofskonferenz.pdf (Stand: 19.03.2024).

Unabhängige Aufarbeitungskommission der Diözese Eichstätt. Online unter: https://www.uak-eichstaett.de/startseite/ (Stand: 19.03.2024).

Unabhängige Beauftragte für Fragen des sexuellen Kindesmissbrauchs: Definition von Kindesmissbrauch. Online unter: https://beauftragte-missbrauch.de/themen/definition/definition-von-kindesmissbrauch (Stand: 19.03.2024).

Unabhängige Kommission zur Aufarbeitung des sexuellen Missbrauchs in der Erzdiözese Bamberg: Jahresbericht 2022. Online unter: http://www.kommission-bamberg.de/dokumente/UK-Erzbistum-Bamberg_Jahresbericht_2022.pdf (Stand: 19.03.2024).

Unabhängige Kommission zur Aufarbeitung des sexuellen Missbrauchs im Bistum Speyer: Pressemitteilung. 14. März 2023. Online unter: https://www.bistum-speyer.de/news/nachrichtenansicht/?tx_ttnews%5Btt_news%5D=32825&cHash=b6979e26f5c39e648b1bff16359c385c (Stand: 19.03.2024).

Unabhängige Kommission zur Aufarbeitung des sexuellen Missbrauchs in der Diözese Würzburg: Pressemitteilung. 29. November 2022. Online unter: https://ukam-wue.de/Pressemitteilungen.html?file=files/Pressemitteilungen-aktuell/Pressemitteilung_der_UKAM_Wuerzburg_29-11-2022.pdf (Stand: 19.03.2024).

Weber, Ulrich/Baumeister, Johannes: Erfahren. Verstehen. Vorsorgen. Studie zu Taten gegen die sexuelle Selbstbestimmung seit 1945 im Verantwortungsbereich des Bistums Mainz. 3. März 2023. Online unter: https://www.uw-recht.org/images/230327%20Bericht%20EVV_Druck.pdf (Stand: 19.03.2024).

Dies.: Vorfälle von Gewaltausübung an Schutzbefohlenen bei den Regensburger Domspatzen. Untersuchungsbericht. 18. Juli 2017. Online unter: https://www.uw-recht.org/images/Abschlussbericht_Domspatzen.pdf (Stand: 19.03.2024).

Wolf, Hubert: Macht-Missbrauch im Männerbund. Zur Geschichte der vielleicht tiefsten Krise der katholischen Kirche. In: Prüller-Jagenteufel, Gunter/Treitler, Wolfgang (Hg.): Verbrechen und Verantwortung. Sexueller Missbrauch von Minderjährigen in kirchlichen Einrichtungen (Katholizismus im Umbruch 13). Freiburg i. Br. 2021, 21–44.

ANSTÖßE FÜR DIE AUFARBEITUNG

Der Schatten der Institution
DOI 10.17438/978-3-402-12324-9

„Meine Herren, Sie sind eine Schande für die Menschlichkeit. Sie haben die göttliche Verpflichtung verletzt, das Leben und die Menschenwürde des einzelnen zu schützen – und das ist der innerste Kern Ihrer Institution."[1]

Humpty Dumpty im Tempel des Herrn

Erfahrungen sexualisierter Machtausübung im kirchlichen Kontext und Forderungen an eine präventive Theologie[2]

KARL HAUCKE

Abstract

Ausgehend von einem persönlichen Bericht, der die verheerenden Folgen von sexuellem Missbrauch durch kirchliche Amtsträger aufzeigt, werden das spezifische Klima der katholischen Kirche, das solche Verbrechen und deren Vertuschung ermöglicht hat, sowie die institutionalisierten Strukturen, die Missbrauch fördern, thematisiert. Ein tiefgreifendes Umdenken und strukturelle Reformen innerhalb der Kirche sind daher notwendig, um Missbrauch zu verhindern und aufzuarbeiten. Der Beitrag schließt mit konkreten Forderungen an eine präventive Theologie, die die Kirche zu einer echten Anerkennung des Unrechts und zur Verantwortungsübernahme bewegen soll: Ein eindringlicher Appell für Gerechtigkeit und Veränderung im Umgang mit sexualisierter Gewalt in der katholischen Kirche.

Based on a personal account that shows the devastating consequences of sexual abuse by church officials, the specific climate of the Catholic Church that has enabled and covered up such crimes, as well as the institutionalised structures that promote abuse, are addressed.

1 DEVAUX, François: Gründer der Vereinigung „La Parole Liberée" bei der Präsentation des Abschlussberichtes an die Kirchenleitung, (Abschlussbericht der Unabhängigen Untersuchungskommission zu sexuellem Missbrauch in der katholischen Kirche Frankreichs). Zitiert nach: BRÜGGEMANN, Alexander: Ein Desaster für die Kirche. Online unter: https://www.kath.ch/newsd/ein-desaster-fuer-die-kirche/ (Stand:19.03.2024).

2 Überarbeitete Fassung des Einführungsvortrages der Veranstaltung „Der Schatten der Institution. Studientag der Katholisch-Theologischen Fakultät der Universität Münster zu sexualisierter Gewalt in der Kirche, 26.–27. April 2023. Für den Druck wurde der Vortragsstil beibehalten, ebenso die thetische Zuspitzung einiger Abschnitte.

A profound rethink and structural reforms within the church are therefore necessary in order to prevent and deal with abuse. The article concludes with concrete demands for a preventative theology that should encourage the church to genuinely recognise the injustice and take responsibility: An urgent appeal for justice and change in dealing with sexualised violence in the Catholic Church.

Sehr geehrte Überlebende sexualisierter Gewalt,
sehr geehrte Damen und Herren,
„*Als Gregor Samsa eines Morgens aus unruhigen Träumen erwachte, fand er sich in seinem Bett zu einem ungeheuren Ungeziefer verwandelt.*“[3]

Niemand wird es wagen, die Kirche oder gar das bundesdeutsche Gemeinwesen als Ungeziefer zu bezeichnen. Und doch hat der Zustand, in dem sich weite Teile unserer (und auch der internationalen) Gesellschaft im Jahr 2010 und dann noch einmal in 2018 befanden, etwas Ungeheuerliches an sich, etwas Monströses, etwas Ekelhaftes und Zerstörerisches. Ich verweise hier nur auf den *Missbrauchsskandal* am Canisius-Kolleg in Berlin (2010) und die MHG-Studie.[4]

Der erste Satz aus der Geschichte von Franz Kafka, den wir soeben gehört haben, soll Sie einstimmen auf unser Nachdenken über die Verbrechen gegen die körperliche Unverletzbarkeit und die Menschenwürde Minderjähriger. Ich erzähle im Folgenden über das Spezifische des katholischen Kindseins in bestimmten Kontexten. Ich mute Ihnen dabei zu, dass das Erzählte, je nach *Ihrer* eigenen Biografie, aufregende, verstörende Begriffe oder Ereignisse enthält.

Ich war 11 Jahre alt. Stellen Sie sich bitte einen Moment lang vor: Der kleine Karl, Karlchen wurde er von seinem Erzieher genannt, Karlchen steht im Büro des großen, starken Mannes an der Front des Schreibtisches, auf die Tischfläche gebeugt, den Kopf neben dem stets aufgeschlagenen Gebetbuch. Er zuckt zusammen als das kleine, scharfkantige Holzkreuz in ihn eindringt, und später auch die Erektion des Erwachsenen. Der Priestertäter sagt danach, es gehe um Reinheit. Gott mache mit dem, was weh tue, ein Geschenk. Gott wolle damit sagen: „Lasse den Schmerz zu, dann wird ein besserer Mensch aus Dir.“

Sind Sie noch in der Situation? Hier geschieht etwas Elementares. Ein Mensch setzt sich über die Verletzlichkeit eines anderen, über *Ihre* Verletzlichkeit hinweg. *Sie* sind ausgeliefert. *Sie* können nicht über sich bestimmen. Viele Menschen sind im Haus, aber Sie wissen: Niemand wird kommen. Das, was der Mann da tut, das tut er in dem Bewusstsein: Er darf es. Es ist ihm von Gott erlaubt. Und Sie wissen:

3 Kafka, Franz: Die Verwandlung. Stuttgart 2017, 5.
4 Dreßing, Harald u. a.: Sexueller Missbrauch an Minderjährigen durch katholische Priester, Diakone und männliche Ordensangehörige im Bereich der Deutschen Bischofskonferenz. Mannheim/Heidelberg/Gießen, 2018. Online unter: https://www.dbk.de/fileadmin/redaktion/diverse_downloads/dossiers_2018/MHG-Studie-gesamt.pdf (Stand: 19.03.2024).

Morgen muss *ich* das, was hier geschieht, ihm selbst erzählen, im Beichtstuhl. Und dann wird er mir vorrechnen, wofür ich welche Buße tun muss. Und ich weiß jetzt schon, woraus diese Buße besteht.

Meine Damen und Herren, Sie sollten jetzt wieder einatmen. Es gab Jahrzehnte lang keinen Grund zur Aufregung. Denn was Karlchen da erlebt hat, war in gewissem Sinne ein Normalzustand. Es war ein regelkonformer Zustand, zumindest was den Umgang mit dem Kind angeht. Einen Regelverstoß begeht der Erwachsene allenfalls gegen das sechste Gebot oder im Falle des Priesters gegen den Zölibat.

Über diesen Normalzustand, über dieses Klima, in dem es normal war, mit priesterlicher Macht ausgestattet gegen jede Menschlichkeit zu verstoßen, und zwar nicht in Einzelfällen, werden wir im Rahmen der Studientage sprechen. Ich werde dabei (erstens) versuchen darzulegen, dass dieses institutionelle Klima, das Voraussetzung und Bestandteil der Verbrechen ist, heute noch ähnlich würdeverletzend ist wie vor 50 Jahren, als Karlchen auf dem Opfertisch lag. Ich werde (zweitens) versuchen, strukturelle und individuelle Aspekte zu beschreiben, deren Beziehungsmuster, Erlebnisqualitäten und Haltungen in jenen kirchlichen Institutionen kennzeichnend waren, die ich erlebt habe. Dazu gehören das selbstreferentielle System der Macht, die Beichte, das Priesteramt. Drittens und abschließend unternehme ich den Versuch, einige Wünsche für ein reparierendes oder auch vorbeugendes Denken aus meiner Sicht, also aus Betroffenenperspektive, an das mir bisher abstrakt gebliebene *Wesen Theologie* heranzutragen.

Ein System aus Macht und Schweigen – persönliche Erfahrungen mit den strukturellen Ermöglichungsfaktoren in der Kirche

Fangen wir mit dem Klima an:

- Wir leben in einer Zeit, in der folgende Aktennotiz eines führenden Kirchenmitarbeiters über einen Mehrfachtäter sexueller Gewalt unwidersprochen bleibt: „Ich habe ihn jetzt erstmal in Exerzitien geschickt, damit er sein Leben ordnen kann." Ein Satz, der sich um das Wohlergehen des Täters dreht. Auch im weiteren Schreiben findet sich keine Einfühlung, kein Fünkchen Empathie für den kleinen Menschen, dem da Gewalt angetan wurde. Da herrscht Eiseskälte.
- Wir leben in einer Zeit, in der Kardinal Marc Ouellet, Mitglied der Kurie in Rom, ungestraft höhnen kann von den „*sogenannten* systemischen Ursachen"[5] und damit mehr oder weniger unverdeckt das Attribut *sogenannt* auch dem Missbrauch zuschreiben kann.[6]

5 Hervorhebung im Original.

6 SCHLEGELMILCH, Renardo: Betroffene kritisieren Aussagen von Kardinal Ouellet. Interview mit Johannes Norpoth. Online unter: https://www.domradio.de/artikel/betroffene-kritisieren-aussagen-von-kardinal-ouellet (Stand: 19.03.2024).

- Wir leben in einer Zeit, in der Bischof Genn hier in Münster ohne Widerspruch sich zum Opfer stilisieren kann. Ich zitiere: „Ein Grund, warum *wir* vom sexualisierten Missbrauch so betroffen sind, ist, dass verkündetes und gelebtes Wort auseinanderdriften". Das Wort, erklärt der Bischof, „braucht Authentizität, Ehrlichkeit und Deckungsgleichheit."[7]
- Wir leben in einer Zeit, in der Erzbischof Zollitsch bei seiner amüsierten Haltung ertappt wird, dass er in diesem oder jenem Dorf da drüben auch noch „einen versteckelt"[8] hat – er meint einen Sexualverbrecher und er sagt das ungerührt angesichts der Qual der Kinder.[9]
- Wir leben in einer Zeit der ritualisierten Unwahrheit. Denn es ist trügerisch und betrügerisch, dass die Kirchenoberen im katholischen Bereich uns immer wieder die 3.677 Opfer, welche die MHG-Studie explizit nennt, als endgültige Zahl verkaufen.[10] Wir wissen alle, dass dies nur jene Betroffenen sind, zu denen die Bistümer Akten zur Verfügung gestellt haben. Wir haben, wenn endlich eine Dunkelfeldstudie in der toxischen Institution Kirche möglich wird, ähnlich wie in Frankreich mit mehr als 300.000 – in Worten: Dreihunderttausend – von Priestern und Kirchenmitarbeitern vergewaltigten Kindern zu rechnen.
- Das Klima in der katholischen Kirche ist nach wie vor geprägt von rigoroser Triebunterdrückung – das beklagt sogar Bischof Genn, wenn er „auf die verheerenden Auswirkungen einer rigiden Sexualmoral"[11] hinweist.
- Die „Schuldigen Hirten"[12], wie Thomas Großbölting sie in seiner historischen Untersuchung nennt, haben ihr Christenvolk in eine metaphysische Obdachlosigkeit entlassen. Wegschauen, Schulterzucken, Schamlosigkeit und Erschütterungsgetöse sind zentrale Merkmale des derzeitigen Klimas.
- Es darf nicht unerwähnt bleiben: In unserer Zeit arbeiten viele der Gutachten über den Umgang mit sexualisierter Gewalt in deutschen Bistümern mit dem Begriff der „Pflichtenkreise"[13], die von Bischöfen, Generalvikaren, Personal-

7 Niewöhner, Gudrun: Bischof weiht Altar in Groß Reken. Online unter: https://www.bistum-muenster.de/startseite_aktuelles/newsuebersicht/news_detail/bischof_weiht_altar_in_gross_reken (Stand: 19.03.2024). Hervorhebung im Original.

8 Zoch, Annette: „Dort drüben habe ich auch einen versteckelt". Online unter: https://www.sueddeutsche.de/politik/freiburg-zollitsch-katholische-kirche-missbrauch-1.5806749?reduced=true (Stand: 19.03.2024).

9 Ebd.

10 Die Verfasser der MHG-Studie gehen selbst von einem in erheblichem Maße größeren Dunkelfeld aus; vgl. Dreßing u. a.: Sexueller Missbrauch.

11 Kempis, Stefan von: Missbrauch. Bischof von Münster bittet um Entschuldigung. Online unter: https://www.vaticannews.va/de/kirche/news/2022-06/muenster-genn-missbrauch-bistum-kirche-studie-katholisch.html (Stand: 19.03.2024).

12 Großbölting, Thomas: Die schuldigen Hirten. Geschichte des sexuellen Missbrauchs in der katholischen Kirche. Freiburg i. Br./Basel/Wien 2022.

13 Vgl. z. B. Schmiesing, Jürgen/Schulte-Nölke, Hans/Westphal, Siegrid: Sexualisierte Gewalt an Minderjährigen sowie schutz- und hilfebedürftigen Erwachsenen durch Kleriker

chefs und anderen verletzt wurden. Es ist ein durchgängiges Merkmal dieser Studien: Immer wieder wird die Pflicht der Opferfürsorge verletzt. Da geht es um Verstöße gegen die Pflicht zur zeitangemessenen Hilfe bei Anträgen und Anliegen, gegen die Pflicht zur Beratung und Hilfe, gegen die Pflicht zur Verschwiegenheit und Vertraulichkeit. Da geht es um die nicht eingehaltenen Pflichten zur rechtlichen Begründung bei Entscheidungen, zu wahrheitsgemäßen Äußerungen, zur Ermittlung der Tatsachen von Amts wegen, und sogar gegen den ganz normalen Anstand haben Verantwortliche in den Bistumsleitungen höchst regelmäßig verstoßen. Juristisch ausgedrückt: Gegen die Pflicht zum rücksichtsvollen und höflichen Umgang in angemessener Sprache.
Abgesehen von dieser juristischen Sichtweise haben die Täter und Vertuscher gegen so ungefähr jede ethische Botschaft des Mannes von Nazareth verstoßen, von der Bergpredigt bis zur Räumung des Tempels und seinem Kampf gegen die Pharisäer. Sie an einer theologischen Fakultät werden sehr genau wissen, was ich meine.
- Und schließlich dürfen wir die Tatsache nicht vergessen: Nicht einer, nicht ein einziger der vielgelobten Fortschritte in Aufklärung und Prävention in dieser ganzen Gutachtenhektik wäre ohne die Impulse, Forderungen und Eigeninitiativen der Betroffenen entstanden. Nicht ein einziger.

Alles in allem, meine Damen und Herren, kann das System es nicht mehr verleugnen: Die Angst vor dem vollständigen Verlust der Glaubwürdigkeit grassiert, und gleichzeitig oder gerade deshalb beharrt der Tross der Gewissenlosen in einer Starre des Bloß-nicht-bewegens. Der Synodale Weg hat es gezeigt: Einen macht- und systembesoffenen, christusvergessenen Überbau in einen tragfähigen und zeitfähigen Unterbau zu überführen, daran ist niemand interessiert. Ob Shakespeare vor rund 450 Jahren weitsichtig von der katholischen Kirche sprach, als er sagte: „Von so betörter Furcht ist Schuld erfüllt, dass, sich verbergend, sie sich selbst enthüllt"?[14]

Dieses System, und damit kommen wir zu dem, was für mich als Kind Normalität war, dieses System war total im Sinne Goffmanns,[15] der Ähnliches für die Situation Betroffener in Heimen sowie Gesundheits- und Pflegeeinrichtungen nachgewiesen hat.

im Bistum Osnabrück seit 1945. Zwischenbericht: Pflichtverletzungen der Bistumsleitung. https://www.s-gewalt.uni-osnabrueck.de/fileadmin/documents/public/PDFs/Zwischenbericht_Stand_26.05.2023.pdf (Stand: 19.03.2024).

14 Shakespeare, William: Hamlet. Prinz von Dänemark. In: Deutsche Shakespeare-Gesellschaft (Hg.): Shakespeares dramatische Werke nach der Übersetzung von August Wilhelm Schlegel und Ludwig Tieck. Sorgfältig revidirt und theilweise neu bearbeitet, mit Einleitungen und Noten versehen v. Heinrich Ulrici, Bd. 6, Berlin 1869, 120.

15 Goffmann, Erving: Asyle. Über die soziale Situation psychiatrischer Patienten und anderer Insassen. Berlin [23]2023.

Das Ordensinternat, in dem ich 5 Jahre verbracht habe, funktionierte mit den klassischen Merkmalen: Es war einer einzigen, zentralen Autorität unterworfen, alle Tätigkeiten und sonstigen Lebensäußerungen waren exakt geplant und ihre Abfolge durch explizite Regeln und durch einen Stab von Funktionären vorgeschrieben, alle Lebensäußerungen wurden überwacht, und alles diente dazu, die offiziellen Ziele der Institution zu erreichen. Der einzelne wird von der Gesellschaft isoliert; Goffmann spricht vom bürgerlichen Tod des Individuums, in weiten Teilen der Gesellschaft erforderliche Gewohnheiten können nicht erworben werden. Sie können sich vorstellen, meine Damen und Herren, wie erstaunt ich in späteren Jahren war, als ich einen Teil meiner Kindheit im Buch eines amerikanischen Soziologen beschrieben fand.[16]

Mein Internat bot noch mehr Eigenheiten. Es war ein Haus mit den Merkmalen der gierigen, der greedy Institution. Nach Coser[17] sind die Kennzeichen solcher Einrichtungen allumfassende Ansprüche an die ungeteilte Loyalität zum System. Dies wird nicht erreicht durch Zwang oder körperliche Gewalt, sondern vor allem durch psychischen Druck und soziale Sanktionen.

Beide Merkmalsgruppen, die der totalen und die der gierigen Institution gehören zu den Ermöglichungsbedingungen für sexuellen Missbrauch. Die Gier in Cosers Sinne ist Teil der Pastoralmacht, wie sie nur in selbstrefentiellen Systemen funktioniert. Reisinger[18] und vorher Lüdecke[19] haben die Abwesenheit von Autonomie im selbstreferenziellen System beschrieben (s. Abb. 1 und 2).

Dieses zirkuläre Denken steht in existentiellem Widerspruch zur Liebesbotschaft des Kirchengründers. Es ist diese Systematik, welche den Tätern und später auch den Vertuschern die Sicherheit der Unangreifbarkeit gibt. In diesem System braucht sich niemand zu rechtfertigen. Es ist wie in der Geschichte mit Alice hinter den Spiegeln von Lewis Carrol: Alice begegnet dem Goggelmoggel (engl.: Humpty Dumpty), der ihr verkündet: „Wenn ich ein Wort gebrauche [, …] dann heißt es genau, was ich für richtig halte, nicht mehr und nicht weniger." Als Alice antwortet, es frage sich aber doch, „ob man Wörter etwas anderes heißen lassen kann", antwortet er ihr knapp: „Es fragt sich nur[, …] wer der Stärkere ist, nichts

16 Der Redlichkeit halber sei hier erwähnt, dass der Orden, in dessen Trägerschaft mein Internat lag, derzeit an einem extern verantworteten Aufarbeitungsprozess mitwirkt.

17 Coser, Lewis A.: Greedy Institutions. Patterns of Undivided Commitment. New York 1974.

18 Reisinger, Doris: Religiöse Eigenlogik und ihre Konsequenzen. Eine Analyse der katholischen Mehrdeutigkeit des Missbrauchsbegriffes. In: Dies. (Hg.): Gefährliche Theologien. Wenn theologische Ansätze Machtmissbrauch legitimieren. Regensburg 2021, 58–76.

19 Lüdecke, Norbert: Gläubigkeit und Recht und Freiheit. Kanonistische Thesen zum Pontifikat Johannes Paul II. in ökumenischer Absicht. In: Bock, Wolfgang (Hg.): Gläubigkeit und Recht und Freiheit. Ökumenische Perspektiven des katholischen Kirchenrechts. Weinheim/Göttingen 2006, 25–52.

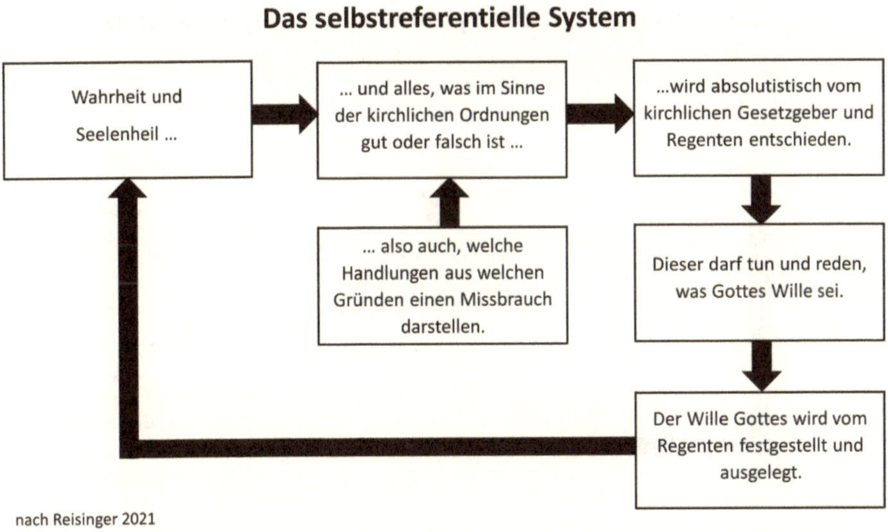

Abbildung 1: Die Abwesenheit von Autonomie im katholischen Denksystem

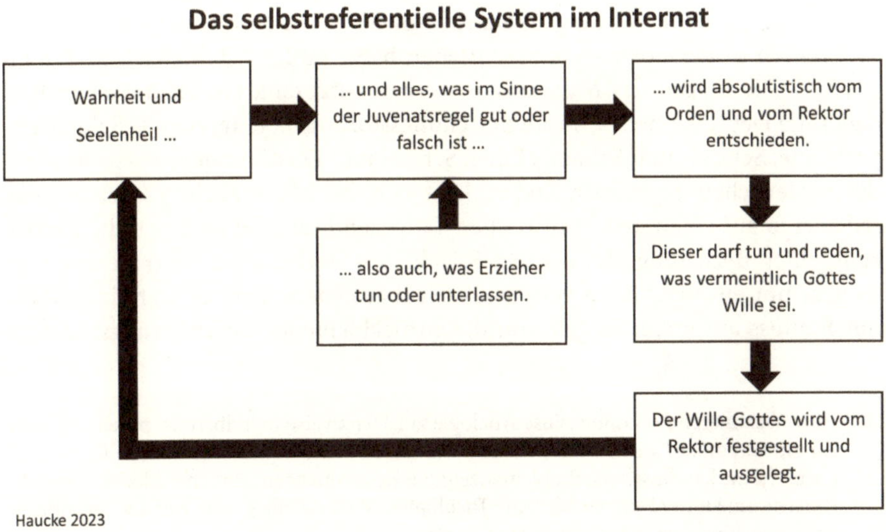

Abbildung 2: Die Abwesenheit von Autonomie auf institutioneller Ebene

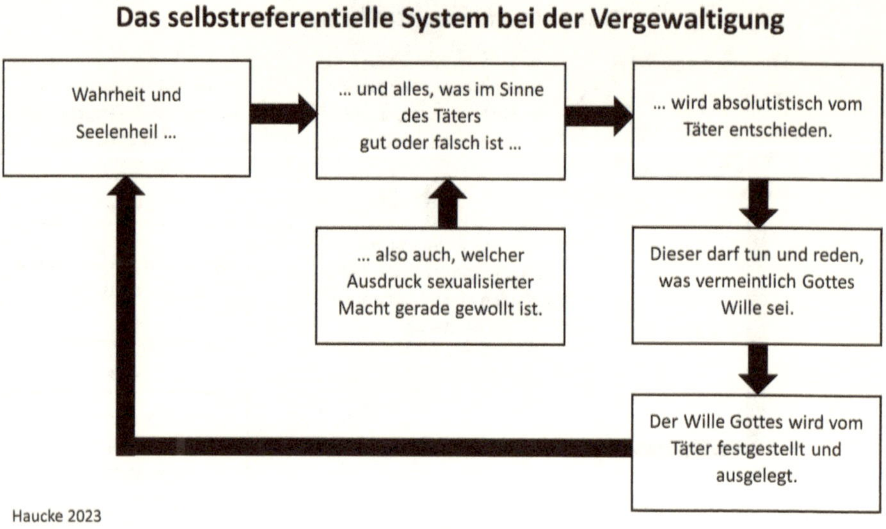

Abbildung 3: Willkür und Unterwerfungszwang als Folge katholischer Denkmuster

weiter."[20] Wer die Deutungsmacht innehat, kann auch die Vergewaltigung und den Zwang zur Unterwerfung als Schritt zum Seelenheil erklären (s. Abb. 3).

Was ich bisher noch nicht beschrieben habe, findet sich vielfach in der Literatur.[21] Die Folgen des Missbrauchs werden aufgezählt als: Häufig lebenslang dauernde Depressionen, schwere Beziehungsstörungen, tiefgreifende Selbstwertprobleme, Schuld- und Schamgefühle, Schlaf- und Essstörungen, Misstrauen anderen Menschen gegenüber. Zudem lässt sich das Missbrauchsgeschehen nicht reduzieren auf einen kriminalistischen Tatbestand. Es geht auch um die Zerstörung einer Beziehung, denn mein Präfekt war vorher eine Vertrauensperson. Es geht um ein mit Füßen getretenes Glaubensleben, denn er war ein Priester mit Einfluss auf mich. Es geht um die zurückbleibende Orientierungslosigkeit.

20 Diese faszinierend schonungslose Analogie zur Denkweise im selbstreferentiellen System Kirche verdanken wir Bernhard Sven Anuth: Anuth, Bernhard Sven: (Voll)macht als Dienst? Eine kanonistische Problemanzeige zu Konsequenzen amtlicher Ekklesiologie. In: Reisinger, Doris (Hg.): Gefährliche Theologien. Wenn theologische Ansätze Machtmissbrauch legitimieren. Regensburg 2021, S. 163 f.

21 Vgl. z. B.: Amann, Gabriele/Wipplinger, Rudolf (Hg.): Sexueller Missbrauch. Überblick zu Forschung, Beratung und Therapie. Ein Handbuch. Vahlen 2005; Andresen, Sabine/Heitmeyer, Wilhelm (Hg.): Zerstörerische Zusammenhänge. Missachtung und sexuelle Gewalt gegen Kinder und Jugendliche in Institutionen. Weinheim/Basel 2012; Rüegger, Peter/Gysi, Jan (Hg.): Handbuch sexualisierte Gewalt. Therapie, Prävention und Strafverfolgung. Göttingen 2017.

Es geht um Brüche in der Bildungsbiografie. All dies und mehr wird überdeckt, wenn wir nur den justitiablen Anteil der Tat und des Täters in den Blick nehmen. Bei mir führte der Verrat zu einer eklatanten, zu einer lebensentscheidenden Unfähigkeit, Vertrauen zu entwickeln – bei Kollegen, bei Freunden, selbst die eigene Familie leidet immer wieder und immer neu unter meiner Unfähigkeit zu vertrauen. Stellen Sie sich das mal vor: Ein Familienleben in brüchigem Vertrauen. Was für ein Kraftakt.

Als ich das Internat verließ, war ich ein Ding. Ein Triptychon aus Angst, Orientierungslosigkeit und Grauen. Dieses dreifach emotionalisierte Bild durfte sich selbst nicht spüren. Ich hielt jedes Lächeln für eine Lüge. Ich kann noch heute keinem Geweihten die Hand geben, ohne zu frieren.

Ich habe diese 5 Jahre mit den mehrfachen Vergewaltigungen in der Woche, ich habe den späteren Suizidversuch, ich habe die letztendlich 15 Monate in der Psychiatrie überlebt. Ich habe das Privileg des zumindest äußerlich menschenwürdigen Weiterlebens, ich habe eine Sprache gefunden für mein Erleben. Ich bin ein Survivor und damit bin ich Zeuge kirchlichen und gesellschaftlichen Versagens.

Und – ich habe ein Recht auf Unversöhnlichkeit. Das allerdings nehmen die amtierenden Bischöfe nicht wahr. Sie erlauben sich den Ruf nach Vergebung (ihr bekanntermaßen selbstverständlicher Reflex auf die Verbrechen ihrer Untergebenen), sie laden uns, sie laden mich zum Bußgottesdienst ein, in ihrem Setting, mit ihren Ritualen, all dies entstammt dem Gestus und dem Kontext unserer Täter. Wie kann man nur so gedankenlos sein? Oder ist es doch die Arroganz der Macht?

Pervertierte Theologie – Beichte, Erbsünde und Priesteramt als Machtmittel des Täters

Über einen bedeutenden Wirkraum für einen kleinen katholischen Jungen haben wir noch nicht gesprochen: Die Beichte. Diese spezifische Form der spirituellen Gewalt und der damit verbundenen Unterwerfung blieb dem kleinen Karlchen nicht erspart. Die katholische Beichte, ohnehin ein invasives Ritual klerikaler Überheblichkeit, wurde von meinem Täter benutzt, um sich von mir alle Details dessen schildern zu lassen, was er mir bei der zurückliegenden Vergewaltigung angetan hatte. Mein pubertierender Sohn hätte früher gesagt: Er hat sich daran aufgegeilt:

„Hast Du gesündigt durch unschamhaftes Verhalten vor anderen? Hast Du Deinen Unterleib gezeigt? Hast Du unkeusche Lust empfunden? Sprich lauter! Hast Du mich angefasst? Wo hast Du mich angefasst?“ Sie kennen solche Fragen aus den früher üblichen sogenannten Beichtspiegeln.

Die am Ende der Beichte auferlegte Buße bestand in einem Bußgang zum Täter, um mich erneuten Übergriffen auszusetzen.

Ich habe offenbar als Kind etwas Grundlegendes nicht verstanden: Wo kommt denn eigentlich die Erbsünde her? Aufgrund der Beichten, die ich vor Pater S. ablegen musste, kam ich zu dem Schluss:

„*Er* macht die Sachen mit mir. *Ich* muss sie beichten. Dann habe ich die Sünde also von *ihm* geerbt. Aber er ist doch Priester. Er sagt doch immer, der liebe Gott habe ihm aufgetragen, ‚*das*' zu tun. Also kommt die Erbsünde letztlich von dem Gott. Oder?"[22]

Die Verwirrung des kleinen Karlchens war komplett. Mein Tagebuch ist voll von dieser Verwirrung.

Könnte die Theologie dem kleinen Karlchen helfen – falls er denn noch Interesse daran hätte?

Verwirrung der gefährlichen, für manche der lebensgefährlichen Art löst auch das Priesteramt aus. Was es mit dem Klerikalismus auf sich hat, ist inzwischen vielseitig beschrieben.

„Klerikalismus ist bei Papst Franziskus durch Hochmut, Selbstbezüglichkeit und Abwertung der anderen charakterisiert. Dieser Gestus der Überlegenheit, religiös aufgeladen und gesellschaftlich akzeptiert, führt natürlich nicht notwendig zu sexuellem Missbrauch, machte ihn aber, zusammen mit einem spezifischen Schweigekartell auf allen Ebenen, lange möglich."[23]

Das bizarr überhöhte Priesterbild, die Immunität gegen Kritik und Zweitmeinungen, der Nimbus der Gottesnähe – dem allen gilt es entgegenzusetzen: Sie sind nichts Besseres, die Herren mit den Weihen, die Brüder in Purpur. Wir müssen uns diese Überhöhung abgewöhnen, diese Erhebung ins Himmelhochheilige, diese sakrale Überhöhung. Mein Täter hat mit seinem Organ nicht nur vergewaltigt, sondern auch gepinkelt. Der Kardinal hat morgens einen Kater, genau wie jeder andere, der am Abend vorher gesoffen hat. Der Generalvikar hat Pickel auf der Nase, wenn er morgens in den Spiegel schaut. Diese Herren sind nicht höher als wir.

Sie sind nicht heiliger als wir. Vor allem sind sie nicht *mehr* Mensch als wir. Mehr Mensch sein als Mensch geht nämlich nicht. Das wusste ich als Kind nicht.

Mir wurde erzählt, der Priester ist der allein Opfernde, der eigentlich mit Christus Leidende. Sein Handwerk stellt Leib und Blut Christi her. In der Folge

22 Karl Haucke: Tagebucheintrag des Vierzehnjährigen, 1965.
23 Jansen, Thomas/Bucher, Rainer: Was ist Klerikalismus? Online unter: https://www.katholisch.de/artikel/18833-was-ist-klerikalismus (Stand: 19.03.2024).

darf er sich uns, dem Christenvolk, in pracht- und machtvollem Priesterbild zeigen. Ich nenne das heute den Automatismus der Selbstheiligung.

Das alles erzeugt Lust und Macht und Machtlust. Auf der anderen Seite erzeugt es Unterlegenheit, Abhängigkeit und Ohnmacht. Bei meiner Mutter hat es verblendete Verherrlichung angestiftet, so strahlend, dass mein Vater, obwohl er von dem Missbrauch wusste, sich nicht traute, der Mutter zu erzählen, was man ihrem Jungen antat. Tatsächlich, mein Täter hatte allein in unserer Familie zwei Opfer. Den Sohn und die Mutter. Das Priesterbild ist nicht die Ursache, aber eine der wesentlichen Ermöglichungsbedingungen für Machtausübung und Gewalt. So lange Priester noch ohne einen Aufschrei der Kollegen behaupten können, in der Eucharistiefeier begegne der Priester Jesus von Angesicht zu Angesicht und werde dabei zu Jesus[24] - so lange werden Verblendung und Verherrlichung der Rezipienten solcher Fantasien die Wirkmacht des Menschen, der eben doch kein Jesus ist, gefährlich machen. Karl Popper beschrieb, man könne „einem Menschen nicht Macht über andere Menschen geben, ohne ihn in Versuchung zu führen, diese Macht zu missbrauchen."[25]

Präventive Theologie – Wünsche, Vorschläge, Forderungen

Meine Damen und Herren, bleibt uns jetzt noch die Frage, ob ich Wünsche an die Theologie habe. Durchaus. Ich beginne einfach mal mit einer Auswahl wahrscheinlich unheiliger Wünsche.

1. Reden Sie mit Ihrer theologischen Kunst bitte den Bischöfen aus, die Interpretationshoheit des richtigen Verstehens, die Deutungshoheit über das *Ob*, das *Wie*, das *wie intensiv*, das *mit welchen Folgen*, das *wie hoch rangiert der Geldwert einer Verletzung* liege bei ihnen, den Vertretern der Täterorganisation. Reden Sie Herrn Voderholzer (Regensburg) aus, er kenne die Tränen der Betroffenen[26] – es sei denn er ist selbst Betroffener; dann ist es Zeit, dass er uns unterstützt, indem er sich sichtbar und explizit auf unsere Seite, auf die Seite der Betroffenen stellt. Mit allen Konsequenzen. An das Forschungsthema, wie hoch denn der Anteil von sexueller Gewalt Betroffener unter Klerikern

24 Altmann, Matthias: Sarah. Eucharistie ist Existenzberechtigung des Priesters. Online unter: https://www.katholisch.de/artikel/23103-sarah-eucharistie-ist-existenzberechtigung-des-priesters (Stand: 19.03.2024).

25 Popper, Karl R.: Das Elend des Historizismus. Tübingen 2003, zitiert nach: Anuth, (Voll) macht, 161.

26 Vgl. Bistum Regensburg: Pressemitteilung zu Redebeiträgen von Bischof Voderholzer bei der Zweiten Synodalversammlung des Synodalen Wegs, 2. Oktober 2021. Online unter: https://bistum-regensburg.de/news/bischof-rudolf-voderholzer-bei-der-zweiten-synodal versammlung-des-synodalen-weges (Stand: 19.03.2024).

sei, hat sich nach meiner zugegeben oberflächlichen Kenntnis noch niemand herangewagt.

2. Papst Benedikt klagte, es sei die Kirche, die leide, weil einige ihrer Diener untreu geworden seien. „Hilfreich sei nicht die eigensinnige Aufdeckung der Schwächen ihrer Diener.“[27] Er schiebt damit Betroffenen die Verantwortung in die Schuhe: Ihre unermüdlichen Bestrebungen, in der Kirche Aufarbeitung voranzutreiben, demonstrierten einen Eigensinn, der sie zu Störfaktoren macht. Diese schamlose Schuldumkehr hat meines Wissens noch kein Verantwortlicher zurückgenommen. Können Sie Theolog:innen das bitte übernehmen?
3. Geben Sie allen kleinen Karlchens dieser Welt eine Antwort auf das quälende Beichtthema: Die Beichte erlaubt alle Fehler. Weil es Gott gibt, ist alles erlaubt. Denn: Jesus hat den Preis für alles bereits bezahlt.[28]
4. Finden Sie für jene, die es nicht können, Alternativen zum Schamgetöse. Jedes Gutachten entlarvt erneut die Verwahrlosung des klerikalen Systems, und die Bistumsverantwortlichen verstecken sich hinter etwas, das sie Scham nennen. Scham *hat* der Mensch nicht einfach. Scham ergreift den Menschen. Mit Haut und Haar. Diese Ganzheitlichkeit, diese Körperlichkeit von Scham ist in den Routinepredigten und hinter den Erleichterungsseufzern über das *Gerade-noch-davongekommen* kaum zu spüren. Wissen Sie: Karlchen, von dem wir heute schon gehört haben, hat so etwas wie ein vormoralisches Empfinden gehabt: Hier ist etwas nicht in Ordnung. Ich hatte kein Wertesystem, um dieses Empfinden einzuordnen. Aber ich wollte vor und nach jedem Gewaltakt unsichtbar sein, verschwinden, völlig spurlos, um nicht sehen zu müssen, was ich nicht einordnen konnte. Bis weit in die ehelichen Beziehungen hinein habe ich mich meiner Körperlichkeit geschämt, ohne zu wissen, woher das kommt. Die „Scham“ der Bischöfe kann ich nicht glauben. Der kirchliche Erlebniskomplex von Scham ist durchsetzt von Konnotationen wie Verbot, Bestrafung, Buße, Verzeihen oder nicht – diese ganze Ethik dreht sich um eine 2000 Jahre lang angereicherte, traumatisierende Denkfigur von Scham. Ich wünsche mir, dass Theologen sich dem Thema neu und anders nähern.
5. Ein weiterer hier zu benennender Wunsch kommt als Forderung daher: Lehren Sie als Theologen und Theologinnen der Kirche eine der zentralen christlichen Botschaften: Gerechtigkeit. Dies beginnt bei der Sprache. Es gilt,

27 Nach: Peetz, Katharina: Die konsequente Orientierung an der Perspektive der Betroffenen. In: Hilpert, Konrad: Sexueller Missbrauch von Kindern und Jugendlichen im Raum Kirche. Analysen – Bilanzierungen – Perspektiven. Freiburg i. Br. 2020, 357–372, hier 361.

28 Der Tagebucheintrag des Vierzehnjährigen dazu grübelt: „Das versteht doch die Kuh von Bruder Johannes nicht!“ (Karl Haucke: Tagebuch des Vierzehnjährigen, 1965). Bruder Johannes gehörte zu den Bewirtschaftern der klösterlichen Landwirtschaft in meiner Internatsumgebung.

die sexualisierte Gewalt nicht als Unglück zu betrachten und zu bezeichnen. Denn für *Unglück* gibt es keinen Täter, keine Verantwortlichen, die beim Kinderschutz versagt haben. Ein Verständnis von Unrecht dagegen weist den Personen, die Rechte anderer verletzt haben, die Verantwortung zu. Wenn nur von der Anerkennung des Leids gesprochen wird, können alle bei der Vorstellung bleiben, dass es sich um ein bedauerliches Unglück handelt. Erst die Anerkennung des Unrechts wird der Realität des Machtmissbrauchs, des Verbrechens gerecht.[29]

6. Darüber hinaus gilt es in das Lehramt und in die pastoralen Ausbildungen einzubeziehen den Einsatz für die Beendung des epistemischen Unrechts, d.h. für die Beendung der gesellschaftlichen Sprachlosigkeit über sexualisierte Gewalt. Es gilt, im Diskurs mit der Öffentlichkeit Begriffe und Ressourcen zu entwickeln, die helfen, Unrecht als solches zu benennen.
   Wenn Kinder und Jugendliche bei Ihren Versuchen, über ihr Gewalterleben zu berichten, nicht angehört oder nicht ernst genommen werden, so erleben sie das als zutiefst ungerecht. Solchem Unrecht, das sich auf das persönliche Wissen von Menschen bezieht, muss auf systemischer Ebene begegnet werden. Erfahrungen wie „Ich habe meiner Mutter ein einziges Mal was gesagt, dann hat meine Mutter, die war streng katholisch, die hat gesagt, ‚Spinn nicht rum‘“[30] nähren Selbstzweifel und Schuldgefühle. Eine Fortsetzung solchen epistemischen Unrechts wird offenbar, wo es um die Anerkennung der lebenslangen Folgen sexueller Gewalt geht. So lange Missbrauch bagatellisiert und seine schädigende Wirkung auf multiplen Ebenen des ganzen Lebens nicht beachtet wird, so lange ein Ausgleich dafür nicht selbstverständlich ist und Betroffene darum kämpfen müssen, so lange gibt es für sie kein Gefühl der Gerechtigkeit. Die Theologie kann mit ihrem Einfluss auf Aus- und Fortbildung im Bereich der Seelsorge und mit ihrem Vertretungsrecht in kirchlichen Gremien einen entscheidenden Beitrag zur Gerechtigkeit leisten.

Ich korrigiere mich: Nicht *Die Theologie kann*. Sie *muss*.

29 Vgl. dazu Kavemann, Barbara u. a: Wege zu mehr Gerechtigkeit nach sexueller Gewalt in Kindheit und Jugend. Unabhängige Kommission zur Aufarbeitung von sexuellem Kindesmissbrauch. Berlin 2022. Online unter: https://www.aufarbeitungskommission.de/mediathek/wege-zu-mehr-gerechtigkeit-nach-sexueller-gewalt-in-kindheit-und-jugend/ (Stand: 19.03.2024).

30 Ebd., 33.

Literaturverzeichnis

ALTMANN, Matthias: Sarah. Eucharistie ist Existenzberechtigung des Priesters. Online unter: https://www.katholisch.de/artikel/23103-sarah-eucharistie-ist-existenzberechtigung-des-priesters (19.03.2024).

AMANN, Gabriele/WIPPLINGER, Rudolf (Hg.): Sexueller Missbrauch. Überblick zu Forschung, Beratung und Therapie. Ein Handbuch. Vahlen 2005.

ANDRESEN, Sabine/HEITMEYER, Wilhelm (Hg.): Zerstörerische Zusammenhänge. Missachtung und sexuelle Gewalt gegen Kinder und Jugendliche in Institutionen. Weinheim/Basel 2012.

ANUTH, Bernhard Sven: (Voll)macht als Dienst? Eine kanonistische Problemanzeige zu Konsequenzen amtlicher Ekklesiologie. In: REISINGER, Doris (Hg.): Gefährliche Theologien. Wenn theologische Ansätze Machtmissbrauch legitimieren. Regensburg 2021, 153–168.

COSER, Lewis A.: Greedy Institutions. Patterns of Undivided Commitment. New York 1974.

DEVAUX, François: Statement der Vereinigung ‚La Parole Liberée' bei der Präsentation Abschlussbericht der Unabhängigen Untersuchungskommission zu sexuellem Missbrauch in der katholischen Kirche Frankreichs. Zit. nach: BRÜGGEMANN, Alexander: Ein Desaster für die Kirche. Online unter: https://www.kath.ch/newsd/ein-desaster-fuer-die-kirche/ (Stand: 19.03.2024).

DREẞING, Harald/SALIZE, Hans Joachim/DÖLLING, Dieter/HERMANN, Dieter/KRUSE, Andreas/SCHMITT, Eric/BANNENBERG, Britta: Sexueller Missbrauch an Minderjährigen durch katholische Priester, Diakone und männliche Ordensangehörige im Bereich der Deutschen Bischofskonferenz. Mannheim/Heidelberg/Gießen, 2018. Online unter: https://www.dbk.de/fileadmin/redaktion/diverse_downloads/dossiers_2018/MHG-Studie-gesamt.pdf (Stand: 19.03.2024).

GOFFMANN, Erving: Asyle. Über die soziale Situation psychiatrischer Patienten und anderer Insassen. Berlin [23]2023.

GROẞBÖLTING, Thomas: Die schuldigen Hirten. Geschichte des sexuellen Missbrauchs in der katholischen Kirche. Freiburg i. Br./Basel/Wien 2022.

JANSEN, Thomas/BUCHER, Rainer: Was ist Klerikalismus? Online unter: https://www.katholisch.de/artikel/18833-was-ist-klerikalismus (Stand: 19.03.2024).

KAVEMANN, Barbara/NAGEL, Bianca/ETZEL, Adrian/HELFFERICH, Cornelia: Wege zu mehr Gerechtigkeit nach sexueller Gewalt in Kindheit und Jugend. Unabhängige Kommission zur Aufarbeitung von sexuellem Kindesmissbrauch. Berlin 2022. Online unter: https://www.aufarbeitungskommission.de/mediathek/wege-zu-mehr-gerechtigkeit-nach-sexueller-gewalt-in-kindheit-und-jugend/ (Stand: 19.03.2024).

KEMPIS, Stefan von: Missbrauch: Bischof von Münster bittet um Entschuldigung. Online unter: https://www.vaticannews.va/de/kirche/news/2022-06/muenster-genn-missbrauch-bistum-kirche-studie-katholisch.html (Stand: 19.03.2024).

LÜDECKE, Norbert: Gläubigkeit und Recht und Freiheit. Kanonistische Thesen zum Pontifikat Johannes Paul II. in ökumenischer Absicht. In: BOCK, Wolfgang (Hg.): Gläubigkeit und Recht und Freiheit. Ökumenische Perspektiven des katholischen Kirchenrechts. Göttingen 2006, 25–52.

Niewöhner, Gudrun: Bischof weiht Altar in Groß Reken. Online unter:https://www.bistum-muenster.de/startseite_aktuelles/newsuebersicht/news_detail/bischof_weiht_altar_in_gross_reken (Stand: 19.03.2024).

Peetz, Katharina: Die konsequente Orientierung an der Perspektive der Betroffenen. In: Hilpert, Konrad: Sexueller Missbrauch von Kindern und Jugendlichen im Raum Kirche. Analysen-Bilanzierungen-Perspektiven. Freiburg i. Br. 2020, 357–372.

Popper, Karl R.: Das Elend des Historizismus. Tübingen 2003.

Reisinger, Doris: Religiöse Eigenlogik und ihre Konsequenzen. Eine Analyse der katholischen Mehrdeutigkeit des Missbrauchsbegriffes. In: Dies. (Hg.): Gefährliche Theologien. Wenn theologische Ansätze Machtmissbrauch legitimieren. Regensburg 2021, 58–76.

Rüegger, Peter/Gysi, Jan (Hg.): Handbuch sexualisierte Gewalt: Therapie, Prävention und Strafverfolgung. Göttingen 2017.

Schlegelmilch, Renardo: Betroffene kritisieren Aussagen von Kardinal Ouellet. Interview mit Johannes Norpoth. Online unter: https://www.domradio.de/artikel/betroffene-kritisieren-aussagen-von-kardinal-ouellet (Stand: 19.03.2024).

Schmiesing, Jürgen/Schulte-Nölke, Hans/Westphal, Siegrid: Sexualisierte Gewalt an Minderjährigen sowie schutz- und hilfebedürftigen Erwachsenen durch Kleriker im Bistum Osnabrück seit 1945. Zwischenbericht: Pflichtverletzungen der Bistumsleitung. Online unter: https://www.s-gewalt.uni-osnabrueck.de/fileadmin/documents/public/PDFs/Zwischenbericht_Stand_26.05.2023.pdf (Stand: 19.03.2024).

Shakespeare, William: Hamlet. Prinz von Dänemark. In: Deutsche Shakespeare-Gesellschaft (Hg.): Shakespeares dramatische Werke nach der Übersetzung von August Wilhelm Schlegel und Ludwig Tieck. Sorgfältig revidirt und theilweise neu bearbeitet, mit Einleitungen und Noten versehen v. Heinrich Ulrici, Bd. 6, Berlin 1869.

Zoch, Annette: „Dort drüben habe ich auch einen versteckelt". Online unter: https://www.sueddeutsche.de/politik/freiburg-zollitsch-katholische-kirche-missbrauch-1.5806749?reduced=true (Stand: 19.03.2024).

Der Schatten der Institution
DOI 10.17438/978-3-402-12325-6

„Nur mit Mühe waren die Eltern zu bewegen, von einer Einschaltung der Kriminalpolizei abzusehen …“[1]

Der Missbrauchsskandal, seine Aufarbeitung und die Studienergebnisse für das Bistum Münster

KLAUS GROẞE KRACHT

Abstract

Ausgehend von der MHG-Studie und der Untersuchung zum sexuellen Missbrauch im Bistum Münster seit 1945 wird die kirchliche Vertuschungskultur dargestellt, die tief in einem historisch gewachsenen Habitus des Wegschauens der unterschiedlichen Akteure innerhalb der Kirche, besonders in der Leitungsebene, verwurzelt ist. Zuvor wird die kirchliche Aufarbeitungsgeschichte der letzten Jahrzehnte dargestellt. Im Anschluss daran werden durch eine detaillierte historische Analyse der Vorgänge im Bistum Münster die strukturellen Ursachen des Missbrauchs offengelegt. Diese methodische Herangehensweise ermöglicht es, über den rein rechtlichen Rahmen hinauszugehen und die langfristigen Ursachen für den Missbrauch zu identifizieren. Sie nutzt dazu Interviews sowie Akten, um die Vertuschungspraktiken und das Versagen der kirchlichen Personalverantwortlichen detailliert zu rekonstruieren. Abschließend fordert der Beitrag eine kritische Selbstbefragung der akademischen Theologie und der kirchlichen Strukturen, um den systemischen Ursachen des Missbrauchs entgegenzuwirken und eine zukünftige Prävention zu gewährleisten.

Based on the MHG study and the investigation into sexual abuse in the diocese of Münster since 1945, the article describes the church's culture of cover-up, which is deeply rooted in a historically grown habit of looking the other way by the various actors within the church, especially at management level. First, the church's attempts to come to terms with the history of sexual abuse within the last years is presented. This is followed by a detailed historical analysis of the events in the diocese of Münster, which reveals the structural causes of the abuse. This methodological approach makes it possible to go beyond the purely legal framework and identify the long-term causes of the abuse. It uses interviews and files to reconstruct in detail the cover-up practices and the failures of church personnel managers. In conclusion, the article calls for a critical self-examination of academic theology and church structures in order to counteract the systemic causes of abuse and ensure future prevention.

1 FRINGS, Bernhard u. a.: Macht und sexueller Missbrauch in der katholischen Kirche. Betroffene, Beschuldigte und Vertuscher im Bistum Münster seit 1945. Freiburg i. Br. 2022, 189. Online unter: https://www.uni-muenster.de/imperia/md/content/wwu/journalisten/macht_und_sexueller_missbrauch_im_bistum_muenster.pdf (Stand: 19.03.2024).

Seit der Veröffentlichung der sogenannten MHG-Studie[2] im Jahr 2018 vergeht kaum eine Woche, in der uns nicht neue Nachrichten zum Missbrauchsskandal in der katholischen Kirche erreichen. Man kommt mit dem Lesen kaum noch hinterher. Die katholische Kirche scheint mit dem Ausmaß der Taten und der Vertuschung vollends überfordert zu sein. Inzwischen hat sich selbst der vatikanische Kinderschutzexperte, der Jesuit Hans Zollner, aus der Arbeit der zuständigen Kommission zurückgezogen und der Weltsynode des Jahres 2023 mit auf den Weg gegeben: „Unser Problem ist, dass die Leitung entweder nicht willens oder nicht fähig ist, die eigenen Normen umzusetzen und ihre Nachhaltigkeit zu garantieren."[3]

Was Zollner hier für die Gegenwart beschreibt, hat eine lange Vorgeschichte, in der sich ein episkopaler Habitus des Wegschauens, der Skandalvermeidung und der Vertuschung über Jahrzehnte ausprägte. Insofern macht es Sinn, den aktuellen Missbrauchsskandal in eine historische Perspektive zu rücken und dabei nach den Beharrungskräften zu fragen, die bis heute die Aufarbeitung behindern. Die *lange Dauer* dessen, was man das *katholische Dispositiv* des sexuellen Kindesmissbrauchs nennen kann, lässt sich am Beispiel des Bistums Münster sehr gut nachzeichnen, zumal dieses inzwischen Gegenstand einer minutiösen Aufarbeitungsstudie geworden ist. Die Studie, die zwischen 2019 und 2022 durchgeführt wurde, war die erste geschichtswissenschaftliche Untersuchung zum Thema.[4] Inzwischen setzen auch andere Diözesen auf die Kompetenz historisch arbeitender Wissenschaftler:innen, wodurch der enge, rein rechtliche Rahmen früherer Studien durchbrochen wird und die langfristigen, strukturellen Ursachen des Missbrauchs stärker in den Blick geraten.[5]

Es dauerte allerdings lange, bis sich die Bistumsleitungen zu dieser Ausweitung der Aufarbeitungsperspektive durchringen konnten. Daher soll an dieser Stelle zunächst der lange Weg der wissenschaftlichen Aufarbeitung des sexuellen Kindesmissbrauchs in den Reihen der katholischen Kirche in Deutschland nach-

2 Dreßing, Harald u. a.: Sexueller Missbrauch an Minderjährigen durch katholische Priester, Diakone und männliche Ordensangehörige im Bereich der Deutschen Bischofskonferenz. Mannheim/Heidelberg/Gießen, 24. September 2018. Im Folgenden: MHG-Studie 2018. Online unter: https://www.dbk.de/fileadmin/redaktion/diverse_downloads/dossiers_2018/MHG-Studie-gesamt.pdf (Stand: 19.03.2024). Die Abkürzung ‚MHG' steht für die drei Forschungsstandorte.

3 Zit. nach: katholisch.de: Jesuit Zollner kritisiert Missbrauchsbekämpfung im Vatikan. Online unter: https://www.katholisch.de/artikel/47406-jesuit-zollner-kritisiert-missbrauchsbekaempfung-im-vatikan (Stand: 19.03.2024).

4 Frings u. a.: Macht.

5 Siehe als Überblick über den gegenwärtigen Stand der wissenschaftlichen Aufarbeitung im zeitgeschichtlichen Zugriff: Priesching, Nicole/Kleinehagenbrock, Frank: Missbrauchsforschung als Thema der Zeitgeschichte. In: Historisches Jahrbuch 143 (2023), 423–444.

gezeichnet werden, bevor anschließend die Ergebnisse der Studie zum Bistum Münster summarisch vorgestellt werden.

Der lange verdrängte Missbrauchsskandal und die katholische Kirche in Deutschland

Der Missbrauchsskandal, der uns spätestens seit der Veröffentlichung der MHG-Studie im Jahr 2018, im Grunde aber bereits seit dem Jahr 2010, als die Taten am Berliner Canisius-Kolleg einer breiteren Öffentlichkeit bekannt wurden, beschäftigt, betrifft nicht nur die katholische Kirche in Deutschland. Er hat globale Dimensionen und eine sehr lange Vorgeschichte. Schon in den 1980er Jahren wiesen erste Untersuchungen in den USA auf den massenhaften Missbrauch von Minderjährigen durch katholische Priester hin – allerdings ohne, dass sich die US-amerikanische Bischofskonferenz oder auch der Vatikan intensiver mit dem Problem beschäftigt hätten. In den 1990er Jahren richtete sich der Fokus der internationalen Aufmerksamkeit dann auf Irland, wo die staatliche Unterstützung kirchlicher Vertuschungsaktivitäten 1994 sogar zum Zusammenbruch der damals amtierenden Regierungskoalition führte. Im Jahr 2002 veröffentlichte der *Boston Globe* dann seine grundstürzende Artikelserie über die Vertuschung des sexuellen Kindesmissbrauchs durch den Erzbischof von Boston – filmisch überzeugend in Szene gesetzt durch den zweifach Oscar-prämierten Spielfilm *Spotlight*, der 2015 in die Kinos kam.[6]

Auch in Deutschland waren in den 1990er Jahren bereits vereinzelt Fälle durch die Medien aufgegriffen worden – allerdings ohne größere Resonanz. Erst nach den Enthüllungen des *Boston Globe* wurden die Fragen drängender. In einem Gespräch mit dem *Spiegel* im Jahr 2002 betonte der damalige Vorsitzende der Deutschen Bischofskonferenz, der Mainzer Bischof Karl Kardinal Lehmann, die quantitativen und qualitativen Unterschiede zwischen den USA und Deutschland. Hier, so Lehmann, habe es doch allerhöchstens *Einzelfälle* gegeben: „Warum soll ich mir den Schuh der Amerikaner anziehen, wenn er mir nicht passt?“[7]

6 Als Überblick über die internationale Aufarbeitungsgeschichte siehe: DAMBERG, Wilhelm: Missbrauch. Die Geschichte eines internationalen Skandals. In: ASCHMANN, Birgit (Hg.): Katholische Dunkelräume. Die Kirche und der sexuelle Missbrauch. Paderborn 2021, 3–22; CAHILL, Desmond/WILKINSON, Peter: Child Sexual Abuse in the Catholic Church. An Interpretive Review of the Literature and Public Inquiry Reports. Melbourne 2017; zu Irland insbesondere: KEENAN, Marie: Child Sexual Abuse & The Catholic Church. Gender, Power, and Organizational Culture. Oxford 2012; SCALLY, Derek: The Best Catholics in the World. The Irish, the Church and the End of a Special Relationship. Dublin 2021.

7 SCHWARZ, Ulrich/WENSIERSKI, Peter: „Der Papst hat das Heft in der Hand.“ Online unter https://www.spiegel.de/politik/der-papst-hat-das-heft-in-der-hand-a-122581ed-0002-0001-0000-000022955262 (Stand: 19.03.2024).

Entsprechend sah das anfängliche Krisenmanagement der katholischen Kirche in Deutschland aus: dort, wo nachgefragt wurde, wiegelte man ab und beschwichtigte. Reinhard Lettmann, der damalige Bischof von Münster gab im gleichen Jahr bekannt, dass ihm im Laufe seiner Tätigkeit in der Bistumsleitung zwar *vereinzelt Fälle* bekannt geworden seien, doch nur in *einigen wenigen Fällen* der Verdacht auf sexuellen Kindesmissbrauch erhärtet werden konnte und es zu förmlichen Gerichtsverfahren gekommen sei.[8]

Die Bagatellisierung und Verharmlosung von kirchlicher Seite in Deutschland wurden letztlich erst Anfang des Jahres 2010 durch das mutige Auftreten des damaligen Leiters des Berliner Canisius-Kollegs, den Jesuitenpater Klaus Mertes, gebrochen. Ehemalige Schüler hatten ihm von massiven Missbrauchstaten berichtet, die sie in der renommierten Jesuitenschule während der 1970er und 1980er Jahre erleiden mussten. Der couragierte Rektor glaubte diesen Aussagen, brach das bis dahin übliche Schweigen und forderte weitere Betroffene auf, sich zu melden.[9] Innerhalb weniger Monate wurde ein erster Bericht erarbeitet, der von mehr als 200 Missbrauchsopfern in Einrichtungen des Jesuitenordens ausging.[10] Weitere Meldungen bezogen sich auf die Gemeindeseelsorge: Aus einer Umfrage bei den 27 deutschen Bistümern durch das Magazin *Der Spiegel* Anfang Februar 2010 ergab sich, dass allein dort seit 1995 über 90 Kleriker und Laien unter Missbrauchsverdacht standen.[11] Diesmal waren die Reaktionen der Öffentlichkeit entsprechend heftig, zumal im gleichen Jahr die massiven Missbrauchsfälle an der Odenwaldschule, dem Flaggschiff der deutschen Reformpädagogik, bekannt wurden.[12]

Es spricht einiges dafür, dass das Jahr 2010 als *annus horribilis*, wie *Der Spiegel* es einmal bezeichnete, in die kirchengeschichtlichen Lehrbücher eingehen wird.[13] Vielleicht wird man künftig die Katholizismus- und Kirchengeschichte der Bundesrepublik in eine Zeit davor und eine Zeit danach einteilen. Zumindest die Entwicklung der Kirchenmitgliedszahlen legt dies nahe: Traten in den Jahren 2000

8 Zit. nach Frings u. a.: Macht, 468.

9 Welt.de: So entschuldigt sich der Rektor für den Missbrauch. Online unter: https://www.welt.de/vermischtes/article6014879/So-entschuldigt-sich-der-Rektor-fuer-den-Missbrauch.html (Stand: 19.03.2024).

10 Der Spiegel: Jesuiten-Bericht bringt grausige Details ans Licht. Online unter: https://www.spiegel.de/panorama/gesellschaft/missbrauch-jesuiten-bericht-bringt-grausige-details-ans-licht-a-697115.html (Stand: 19.03.2024).

11 Sucher, Jörn: Bistümer melden Dutzende Verdachtsfälle auf Kindesmissbrauch. Online unter: https://www.spiegel.de/panorama/justiz/katholische-kirche-in-deutschland-bistuemer-melden-dutzende-verdachtsfaelle-auf-kindesmissbrauch-a-676278.html (Stand: 19.03.2024).

12 Dehmers, Jürgen: Wie laut soll ich denn noch schreien? Die Odenwaldschule und der sexuelle Missbrauch. Reinbek 2011.

13 Langer, Annette: Der Missbrauchsskandal in der katholischen Kirche. Online unter: https://www.spiegel.de/panorama/chronik-der-missbrauchsskandal-in-der-katholischen-kirche-a-1012711.html (Stand: 19.03.2024).

bis 2009 jährlich zwischen 80.000 und 130.000 Gläubige aus der katholischen Kirche aus, so waren es im Jahr 2010 bereits über 180.000. Seitdem bewegen sich die Austrittszahlen in konjunkturellen Wellen immer weiter nach oben; seit 2020 gehen sie sogar steil bergauf: Im Jahr 2022 erreichten sie einen neuen Rekordwert mit 520.000 Gläubigen, die ihre Kirche allein in diesem Jahr verließen – und ein Ende ist nicht abzusehen.[14] Nicht alle der Ausgetretenen sind vom Glauben abgefallen, wohl aber vom Vertrauen in die Institution Kirche: Laut einer Forsa-Umfrage vertrauen gegenwärtig nur noch etwa 8 % der deutschen Bevölkerung der katholischen Kirche; im Jahr 2022 waren es noch 12 %. Einen geringeren Wert wiesen laut der Befragung nur Manager, der Islam und Werbeagenturen auf.[15]

Zurück ins Jahr 2010: Die Bundesregierung reagierte auf die bekannt gewordenen Missbrauchsfälle mit der Einrichtung eines Runden Tisches, an dem Vertreter:innen der Politik, der Kirchen und Verbände sowie Expert:innen und Jurist:innen Möglichkeiten der Aufarbeitung und Prävention des sexuellen Missbrauchs – nicht nur in der Kirche, sondern auch in öffentlichen Einrichtungen und Familien insgesamt – entwickeln sollten. Die Betroffenen, die sich am Runden Tisch unterrepräsentiert fühlten, initiierten ihrerseits und als Antwort darauf einen *Eckigen Tisch*, wie sie ihn nannten, um ihre Interessen gebündelt besser artikulieren zu können. Mit Matthias Katsch, einem der Betroffenen des Canisius-Kollegs, die zuvor mit Klaus Mertes Kontakt aufgenommen hatten, fand der Eckige Tisch einen engagierten Sprecher, der die Medien ebenso wenig wie Kirchen- und Staatsvertreter scheute. Die Aufarbeitung hat durch das beherzte Vorgehen von Katsch und weiteren Betroffenen erheblich an Schubkraft gewonnen und zehrt davon bis heute.[16]

Viele Bischöfe stemmten sich aber auch weiterhin dagegen, dass ganze Ausmaß des Missbrauchsskandals wahrzunehmen. Gerhard Ludwig Müller, damals Bischof von Regensburg, sah sich und seine Mitbrüder als Opfer einer Kampagne, die darauf abziele, die „ganze katholische Kirche und ihre Einrichtungen in Misskredit zu bringen“.[17] Zudem verwahrte sich der damalige Vorsitzende der Deutschen Bischofskonferenz, der Freiburger Erzbischof Robert Zollitsch, vor Kritik

14 Statista Research Department: Anzahl der Kirchenaustritte in Deutschland nach Konfessionen von 1992 bis 2022. Online unter: https://de.statista.com/statistik/daten/studie/4052/umfrage/kirchenaustritte-in-deutschland-nach-konfessionen/ (Stand: 19.03.2024).

15 Katholisch.de: Institut: Vertrauen der Deutschen zu den Kirchen ist auf Tiefpunkt. Online unter https://www.katholisch.de/artikel/32778-institut-vertrauen-der-deutschen-zu-den-kirchen-ist-auf-tiefpunkt (Stand: 19.03.2024); katholisch.de: Umfrage: Katholische Kirche fast so unbeliebt wie der Islam. Online unter: https://www.katholisch.de/artikel/43264-umfrage-katholische-kirche-fast-so-unbeliebt-wie-der-islam (Stand: 19.03.2024).

16 Katsch, Matthias: Damit es aufhört. Vom befreienden Kampf der Opfer sexueller Gewalt in der Kirche. Berlin 2020.

17 Müller zit. nach: Frings, Bernhard/Löffler, Bernhard: Der Chor zuerst. Institutionelle Strukturen und erzieherische Praxis der Regensburger Domspatzen 1945 bis 1995. Regensburg 2019, 330.

durch die Bundesjustizministerin Sabine Leutheusser-Schnarrenberger: „Irgendwo gibt es Grenzen“[18] – so Zollitsch, der, wie wir heute wissen, zu den größten Vertuschern im deutschen Episkopat gehörte.

Andere reagierten mit salbungsvollen Statements, Ad-hoc-Maßnahmen und gaben sich reumütig. Der Essener Bischof Franz-Josef Overbeck entschuldigte sich im Jahr 2010 in einer Pressekonferenz geflissentlich bei den Opfern sexuellen Missbrauchs in seinem Bistum: „Die ungeheuerlichen Taten beschämen mich und machen mich fassungslos“.[19] Als er im Jahr darauf von Vorwürfen gegen seinen Amtsvorgänger Franz Hengsbach erfuhr, der während seiner priesterlichen Tätigkeit im Erzbistum Paderborn eine 16-Jährige sexuell missbraucht haben soll, gab es keine Pressekonferenz. Overbeck wartete die Prüfung durch die vatikanischen Behörden ab, welche die Vorwürfe als nicht plausibel einstuften, und legte den Fall zu den Akten. Sein Schweigen brach er erst, als sich im Jahr 2022 eine weitere Betroffene beim Bistum Essen meldete. Und selbst dann brauchte es noch fast ein Jahr, bevor er zusammen mit dem Erzbistum Paderborn die beiden Tatvorwürfe publik machte.[20] Sogar gegenüber den Autor:innen der Missbrauchsstudie zu seinem eigenen Bistum scheint Overbeck die Vorwürfe nicht thematisiert zu haben, zumindest findet sich in der besagten Studie kein Hinweis darauf, dass Hengsbach zum Zeitpunkt der Veröffentlichung bereits seit über zehn Jahren zum Kreis der Beschuldigten zählte.[21] Die Vorwürfe gegen Hengsbach haben sich inzwischen erhärtet, seine Statue vor dem Dom ist abgebaut und Franz-Josef Overbeck ist weiterhin Bischof von Essen: einen Rücktritt lehnte er ab.[22]

18 Zit. nach Jüttner, Julia: Zollitsch attackiert Leutheusser-Schnarrenberger. Online unter: https://www.spiegel.de/panorama/gesellschaft/bischofskonferenz-zollitsch-attackiert-leutheusser-schnarrenberger-a-679836.html (Stand: 19.03.2024); Neumann, Felix: Zollitsch und der Missbrauch – was Recht ist, war für ihn nur lästig. Online unter: https://www.katholisch.de/artikel/44620-zollitsch-und-der-missbrauch-was-recht-ist-war-fuer-ihn-nur-laestig (Stand: 19.03.2024).

19 WDR: Overbecks Entschuldigung. Pressekonferenz zu den Missbrauchsfällen im Ruhrbistum. Online unter: https://www1.wdr.de/archiv/missbrauch/ruhrbistum100.html (Stand: 19.03.2024).

20 Krafft, Carmen: Essener Bischof Overbeck räumt eigene Fehler bei Aufarbeitung ein. Online unter: https://www1.wdr.de/nachrichten/ruhrgebiet/Entschuldigung-Overbeck-Aufarbeitung-100.html (Stand: 19.03.2024). Die Betroffene zog im Jahr 2014 ihre Anzeige zurück. Das bedeutet aber auch, dass für einen Zeitraum von immerhin drei Jahren der Vorwurf trotz der negativen Bewertung durch den Vatikan im Raum stand.

21 Dill, Helga u. a.: Aufarbeitung sexualisierter Gewalt im Bistum Essen: Fallbezogene und gemeindeorientierte Analysen. München 2023. Online unter: https://www.bistum-essen.de/fileadmin/relaunch/Bilder/Soziales_und_Hilfe/Sexueller_Missbrauch/ipp/IPP_Studie_Bistum_Essen.pdf (Stand: 19.03.2024).

22 Katholisch.de: Neue Hinweise zu Missbrauchstaten durch Kardinal Hengsbach. Online unter: https://katholisch.de/artikel/47915-neue-hinweise-zu-missbrauchstaten-durch-kardinal-hengsbach (Stand: 19.03.2024); Zimmermann, Steffen: Bischof Overbeck: Kirchli-

Im skandalträchtigen Jahr 2010 wurde schnell klar, dass nur dann eine transparente Aufarbeitung der kirchlichen Missbrauchsfälle möglich war, wenn sich Expert:innen von außen mit wissenschaftlichen Methoden der Problematik annahmen. Die katholische Kirche erhoffte sich davon, das verloren gegangene Vertrauen in ihre eigenen Interventions- und Präventionsanstrengungen wiederzugewinnen und dadurch dem öffentlichen Bedürfnis nach vollständiger Offenlegung der Missbrauchstaten Genüge zu tun. Schon bald gab die Deutsche Bischofskonferenz daher eine erste wissenschaftliche Untersuchung in Auftrag, geleitet unter anderem durch den bekannten Forensiker Norbert Leygraf, der bereits zuvor immer wieder für kirchliche Stellen als Gutachter tätig war.[23] Als die Studie nach zwei Jahren abgeschlossen war – die Forscher:innen hatten 78 forensische Gutachten von Täter-Priestern ausgewertet – kam Leygraf zu folgendem Schluss: Alles in allem handele es sich bei den untersuchten Fällen um „vergleichsweise geringfügige Delikte“[24]; systemische Ursachen sah er keine und im Vergleich zur männlichen Gesamtbevölkerung hätten Priester weniger Taten begangen als andere Gruppen.[25] Das war der Forschungsstand im Jahr 2012, zumindest in der Interpretation eines der führenden forensischen Psychiater Deutschlands. Heute ist das so sicherlich nicht mehr haltbar.

Eine weitere parallel zur Leygraf-Studie in Auftrag gegebene kriminologische Untersuchung, die der renommierte Leiter des Kriminologischen Forschungsinstituts Niedersachsen, Christian Pfeiffer, durchführen sollte, wurde von der Bischofskonferenz wenige Wochen nach der Vorstellung des Leygraf-Gutachtens aufgekündigt, angeblich weil das Vertrauensverhältnis zwischen dem Missbrauchsbeauftragten der Bischofskonferenz, dem Trierer Bischof Stephan Ackermann, und dem wissenschaftlichen Projektleiter zerrüttet gewesen sei. Pfeiffer wird später behaupten, die Kirche habe Kontroll- und Zensurabsichten geäußert, die er aus wissenschaftlichen Gründen nicht hätte akzeptieren können. Die Vorgänge, die zum Abbruch der Studie führten, sind bis heute nicht wirklich geklärt.[26]

che Amtsträger nicht überhöhen. Online unter: https://www.katholisch.de/artikel/47313-bischof-overbeck-kirchliche-amtstraeger-nicht-ueberhoehen (Stand: 19.03.2024).

23 Leygraf, Norbert u. a.: Sexuelle Übergriffe durch katholische Geistliche in Deutschland. Eine Analyse forensischer Gutachten 2000–2010. Abschlussbericht 2012. Online unter: https://www.dbk.de/fileadmin/redaktion/diverse_downloads/Dossiers_2012/2012_Sex-Uebergriffe-durch-katholische-Geistliche_Leygraf-Studie.pdf (Stand: 19.03.2024).

24 Jansen, Klaus: „Die Ausnahme“. Interview mit Norbert Leygraf. Online unter: https://learngerman.dw.com/de/leygraf-p%C3%A4dophilie-bei-priestern-die-ausnahme/a-16438922 (Stand: 19.03.2024).

25 Vgl. Ebd.

26 Di Lorenzo, Giovanni: „Ich sagte dem Bischof: Wir lassen uns nicht kaufen“. Interview mit Christian Pfeiffer. Online unter: https://www.zeit.de/2019/17/christian-pfeiffer-aufklaerung-missbrauch-katholische-kirche/komplettansicht (Stand: 19.03.2024).

Nach diesem Debakel schrieb die Bischofskonferenz ein neues diözesanübergreifendes Forschungsprojekt aus, für das schließlich ein Konsortium aus einer Forschungseinrichtung in Mannheim und Universitätsinstituten in Gießen und Heidelberg den Zuschlag erhielt: die bereits erwähnte MHG-Studie. Als ihre Ergebnisse im Jahr 2018 vorgestellt wurden, sah das Bild deutlich anders aus als noch im Jahr 2012: Die Forscher:innen ermittelten nicht weniger als 3677 Opfer des sexuellen Missbrauchs an Kindern und Jugendlichen in allen deutschen Bistümern sowie 1670 beschuldigte Kleriker (Priester, Ordensmänner und Diakone), was etwa 4,4 % aller von ihnen ausgewerteten Personalakten ausmacht.[27]

Die Ergebnisse der MHG-Studie waren erschütternd und machten das gesamte Ausmaß des Missbrauchsskandals schlagartig deutlich: von Einzelfällen konnte nun niemand mehr reden. Allerdings konnte auch diese Studie nur zum Teil zufriedenstellen: Zum einen hatten die Forscher:innen nicht selbst Zugang zu den Personalakten, sondern waren auf die Zuarbeit der Kirchenmitarbeiter:innen in den Kirchenarchiven und -verwaltungen angewiesen. Zum anderen war der Fokus der MHG-Studie auf die Betroffenen, die Beschuldigten und die Taten gerichtet, die Frage der Vertuschung und des kirchlichen Umgangs mit den Tätern wurde nur auf wenigen Seiten und rein quantitativ abgehandelt. Das Verhalten der Bischöfe und Personalverantwortlichen blieb dadurch blass.

Doch genau danach fragte die Öffentlichkeit im Anschluss an die MHG-Studie immer lauter: Einzelne Diözesen begannen daraufhin, Anwaltskanzleien mit der Erstellung von Gutachten zu betrauen, in denen das Verhalten der jeweiligen Personalverantwortlichen gegenüber Tätern und Beschuldigten untersucht und bewertet werden sollte. Die intransparenten Vorgänge im Erzbistum Köln, das als eines der ersten Bistümer in Deutschland diesen Weg beschritt, legten jedoch den Verdacht nahe, dass der derzeit amtierende Erzbischof Rainer Maria Kardinal Woelki nicht bereit war, sich in der Öffentlichkeit den Ergebnissen des anwaltlichen Gutachtens zu stellen. Vielmehr lehnte er im März 2020 die Veröffentlichung des von ihm selbst bei einer Münchener Anwaltskanzlei in Auftrag gegebenen Gutachtens ab – angeblich aufgrund von äußerungsrechtlichen Bedenken – und ließ sich dieses Vorgehen anschließend mit Hilfe einer professionellen PR-Agentur durch die Betroffenenvertretung im Bistum Köln legitimieren.[28] Andere (Erz-)Bistümer, so Berlin, Aachen und München und Freising, die ebenfalls Anwaltskanzleien beauftragt hatten – darunter übrigens auch jene Kanzlei, deren Gutachten in Köln nicht publiziert wurde – setzten sich hingegen über Bedenken dieser Art hinweg und die entsprechenden Berichte sind inzwischen öffentlich

27 Dreßing: Sexueller Missbrauch.

28 Die jeweiligen Etappen der gegenwärtigen „Vertrauenskrise“ im Erzbistum Köln lassen sich über das Nachrichtenportal „katholisch.de“ nachvollziehen. Online unter: https://www.katholisch.de/thema/705-koelner-missbrauchsstudie (Stand: 19.03.2024).

frei verfügbar.[29] Aber auch das Erzbistum Köln lieferte inzwischen nach und legte der Öffentlichkeit ein Gutachten vor, wenn auch von einer anderen als der ursprünglich beauftragten Kanzlei.[30]

Doch auch die juristischen Gutachten erfüllten nicht immer die Wünsche der Betroffenen und Kirchenmitglieder nach Transparenz und Nachvollziehbarkeit, zumal einige im Fachjargon verblieben und Feinheiten der juristischen Prüfung der moralischen Bewertung vorzogen. Zudem fehlte es ihnen zumeist auch sprachlich an einer gewissen Dichte und Plastizität, ganz zu schweigen von einer ausreichenden historischen Kontextualisierung, so dass viele der dargelegten Taten und Verläufe gewissermaßen in einem luftleeren Raum verblieben. Vor diesem Hintergrund sind inzwischen mehrere Diözesen dazu übergegangen, Teams von Historiker:innen, allein oder auch im Verbund mit anderen Disziplinen, mit der wissenschaftlichen Aufarbeitung des sexuellen Missbrauchs im Bereich der Kirche zu beauftragen.[31] Den ersten Schritt in diese Richtung ging das Bistum Münster.

29 Wastl, Ulrich/Pusch, Martin/Gladstein, Nata: Sexueller Missbrauch Minderjähriger und erwachsener Schutzbefohlener durch Kleriker im Bereich des Bistums Aachen im Zeitraum 1965 bis 2019. Verantwortlichkeiten, systemische Ursachen, Konsequenzen und Empfehlungen. München 2020. Online unter: https://westpfahl-spilker.de/wp-content/uploads/2020/11/Gutachten_Bistum_Aachen.pdf (Stand: 19.03.2024); Brand, Peter-Andreas/Wildfeuer, Sabine: Sexueller Missbrauch an Minderjährigen durch katholische Priester, Diakone und männliche Ordensangehörige im Bereich des Erzbistums Berlin seit 1946. Berlin 2021. Online unter: https://www.erzbistumberlin.de/fileadmin/user_mount/PDF-Dateien/Erzbistum/ErzbischofKoch/20210823GutachtenSexuellerMissbrauch.pdf (Stand: 19.03.2024); Westpfahl, Marion u. a.: Sexueller Missbrauch Minderjähriger und erwachsener Schutzbefohlener durch Kleriker sowie hauptamtliche Bedienstete im Bereich der Erzdiözese München und Freising von 1945 bis 2019. Verantwortlichkeiten, systemische Ursachen, Konsequenzen und Empfehlungen. München 2022. Online unter: https://westpfahl-spilker.de/wp-content/uploads/2022/01/WSW-Gutachten-Erzdioezese-Muenchen-und-Freising-vom-20.-Januar-2022.pdf (Stand: 19.03.2024). Ein erstes Gutachten dieser Kanzlei für das Erzbistum München und Freising aus dem Jahr 2010 ist hingegen bis heute unter Verschluss geblieben.

30 Gercke, Björn u. a.: Pflichtverletzungen von Diözesanverantwortlichen des Erzbistums Köln im Umgang mit Fällen sexuellen Missbrauchs von Minderjährigen und Schutzbefohlenen durch Kleriker oder sonstige pastorale Mitarbeitende des Erzbistums Köln im Zeitraum von 1975 bis 2018. Verantwortlichkeiten, Ursachen und Handlungsempfehlungen. Köln 2021. Online unter: https://mam.erzbistum-koeln.de/m/2fce82a0f87ee070/original/Gutachten-Pflichtverletzungen-von-Diozesanverantwortlichen-im-Erzbistum-Koln-im-Umgang-mit-Fallen-sexuellen-Missbrauchs-zwischen-1975-und-2018.pdf (Stand: 19.03.2024).

31 Siehe zum aktuellen Stand im Einzelnen: Priesching/Kleinehagenbrock: Missbrauchsforschung.

Macht und Missbrauch im Bistum Münster. Die Studienergebnisse

Im September 2019 beauftragte das Bistum Münster den Lehrstuhl für Neuere und Neueste Geschichte und Zeitgeschichte der Universität Münster mit der Durchführung einer historischen Untersuchung zum sexuellen Missbrauch Minderjähriger durch Kleriker, die in der Personalverantwortung des Bistums standen und stehen. Der Untersuchungszeitraum umfasste die Jahrzehnte zwischen dem Ende des Zweiten Weltkriegs und der Gegenwart. Der amtierende Bischof Dr. Felix Genn erklärte sich bereit, sämtliche Unterlagen aus dem Bistumsarchiv, dem Bischöflichen Geheimarchiv sowie der laufenden Verwaltung (einschließlich der Personalabteilung, des bischöflichen Büros sowie der Interventionsstelle) ohne Einschränkung dem Forschungsteam der Universität zugänglich zu machen. Zugleich erklärte das Bistum, in die konkrete Arbeit des Projektes nicht einzugreifen und die gesamte Publikationsverantwortung in die Hände der Universität bzw. des Forschungsteams zu legen.

Das Forschungsteam – vier Historiker und eine Sozialanthropologin – untersuchte von Herbst 2019 bis Mitte 2022 nach eigener Maßgabe und Schwerpunktsetzung Quantität und Qualität des sexuellen Missbrauchs von Minderjährigen durch Kleriker des Bistums sowie die Vertuschung dieser Taten durch die kirchlichen Personalverantwortlichen. Das Forschungsteam wertete über eintausend Akten aus und führte zahlreiche Interviews mit Betroffenen, Zeitzeugen und Zeitzeuginnen sowie kirchlichen Amtsträgern, darunter Bischöfe, Weihbischöfe und die Mitglieder verschiedener kirchlicher Kommissionen. Im Juni 2022 wurden die Ergebnisse dann vorgestellt, zunächst in einem geschützten und geschlossenen Raum den Betroffenen, sowie tags darauf der allgemeinen Öffentlichkeit.[32]

Insgesamt konnten 196 beschuldigte Kleriker ermittelt werden: 183 Priester, 12 Ordensangehörige sowie ein ständiger Diakon. Bezogen auf die Gesamtzahl der Priester im Bistum Münster während des Untersuchungszeitraums entspricht dies einem Anteil von 4,17 %.[33]

Zur Anzahl der Taten pro Beschuldigten lässt sich sagen, dass wir es keineswegs nur mit Einmaltätern zu tun haben. So gibt es in 40 % der uns bekannt gewordenen Fälle mehr als eine betroffene Person. In etwa 5 % der Fälle können wir von regelrechten Serientätern sprechen mit über 10 betroffenen Minderjährigen. Hinweise auf eine strafrechtliche Verurteilung oder die Erteilung eines Strafbefehls fanden wir lediglich bei 15 beschuldigten Klerikern. Das heißt, dass über 90 % der Beschuldigten keine strafrechtlichen Konsequenzen erfuhren.[34]

32 Universität Münster: Pressemitteilung. Online unter: https://www.uni-muenster.de/news/view.php?cmdid=12635 (Stand: 19.03.2024); Frings u. a.: Macht.

33 Frings u. a.: Macht, 269.

34 Ebd., 278 f.

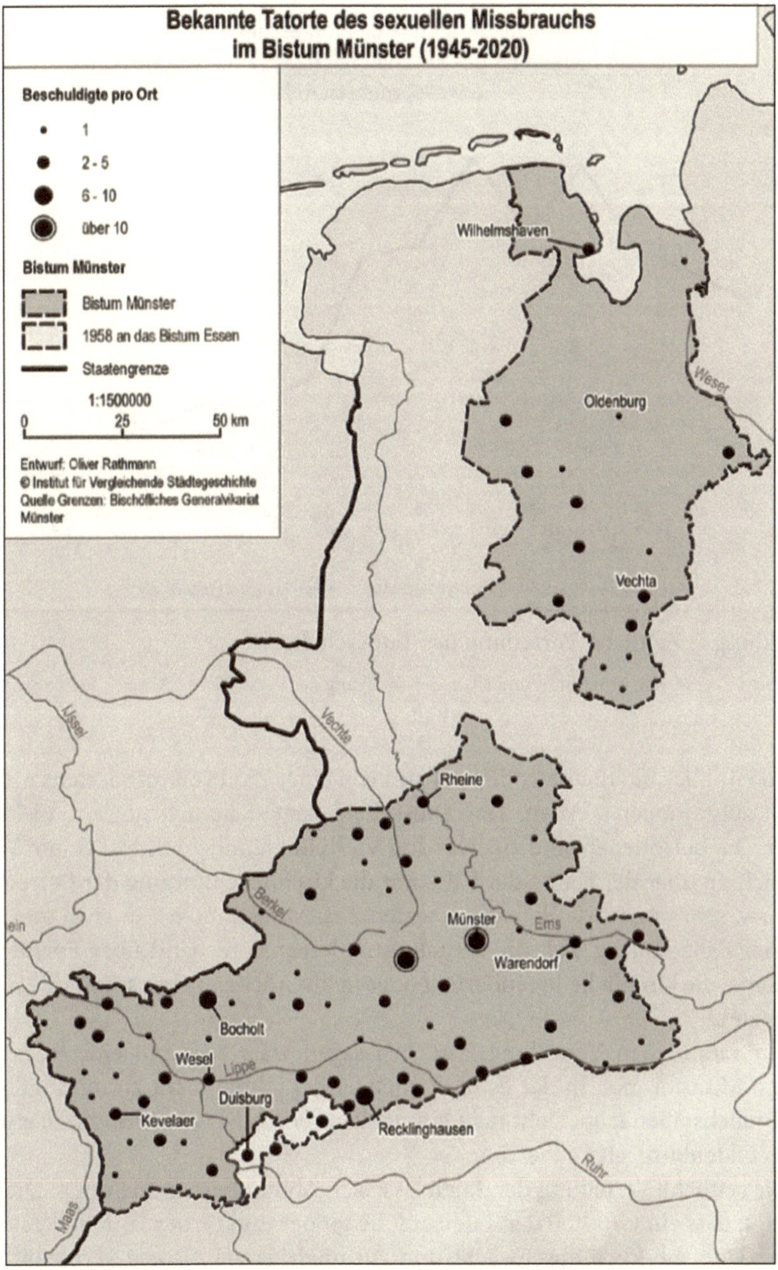

Abbildung 1: Bekannte Tatorte des sexuellen Missbrauchs im Bistum Münster (1945–2020).

In: Frings u. a.: Macht, 315. Mit freundlicher Genehmigung der Verlag Herder GmbH, Freiburg i. Breisgau.

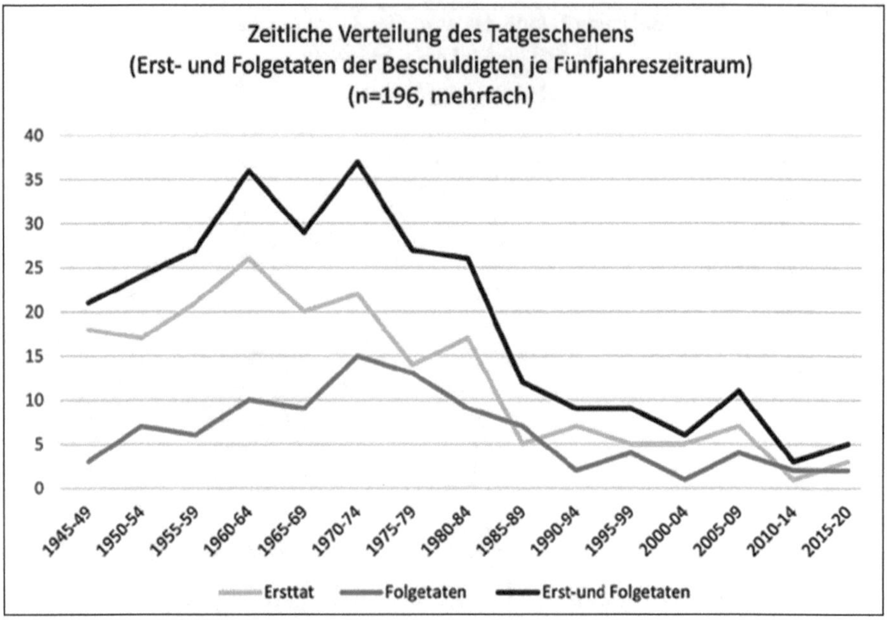

Abbildung 2: Zeitliche Verteilung des Tatgeschehens.

In: Frings u. a.: Macht, 275. Mit freundlicher Genehmigung der Verlag Herder GmbH, Freiburg i. Breisgau.

Im Hinblick auf die Betroffenen kann von einer Zahl von mindestens 610 Personen ausgegangen werden. Das Dunkelfeld liegt sicherlich um ein Vielfaches höher. Die Betroffenen sind zu etwa drei Vierteln männlich und zu einem Viertel weiblich. In über der Hälfte der Fälle war die kirchliche Bindung der Betroffenen eng bzw. sehr eng (viele Betroffene waren z. B. Ministranten); in etwa drei Vierteln der Fälle vollzog sich die Anbahnung dementsprechend über Formen der Seelsorge, die kirchliche Jugendarbeit oder in kirchlichen Lebensräumen (Heime, Internate).[35]

Zur räumlichen Verteilung lässt sich sagen, dass es kaum eine Region im Bistum Münster gibt, in der es in den letzten 70 Jahren nicht zu mutmaßlichen Missbrauchsfällen kam, sieht man einmal von reinen Diasporaregionen, etwa im Raum Oldenburg, ab.[36]

Die zeitliche Verteilung der Taten lässt sich Abbildung 2 entnehmen. Die Grafik zeigt, dass ein Großteil der Taten auf die 1960er und 1970er Jahre fällt, sich die Kurve dann merklich abschwächt und auf niedrigerem Niveau verbleibt.[37] Das

35 Ebd., 281–290.
36 Ebd., 315.
37 Ebd., 275.

heißt aber auch, dass insbesondere zwischen 1960 und Mitte der 1980er Jahre jeder Bischof und jeder Personalchef mit einer erheblichen Anzahl von Missbrauchsfällen in Kontakt gekommen sein muss, die Rede von Einzelfällen also schon damals im Grunde eine gezielte Vertuschung war. Wenn Lettmann noch im Jahr 2002 von nur wenigen Einzelfällen sprach, so musste er es damals eigentlich bereits besser wissen. In unserer Studie konnten wir nachweisen, dass allein Lettmann während seiner Amtszeit als Bischof von Münster (1980–2008) von immerhin 25 Fällen wusste.[38]

Wie die Verantwortlichen in der Bistumsleitung reagierten, sofern sie von Missbrauchsvorwürfen erfuhren, zeigen die zwölf Fallstudien der Studie in zum Teil sehr dichten Rekonstruktionen.[39] Dazu seien hier nur zwei Beispiele erwähnt:

Pfarrer Kurt-Josef Wielewski (1929–1985) missbrauchte als Kaplan im Rahmen der kirchlichen Jugendarbeit Ende der 1950er Jahre mutmaßlich mindestens 13 Jungen im südlichen Münsterland, worüber die Bistumsverantwortlichen sukzessive Kenntnis erlangten.[40] Nachdem der Vater eines der betroffenen Jungen Anzeige gegen den Kaplan erstattet hatte, vereitelten die Personalverantwortlichen des Bistums – namentlich die damaligen Bischöfe Michael Keller und Joseph Höffner sowie der Regens des Priesterseminars Johannes Weinand – die erfolgreiche Strafverfolgung, indem sie Wielewski eine mehrjährige Flucht durch Europa und Lateinamerika ermöglichten, bevor dieser schließlich in Österreich einen Unterschlupf fand. Der Salzburger Erzbischof Andreas Rohracher, der sich seiner annahm, vergewisserte sich 1962 an höchster Stelle im Vatikan, bei keinem geringeren als dem Kurienkardinal Augustin Bea, ob dies genehm sei:

> „W. ist durch Vorfälle mit Jugendlichen, die in das Jahr 1958 zurückreichen, behindert in Deutschland zu arbeiten. Nach Rücksprache mit seinem Ordinarius [handschriftlicher Zusatz: ‚Höffner‘] habe ich mich bereiterklärt, ihn in der Erzdiözese Salzburg zu verwenden […]. W. ist mir von seinem Ordinarius und besonders von seinem früheren Seminarregens Prälat Weinand sehr empfohlen worden […]“.[41]

Die Staatsanwaltschaft, die zu dieser Zeit Wielewski mit internationalem Fahndungsaufruf suchte und sich regelmäßig über dessen Verbleib beim Bistum erkundigte, erfuhr davon nichts. Erst 1969 ging er ihr – inzwischen unter falschem Namen lebend – ins Netz, wurde anschließend vor Gericht gestellt und verurteilt.

Pfarrer Helmut Behrens (1932–2016) missbrauchte Anfang der 1980er Jahre mehrere Minderjährige in seiner Gemeinde im Oldenburger Münsterland.[42]

38 Ebd., 302.
39 Ebd., 39–264.
40 Ebd., 71–94.
41 Zit. nach ebd., 84.
42 Ebd., 174–193.

Dass Behrens gegenüber Frauen und Minderjährigen wiederholt übergriffig geworden war, war bei den Gläubigen seiner Gemeinde allgemein bekannt - wenn auch nicht das gesamte Ausmaß seiner Taten. Nachdem mutmaßlich durch eine Absprache mit dem örtlichen Staatsanwalt eine Strafanzeige verhindert worden war, wurde Behrens von den Personalverantwortlichen des Bistums wiederholt versetzt, doch die Übergriffe nahmen kein Ende. Schließlich entschied sich der damalige Bischof von Münster, Reinhard Lettmann, Behrens in den Laienstand zurückversetzen zu lassen - allerdings nicht als Strafe oder gar zum Schutz der Gläubigen, zumindest nicht an erster Stelle, sondern im Wesentlichen aus Gründen des *bonum commune Ecclesiae*, wie er an Rom schrieb:

> „Nur mit Mühe waren die Eltern des Jungen [...] zu bewegen, von einer Einschaltung der Kriminalpolizei abzusehen [...]. Sittlichkeitsdelikte von Priestern werden in einem bestimmten Teil der Presse und der Medien der Bundesrepublik Deutschland gern hochgespielt, um das Ansehen der katholischen Kirche herabzusetzen. [...] Sittlichkeitsdelikte eines laisierten Priesters sind für die Presse weit weniger interessant."[43]

Deutlicher lässt sich das Motiv der Skandalvermeidung, das letztlich über den gesamten Untersuchungszeitraum die maßgebliche Maxime des kirchlichen Umgangs mit bekanntgewordenen Sexualstraftaten war, kaum auf den Punkt bringen.

Neben den Fallstudien und den quantitativen Untersuchungen stellte die Analyse der unterschiedlichen Akteursgruppen, die am *Dispositiv* des sexuellen Missbrauchs durch Kleriker im Bistum Münster beteiligt waren, den dritten großen Teil der Studie dar.[44] Dabei ging es nicht nur um die Gruppe der Täter und derjenigen der Betroffenen. Vielmehr orientierte die Analyse sich an der sogenannten *routine activity theory*, einem dreigliedrigen Modell der kriminologischen Forschung.[45] Demnach besteht die Möglichkeit zu einer Straftat immer dann, wenn folgende Akteurskonstellation vorliegt: ein Täter, der zur Tat motiviert ist, ein Opfer, das sich selbst gegen den Täter nicht schützen kann und drittens ein sogenannter *guardian*, ein *Wächter*, der seiner Schutzfunktion nicht gerecht wird. Im Hinblick auf die Wächterfunktion im Kontext des kirchlichen Missbrauchsgeschehen sind hier an erster Stelle natürlich die Personalvorgesetzten im Bistum zu nennen: der Bischof, der Generalvikar, die Weihbischöfe und der Personalchef. Sie alle haben von Missbrauchsvorwürfen im Bistum Münster gewusst und bis ins Jahr 2010 nicht angemessen gehandelt. Ihr Versagen als *Wächter* war eine entscheidende Ursache, warum Missbrauch überhaupt stattfinden konnte.

43 Zit. nach ebd., 189.

44 Ebd., 321–498. Zum Begriff des von Michel Foucault entlehnten Begriffs des ‚Dispositivs' siehe ebd., 341; 533 ff.

45 Ebd., 16 f.

Die Vertuschung des Missbrauchs begann aber nicht erst im Generalvikariat, sondern bereits wesentlich früher im unmittelbaren sozialen Umfeld der Täter. In der Studie wurden daher nicht nur die Handlungsverläufe der Bistumsleitung untersucht, sondern weitere Akteursgruppen einbezogen, denen ebenfalls – wenn auch sicherlich geringer – eine gewisse Wächterfunktion zukam. Zum einen sind dies Ärzte und Therapeuten, die nicht selten eine täterfreundliche Position eingenommen haben;[46] zum anderen sind es jene Gläubigen in den Gemeinden, die von den Taten gerüchteweise erfahren hatten, diesen Informationen aber nicht weiter nachgingen.[47] In der Studie werden sie als *bystanders* bezeichnet: Haushälterinnen, Kirchenvorstände, Lehrer, Eltern. Tatsächlich gab es viele Mitwisser:innen in den Gemeinden, die nicht eingeschritten, sondern häufig in einer Art *mentalen Klerikalismus* gefangen waren, der ihnen ein Aufbegehren gegen die kirchliche Autorität erschwerte. Eine weitere Gruppe, die – wie das obige Beispiel Helmut Behrens zeigt – nicht immer ihrer Wächterfunktion nachkam, sind die Organe der Justiz und der Strafverfolgung. So lassen die Studienergebnisse den Verdacht aufkommen, dass sie dem Bekanntwerden von Missbrauchsvorwürfen gegenüber Geistlichen nicht immer mit jener Konsequenz nachgingen, die notwendig gewesen wäre, um begangenen Missbrauch effizient strafrechtlich zu verfolgen und damit auch zukünftigen Missbrauch zu verhindern.[48]

Fazit

Die Ergebnisse der Studie zum Bistum Münster sind erschreckend, das Ausmaß aktiver Vertuschung von Bischöfen und Mitgliedern der Personalkonferenz des Bistums – bis hin zur mutmaßlichen Strafvereitelung wie etwa durch Joseph Höffner im oben skizzierten Fall Wielewski – ist eklatant. Statt von einzelnen *Betriebsunfällen* zu sprechen, sollten sich die Kirchenmitglieder daher die Frage stellen, ob das Übel nicht im *Betrieb* der Priesterkirche grundsätzlich liegt. Insofern waren die Anliegen des Synodalen Wegs, den systemischen Ursachen des Missbrauchs nachzugehen und diese abzustellen, durchaus berechtigt, auch wenn diese Selbstkorrektur durch die zahlreichen Vetoplayer in der Deutschen Bischofskonferenz sowie in Rom inzwischen als gescheitert gelten kann.[49]

46 Ebd., 408–426.

47 Ebd., 395–507.

48 Ebd., 427–440.

49 SÜDDEUTSCHE.DE: Synodaler Weg: Bischöfe lassen Grundtext scheitern. Online unter: https://www.sueddeutsche.de/politik/kirche-synodaler-weg-bischoefe-lassen-grundtext-scheitern-dpa.urn-newsml-dpa-com-20090101-220907-99-671861 (Stand: 19.03.2024); Zur langen Tradition kirchlicher Scheinpartizipation siehe: LÜDECKE, Norbert: Die Täuschung. Haben Katholiken die Kirche, die sie verdienen? Darmstadt 2021.

Aber nicht nur für die Gemeinden und Laienvertretungen stellt sich die Frage, wie sie auf die gegenwärtige, durch den Missbrauchsskandal ausgelöste Kirchenkrise reagieren sollen. Auch die akademische Theologie sollte sich der Aufgabe einer kritischen Selbstbefragung stellen – schließlich hatten die Priestertäter allesamt eine theologische Ausbildung an einer Universität durchlaufen: Wurden sie im Laufe ihres Studiums ausreichend mit den Ergebnissen moderner sexualwissenschaftlicher Forschung konfrontiert, oder wurden diese tabuisiert, wenn nicht gar in Abrede gestellt? Haben Priesteramtskandidaten an der Universität das notwendige intellektuelle Rüstzeug erhalten, um mit der existentiellen Zumutung der Ehelosigkeit und der klerikalen Rollenerwartung, die ihnen vom Bischof und vom Kirchenvolk entgegengebracht wurde, angemessen umgehen zu können? Inwieweit wurde den Studierenden bereits im Studium eine falsch verstandene klerikale Autoritätskultur vermittelt, die sie unkritisch ins Priesterseminar entließ? Und wie weit reicht eigentlich immer noch der Einfluss der verschiedenen Bistumsleitungen sowie der römischen Zentrale auf die akademische Theologie? Wäre es nicht an der Zeit, die Theolog:innen endlich aus der kirchlichen Bevormundung zu entlassen, wie der evangelische Kirchenhistoriker Thomas Kaufmann vor kurzem gefordert hat: „Religionsfunktionäre, Bischöfe und ihre Konferenzen, Rabbinate, Synoden oder Landeskirchenämter, Kardinalskollegien oder der Papst – sie alle haben die Inhalte und Anforderungen der wissenschaftlichen Theologie Berufeneren zu überlassen: den Theologinnen und Theologen an den Universitäten."[50]

Zur akademischen Diskussionskultur gehört es aber immer auch, einen selbstkritischen Blick auf die eigene Fachtradition zu werfen, Fehler zu benennen und diese zu korrigieren: Reinhard Lettmann erhielt 1991 die Ehrendoktorwürde der Fakultät und trägt sie bis heute.[51] Seine Heimatgemeinde ist da inzwischen weiter: Im Juni 2019 wurde das *Reinhard-Lettmann-Haus* der Kirchengemeinde St. Amandus in Datteln nach einstimmigem Votum des Pfarreirates umbenannt.[52] Die katholisch-theologische Fakultät der Universität Münster hat sich hingegen erst im November 2023 von der Ehrenpromotion distanziert.[53]

50 Kaufmann, Thomas: Warum Theologie? Darum. Online unter: https://www.faz.net/aktuell/politik/inland/warum-theologie-darum-ein-gastbeitrag-19276763.html (Stand: 02.11.2023).

51 Katholisch-Theologische Fakultät der Universität Münster: Ehrenpromotionen Kath.-Theol. Fakultät der Universität Münster. Online unter: https://www.uni-muenster.de/FB2/fakultaet/Ehrenpromovenden.html (Stand: 19.03.2024).

52 Katholische Kirchengemeinde St. Amandus, Datteln: Reinhard-Lettmann-Haus wird umbenannt. Online unter: https://www.st-amandus-datteln.de/aktuelles-nachricht-lesen/reinhard-lettmann-haus-wird-umbenannt.html (Stand: 19.03.2024).

53 Katholisch-Theologische Fakultät der Universität Münster: Pressemitteilung. Katholisch-Theologische Fakultät distanziert sich von Ehrendoktorwürde für Bischof Reinhard Lettmann. Online unter: https://www.uni-muenster.de/FB2/aktuelles/ehrenpromotion_lettmann.html (Stand: 19.03.2024).

Literaturverzeichnis

Brand, Peter-Andreas/Wildfeuer, Sabine: Sexueller Missbrauch an Minderjährigen durch katholische Priester. Diakone und männliche Ordensangehörige im Bereich des Erzbistums Berlin seit 1946. Berlin 2021. Online unter: https://www.erzbistumberlin.de/fileadmin/user_mount/PDF-Dateien/Erzbistum/ErzbischofKoch/20210823GutachtenSexuellerMissbrauch.pdf (Stand: 19.03.2024).

Cahill, Desmond/Wilkinson, Peter: Child Sexual Abuse in the Catholic Church. An Interpretive Review of the Literature and Public Inquiry Reports. Melbourne 2017.

Damberg, Wilhelm: Missbrauch. Die Geschichte eines internationalen Skandals. In: Aschmann, Birgit (Hg.): Katholische Dunkelräume. Die Kirche und der sexuelle Missbrauch. Paderborn 2021, 3–22.

Dehmers, Jürgen: Wie laut soll ich denn noch schreien? Die Odenwaldschule und der sexuelle Missbrauch. Reinbek bei Hamburg 2011.

Dill, Helga/Täubrich, Malte/Caspari, Peter/Schubert, Tinka/Hackenschmied, Gerhard/Pinar, Elan/Helming, Elisabeth: Aufarbeitung sexualisierter Gewalt im Bistum Essen: Fallbezogene und gemeindeorientierte Analysen. München 2023. https://www.bistum-essen.de/fileadmin/relaunch/Bilder/Soziales_und_Hilfe/Sexueller_Missbrauch/ipp/230213_IPP_Studie_Bistum_Essen_final.pdf (Stand: 19.03.2024).

Di Lorenzo, Giovanni: „Ich sagte dem Bischof: Wir lassen uns nicht kaufen“. Interview mit Christian Pfeiffer. Online unter: https://www.zeit.de/2019/17/christian-pfeiffer-aufklaerung-missbrauch-katholische-kirche/komplettansicht (Stand: 19.03.2024).

Dreßing, Harald/Salize, Hans Joachim/Dölling, Dieter/Hermann, Dieter/Kruse, Andreas/Schmitt, Eric/Bannenberg, Britta: Sexueller Missbrauch an Minderjährigen durch katholische Priester, Diakone und männliche Ordensangehörige im Bereich der Deutschen Bischofskonferenz. Mannheim/Heidelberg/Gießen, 24. September 2018 [= MHG-Studie]. Online unter: https://www.dbk.de/fileadmin/redaktion/diverse_downloads/dossiers_2018/MHG-Studie-gesamt.pdf (Stand: 19.03.2024).

Frings, Bernhard/Großbölting, Thomas/Große Kracht, Klaus/Powroznik, Natalie/Rüschenschmidt, David: Macht und sexueller Missbrauch in der katholischen Kirche. Betroffene, Beschuldigte und Vertuscher im Bistum Münster seit 1945, Freiburg i. Br. 2022. Online unter: https://www.uni-muenster.de/imperia/md/content/wwu/journalisten/macht_und_sexueller_missbrauch_im_bistum_muenster.pdf (Stand: 19.03.2024).

Frings, Bernhard/Löffler, Bernhard: Der Chor zuerst. Institutionelle Strukturen und erzieherische Praxis der Regensburger Domspatzen 1945 bis 1995. Regensburg 2019.

Gercke, Björn/Stirner, Kerstin/Reckmann, Corinna/Nosthoff-Horstmann, Max: Pflichtverletzungen von Diözesanverantwortlichen des Erzbistums Köln im Umgang mit Fällen sexuellen Missbrauchs von Minderjährigen und Schutzbefohlenen durch Kleriker oder sonstige pastorale Mitarbeitende des Erzbistums Köln im Zeitraum von 1975 bis 2018. Verantwortlichkeiten, Ursachen und Handlungsempfehlungen. Köln 2021. Online unter: https://mam.erzbistum-koeln.de/m/2fce82a0f87ee070/original/Gutachten-Pflichtverletzungen-von-Diozesanverantwortlichen-im-Erzbistum-Koln-im-Umgang-mit-Fallen-sexuellen-Missbrauchs-zwischen-1975-und-2018.pdf (Stand: 19.03.2024).

Jansen, Klaus: „Die Ausnahme". Interview mit Norbert Leygraf. Online unter:https://learngerman.dw.com/de/leygraf-p%C3%A4dophilie-bei-priestern-die-ausnahme/a-16438922 (Stand: 19.03.2024).

Jüttner, Julia: Zollitsch attackiert Leutheusser Schnarrenberger. Online unter: https://www.spiegel.de/panorama/gesellschaft/bischofskonferenz-zollitsch-attackiert-leutheusser-schnarrenberger-a-679836.html (Stand: 19.03.2024).

Katholisch.de: Dossier „Das Erzbistum Köln in der Vertrauenskrise". Online unter: https://www.katholisch.de/thema/705-koelner-missbrauchsstudie (19.03.2024).

Katholisch.de: Institut: Vertrauen der Deutschen zu den Kirchen ist auf Tiefpunkt. Online unter https://www.katholisch.de/artikel/32778-institut-vertrauen-der-deutschen-zu-den-kirchen-ist-auf-tiefpunkt (Stand: 19.03.2024).

Katholisch.de: Jesuit Zollner kritisiert Missbrauchsbekämpfung im Vatikan. Online unter: https://www.katholisch.de/artikel/47406-jesuit-zollner-kritisiert-missbrauchsbekaempfung-im-vatikan (Stand: 19.03.2024).

Katholisch.de: Neue Hinweise zu Missbrauchstaten durch Kardinal Hengsbach. Online unter: https://katholisch.de/artikel/47915-neue-hinweise-zu-missbrauchstaten-durch-kardinal-hengsbach (Stand: 19.03.2024).

Katholisch.de: Umfrage: Katholische Kirche fast so unbeliebt wie der Islam. Online unter: https://www.katholisch.de/artikel/43264-umfrage-katholische-kirche-fast-so-unbeliebt-wie-der-islam (Stand: 19.03.2024).

Katholische Kirchengemeinde St. Amandus, Datteln: Reinhard-Lettmann-Haus wird umbenannt. Online unter: https://www.st-amandus-datteln.de/aktuelles-nachricht-lesen/reinhard-lettmann-haus-wird-umbenannt.html (Stand: 19.03.2024).

Katholisch-Theologische Fakultät der Universität Münster: Pressemitteilung. Katholisch Theologische Fakultät distanziert sich von Ehrendoktorwürde für Bischof Reinhard Lettmann. Online unter: https://www.uni-muenster.de/FB2/aktuelles/ehrenpromotion_lettmann.html (Stand: 19.03.2024).

Katholisch Theologische Fakultät der Universität Münster: Ehrenpromotionen. Online unter: https://www.uni-muenster.de/FB2/fakultaet/Ehrenpromovenden.html (Stand: 19.03.2024).

Katsch, Matthias: Damit es aufhört. Vom befreienden Kampf der Opfer sexueller Gewalt in der Kirche. Berlin 2020.

Kaufmann, Thomas: Warum Theologie? Darum. In: FAZ (30.10.2023). Online unter: https://www.faz.net/aktuell/politik/inland/warum-theologie-darum-ein-gastbeitrag-19276763.html (Stand: 19.03.2024).

Keenan, Marie: Child Sexual Abuse & The Catholic Church. Gender, Power, and Organizational Culture. Oxford 2012.

Krafft, Carmen: Essener Bischof Overbeck räumt eigene Fehler bei Aufarbeitung ein. Online unter: https://www1.wdr.de/nachrichten/ruhrgebiet/Entschuldigung-Overbeck-Aufarbeitung-100.html (Stand: 19.03.2024).

Langer, Annette: Der Missbrauchsskandal in der katholischen Kirche. Online unter: https://www.spiegel.de/panorama/chronik-der-missbrauchsskandal-in-der-katholischen-kirche-a-1012711.html (Stand: 19.03.2024).

Leygraf, Norbert/König, Andrej/Kröber, Hans-Ludwig/Pfäfflin, Friedemann: Sexuelle Übergriffe durch katholische Geistliche in Deutschland. Eine Analyse forensischer Gutachten 2000–2010. Abschlussbericht 2012. Online unter: https://www.dbk.de/filead min/redaktion/diverse_downloads/Dossiers_2012/2012_Sex-Uebergriffe-durch-katho lische-Geistliche_Leygraf-Studie.pdf (Stand: 19.03.2024).

Lüdecke, Norbert: Die Täuschung. Haben Katholiken die Kirche, die sie verdienen? Darmstadt 2021.

Neumann, Felix: Zollitsch und der Missbrauch – was Recht ist, war für ihn nur lästig. Online unter: https://www.katholisch.de/artikel/44620-zollitsch-und-der-missbrauch-was-recht-ist-war-fuer-ihn-nur-laestig (Stand: 19.03.2024).

Priesching, Nicole/Kleinehagenbrock, Frank: Missbrauchsforschung als Thema der Zeitgeschichte. In: Historisches Jahrbuch 143 (2023), 423–444.

Scally, Derek: The Best Catholics in the World. The Irish, the Church and the End of a Special Relationship. Dublin 2021.

Schwarz, Ulrich/Wensierski, Peter: „Der Papst hat das Heft in der Hand.“ Online unter https://www.spiegel.de/politik/der-papst-hat-das-heft-in-der-hand-a-122581ed-0002-0001-0000-000022955262 (Stand: 19.03.2024).

Spiegel.de: Jesuiten-Bericht bringt grausige Details ans Licht. Online unter:https://www.spiegel.de/panorama/gesellschaft/missbrauch-jesuiten-bericht-bringt-grausige-details-ans-licht-a-697115.html (Stand: 19.03.2024).

Statista Research Department: Anzahl der Kirchenaustritte in Deutschland nach Konfessionen von 1992 bis 2022. Online unter: https://de.statista.com/statistik/daten/studie/4052/umfrage/kirchenaustritte-in-deutschland-nach-konfessionen/ (Stand: 19.03.2024).

Sucher, Jörn: Bistümer melden Dutzende Verdachtsfälle auf Kindesmissbrauch. Online unter: https://www.spiegel.de/panorama/justiz/katholische-kirche-in-deutschland-bis tuemer-melden-dutzende-verdachtsfaelle-auf-kindesmissbrauch-a-676278.html (Stand: 19.03.2024).

Süddeutsche Zeitung: Synodaler Weg: Bischöfe lassen Grundtext scheitern. Online unter:https://www.sueddeutsche.de/politik/kirche-synodaler-weg-bischoefe-lassen-grund text-scheitern-dpa.urn-newsml-dpa-com-20090101-220907-99-671861 (Stand: 19.03.2024).

Universität Münster: Pressemitteilung. Sexueller Missbrauch im Bistum Münster. Online unter: https://www.uni-muenster.de/news/view.php?cmdid=12635 (Stand: 19.03.2024).

Wastl, Ulrich/Pusch, Martin/Gladstein, Nata: Sexueller Missbrauch Minderjähriger und erwachsener Schutzbefohlener durch Kleriker im Bereich des Bistums Aachen im Zeitraum 1965 bis 2019. Verantwortlichkeiten, systemische Ursachen, Konsequenzen und Empfehlungen. München 2020. Online unter:https://westpfahl-spilker.de/wp-content/uploads/2020/11/Gutachten_Bistum_Aachen.pdf (Stand: 19.03.2024).

Welt.de: So entschuldigt sich der Rektor für den Missbrauch. Online unter: https://www.welt.de/vermischtes/article6014879/So-entschuldigt-sich-der-Rektor-fuer-den-Miss brauch.html (Stand: 19.03.2024).

Westdeutscher Rundfunk: Overbecks Entschuldigung. Pressekonferenz zu den Missbrauchsfällen im Ruhrbistum. Online https://www1.wdr.de/archiv/missbrauch/ruhrbistum100.html (Stand: 19.03.2024).

Westpfahl, Marion/Wastl, Ulrich/Pusch, Martin/Gladstein, Nata/Schenke, Philipp: Sexueller Missbrauch Minderjähriger und erwachsener Schutzbefohlener durch Kleriker sowie hauptamtliche Bedienstete im Bereich der Erzdiözese München und Freising von 1945 bis 2019. Verantwortlichkeiten, systemische Ursachen, Konsequenzen und Empfehlungen. München 2022. Online unter: https://westpfahl-spilker.de/wp-content/uploads/2022/01/WSW-Gutachten-Erzdioezese-Muenchen-und-Freising-vom-20.-Januar-2022.pdf (Stand: 19.03.2024).

Zimmermann, Steffen: Bischof Overbeck: Kirchliche Amtsträger nicht überhöhen. Online unter: https://www.katholisch.de/artikel/47313-bischof-overbeck-kirchliche-amtstraeger-nicht-ueberhoehen (Stand: 19.03.2024).

Der Schatten der Institution
DOI 10.17438/978-3-402-12326-3

„Spezifisch katholisch?“

Strukturelle Bedingungen sexualisierter Gewalt in der Kirche[1]

JÜRGEN SCHMIESING

Abstract

Der Artikel thematisiert die Frage nach spezifisch katholischen Formen der sexualisierten Gewalt und den strukturell-kirchlichen Bedingungen, die solche Übergriffe begünstigen. Zur Illustration dienen Fallbeispiele aus dem Bistum Osnabrück. Dabei wird das 4-Faktoren-Modell für sexuellen Missbrauch an Minderjährigen nach David Finkelhor angewendet. Die Fallbeispiele zeigen, dass die besondere Stellung von Priestern eine wichtige Rolle spielte. Das Vertrauen in Geistliche, die beinahe unantastbare Glaubwürdigkeit und die vertuschende Rücksichtnahme von Seiten der Vorgesetzten unter dem Deckmantel der Mitbrüderlichkeit oder des Institutionenschutzes werden als problematisch herausgestellt. Die Ergebnisse können dazu anregen weiter zu untersuchen, inwieweit die beschriebenen Phänomene spezifisch katholisch sind und ob sie auch in anderen gesellschaftlichen Bereichen auftreten könnten.

The article addresses the question of specifically Catholic forms of sexual abuse and the structural conditions that facilitate such assaults. Case studies from the diocese of Osnabrück are used to illustrate this. Therefore David Finkelhor's 4-factor model for sexual abuse of minors is applied. The case studies show that the special position of priests played an important role. The trust in clergy, the almost unimpeachable credibility and the cover-up by superiors under the guise of confraternity or institutional protection are highlighted as problematic. The results may encourage further investigation into the extent to which the phenomena described are specifically Catholic and whether they could also occur in other areas of society.

1 Überarbeitete und um neuere Literatur aktualisierte Fassung des Vortrags im Rahmen des Studientags der Kath.-Theol. Fakultät Münster am 26. April 2023. Der Verfasser dankt allen Teilnehmenden für die Rückmeldungen und Diskussionen im Rahmen und im Nachgang des Studientags.

Einführung

Gibt es spezifisch katholische Formen der sexualisierten Gewalt? Was an diesen Handlungen ist spezifisch katholisch? Was ist der „katholische Geschmack“[2] (Klaus Mertes) des Missbrauchs?

Für einige Betroffene sexualisierter Gewalt ist die Antwort auf die Frage klar, was den Missbrauch in ihrem Leben ermöglicht hat: „Ich war katholisch.“[3] Aus ihrer Erziehung und Sozialisation sehen sie sich rückblickend in Mustern gefangen, die es den Tätern allzu leicht gemacht haben.

Die Frage nach den Spezifika sexuellen Missbrauchs in der Kirche beschäftigt aber auch die wissenschaftliche Forschung. Die Frage kann dabei zwei Ebenen haben: Kriminologisch und mit den Mitteln der Sozialforschung sucht man nach einem spezifisch katholischen *Opfertypus* und spezifisch katholischen oder zumindest gehäuft auftretenden Tatmustern. Daneben stellt sich aber auch die Frage, ob bzw. welche strukturellen Bedingungen sexualisierte Gewalt in der Kirche ermöglichen oder ihnen Vorschub leisteten, denn: „Gewaltoptionen setzen sich gegen andere Handlungsalternativen erst durch, wenn die Umstände es Menschen erlauben, Grenzen zu überschreiten.“[4]

Die Frage nach den spezifisch katholischen Aspekten von sexualisierter Gewalt bzw. den strukturell begünstigenden Bedingungen im Rahmen der Kirche beschäftigt die fächerübergreifende Forschung schon länger. Speziell aus der amerikanischen (Pastoral-)Psychologie liegen hier schon Beiträge vor, die über das deutsche *Schlüsseljahr* 2010 zurückreichen.[5] Besonders in den verschiedenen theologischen Subdisziplinen wurde intensiv und unter den jeweils fachspezifi-

2 Vgl. Aschmann, Birgit: „Katholische Dunkelräume“. Denkanstöße für eine historiographische Aufarbeitung. In: Dies. (Hg.): Katholische Dunkelräume. Die Kirche und der sexuelle Missbrauch. Paderborn 2022, XI–XXVII, hier XV–XVI.

3 So die Aussage eines Betroffenen in Großbölting, Thomas: Die schuldigen Hirten. Geschichte des sexuellen Missbrauchs in der katholischen Kirche. Freiburg i. Br. 2022, 16.

4 Baberowski, Jörg: Ermöglichungsräume exzessiver Gewalt. In: Ders./Metzler, Gabriele (Hg.): Gewalträume. Soziale Ordnungen im Ausnahmezustand (Eigene und fremde Welten – Repräsentationen sozialer Ordnungen im Wandel 20). Frankfurt a. M. 2012, 7–27, hier 19.

5 Vgl. Bartunek, Jean M./Hinsdale, Mary Ann/Keenan, James F. (Hg.): Church ethics and its organizational context. Learning from the sex abuse scandal in the Catholic Church (Boston College church in the 21st century series). Lanham 2006; Benkert, Marianne/Doyle, Thomas P.: Clericalism, Religious Duress and its Psychological Impact on Victims of Clergy Sexual Abuse. In: Pastoral Psychology 58 (2009), 223–238; Ders.: Clericalism: Enabler of Clergy Sexual Abuse. In: Pastoral Psychology 54 (2006), 189–213; Ders., The Spiritual Trauma Experienced by Victims of Sexual Abuse by Catholic Clergy. In: Pastoral Psychology 58 (2009), 239–260. Hingewiesen sei auch auf die deutsch-amerikanische Zusammenarbeit aus dem Jahr 1996 in Rossetti, Stephen J./Müller, Wunibald (Hg.): Sexueller Missbrauch Minderjähriger in der Kirche. Psychologische, seelsorgliche und institutionelle Aspekte (Begleiten – Beraten – Heilen). Mainz 1996.

schen Gesichtspunkten über die Bedingungen diskutiert, die als *spezifisch katholisch* ausgemacht wurden. Im Zentrum der Diskussionen standen die teils eng miteinander verzahnten Konzepte des *Klerikalismus* und der katholischen Sexualmoral. Der Historiker Thomas Großbölting hat diese Beobachtungen in Anlehnung an Foucault unter dem Begriff der „Pastoralmacht“[6]zusammengefasst.

Der vorliegende Beitrag kann die fachspezifisch-theologischen Diskussionen um die einzelnen Konzepte nicht im Detail nachzeichnen. Im Folgenden werden daher die genannten zentralen Gesichtspunkte kurz umrissen. Ausgehend vom fachlichen Hintergrund des Verfassers als Historiker und Mitarbeiter an einer diözesanen Missbrauchsstudie sollen diese z. T. abstrakten Phänomene an konkreten Beispielen veranschaulicht werden.[7]

Dabei wird das von David Finkelhor geprägte 4-Faktoren-Modell für das Verüben von sexualisierter Gewalt gegen Minderjährige angewandt, um jeweils zu zeigen, wie *spezifisch katholische* Rahmenbedingungen auf diese Faktoren eingewirkt haben.[8] Die vier Faktoren dieses Modells fragen dabei nach

1. der Motivation des Täters, sexualisierte Gewalt an Minderjährigen zu verüben,
2. der Überwindung innerer Hemmungen,
3. der Überwindung äußerer Hemmungen,
4. der Überwindung des Widerstandes des Kindes.

Der Ansatz fokussiert in diesem Sinne die Möglichkeiten, die sich Tätern in kirchlichen Settings geboten haben. Ob die in der zeithistorischen Vergangenheit

Zur zeitlichen Verschiebung der internationalen Diskussion über Missbrauch in der Kirche vgl. Damberg, Wilhelm: Missbrauch. Die Geschichte eines internationalen Skandals. In: Aschmann, Birgit (Hg.): Katholische Dunkelräume. Die Kirche und der sexuelle Missbrauch. Paderborn 2022, 2–22.

6 Vgl. Großbölting: Hirten, 177–195. Vgl. darüber hinaus Haslinger, Herbert: Macht in der Kirche. Wo wir sie finden – wer sie ausübt – wie wir sie überwinden. Freiburg i. Br. 2022; Hilpert, Konrad u. a. (Hg.): Sexueller Missbrauch von Kindern und Jugendlichen im Raum von Kirche. Analysen – Bilanzierungen – Perspektiven (Quaestiones Disputatae 309). Freiburg i. Br. 2020; Kopp, Stefan (Hg.): Macht und Ohnmacht in der Kirche. Wege aus der Krise (Kirche in Zeiten der Verantwortung 2). Freiburg i. Br. 2020.

7 Vgl. hierzu im Folgenden Schmiesing, Jürgen u. a.: Sexualisierte Gewalt an Minderjährigen sowie schutz- und hilfebedürftigen Erwachsenen durch Kleriker im Bistum Osnabrück seit 1945. Zwischenbericht: Pflichtverletzungen der Bistumsleitung. Online unter: https://www.s-gewalt.uni-osnabrueck.de/fileadmin/documents/public/PDFs/Zwischenbericht_Stand_26.05.2023.pdf (Stand: 19.03.2024). Übergriffiges Verhalten durch Laien im kirchlichen Raum wird in der Studie nicht berücksichtigt. Einige Aspekte, etwa der institutionell vermittelte Zugang zu potentiellen Opfern, institutionell verstärkte Sprechverbote und ggf. auch religiöse Rechtfertigungsmuster, sind aber übertragbar.

8 Vgl. dazu Keudell, Anna von: Sexualisierte Gewalt an allgemeinbildenden Schulen. Eine struktur- und machttheoretische Analyse. Wiesbaden 2022, 45–50.

liegenden Konstellationen bei der heutigen Sensibilisierung und den vielfältigen Präventionskonzepten noch so eintreten würden, muss dahingestellt bleiben. Undenkbar erscheint dies aber nicht, wenn man die Ungleichzeitigkeiten im – deutschen wie internationalen – Katholizismus ins Auge fasst.[9]

Sexualisierte Gewalt ist ein Problem aller Gesellschaftsbereiche und nicht auf religiöse Institutionen beschränkt. Sie gehört in diesem Sinne zu der erschreckenden Alltäglichkeit von Gewalt im menschlichen Leben.[10] Daher stellt sich immer auch die Frage: Was von den beschriebenen Phänomenen ist in dem Sinne spezifisch katholisch, sodass es nur innerhalb der katholischen Kirche möglich war? Und wo handelt es sich um Täterstrategien, die vielleicht vom katholischen Setting profitierten, die aber auch ohne diesen katholischen „Anstrich" in anderen Gesellschaftsbereichen anzutreffen wären? Diese Überlegungen werden zum Schluss des vorliegenden Beitrags noch einmal aufgegriffen. Die vorangestellte anschauliche Konkretisierung anhand von Fallbeispielen soll auch hier die kritische Betrachtung anregen. Dies geschieht nicht, um den kirchlichen Raum als potentiellen Tatort zu verharmlosen. Vielmehr sollen auf diese Weise die im engeren Sinne kirchlichen Aspekte des Problems herausgeschält werden, auf die vielleicht auch eine spezifisch kirchliche/katholische Antwort gefunden werden kann.

Sexualisierte Gewalt

Eine gängige Definition von sexueller bzw. sexualisierter Gewalt besagt, dass es sich weniger um ein sexuelles als um ein Machtphänomen handelt. Aus Gesprächen mit Tätern und Opfern geht hervor, dass „es den Tätern in erster Linie um Machterleben geht, nämlich darum, sich überlegen zu fühlen, zu demütigen, zu strafen, Wut abzulassen oder die eigene Männlichkeit zu beweisen."[11] Mit dieser Definition sind zentrale Aspekte der Motivation zur Begehung von Missbrauchstaten angesprochen. Anhand der folgenden Fallbeispiele kann jeweils geprüft werden, ob entsprechende Schlüsse auf die schwer zugängliche Motivationslage der beschuldigten Kleriker möglich sind und ob dort möglicherweise ein spezifisch katholisches Element auftaucht.

9 Aus diesem Grund und zur Verdeutlichung fortbestehender Herausforderungen verlässt der Beitrag zum Teil die Vergangenheitsform.

10 Vgl. Baberowski: Ermöglichungsräume, 8–10.

11 Brockhaus, Ulrike/Kolshorn, Maren: Die Ursachen sexueller Gewalt. In: Amann, Gabriele/Wipplinger, Rudolf (Hg.): Sexueller Missbrauch. Überblick zu Forschung, Beratung und Therapie. Tübingen ^{2}1998, 89–105, hier 91.

„Klerikalismus“

Entscheidend für die Wahrnehmung und Selbstdarstellung der katholischen Kirche im hier betrachteten historischen Zeitraum ist die Stellung geweihter und zum Zölibat verpflichteter Kleriker, vor allem des Priesterstandes: „Der katholische Priester war mehr als nur ein Gemeindeleiter, er avancierte als ‚Hochwürden‘ nicht nur zur Zentralgestalt der Vermittlung, sondern auch zur Verkörperung des Göttlichen gegenüber den Menschen.“[12] Diese zentrale Stellung wirkt zurück auf die Erhabenheit und Unantastbarkeit des Priesters im sozialen Leben. Er ist eine Instanz mit Einfluss auf das Heil der ihm anvertrauten Gläubigen und mit entsprechendem Einfluss auf ihr Denken und Handeln, aber weitgehend der Kritik seiner Umgebung entzogen.[13] Auch in anderen Religionsgemeinschaften kommt Seelsorgern und Kultdienern eine herausgehobene Funktion zu.[14] Der katholische Priester als Sakramentenspender ist allerdings der „Vermittler zwischen Mensch und Gott“.[15] Das kirchlich vertretene Priesterbild stellt den Geistlichen in die Mitte des Kirchenentwurfs. Bei ihm laufen in besonderer Weise die Fäden eines Kontroll- und Machtausübungskonzepts zusammen, das im Anschluss an Foucault als *Pastoralmacht* bezeichnet werden kann. Auch wenn Priester- und Kirchenbild innerhalb der katholischen Kirche – zumindest im deutschsprachigen Raum – in einem Wandel begriffen sind, ist die Zentralstellung des Priesters weiterhin wichtig.[16]

Unter der Figur der *Mitbrüderlichkeit* zwischen den geweihten Klerikern kann ein problematischer Korpsgeist entstehen. Um das System Klerus und die darauf aufbauende Institution Kirche vor Infragestellung zu bewahren, werden individuelle Schwächen und auch das eklatante Versagen Einzelner vertuscht.[17] Ein folgsamer Laien- oder Ko-Klerikalismus übernimmt und bestärkt diese Sichtweisen

12 Großbölting: Hirten, 184. Zudem vgl. Lüdecke, Norbert: Mehr Geschlecht als Recht? Zur Stellung der Frau nach Lehre und Recht der römisch-katholischen Kirche. In: Eder, Sigrid/Fischer, Irmtraud (Hg.): „… männlich und weiblich schuf er sie …“ (Gen 1,27). Zur Brisanz der Geschlechterfrage in Religion und Gesellschaft (Theologie im kulturellen Dialog 16). Innsbruck 2009, 183–216, hier 185.

13 Vgl. hierzu den Beitrag von Jan Loffeld in diesem Band.

14 Vgl. etwa die Ergebnisse der sog. ForuM-Studie: Forschungsverbund ForuM (Hg.): Forschung zur Aufarbeitung von sexualisierter Gewalt und anderen Missbrauchsformen in der Evangelischen Kirche und Diakonie in Deutschland, 802. Online unter: https://forum-studie.de/wp-content/uploads/2024/01/Abschlussbericht_ForuM.pdf (Stand: 19.03.2024).

15 Großbölting: Hirten, 178.

16 Vgl. ebd., 180–182, 187–191.

17 Vgl. als Fallstudie Frings, Bernhard: Intransparenz, Mitbrüderlichkeit, mangelnde Konsequenz. Umgang mit einem pädophilen Priester im Bistum Münster (1958–2007). In: Aschmann, Birgit (Hg.): Katholische Dunkelräume. Die Kirche und der sexuelle Missbrauch. Paderborn 2022, 229–249.

und stärkt das System gegen Kritik. Der Geistliche genießt einen hohen Vertrauensvorschuss.[18] Auch eine „extreme Selbstbezüglichkeit“, die durch Aufwendung des gesamten „Archiv(s) religiöser Begriffe und Praktiken“[19] untermauert wird und alle Handlungen auf die eigene Vervollkommnung und Heiligung hinordnet, ist als Kennzeichen des Klerikalismus bezeichnet worden.

Die katholische Sexualmoral

Die Sexualmoral ist – global betrachtet und von Fragen der Opportunität abgesehen – bis heute ein wesentlicher Teil der katholisch-kirchlichen Verkündigungstätigkeit. Vielfach wird sie als ein „Markenkern“[20] des Katholischen betrachtet. „Grundsätzlich zielt die katholische Sexualmoral auf die Einhegung von Sex in die körperliche Beziehung zwischen Eheleuten, die auf die Zeugung von Kindern ausgerichtet sein soll. Alle anderen Formen von Sexualität gelten als suspekt und sind verboten.“[21] Die Ausübung anderer Formen der Sexualität bewegt sich im Bereich strafwürdiger Sünde, die der Lossprechung in der Beichte bedarf. Darüber hinaus war bzw. ist jede Form von Sexualität in höchstem Maße schambesetzt – fast unmöglich, darüber zu sprechen, obwohl sie in anderen Zusammenhängen und andeutungsreicher Sprache ständig Thema war/ist.[22] Die Möglichkeiten, sexuelle Übergriffe zu thematisieren, waren/sind aus diesem Grund höchst begrenzt.

Hinzu kommt die sexualmoralische Aufladung des zölibatären Priesterideals: In seiner Gott-unmittelbaren Position und als Spender der Sakramente wird der Priester als sexuell unbeflecktes, reines Wesen imaginiert.[23] Die Vorstellung, dass ein Priester sich sexuell verfehlen könnte, erscheint in seiner Umgebung daher abwegig und wäre eine Infragestellung zentraler Aspekte der eigenen Glaubens-

18 Vgl. Doyle: Clericalism.

19 Bucher, Rainer: Priester des Volkes Gottes. Gefährdungen – Grundlagen – Perspektiven. Würzburg 2010, 34–37.

20 Großbölting: Hirten, 197.

21 Ebd., 199.

22 Vgl. Bucher, Rainer: Kirche, Macht und Körper. Eine pastoraltheologische Perspektive. In: Ammicht-Quinn, Regina (Hg.): „Guter“ Sex: Moral, Moderne und die katholische Kirche. Paderborn 2013, 123–137; Keupp, Heiner: Traumatisierende und traumatisierte Institutionen am Beispiel der katholischen Kirche. In: Bahne, Thomas (Hg.): Verletzbarkeit des Humanen. Sexualisierte Gewalt an Minderjährigen im interdisziplinären Diskurs. Regensburg 2021, 149–171, hier 167 f.

23 Vgl. Angenendt, Arnold: „Mit reinen Händen“. Das Motiv der kultischen Reinheit in der abendländischen Askese. In: Ders.: Liturgie im Mittelalter. Ausgewählte Aufsätze zum 70. Geburtstag, hg. von Thomas Flammer und Daniel Meyer. Münster 2004, 245–267; Denzler, Georg: Die Geschichte des Zölibats. Freiburg i. Br. ^{2}2016, 67–134.

welt. Zugleich wirkt der Zölibat auf die Priester selbst als elitäres Distinktionsmerkmal.[24]

Fallbeispiel 1

Ein Geistlicher hatte eine charismatische Gemeinschaft um sich geschart. Als Kaplan missbrauchte er eine Minderjährige. Eine volljährige junge Frau brachte er im Rahmen der charismatischen Gemeinschaft in eine missbräuchliche Art von Beziehung. Die Vorwürfe wurden dem Bistum deutlich vor dem Jahr 2010 bekannt. Eine kirchenrechtliche Verurteilung erfolgte allerdings erst nach 2010. Der Geistliche wurde aus der Diözesanseelsorge entfernt.[25]

1. Die Motivation sexualisierte Gewalt an Minderjährigen zu verüben
Der Geistliche äußerte gegenüber einer Vertrauten, dass er eine besondere Versuchung zum Sexuellen verspüre, wenn „eine geistliche Arbeit besondere Früchte trage". Auf diese Weise – also unter ausdrücklichem Bezug auf seine geistliche Tätigkeit – schilderte er die Gefühle, die ihn zu missbräuchlichem Verhalten an der minderjährigen Betroffenen getrieben hätten. Die oben beschriebene *extreme Selbstbezüglichkeit* dieser Rechtfertigung und ihre Bindung an die besondere Leistungsfähigkeit und das Überlegenheitsgefühl des Klerikers ist nicht zu übersehen.

2. Die Überwindung innerer Hemmungen
Innere Hemmungen oder Schuldgefühle bewältigte der Priester durch die Beichte. Die Betonung des Bußsakraments und dessen häufiger Empfang war ein zentraler Programmpunkt seiner charismatischen Gemeinschaft. Von der Wiederholung missbräuchlichen Verhaltens hielt ihn das Beichtsakrament mit seinen Kernelementen des Vorsatzes zur Besserung und Wiedergutmachung offensichtlich nicht ab.

3. Die Überwindung äußerer Hemmungen
Das Priesteramt und seine Stellung in der charismatischen Gemeinschaft eröffneten dem Geistlichen Zugang zu deutlich jüngeren Frauen bzw. weiblichen Jugendlichen, die er auch religiös beeinflusste. Bei Übernachtungen in kirchli-

24 Vgl. DOYLE: Clericalism, 195–197.
25 Vgl. zum Folgenden SCHMIESING u. a.: Betroffene, 499–525. Die Fallbeispiele werden im Folgenden nur summarisch anhand des veröffentlichten Zwischenberichts belegt. Die zugrundeliegende Quellenbasis ist aus Gründen des Betroffenenschutzes für die Forschung nicht einsehbar.

chen Räumlichkeiten konnte er ungehindert und überraschend Schlafräume aufsuchen.

Kirchliche Mitarbeiter:innen oder Vorgesetzte, die von Vorwürfen erfuhren, leiteten diese nur mit Verspätung weiter. Sanktionen erfolgten nicht: Der Priester sperrte sich für ihn folgenlos gegen Therapieauflagen, stattdessen schickte man ihn auf eine Fortbildung im Ausland. In seiner Stellung als Priester, noch dazu als Anführer einer geistlichen Gemeinschaft, war er auch kirchenintern scheinbar unangreifbar. Weder er noch andere Täter wurden so vor weiteren Taten abgeschreckt.

4. Die Überwindung des Widerstandes des Kindes
Der Priester drohte der minderjährigen Betroffenen, sie etwa durch Zurückweisung bei der Kommunion bloßzustellen oder sie von Gruppenaktivitäten in der Pfarrgemeinde auszuschließen. So setzte er durch, dass sie den Kontakt nicht abbrach.

Fallbeispiel 2

Der sexuelle Missbrauch, den ein anderer Geistlicher mehrfach und an verschiedenen Orten an pubertierenden Jungen verübte, war den Bistumsverantwortlichen schon lange bekannt, bevor er deswegen strafrechtlich verurteilt wurde. Er ging mit Messdienern nackt schwimmen bzw. in die Sauna und nutzte die Gelegenheit zu Berührungen. Einen anderen Jungen missbrauchte er wiederholt in der Sakristei. Der Priester wurde später strafrechtlich verurteilt und übte danach kein geistliches Amt mehr aus.[26]

1. Die Motivation sexualisierte Gewalt an Minderjährigen zu verüben
Der Geistliche hatte nach eigenem Bekunden kein besonderes Problembewusstsein bezüglich seiner Handlungen an Minderjährigen. Ein konsultierter Therapeut bescheinigte ihm eine unterdrückte bzw. infantil-unreife Sexualität. Er sei zudem egozentrisch und wolle Macht über jemanden ausüben. Damit sind klassische Motivlagen zur Ausübung von sexualisierter Gewalt angesprochen (s. o.). Über den Fall hinaus schrieb der Therapeut an den Personalchef des Bistums: „Es scheint so, dass Priester und Ordensleute meinen, dass sie sich selbst nicht in Frage stellen müssen, vielmehr reife Persönlichkeiten sind.“ Schon im Rahmen der Priesterausbildung waren erkennbare emotionale Reifedefizite dieses Geistlichen ein Thema gewesen.

26 Vgl. ebd., 332–370.

2. Die Überwindung innerer Hemmungen
Innere Hemmungen scheinen – den vorliegenden Quellen nach – bei diesem Geistlichen durch seine Reifeproblematik nicht ausgeprägt gewesen zu sein. Er selbst ging zunächst davon aus, dass sich die Problematik durch Nachreifung und Ortsveränderungen von selbst lösen würde. Ein nach späteren Aussagen schon seit der Studienzeit bestehendes schwerwiegendes Alkoholproblem dürfte mutmaßlich zur Enthemmung beigetragen haben – aus den kirchlichen Personalunterlagen ist allerdings über 25 Jahre hinweg nicht ersichtlich, dass dieses Problem erkannt oder behandelt wurde.

3. Die Überwindung äußerer Hemmungen
Sein Priesteramt senkte die äußeren Hemmungen zur Tatbegehung erheblich: Als Geistlicher hatte er Zugang zu Kindern und Jugendlichen. Er konnte mit Messdienern das Schwimmbad einer kirchlichen Einrichtung zum Nacktbaden benutzen. Als seine Vorgesetzten von diesen Vorgängen erfuhren, kam es zu einem Gespräch „in einer guten und mitbrüderlichen Atmosphäre". Man legte ihm dringend nahe, dass er sich einen Therapeuten – idealerweise einen Priester – und einen geistlichen Begleiter suchen sollte, mit dem er die Problematik in Gesprächen und Beichte aufarbeiten sollte. Der Priester äußerte „Verständnis" dafür, dass er unter diesen Umständen nicht auf die nächsthöhere Rangstufe aufrücken konnte. Seine Versetzung an einen anderen Ort wurde so vorgenommen, dass sie keine Fragen wegen ungewöhnlicher Eile auslösen konnte. Die Therapie brach der Geistliche ab, ohne dass es Folgen für ihn gehabt hätte. Für äußere Hemmungen sorgten die kirchlichen Rahmenbedingungen seiner Taten also keineswegs – vielmehr bemühte sich ein angesehener Geistlicher nach erneuten Beschwerden von Eltern darum, dass keine Strafanzeige erfolgte.

4. Die Überwindung des Widerstandes des Kindes
Im polizeilichen Vernehmungsprotokoll eines Betroffenen heißt es wörtlich: „Mir ist ein großes Vertrauen in die Kirche anerzogen worden." Seine sehr gläubigen Eltern hätten oft zu Hause Priester bewirtet. Durch den damit einhergehenden Vertrauensvorschuss und den engen Kontakt sei der Beschuldigte für ihn fast „eine größere Vertrauensperson" gewesen als die eigenen Eltern. Dieses Vertrauen sei auch der Grund gewesen, warum er die Schuld für die Missbrauchshandlungen bei sich selbst gesucht habe. Ein anderer Betroffener schilderte die häufigen und engen Kontakte mit dem Beschuldigten, der ihm als eine Art Vaterersatz erschienen sei.

Fallbeispiel 3

Ein Priester verübte über Jahre hinweg an verschiedenen Einsatzorten sexuelle Übergriffe auf Mädchen und Jungen unterschiedlichen Alters. Es handelte sich um exhibitionistische, offen voyeuristische und auch deutlich darüber hinausgehende Missbrauchsformen. Seinen Vorgesetzten wurden entsprechende Vorwürfe frühzeitig zugetragen. Reagiert wurde zunächst mit Versetzungen, später auch mit Therapien, die die Frage der weiteren Einsetzbarkeit klären sollten. Noch vor 2010 nahm der Priester eine Tätigkeit im Ausland auf, wo er nur noch einem begrenzten Zugriff seines zuständigen Bistums unterliegt.[27]

1. Die Motivation sexualisierte Gewalt an Minderjährigen zu verüben

Der Geistliche – der wie viele Beschuldigte versuchte, seine Taten zu relativieren – erklärte seine Handlungen unter anderem als Folge von Anspannung, Überforderung und fehlender Begleitung durch Vorgesetzte und andere Priester. Bei vielem handele es sich nur um Missverständnisse. In einem *Entschuldigungsschreiben* an Betroffene, das er nach der Konfrontation durch das Bistum verfasste, gab er an, er könne rückblickend nicht begreifen, wie es zu den Taten kam. Er gestand aber in einigen Gesprächen auch eine Motivation durch sexuelle Neugierde zu. Sexualität sei für ihn bis in das Erwachsenenalter ein stark tabuisiertes Thema gewesen. Entwicklungspsychologisch wurde ihm eine „deutliche sexuelle Unreife" bescheinigt. Die psychologischen Gutachter wiesen auch auf die Ähnlichkeit seiner Handlungen zu den wenigen sexuellen Erlebnissen hin, die der Priester aus seiner Jugendzeit berichten konnte. Der Priester selbst gab an, dass Sexualität während seiner Ausbildungszeit nie ein Thema gewesen sei – es sei nur um das wenig bestimmte zölibatäre Leben gegangen.

2. Die Überwindung innerer Hemmungen

Unter diesem Stichwort fällt auf, dass der beschuldigte Priester – wie auch andere – die Missbrauchshandlungen zum Teil als notwendige medizinische Hilfeleistungen etwa im Rahmen von Ferienlagern verharmloste. Voyeuristische Handlungen kleidete er als Initiationsriten im Rahmen der Jugendarbeit ein. Die Tatsache, dass er auch lange nach den Taten an diesem Framing seiner Handlungen festhielt, spricht dafür, dass er die Handlungen damit auch für sich selbst rechtfertigte – wohl auch wegen der Tabuisierung von Sexualität in seinem eigenen Denken. Zugleich sollte diese Einkleidung der Handlungen aber auch die Betroffenen und das Umfeld beruhigen.

27 Vgl. ebd., 371–398.

3. Die Überwindung äußerer Hemmungen

Als Geistlicher hatte auch dieser Beschuldigte vielfältigen Zugang zu Jugendlichen, die sich oft in seinen privaten Räumlichkeiten aufhielten. Durch sein großes Engagement in der Jugendarbeit erwarb er sich Anerkennung bei den Erwachsenen und auch bei den Kindern und Jugendlichen – Spuren davon finden sich selbst in Zeugnissen von und Gesprächen mit Betroffenen. Durch seine Stellung und sein Engagement hatte er die Aufdeckung seiner Taten nicht zu fürchten. Im Falle dieses Geistlichen ist ein zeitgenössischer Brief von einigen betroffenen Mädchen aus der Gemeinde erhalten, die ihn mit seinen Taten konfrontieren wollten. Die Mädchen schrieben, wie toll sie es fänden, dass sie „jederzeit“ in seine Wohnung kommen könnten und dass er sich Zeit für ihre Probleme nehme. „[N]icht gut“ fanden sie aber, dass er immer so „aufdringlich“ sei. Sie wüssten ganz genau, warum der Priester immer wieder Situationen herbeiführen würde, in denen sie sich ausziehen oder ihn nackt anschauen müssten: „Das fällt allmählich auf“. Es gebe ja „noch ganz andere Sachen“, die sie erzählen könnten: „Aber um die zu schreiben, muss man sich zu sehr blamieren.“ Die in kindlichen Worten ausgedrückte Scham und Überforderung verstärkte hier die ohnehin engen Grenzen des Sagbaren in ihrem katholischen Herkunftsmilieu. Das Schreiben gipfelt in einer Drohung, die den Ekel der Kinder und ihr gleichzeitiges Gefühl der Hilflosigkeit angesichts der Stellung des Geistlichen illustriert: „Bitte merk dir das mal, sonst wirst du schon sehen, was du davon hast. Unsere Eltern glauben uns zwar nicht, weil sie es sich von einem sooooo guten Kaplan einmal nicht vorstellen können. Überleg dir das mal.“

Nur durch Zufälle und mit einigen Jahren Verzögerung sorgte dieses Schreiben für die erste Konfrontation des Beschuldigten mit dem damaligen Osnabrücker Bischof. Der Oberhirte teilte dem Priester mit größtmöglichem mitbrüderlichem Verständnis mit, „dass ein Ausscheiden aus dem Dienst der Diözese weder notwendig noch heilsam ist. Ich weiß, dass ich Dir aufgrund Deiner Offenheit und priesterlichen Haltung in Zukunft volles Vertrauen schenken kann. Du wirst verstehen, dass ich aber an einem Ortwechsel festhalte.“ Auch nach dieser Versetzung kam es zu sexuellen Kontakten mit mindestens einer minderjährigen Person.

4. Die Überwindung des Widerstandes des Kindes

Neben der schon geschilderten Beliebtheit bei den Kindern und Jugendlichen, seiner ständigen Zugänglichkeit und den darin wurzelnden Vertrauensverhältnissen zeigte der Priester auch eine grobe Seite, wenn er auf Widerstand stieß. Eine Betroffene berichtete: „Wenn wir nicht wollten, konnte [Name] sehr wütend und beleidigend werden.“ Er nutzte Überrumpelungssituationen und scheinbar spielerische Begebenheiten aus.

Fazit

Die hier vorgestellten Fallbeispiele zeigen vielfach Elemente, die sich auch in anderen Tatkontexten beobachten lassen, die sich im Bistum Osnabrück ereignet haben und die sich in ähnlicher Form sicherlich auch für andere Bistümer beschreiben ließen. Herausgearbeitet wurden jeweils die Tatumstände, die einen besonders engen Bezug zum kirchlichen Setting der Tatkonstellationen hatten. Dabei ist deutlich geworden, dass die besondere Stellung der Priester ihnen erhebliche Handlungsspielräume eröffnete, gerade im Kontakt mit Kindern und Jugendlichen: Der enorme Vertrauensvorschuss, die beinahe unantastbare Glaubwürdigkeit der Geistlichen kommt klar zum Ausdruck. Fallbeispiel 1 und 2 zeigen darüber hinaus klar eine problematische Selbstwahrnehmung der Kleriker. Praktisch alle Fallbeispiele verweisen auf die Problematik von Sprechverboten und Grenzen des Sagbaren, die in engem Bezug zur Sexualmoral und ihren Schamschwellen stehen. Besonders unter dem Gesichtspunkt *Überwindung äußerer Hemmungen* zeigt sich, dass die vertuschende Rücksichtnahme auf beschuldigte Kleriker – unter den Denkfiguren der Mitbrüderlichkeit oder des Institutionenschutzes – ein großes Problem war. Die eingebundenen Stellen zeigten sich hier im Rahmen ihrer Möglichkeiten nicht als *capable guardian*, der zumindest Folgetaten nach Möglichkeit zu verhindern suchte.[28] Auch zuvor wurde auf Warnzeichen wie die Bildung einer hoch manipulativen charismatischen Gemeinschaft, eine schwerwiegende Alkoholerkrankung oder Reifeproblematiken nicht angemessen reagiert.

Die Fallbeispiele verweisen auf explizit kirchliche Zusammenhänge und auf spezifisch katholische Strukturen, in denen die sexualisierte Gewalt vollzogen und später durch Vorgesetzte behandelt wurde. Es handelt sich somit um spezifisch katholische Bedingungen von sexualisierter Gewalt **in der Kirche**, die von kirchlichen Verantwortungs- und Einflussträgern zu adressieren sind und – angesichts der umfangreichen Präventionsbemühungen – in den letzten Jahren auch in erheblichem Maße adressiert wurden.

Abschließend ist auf den zweiten Aspekt der Frage nach *spezifisch katholischen* Bedingungen des Missbrauchs einzugehen. Die eingangs gestellte Frage „Was von den beschriebenen Phänomenen ist in dem Sinne spezifisch katholisch, dass es nur innerhalb der katholischen Kirche möglich war?“ lädt zu einem Gedanken-Experiment ein: So ließe sich bei der erneuten Lektüre der obigen drei Fallbeispiele die kirchliche Nomenklatur von Personen und Orten durch geeignete Beispiele aus einem anderen Bereich ersetzen, in den der/die Leser:in Ein-

28 Zur absence of a capable guardian vgl. Frings, Bernhard u. a.: Macht und sexueller Missbrauch in der katholischen Kirche. Betroffene, Beschuldigte und Vertuscher im Bistum Münster seit 1945. Freiburg i. Br. 2022, 16 f.

blick hat: Schule, Sportverein, Jugendfeuerwehr … Welche Möglichkeiten oder Hindernisse hätten besonders engagierte und erfolgreiche *Amtsträger* (Lehrer, Trainer, Betreuer …) in diesen Bereichen mit Blick auf die vier Faktoren der Tatbegehung gehabt, namentlich in Zeiten mit weniger Sensibilisierung für Fragen sexualisierter Gewalt? Wo lagen oder liegen die spezifischen Bedingungen in diesen Bereichen? Wo lassen sich passende Entsprechungen zu den *spezifisch katholischen* Merkmalen finden?

Weitere Aufarbeitung und (vergleichende) Forschung zu diesen Gesellschaftsbereichen wird Antworten auf diese Fragen geben können. Die ersten größeren Fallstudien im Bereich Sport deuten aber bereits an, dass auch dort Täter die sich ihnen bietenden spezifischen Gelegenheiten, ihre Autorität und gewachsene Abhängigkeitsverhältnisse nutzen und Betroffene zum Schweigen verpflichten konnten. Allzu oft erfuhren sie mit Rücksicht auf ihre Stellung und ihr Engagement auch wenig Hinderung durch Institutionen und Mitwisser.[29]

Diese Feststellungen haben mit Blick auf das Thema Kirche keinen verharmlosenden Effekt, zumal auch hier der moralische Anspruch der jeweiligen Institution zu berücksichtigen ist. Mit allen anderen gesellschaftlichen Bereichen muss sich die Kirche der Herausforderung und Verantwortung stellen, ihre internen sozialen Beziehungen unter den spezifischen Bedingungen so zu organisieren, dass die niemals auszuschließende „Gefahr gewaltsamer Handlungen eingeschränkt wird“[30].

Literaturverzeichnis

ASCHMANN, Birgit: „Katholische Dunkelräume“ – Denkanstöße für eine historiographische Aufarbeitung. Eine Einleitung. In: DIES. (Hg.): Katholische Dunkelräume. Die Kirche und der sexuelle Missbrauch. Paderborn 2022, XI–XXVII.

BABEROWSKI, Jörg: Ermöglichungsräume exzessiver Gewalt. In: DERS./METZLER, Gabriele (Hg.): Gewalträume. Soziale Ordnungen im Ausnahmezustand (Eigene und fremde Welten – Repräsentationen sozialer Ordnungen im Wandel 20). Frankfurt a. M. 2012, 7–27.

29 Vgl. z. B. RULOFS, Bettina u. a.: Fallstudie Sexualisierte Gewalt und sexueller Kindesmissbrauch im Kontext des Sports. Auswertung der vertraulichen Anhörungen der Unabhängigen Kommission zur Aufarbeitung sexuellen Kindesmissbrauchs. 2022. Online unter: https://www.aufarbeitungskommission.de/wp-content/uploads/Sexueller-Kindesmissbrauch-Kontext-Sport_Studie_Aufarbeitungskommission_bf.pdf (Stand: 19.03.2024); DIES./ALLROGGEN, Marc/RAU, Thea: SicherImSport. Sexualisierte Grenzverletzungen, Belästigung und Gewalt im organisierten Sport – Häufigkeiten und Formen sowie der Status Quo der Prävention und Intervention. 2022. Online unter: https://www.lsb.nrw/fileadmin/global/media/Downloadcenter/Sexualisierte_Gewalt/Bericht_zum_Forschungsprojekt_SicherImSport.pdf (Stand: 19.03.2024).

30 POPITZ, Heinrich: Phänomene der Macht. Tübingen ²1992, 61.

Bartunek, Jean M./Hinsdale, Mary Ann/Keenan, James F. (Hg.): Church ethics and its organizational context. Learning from the sex abuse scandal in the Catholic Church (Boston College church in the 21st century series). Lanham 2006.

Benkert, Marianne/Doyle, Thomas P.: Clericalism, Religious Duress and its Psychological Impact on Victims of Clergy Sexual Abuse. In: Pastoral Psychology 58 (2009), 223–238.

Brockhaus, Ulrike/Kolshorn, Maren: Die Ursachen sexueller Gewalt. In: Amann, Gabriele/Wipplinger, Rudolf (Hg.): Sexueller Missbrauch. Überblick zu Forschung, Beratung und Therapie. Tübingen [2]1998, 89–105.

Bucher, Rainer: Priester des Volkes Gottes. Gefährdungen – Grundlagen – Perspektiven. Würzburg 2010.

Ders.: Kirche, Macht und Körper. Eine pastoraltheologische Perspektive. In: Ammicht-Quinn, Regina (Hg.): „Guter" Sex: Moral, Moderne und die katholische Kirche. Paderborn 2013, 123–137.

Damberg, Wilhelm: Missbrauch. Die Geschichte eines internationalen Skandals. In: Aschmann, Birgit (Hg.): Katholische Dunkelräume. Die Kirche und der sexuelle Missbrauch. Paderborn 2022, 2–22.

Doyle, Thomas P.: Clericalism: Enabler of Clergy Sexual Abuse. In: Pastoral Psychology 54 (2006), 189–213.

Ders.: The Spiritual Trauma Experienced by Victims of Sexual Abuse by Catholic Clergy. In: Pastoral Psychology 58 (2009), 239–260.

Forschungsverbund ForuM (Hg.): Forschung zur Aufarbeitung von sexualisierter Gewalt und anderen Missbrauchsformen in der Evangelischen Kirche und Diakonie in Deutschland. Online unter: https://forum-studie.de/wp-content/uploads/2024/01/Abschlussbericht_ForuM.pdf (Stand: 19.03.2024).

Frings, Bernhard/Großbölting, Thomas/Große Kracht, Klaus/Powroznik, Natalie/Rüschenschmidt, David: Macht und sexueller Missbrauch in der katholischen Kirche. Betroffene, Beschuldigte und Vertuscher im Bistum Münster seit 1945. Freiburg i. Br. 2022.

Frings, Bernhard: Intransparenz, Mitbrüderlichkeit, mangelnde Konsequenz. Umgang mit einem pädophilen Priester im Bistum Münster (1958–2007). In: Aschmann, Birgit (Hg.): Katholische Dunkelräume. Die Kirche und der sexuelle Missbrauch. Paderborn 2022, 229–249.

Großbölting, Thomas: Die schuldigen Hirten. Geschichte des sexuellen Missbrauchs in der katholischen Kirche. Freiburg i. Br. 2022.

Haslinger, Herbert: Macht in der Kirche. Wo wir sie finden – wer sie ausübt – wie wir sie überwinden. Freiburg i. Br. 2022.

Hilpert, Konrad/Leimgruber, Stephan/Sautermeister, Jochen/Werner, Gunda (Hg.): Sexueller Missbrauch von Kindern und Jugendlichen im Raum von Kirche. Analysen – Bilanzierungen – Perspektiven (Quaestiones Disputatae 309). Freiburg i. Br. 2020.

Keudell, Anna von: Sexualisierte Gewalt an allgemeinbildenden Schulen. Eine struktur- und machttheoretische Analyse. Wiesbaden 2022, 45–50.

Keupp, Heiner: Traumatisierende und traumatisierte Institutionen am Beispiel der katholischen Kirche. In: Bahne, Thomas (Hg.): Verletzbarkeit des Humanen. Sexualisierte Gewalt an Minderjährigen im interdisziplinären Diskurs. Regensburg 2021, 149–171.

Kopp, Stefan (Hg.): Macht und Ohnmacht in der Kirche. Wege aus der Krise (Kirche in Zeiten der Verantwortung 2). Freiburg i. Br. 2020.

Popitz, Heinrich: Phänomene der Macht. Tübingen ²1992.

Rossetti, Stephen J./Müller, Wunibald (Hg.): Sexueller Missbrauch Minderjähriger in der Kirche. Psychologische, seelsorgliche und institutionelle Aspekte (Begleiten – Beraten – Heilen). Mainz 1996.

Rulofs, Bettina/Wahnschaffe-Waldhoff, Kathrin/Neeten, Marilen/Söllinger, Annika: Fallstudie Sexualisierte Gewalt und sexueller Kindesmissbrauch im Kontext des Sports. Auswertung der vertraulichen Anhörungen der Unabhängigen Kommission zur Aufarbeitung sexuellen Kindesmissbrauchs, 2022. Online unter:https://www.aufarbeitungskommission.de/wp-content/uploads/Sexueller-Kindesmissbrauch-Kontext-Sport_Studie_Aufarbeitungskommission_bf.pdf (Stand: 19.03.2024).

Dies./Allroggen, Marc/Rau, Thea: SicherImSport. Sexualisierte Grenzverletzungen, Belästigung und Gewalt im organisierten Sport – Häufigkeiten und Formen sowie der Status Quo der Prävention und Intervention. 2022. Online unter: https://www.lsb.nrw/fileadmin/global/media/Downloadcenter/Sexualisierte_Gewalt/Bericht_zum_Forschungsprojekt_SicherImSport.pdf (Stand: 19.03.2024).

Schmiesing, Jürgen/Schulte-Nölke, Hans/Westphal, Siegrid/Böhlke, Michelle/Rissling, Justus Peter/Schipmann, Johannes Ludwig: Sexualisierte Gewalt an Minderjährigen sowie schutz- und hilfebedürftigen Erwachsenen durch Kleriker im Bistum Osnabrück seit 1945. Zwischenbericht: Pflichtverletzungen der Bistumsleitung. Online unter: https://www.s-gewalt.uni-osnabrueck.de/fileadmin/documents/public/PDFs/Zwischenbericht_Stand_18.03.2024.pdf (Stand: 19.03.2024).

Der Schatten der Institution
DOI 10.17438/978-3-402-12327-0

Welche Typen braucht die Zukunft?[1]

Pastorale Berufe am „Ende der Eindeutigkeit"

JAN LOFFELD

Abstract

Auf dem Sektor des pastoralen Personals scheint sich gegenwärtig einiges zu bewegen.[2] In den meisten deutschsprachigen Diözesen finden sich nur noch wenige Interessierte für pastorale Berufe und auch in größeren Bistümern entfallen erstmalig die Priesterweihen. Außerdem werden die Legitimität und Notwendigkeit gerade eines geweihten Dienstamtes immer stärker hinterfragt. Dieser Artikel möchte Gründe für dieses Phänomen suchen und anfanghafte Überlegungen zu einer Neuverortung pastoraler Berufe innerhalb säkularer Selbstverständlichkeiten entwickeln. Dazu bietet sich folgende Struktur an: Nach einer kurzen Herleitung des theologischen Kontextes sollen vor allem sog. Schleifungen beschrieben werden, denen pastorale Berufe und die ihnen zugrunde liegenden Unterscheidungen in unserer Zeit ausgesetzt sind. Dieses Phänomen soll sodann einen Kairos für weiterführende Gedanken zu Konturen und unverzichtbaren Charaktereigenschaften pastoral Tätiger bilden, wie sie für eine wirksame Präsenz des Evangeliums im Heute und vielleicht auch für morgen wichtig sein könnten.

In the pastoral staff sector at the moment a lot is moving. To name just two examples: In most German-speaking dioceses, there are only a few people interested in pastoral vocations and even in larger dioceses, ordinations to the priesthood are being cancelled for the first time. In addition, the legitimacy and necessity of an ordained ministry in particular is being increasingly scrutinised. This article would like to look for reasons for this phenomenon and develop some initial thoughts on a new localisation of pastoral professions within secular self-evident values. After a brief derivation of the theological context, the main aim is to describe the so-called abrasions to which pastoral professions and the distinctions on which they are based are exposed in our time. This phenomenon should then form a kairos for further thoughts on the contours and indispensable character traits of pastoral workers, as they could be important for an effective presence of the Gospel today and perhaps also for tomorrow.

1 Der Artikel wurde erstmals publiziert in: Theologie der Gegenwart 62 (2019), 120–136.

2 Der Text gibt die leicht überarbeitete Version meines Habilitationsvortrages an der Katholisch-Theologischen Fakultät der Universität Erfurt (Wintersemester 2018/2019) wieder. Der Vortragsstil wurde dabei weitgehend beibehalten.

Der nähere theologiegeschichtliche Kontext: moderne Binärcodierungen

Priester und Laiendienste, dieses Thema prägt die kirchliche und theologische Diskurslandschaft im Sinne eines Binärcodes bereits vor, v. a. aber seit dem II. Vatikanischen Konzil. Festgemacht wird die Zuordnung jener beiden Gruppen im Volk Gottes, die in konziliarer Terminologie *christifidelis laici* und *christifidelis clerici* heißen (es gibt übrigens als dritte Gruppe hier noch die *christifidelis religiosi*)[3], insbesondere an einer Unterscheidung aus *Lumen Gentium* 10, wo die Differenz zwischen Priestern und Laien mithilfe der Formulierung *essentia et non gradu* bestimmt wird:

> „Das gemeinsame Priestertum der Gläubigen aber und das Priestertum des Dienstes, das heißt das hierarchische Priestertum, unterscheiden sich zwar dem Wesen und nicht bloß dem Grade nach. Dennoch sind sie einander zugeordnet: das eine wie das andere nämlich nimmt je auf besondere Weise am Priestertum Christi teil. Der Amtspriester nämlich bildet kraft seiner heiligen Gewalt, die er innehat, das priesterliche Volk heran und leitet es; er vollzieht in der Person Christi das eucharistische Opfer und bringt es im Namen des ganzen Volkes Gott dar; die Gläubigen hingegen wirken kraft ihres königlichen Priestertums an der eucharistischen Darbringung mit und üben ihr Priestertum aus im Empfang der Sakramente, im Gebet, in der Danksagung, im Zeugnis eines heiligen Lebens, durch Selbstverleugnung und tätige Liebe."[4]

Yves Congar soll nach Verabschiedung dieses Textabschnittes auf dem Konzil gesagt haben, dass über diese Aussage noch viel theologische Tinte fließen wird. Er sollte recht behalten: Dieser Textauszug gehört sicher zu den meist diskutierten und problematisierten innerhalb der theologischen Fachdiskussion zu Fragen der Zuordnung von Priestern und Laien während der letzten Jahrzehnte.[5] Vom Konzil über die nachfolgenden Nationalsynoden in Europa[6] und spätere vatikanische

3 Vgl. Zweites Vatikanisches Konzil: Dogmatische Konstitution über die Kirche „Lumen Genuim" vom 21. November 1964, Nr. 30. In: Wohlmuth, Josef (Hg.): Dekrete der ökumenischen Konzilien. Conciliorum Oecumenicorum Decreta (Konzilien der Neuzeit 3). Darmstadt [3]1973. 849–900, hier 874–875 [= LG 30].

4 LG 10.

5 Vgl. als „Klassiker": Bausenhart, Guido: Das Amt in der Kirche. Eine not-wendende Neubestimmung. Freiburg i. Br. 1999; sowie: Ders.: Theologischer Kommentar zum Dekret über das Apostolat der Laien *Apostolicam actuositatem*. In: Hünermann, Peter/Hilberath, Bernd Jochen (Hg.): Herders Theologischer Kommentar zum Zweiten Vatikanischen Konzil. Bd. 4: Apostolicam Actuositatem. Freiburg i. Br. 2005, 1–123.

6 Vgl. Feiter, Reinhard/Hartmann, Richard/Schmiedl, Joachim (Hg.): Die Würzburger Synode. Die Texte neu gelesen (Europas Synoden nach dem II. Vatikanischen Konzil 1). Freiburg i. Br. 2016.

Instruktionen[7] bis hin zum Schreiben der deutschen Bischöfe „Gemeinsam Kirche sein“[8] reicht diese Auseinandersetzung, die man innerhalb der Pastoraltheologie mittlerweile mit dem Begriff des „Erlaubnisdiskurses“[9] belegt hat. Dieser Begriff insinuiert, dass es dabei auch um Identitäts- und u. U. um Machtfragen geht. Vor allem aber zeigt sich darin das ehrliche Ansinnen, die theologischen Möglichkeitsbedingungen einer notwendigen Kooperation beider Gruppen zu bedenken.[10] Unter der Hand haben freilich weitere Verschiebungen in der Praxis stattgefunden, etwa, wenn sich ein neuer Binärcode etabliert, nämlich jener von Haupt- und Ehrenamtlichen. Das alles sind wichtige Themen, und in sehr vielen Pastoralteams oder Diözesanräten zeigen sich mit Händen zu greifende Unsicherheiten, manchmal sogar Verletzungen ob vieler ungeklärter Fragen auf diesem Gebiet. Die folgenden Gedanken sollen allerdings über solche Fragestellungen hinausgehen. Sie möchten aufzeigen, dass es nicht nur die inneren theologischen Spannungen sind, die derzeit innerhalb dieses Themenkomplexes problematisiert werden müssen, sondern dass diese internen Fragen überdies vom Außen theologischer Begriffsbildung her in Bewegung geraten: sowohl seitens der pastoralen Praxis als auch säkularer Realitäten. Jene Prozesse, die sich als Folge eines äußerlichen Drucks zeigen, gilt es zu analysieren. Sie erweisen sich als *Schleifungen angestammter Eindeutigkeiten* als pastoraltheologisch höchst relevant.

7 Einen Höhepunkt, an dem alte Frontstellungen wieder sehr deutlich sichtbar wurden, bildet freilich die römische „Instruktion zu einigen Fragen der Mitarbeit der Laien am Dienst der Priester“ aus dem Jahr 1997. Heiliger Stuhl: Instruktion zu einigen Fragen der Mitarbeit der Laien am Dienst der Priester vom 15. August 1997. Online unter: https://www.vatican.va/roman_curia/congregations/cclergy/documents/rc_con_interdic_doc_15081997_ge.html (Stand: 19.03.2024).

8 Sekretariat der Deutschen Bischofskonferenz (Hg.): Gemeinsam Kirche sein. Wort der deutschen Bischöfe zur Erneuerung der Pastoral (Die deutschen Bischöfe 100). Bonn 2015.

9 Vgl. Bucher, Rainer: Der lange Weg vom Erlaubnis- zum Ermöglichungsdiskurs. Die Gemeindeleitungsproblematik im Kontext der Konstitutionsprobleme der katholischen Kirche in den entwickelten Gesellschaften Deutschlands und Österreichs. In: Ders.: An neuen Orten. Studien zu den aktuellen Konstitutionsproblemen der deutschen und österreichischen katholischen Kirche. Würzburg 2014, 131–148; Sowie: Ders.: Vom bösen Zauber falscher Vorstellungen. Zur pastoraltheologischen Problematik der soziologischen Kategorie Ehrenamt. In: Diakonia 40 (2009), 269–275.

10 Vgl. dazu u. a. den international angelegten Band: Kranemann, Benedikt/Wijlens, Myriam (Hg.): Gesendet in den Weinberg des Herrn. Laien in der katholischen Kirche heute und morgen (Erfurter Theologische Studien 35). Würzburg 2010.

Mehrdimensionale Schleifungen angestammter Eindeutigkeiten

Schleifung 1: Sexuelle Gewalt durch Kleriker und der Klerikalismus als repressive „Vereindeutigungstechnik"

Eine der gravierendsten Schleifungen einer sich vorwiegend klerikal verstehenden Standeskirche und ihrer Unterscheidungen geschieht derzeit fraglos durch die nicht endende, freilich sehr heilsame und absolut notwendige Aufdeckung sexueller Gewalt durch Kleriker. Immer universaler wird das Ausmaß solcher Taten sichtbar. Dabei scheint folgender Zusammenhang evident: Je mehr moderne Freiheitsrechte innerhalb einer Gesellschaft durch- gesetzt sind, desto schonungsloser scheinen die Fälle ans Licht zu kommen; je weniger die Kirche als Gnadenanstalt[11] im gesellschaftlichen Regiment sitzt, desto höher ist die Bereitschaft, der Wahrheit Raum zu geben. Wer etwa den Film *Spotlight*[12] gesehen hat, der die Aufdeckungen innerhalb der Erzdiözese Boston zu Beginn des Millenniums durch Journalisten eindrucksvoll nachzeichnet, den haben die Ergebnisse der sog. MHG-Studie vom September 2018 vermutlich nicht mehr ganz so stark erschüttern können. Hier schon war deutlich, dass es sich neben vielen grausamen Einzeltaten bei der Missbrauchsvertuschung um ein systemisches Versagen handelt, das jedoch zugleich fatalerweise wiederum neue Ermöglichungsstrukturen geschaffen hat. Die kirchliche Hierarchie verliert damit ihren Vertrauensschutz auf ganzer Linie. Aber auch einzelne Amtsträger geraten korporativ unter Verdacht: Wenn man sicher nicht von einer Kollektivschuld aller Priester sprechen kann, so ist die Rede von einer Kollektivverantwortung sicherlich mehr als gerechtfertigt.[13] Und der Schaden ist unermesslich, zunächst fraglos bei den Opfern, ihren Biographien und Familien und in zweiter Linie auch für das, wozu die Kirche da sein möchte: die Verkündigung des Evangeliums, indem sie Sakrament des Heils für die Welt ist. Der niederländische Bischof Gerard de Korte brachte es drastisch auf den Punkt: Diese Priester haben ein Anti-Evangelium verkündet.[14]

Für unseren Fragezusammenhang können die Enthüllungen seit 2002 bedeuten: Sonderrollen werden der Kirche und damit dem Klerus nicht mehr zugestanden. Standesprivilegien bis hin zum Beichtgeheimnis stehen infrage, und die Klerikerkirche erodiert im Bewusstsein unserer Kultur noch viel elementarer als

11 Vgl. die Begriffsprägung von Ebertz, Michael N.: Erosion der Gnadenanstalt? Zum Wandel der Sozialgestalt von Kirche. Landau 1998.

12 Ebenso kompetent bringt etwa der Film „Verfehlung", Deutschland 2015, die Vielschichtigkeit und Dramatik sexueller Gewalt in den Diskurs.

13 Vgl. dazu Enxing, Julia: Schuld zur Sprache bringen. Eine Betrachtung des Schuldbekenntnisses Johannes Pauls II. In: Dies. (Hg.): Schuld. Theologische Erkundungen eines unbequemen Phänomens. Mainz 2015, 211–232

14 Vgl. Uetzending.net: Medienbericht. September 2018. Online unter: https://www.uitzending.net/gemist/427850/Nederland-1/Geloofsgesprek (Stand: 01.03.2024).

zu Zeiten des Kulturwandels in den 1960ern. Was einen Kleriker etwa im Vergleich zu einem Laien ausmacht, wie beide einander positiv zugeordnet werden können, spielt insofern keine Rolle mehr, als man sieht, wozu geistliche Über- und Unterordnung in der Kirche missbraucht werden können – wie man sie auch immer begründet. Zugleich lassen diese Prozesse eine ganz neue Weise von Ambiguität in vielen pastoralen Kontakten aufscheinen: Was denken Menschen von der Kirche, von mir als Seelsorger:in, wenn ich etwa Teil der Tätergruppe bzw. eines Systems bin, das solche verbrecherischen Taten nachweislich über Jahrzehnte gedeckt hat? Gerade diese Frage nach der Verantwortung eines Systems, dessen Teil man gemeinsam ist, macht sicherlich einen weniger großen Unterschied zwischen Priestern und Laien.

Bestimmt ist es ein weites Bündel von Gründen, das den Missbrauch bis heute begünstigt, und die MHG-Studie spricht zu Recht von Risikokonstellationen. Ein Phänomen ist dabei allerdings besonders in die Diskussion gekommen: der *Klerikalismus* – ausgelöst u. a. vonseiten des Papstes selber.[15] Er kann sicherlich als Grund, aber auch als Strategie identifiziert werden, uneindeutige Situationen zu klären und damit Ambiguitäten aufzuheben. Rainer Bucher hat schon vor einiger Zeit den Klerikalismus als Phänomen historisch kontextualisiert und für die Gegenwart definiert:

„Zu Zeiten einer (weitgehenden) christentümlichen Identität von gesellschaftlichen und religiösen Sinnsystemen war die klerikale Pastoralmacht eine neue gesellschaftliche Herrschaftstechnik; mit der neuzeitlichen Individualisierung der Seelsorgebeziehung wurde sie eine innerkirchliche Herrschafts- und Heiligungstechnik zwischen Pastor und Gläubigen und für Pastor und Gläubige, heute aber ist der Klerikalismus primär und vor allem eine Identitätstechnik des Priesters."[16]

Die Fälle sexueller Gewalt durch Priester führen nun genau eben jenen Klerikalismus, verstanden als vorwiegend priesterliche Identitäts- und damit als Vereindeutigungstechnik ad absurdum, weil ihm schlichtweg jede soziokulturelle Evidenz entzogen scheint.[17] Wenn klerikale Identitäten und die mit ihnen lange aus Gründen der Heilsvermittlung verbundenen Privilegien mehr das Unheil als

15 Vgl. DOMRADIO.DE: „Wunden, die niemals verjähren". Auszüge aus dem Brief von Papst Franziskus zu Missbrauch. Online unter: https://www.domradio.de/artikel/auszuege-aus-dem-brief-von-papst-franziskus-zu-missbrauch (Stand: 19.03.2024).

16 BUCHER, Rainer: Klerikalismus als pastorale Handlungsform. Einige Analysen an der Schnittstelle von Kirchengeschichte und Pastoraltheologie. In: SOHN-KRONTAHLER, Michaela/HÖFER, Rudolf K. (Hg.): Laien gestalten Kirche (FS Maximilian Liebmann zum 75. Geburtstag). Innsbruck 2009, 155–175, hier 173.

17 Freilich ist der Klerikalismus ein vielschichtiges Phänomen, wenn er bisweilen auch als Technik durch Laien praktiziert wird – besonders tragisch im Sinne von „unser Pfarrer/ein Priester tut so etwas (sprich: sexueller Missbrauch) nicht" oder auch generell in der

das Heil des Menschen befördern, scheinen sie zweifelsohne ambivalent sowie berechtigterweise individuell wie gesamtgesellschaftlich obsolet. Weil damit das Ende des Klerikalismus als spezifischer Vereindeutigungstechnik unzweifelhaft gekommen ist, die säkular jedwede Begründbarkeit und Glaubwürdigkeit verloren hat, kann all dies gewiss als eine heilsame Relativierung klerikaler bzw. priesterlicher Privilegien gedeutet werden. Sicher muss man sich dabei auch fragen, warum es dazu einer solch schmerzhaften Eruption bedurfte, für die v.a. die Opfer sexueller Gewalt einen unermesslich hohen Preis bezahlen. Frei nach Benedikt XVI. und seiner Freiburger Rede aus dem Jahr 2011 kann man hier jedoch mit Bestimmtheit sagen, dass da die Säkularisierung der Kirche auch in dieser Frage zu Hilfe gekommen ist bzw. vielfach noch kommen muss.

Schleifung 2: Säkulare Selbstverständlichkeiten

Eine weitere, ganz andere Schleifung innerkirchlicher bzw. theologischer Unterscheidungen stammt aus unseren unmittelbaren Lebenswelten. Sie machen aufgrund der völligen Unberührtheit durch kirchliche Verfügungs- oder Sanktionsmittel ja letztlich auch das Aufdecken innerkirchlicher Missstände möglich. Hier kann es gerade bei kirchlichen Abhängigkeiten eine gute und offenbar immer häufiger praktizierte Emanzipationsstrategie sein, die säkulare Öffentlichkeit als weitgehend freie Appellationsinstanz angesichts kirchlich verantworteter Ungerechtigkeiten einzuschalten, sei es bei den jüngeren Auseinandersetzungen um die Verweigerung einer kirchlichen Lehrerlaubnis, sei es bei bischöflichen Interventionen bei der Wiederbesetzung theologischer Lehrstühle: Die säkulare Öffentlichkeit gilt zunehmend als Freiheitsort, der kirchenpolitisches Kalkül oder entsprechende Sonderrechte unter den Rechtfertigungsdruck vor den Werten einer liberalen Kultur bringt. Für unseren Fragezusammenhang gilt dies freilich ebenfalls, wenn auch in etwas anderer Weise. Dazu möchte ich drei kurze Beispiele anführen. Das erste stammt aus der pastoralen Praxis: Immer wieder geschieht es, dass Laien, die eine Liturgie leiten, seitens vieler Mitfeiernder für Kleriker gehalten werden – so geschehen nach einer Krippenfeier am Hl. Abend, als eine der Mitfeiernden sich bei der Gemeindereferentin mit dem Satz bedankte: „Vielen Dank, Frau Pfarrerin, für die schöne Messe. Es ist doch toll, wenn die katholische Kirche trotz allem, was man so hört, Frauen als Pfarrerinnen akzeptiert". Leider gibt es zu solchen Beispielen, die in der pastoralen Praxis mitnichten als Ausnahmen gelten können, noch keine empirischen Untersuchungen.[18] Ein weiteres

Pastoral, wenn mancherorts eine Veranstaltung nur als ‚gültig' bzw. vollwertig angesehen wird, wenn ein Kleriker der Gemeinde und bestenfalls der Pfarrer selber anwesend ist.

18 Dass kirchliche Begriffe auf *Open Source* gestellt sind, ist freilich in anderen Bereichen schon erwiesen. Vgl. zum Begriff der Spiritualität die empirische Studie: Streib, Heinz/ Keller, Barbara: Was bedeutet Spiritualität? Befunde, Analysen und Fallstudien aus

Beispiel erzählte mir der amtierende Erfurter Bischof beim Missio-canonica-Gespräch im vergangenen Jahr: Wenn er in Erfurt durch die Stadt laufe, stelle er sich den Menschen als *Pfarrer* vor – denn alles andere sei nicht verständlich zu machen. Statistisch greifbar ist hingegen das bekannte Phänomen, dass Menschen bei Kritik an der katholischen aus der evangelischen Kirche austreten. Auch hier werden kirchliche Unterscheidungen nicht mehr verstanden bzw. seitens anderer kultureller Selbstverständlichkeiten geschleift. Sie haben damit ihre Funktion, Heilsvermittlung innerhalb eindeutiger Strukturen zu ermöglichen, eingebüßt.

Schleifung 3: Pastorale Prozesse und Personalmangel – Gemeindeleitung durch Laien

Paul M. Zulehner hat einmal über die seit zwei Jahrzehnten stattfindenden Umbaumaßnahmen der Pastoralstrukturen gesagt, dass sich diese vorwiegend nach der Zahl der zur Verfügung stehenden Priester richtet. Und eben so strukturieren viele Diözesen ihre Territorialstruktur um: Es wird die Zahl der – auch in einigen Jahren noch – leistungs- und leitungsfähigen Priester ermittelt, und entsprechend werden Großpfarreien zugeschnitten.[19] Damit soll theologisch die Eindeutigkeit der Verquickung zwischen Eucharistievorsitz bzw. sakramentaler Potestas und Leitungsvollmacht gewahrt werden. Das Bistum Osnabrück geht derzeit einen anderen Weg, wie im Amtsblatt vom 6. August 2018 angekündigt[20] und in seinen ersten Konsequenzen auf der Homepage des Bistums beschrieben:

„Die katholische Pfarreiengemeinschaft Wellingholzhausen/Gesmold in Melle wird die erste Pfarreiengemeinschaft im Bistum Osnabrück, die künftig von einem hauptamtlichen Laien, dem sogenannten Pfarrbeauftragten, anstelle eines Pfarrers geleitet wird. Das haben Vertreter des Bistums am Mittwoch [14.03.2018] mit den Gremien der Pfarreiengemeinschaft besprochen. Der neue Pfarrbeauftragte wird seinen Dienst am 1. Dezember dieses Jahres antreten."

„Mit der Einführung der Gemeindeleitung durch hauptamtliche Laien – also pastorale Mitarbeiter, die nicht zum Priester geweiht sind – an einzelnen Standorten soll die weitere Zusammenlegung von Pfarreien und Pfarreiengemeinschaften zu noch größeren Einheiten im Bistum Osnabrück vermieden werden. Das Kirchen- recht ermöglicht diesen Schritt,

Deutschland. Göttingen 2015; Sowie eher essayistisch, aber zur Sache höchst instruktiv: Greiner, Ulrich: Die Lust, an allem schuld zu sein. Wie der Gedanke der Erbsünde verweltlicht wurde und heute in der Politik sein Unwesen treibt. In: Die Zeit 43 (2018), 52.

19 So wurde etwa im Bistum Münster zu Beginn des Jahrzehnts ein präziser Stellenplan ermittelt, der sich bereits nach wenigen Monaten als dysfunktional erwies und – auch dies ein Indiz – bei gegenwärtigen Personalgesprächen keine Rolle mehr zu spielen scheint.

20 Vgl. Bode, Franz-Josef: Statut für die Pfarrseelsorge nach c. 517 § 2 CIC in Osnabrück. In: Kirchliches Amtsblatt Osnabrück 134/7 (2018). Online unter: www.bistum.net/fix/files/990/artikel/doc/Amtsblatt_7-2018-Intranet.pdf (Stand: 19.03.2024), 157–159, hier 159.

wenn es nicht genügend Priester zur Leitung der Gemeinden gibt. Dem Pfarrbeauftragten steht in seinen Aufgaben ein moderierender Priester zur Seite, der nicht vor Ort lebt."[21]

Es geht mir mit diesem Beispiel weniger darum, in eine theologische Diskussion um diese Fragen einzusteigen. In der Pastoraltheologie werden schon seit Längerem ähnliche Modelle aus der Weltkirche, etwa aus Frankreich, diskutiert.[22] Die Osnabrücker haben u. a. Erfahrungen von den Philippinen für sich urbar gemacht. Mit diesem Beispiel soll vielmehr eine weitere Weise beschrieben werden, wie unterschiedlich, um nicht zu sagen: vieldeutig man kirchlicherseits derzeit auf die Gemengelage einer säkularen Gesellschaft reagiert. Weitere Zusammenlegungen von Pfarreien, welche andernorts u. a. dazu dienen, die Identität des priesterlichen Dienstes zu schützen, werden in Osnabrück vermieden. Dafür nimmt man offenbar eine Schleifung des kirchlichen Binärcodes von Priestern und Laien sowie ihrer klassischen theologischen Rollenzuschreibungen in Kauf.

Zwischenbilanz: Kirchliche Berufe inmitten vielschichtiger Ambiguitäten

Die bis hierher sicherlich sehr verkürzend beschriebenen Realitäten sind zwar in sich jeweils sehr verschiedene, aber bedeutsame Dimensionen jener Prozesse, die Zygmunt Bauman bereits vor einigen Jahren als „Ende der Eindeutigkeit"[23]beschrieb und angesichts derer der Münsteraner Islamwissenschaftler Thomas Bauer im letzten Jahr eine *Vereindeutigung der Welt* in verschiedenen gesellschaftlichen, politischen und religiösen Bereichen diagnostizierte.[24] Die beschriebenen Beispiele zeigen, dass auch auf dem Feld kirchlicher Unterscheidungen insbesondere eine Wirklichkeit mittlerweile bestimmend geworden ist: die Ambiguität. Von ihr schreibt Thomas Bauer:

„Ambiguität ist nur schwer und nie restlos zu beseitigen, ganz einfach aus dem Grund, weil es eine Welt ohne Ambiguität nicht geben kann. Es ist aber auch nicht einfach, einen Zu-

21 Bistum Osnabrück: Neues Modell für Gemeindeleitung: Erste Pfarrgemeinschaft mit Pfarrbeauftragtem. Online unter: https://bistum.net/one.news/index.html?entry=page.artikel.abt.04.273 (19.03.2024); Odendahl, Björn: Osnabrück: Erstmals leitet ein Laie eine Pfarrei. Online unter: https://www.katholisch.de/aktuelles/aktuelle-artikel/osnabruck-erstmals-leitet-ein-laie-eine-pfarrei (Stand: 19.03.2024).

22 Vgl. Feiter, Reinhard/Müller, Hadwig: Was wird jetzt aus uns, Herr Bischof? Ermutigende Erfahrungen der Gemeindebildung in Poitiers. Ostfildern 2009.

23 Vgl. Bauman, Zygmunt: Moderne und Ambivalenz. Das Ende der Eindeutigkeit. Hamburg 1992 [engl. Orig.: Modernity and Ambivalence. Cambridge 1991].

24 Vgl. Bauer, Thomas: Die Vereindeutigung der Welt. Über den Verlust an Mehrdeutigkeit und Vielfalt. Stuttgart 2018.

stand der Ambiguität aufrechtzuerhalten, weil Menschen ihrer Natur nach nur beschränkt ambiguitätstolerant sind und eher danach streben, einen Zustand der Eindeutigkeit herzustellen als Uneindeutigkeit auf Dauer zu ertragen."[25]

Diese Analyse von Thomas Bauer zielt und passt gewiss in viele Bereiche des gegenwärtigen Zusammenlebens, auch und gerade in kirchliche. Wie aber sehen Umgangsweisen mit der Ambiguität kirchlicher Berufe konkret aus? Eine mögliche Antwort, die oben schon anklang, wäre: Man müht sich – nicht zuletzt mithilfe klerikaler Machttechniken – um Eindeutigkeiten, indem man etwa die Identität des Priesteramtes retten möchte oder immer wieder aufs Neue das konfliktfreie Zueinander von Priestern und Laien als wünschenswert und theologisch möglich thematisiert.[26] Auch diese Prozesse beschreibt Thomas Bauer:

„Die Idee [...], dem Individuum komme von Natur aus eine einzige wahre Natur zu, die unverfälscht erhalten bleiben muss, um authentisch zu sein, lässt sich durchaus auf Kollektive ausdehnen. Zu diesem Zwecke dient der Begriff der Identität, der, angewendet auf das Individuum („ich bin identisch"), eher lächerlich ist, wohl aber für Kollektive eine wichtige Rolle spielt."[27]

Angewendet auf unsere Fragestellung finden sich interessanterweise im gegenwärtigen kirchlichen Leben eben solche Prozesse, die eine verloren geglaubte Identität u. a. durch neue Authentizitäten wiederherstellen möchten. Bereits als Folge der Missbrauchsenthüllungen von 2010 sollte die von der Deutschen Bischofskonferenz in Auftrag gegebene Imageaktion „Valerie und der Priester"[28], bei der man wiederum einen sehr eindeutigen Priestertyp auswählte, das vielfach in die Krise gekommene Image der Priester retten. Mit Bauer könnte man überdies sagen, dass hier der Priester an sich dafür herhalten muss, um die Identität des Kollektivs – in diesem Fall der Kirche – wiederherzustellen. Dabei sitzt man gleich mehreren Fiktionen auf: Weder gibt es einen einheitlichen Priestertyp noch einen uniformen hauptberuflichen Laientyp, wie verschiedene empirische Untersuchungen – etwa von Paul M. Zulehner oder Christoph Jacobs[29] – wieder-

25 Ebd., 16.

26 An dieser Stelle wären wiederum die Schrift „Gemeinsam Kirche sein", aber auch die Rahmenstatuten der Deutschen Bischöfe für pastorale Laiendienste zu nennen: SEKRETARIAT DER DEUTSCHEN BISCHOFSKONFERENZ (Hg.): Rahmenstatuten und -ordnungen für Gemeinde- und Pastoral Referenten/Referentinnen (Die deutschen Bischöfe 96). Bonn 2011.

27 BAUER: Die Vereindeutigung der Welt, 71.

28 In der Rückschau: vgl. SCHÖNIAN, Valerie: Halleluja. Wie ich versuchte, die katholische Kirche zu verstehen. München 2018.

29 Eine überblickshafte Zusammenfassung sämtlicher solcher Studien während der vergangenen Jahrzehnte findet sich in: STELZER, Marius: Krisendiagnosen – Lebensperspektiven. Zur Entwicklung priesterlicher Rollenidentitäten und beruflicher Professionalität in der moder-

holt gezeigt haben. Aber auch diese Ambiguität scheint schwer aushaltbar, wenn man ihr mitsamt derjenigen Mehrdeutigkeiten, die man selbst produziert hat bzw. innerhalb derer man sich vorfindet, stilisierte Typisierungen entgegensetzt.

Damit zeigt sich insgesamt die Schwierigkeit, mit Mehrdeutigkeiten sowie mit einer unübersichtlich gewordenen pastoralen Gemengelage, die der Soziologe Ulrich Bröckling kürzlich als „Panarchie"[30] beschrieb, innerkirchlich umzugehen. Angesichts dieses Befundes möchte ich im Folgenden einen neuen Weg vorschlagen: Anstatt defensiv auf das Einfordern von Eindeutigkeiten zu bestehen bzw. diese zu fördern, könnte und sollte man eine solche mehrdeutige und unübersichtliche Situation kreativ für Neuansätze nutzen – wie es bezüglich der Leitungsfrage etwa in Osnabrück versucht wird. Es könnte bislang bewährte Machttechniken, die sich u. a. aus der unhinterfragten Normativität von Unterscheidungen speisen, sogar heilsam aufsprengen. Die analysierte Ambiguität wäre so als ein *Zeichen der Zeit* zu deuten.

Bei ehrlichem Besehen, so zeigt es auch Bauer, gehören Mehrdeutigkeiten eminent zum Religiösen und v. a. zum Katholischen dazu. Er beschreibt dies am Beispiel der Persienmisson des 17./18. Jahrhunderts. Beteiligt waren verschiedene Orden, u. a. die Unbeschuhten Karmeliter. Für sie als kontemplativer Orden war schon der Missionsauftrag durch den Papst fremd. Um schließlich an asiatischen Königshöfen überhaupt ernst genommen zu werden, mussten die Mönche höfisch gekleidet hoch zu Ross erscheinen.

„Ein Widerspruch", wie Bauer schreibt, „den man der Sache halber gerne ertrug".[31]

nen Lebenskultur (ZAP-Workingpaper 3). Online unter: https://www.researchgate.net/publication/286925272_Krisendiagonsen__Lebensperspektiven_Zur_Entwicklung_priesterlicher_Rollenidentitaten_und_beruflicher_Professionalitat_in_der_modernen_Lebenskultur (Stand: 19.03.20204).

30 Vgl. Bröckling, Ulrich: Von Hirten, Herden und dem Gott Pan. Figurationen pastoraler Macht. In: Ders.: Gute Hirten führen sanft. Über Menschenregierungskünste. Frankfurt a. M. 2017, 15–44, hier 40 f.

31 Bauer: Die Vereindeutigung der Welt, 21. Als weitere, prominentere Ambiguitäten aus der Theologiegeschichte ließen sich das Dogma von Chalcedon eines „unvermischt und ungetrennt", der bis heute ungelöste Gnadenstreit oder das eschatologische „schon und noch nicht" nennen. Letzteres verweist ja gerade darauf, dass eine letzte Eindeutigkeit erst eine Realität der eschatologischen Wirklichkeit sein wird. Zur Ambiguität im Bereich der Dogmenentwicklung vgl. Seewald, Michael: Dogma im Wandel. Wie Glaubenslehren sich entwickeln. Freiburg i. Br. 2018. Auch das derzeitige Pontifikat trägt, wie immer stärker zutage tritt, deutliche Ambivalenzen. Deren „typisch katholische" Lösungen wären ein weiteres interessantes Analysefeld, das auch für die Soziologie interessant zu sein scheint: Vgl. Nassehi, Armin: Die letzte Stunde der Wahrheit. Warum rechts und links keine Alternativen mehr sind und Gesellschaft ganz anders beschrieben werden muss. Hamburg 2015, bes. 103–109. Hier bezieht sich Nassehi auf die „kopernikanische Wende" und die „Lösung" der katholischen Kirche, solche Unterscheidungen allein naturwissenschaftlich

Dieser letzte Halbsatz kann womöglich der Schlüssel sein, um kirchlich mit den Ambiguitäten, die die Auflösungen kirchlicher Codierungen natürlicherweise gerade in der Amtsfrage mit sich bringen, umzugehen: *der Sache halber*. Es meint dann, um der Sache willen die stets implizite Relativierungsgewalt von Ambiguitäten in Kauf zu nehmen, auch den Verlust an Macht und Zugriff – auf Einzelpersonen, eine Gesellschaft etc. Eine Kriteriologie für den Umgang mit ambigen Situationen muss also von dieser *Sache* her entwickelt werden. Welche ist dies aber?

Mit Rückgriff auf den Pastoralbegriff des Konzils könnte man nun die *Sache*, um der es der Kirche zu tun ist, wie folgt definieren: „Pastoral geschieht dort, wo das Evangelium und die Welt von heute in einen kreativen Kontrast gebracht werden"[32] – wie Rainer Bucher in Fortführung der Ansätze Elmar Klingers sagt; und sie verwirklicht sich zugleich – um mit Maria Widl zu sprechen – in einer (Paradigmen-)Verschränkung von Evangelium und Lebenswelten.[33] Es geht mir hier also weder darum, das Amt oder entsprechende Unterscheidungen zu schützen bzw. zu verteidigen noch sie aufzulösen.[34] Wichtiger finde ich es hingegen, zunächst vom eben hergeleiteten evangelisierenden Grundauftrag[35] der Kirche her zu schauen, was, oder besser: *wen* es für diesen braucht.

zu deuten, was freilich zum „Sündenfall" für Komplexität und Ambiguität wird, da hier erstmals eine andere Unterscheidung – nämlich jene eines Naturwissenschaftlers – als anerkennenswert toleriert wird.

32 Bucher, Rainer: Die pastorale Konstitution der Kirche. Was soll Kirche eigentlich? In: Ders. (Hg.): Die Provokation der Krise. Zwölf Fragen und Antworten zur Lage der Kirche. Würzburg 2004, 31–44, hier 38. Zum Pastoralbegriff des Konzils vgl. Klinger, Elmar: Armut. Eine Herausforderung Gottes. Zürich u.a. 1990, 96–134; Ders.: Kirche – Die Praxis des Volkes Gottes. In: Fuchs, Gotthard/Lienkamp, Andreas (Hg.): Visionen des Konzils. 30 Jahre Pastoralkonstitution „Die Kirche in der Welt von heute". Münster 1997, 73–83.

33 Vgl. Widl, Maria: Pastorale Weltentheologie. Transversal entwickelt im Diskurs mit der Sozialpastoral. Würzburg 2000, 225 passim. Instruktiv und konzentriert aus systematischer Perspektive: Quisinski, Michael: Prolegomena einer Theologie als Lebenswissenschaft „auf der Grenze". Papst Franziskus und die theologische Erkenntnislehre. In: Theologie und Glaube 107 (2017), 137–156.

34 Theologisch auf Grundlage des II. Vatikanums bedeutet dies: „Die katholische Kirche definiert sich auf dem II. Vatikanum nicht mehr im Horizont des Weihepriestertums, sondern das Weihepriestertum im Horizont des priesterlichen Volkes Gottes" (vgl. Bucher, Vom Erlaubnis- zum Ermöglichungsdiskurs, 142); man könnte im obigen Sinne ergänzen: Das Priestertum wird instrumental dem evangelisierenden Auftrag der Kirche zugeordnet und findet in dieser funktional-sakramentalen Identität, sprich in der Mitwirkung am Heilsdienst der Kirche, seine tiefste Bestimmung. Darin bleibt es allerdings notwendig mit dem gesamten Volk Gottes und seinen weiteren pastoralen Diensten verwoben. Um dies zu verdeutlichen, könnte man noch vor allen innerkirchlichen bzw. -theologischen Unterscheidungen für alle (!) pastoralen Dienste im Volk Gottes offiziell den Begriff „Seelsoger:innen" wählen.

35 Vgl. Paul VI.: Apostolisches Schreiben „Evangelii Nuntiandi" vom 08. Dezember 1975. Online unter: https://www.vatican.va/content/paul-vi/de/apost_exhortations/documents/hf_p-vi_exh_19751208_evangelii-nuntiandi.html (Stand: 19.03.2024). Nr. 14: „Evangelisieren ist in

Welche Typen sind also notwendig, die noch vor aller Unterscheidung innerhalb der gängigen kirchlichen Codierungen sowie inmitten aller Ambiguität in diesem Sinne pastoral „um der Sache willen" tätig werden wollen und dies womöglich sogar gut können? Diese Frage möchte ich in Gestalt eines kaleidoskopartigen Versuchs durch drei Spots aus der gegenwärtigen Diskussion weiterführen. So soll vielleicht ein erstes – gewiss wiederum nicht eindeutiges – Bild zur Zukunft pastoraler Berufe inmitten ihrer vieldimensionalen Schleifung klassischer, vereindeutigender Codierungen entstehen.

Drei Neuverortungen

Erbe(n) ermöglichen

Hans-Joachim Sander hat kürzlich im Kontext der Analysen sexualisierter Gewalt durch Kleriker erneut eine Unterscheidung aus der Soziologie Pierre Bourdieus aufgegriffen.[36] Bourdieu hatte die unterschiedlichen Typen von Bischöfen im

der Tat die Gnade und eigentliche Berufung der Kirche, ihre tiefste Identität", sowie besonders Nr. 15, 19 und bes. 27: „Ich träume von einer missionarischen Entscheidung, die fähig ist, alles zu verwandeln, damit die Gewohnheiten, die Stile, die Zeitpläne, der Sprachgebrauch und jede kirchliche Struktur ein Kanal werden, der mehr der Evangelisierung der heutigen Welt als der Selbstbewahrung dient." Dass dieser evangelisierende Grundauftrag der Kirche begrifflich sowie handlungstheoretisch nicht einfach zu fassen ist, sondern sich gerade hieran fast alle Kirchenkonflikte der Nachkonzilszeit (sprich: Deutungsmusterkonflikte) aufzeigen lassen, hat kürzlich George Augustin eindrücklich hergeleitet: vgl. AUGUSTIN, George: Ich bin eine Mission. Schritte der Evangelisierung. Ostfildern 2018, 67–97. Er unterscheidet hierbei drei Modelle: ein „didaktisch-sakramentales", ein „kerygmatisch-charismatisches sowie ein „politisch und sozial transformierendes"; diese Modelle beziehen sich auf jeweils divergierend Kirchen- bzw. Gnadenverständnisse und entsprechen den Deutungsmustern des kirchlichen Lebens in der Nachkonzilszeit nach Maria Widl (vgl. dazu zuletzt: WIDL, Maria: Zum Pfarrgemeinderat berufen? Pfarrei und Geistliche Bewegungen im Spannungsfeld der Deutungsmuster. In: DIES.: Das Volk Gottes auf dem Weg durch die Postmoderne: eine kleine Pastoraltheologie. Ostfildern 2018, 191–195, bes. 193). Zur aktuellen Diskussion entlang dieser Linien vgl. HARTL, Johannes/WALLNER, Karl J./MEUSER, Bernhard: Mission Manifest. Die Thesen für das Comeback der Kirche. Freiburg i. Br. 2018; sowie: NOTHELLE-WILDFEUER, Ursula/STRIET, Magnus (Hg.): Einfach nur Jesus? Eine Kritik am „Mission Manifest" (Katholizismus im Umbruch 8). Freiburg i. Br. 2018. Eingedenk dieser Problematik verstehen sich die folgenden Vorschläge als Versuch, sich jenseits der bekannten Konfliktlinien zu verorten.

36 Vgl. erstmals: SANDER, Hans-Joachim: Jenseits des Gottes der Oblaten und diesseits eines überraschenden Gottes. Loci theologici an den Andersorten säkularer Rationalität. In: SÖDER, Joachim/SCHÖNEMANN, Hubertus (Hg.): Wohin ist Gott? Gott erfahren im säkularen Zeitalter. Freiburg i. Br. 2013, 183–211. Aktuell: SANDER, Hans-Joachim: Die Herrschaft der Oblaten und die Ohnmacht der Erben. Ein Reproduktionsvorgang von unabsehbarer Tragweite. In: DERS./KREUTZER, Ansgar (Hg.): Religion und soziale Distinktion. Resonanzen Pierre Bourdieus in der Theologie (Quaestiones Disputatae 295). Freiburg i. Br. 2018, 68–108.

Frankreich des 20. Jahrhunderts analysiert und eruierte dabei einen Wechsel im Habitus des dominanten Bischofstypus. Waren seit Beginn des Untersuchungszeitraumes die sog. *Erben* die dominanten Bischöfe, stehen im weiteren Verlauf des 20. Jahrhunderts für diesen Habitus zunehmend weniger Typen zur Verfügung, und in der Kirche beginnen sich während der Nachkriegsjahrzehnte sog. *Oblaten* nach vorne zu schieben. Was aber unterscheidet Oblaten und Erben?

> „[D]ie ‚Oblaten', die der Kirche schon seit ihrer frühen Kindheit geweiht sind [...], sind voll und ganz der Institution ergeben, der sie praktisch alles zu verdanken haben; sie sind bereit, alles einer Institution zu geben, die ihnen alles gegeben hat, ohne die und außerhalb derer sie nichts wären."[37]

> „[Erben hingegen verdanken] ihrer familialen Herkunft und der damit einhergehenden Ausbildung ein ökonomisches, kulturelles und soziales Kapital [...], das ihnen eine gewisse (sicherlich sehr relative) Unabhängigkeit gegenüber der Institution gewährt. Meistens sind sie nach Absolvierung eines weltlichen Studiums, das ihnen auch alternative Karrieren offenhält, recht spät in den Dienst der Kirche eingetreten."[38]

Hans-Joachim Sander verfolgt nun in Anlehnung an Bourdieu die These, dass die Vertuschung von Missbrauch u. a. auf eine Vorherrschaft der Oblaten vor den Erben innerhalb des Episkopats seit dem Zweiten Weltkrieg zurückzuführen ist. Nicht von ungefähr habe umgekehrt ein klassischer Erbe, der Jesuit Klaus Mertes, im Jahr 2010 am Beginn der Aufdeckung gestanden. Nun ist das Kräftegewicht von Erben und Oblaten ein sehr komplexes. Dabei ist insbesondere die Frage entscheidend, wie sich beide jeweils zur *Position der Souveränität* innerhalb einer trifunktionalen Konstellation von Machtzentren nach George Dumézil (1898–1986) verhalten.[39] Das kann man alles bei Sander *en detail* nachlesen. Für unsere Fragestellung wichtiger ist es allerdings, dass Erben durch ihr Zusatzkapital *per se* aus der Perspektive der *Macht* – also aus der Kirchen- und Ausbildungsperspektive – über eine Anlage verfügen, die in sich bereits eine Ambiguität bedeuten kann. Dieses andere, dem System fremde Kapital macht jemanden habituell souveräner bzw. freier als gemeinhin gewohnt und gewollt. Aus der Perspektive der Oblaten kann dies eine Bedrohung ihrer Systemmacht oder aber des ganzen Systems bedeuten, dem sie alles verdanken. Beides läuft auf das Gleiche hinaus; denn die Grundangst der Oblaten besteht darin, zu unterliegen und letztlich für

37 Bourdieu, Pierre: Religion. Schriften zur Kultursoziologie. hg. v. Schultheis, Franz/Egger, Stephan. Üs. v. Pfeuffer, Andreas/Beister, Bella/Schwipps, Bernd. Bd. 5: Religion. Konstanz 2009, 98.

38 Ebd., 100.

39 Vgl. dazu Sander: Die Herrschaft der Oblaten, 90–98.

das System nicht mehr notwendig zu sein – oder aber, dass das System an sich nicht mehr notwendig ist.

Das systemfremde Kapital der Erben hingegen kann eine Zusatzausbildung sein, ein völlig kirchenfernes Leben vor dem Eintritt ins Priesterseminar, es kann ein Zweitstudium, zusätzliche akademische Abschlüsse oder einfach nur ein unabhängig machendes finanzielles Erbe bedeuten. Dies alles muss nicht zwangsläufig einen anderen Habitus als den kirchlich gewohnten und gewollten bedeuten – kann es aber. Oblaten hingegen agieren innerhalb der Kirche im Habitus einer lebenslangen Dankbarkeit der Institution und ihren Leitungen gegenüber. Sie sind auf den Dank der Institution für ihre Treue und Richtlinienkonformität hin geradezu fixiert.

Erben agieren völlig anders, nämlich aus dem Habitus einer inneren Souveränität der Institution gegenüber, und können demzufolge mit deren krisenhaften Erscheinungen auch besser umgehen. Das gilt schließlich auch für Relativierungen gewohnter Codierungen – wie wir sie bedacht haben – sowie für Ambiguitäten des kirchlichen Souveräns. Sander schreibt:

„Die hohe Zeit der Erben ist daher die Krise, also jene Zeiten, wenn Alternativen ins Spiel kommen müssen, um die jeweilige Organisation nicht abstürzen zu lassen. Oblaten sind dagegen nicht krisenfähig und auch die nächste Generation nicht, an die sie das erreichte Oblatentum vererben wollen. Sie bleiben so sehr den gängigen Technokratien verbunden, dass sie Krisen nicht bewältigen können, wohl aber verschärfen.“[40]

Die gegenwärtige Krise scheint immer noch nicht groß genug, dass Erben innerhalb der Kirche stärker zum Zuge kämen. Gleichwohl gilt es, mithilfe dieser Unterscheidung – etwas vereinfachend gesagt – die Erben und mit ihnen das Erbe in der Kirche zu fördern. Denn Erben sind nicht nur selber aus der Perspektive der Institution ambig, sie wissen auch Ambiguitäten zu moderieren oder etwa ambige Situationen und Gemengelagen souverän zu koordinieren. Es braucht daher Erben, die angesichts ambiger Konstellationen Güterabwägungen – wie es oben hieß – von der *Sache* her durchführen können. Folgende Fragen könnten dabei wichtig werden: Wo ist die Herstellung von Eindeutigkeit von jener Sache des Evangeliums her absolut notwendig, ab wann droht sie totalitär zu werden oder bringt womöglich zu hohe Folgekosten für konkrete Menschen mit sich? Oder wo ist sie, da es aktuell keine einfache bzw. vorschnelle Lösung für ein Problem zu geben scheint, als Teil der eigenen Erlösungsbedürftigkeit auch noch eine Zeit auszuhalten? Wie macht man dann aber solche Aporien angemessen transparent?

Das bedeutet konkret – etwa für kirchliche Personalführung –, aus dem ebenfalls von Bourdieu analysierten Teufelskreis eines *Oblaten fördern Oblaten* aus-

40 Ebd., 97.

zusteigen und Menschen zu fördern bzw. in Priesterseminare, Studien- und Bewerberkreise aufzunehmen, die bunt sind, die über Kapitalsorten verfügen, die manchen unverständlich erscheinen oder gar Angst machen. Dies meint auch den Abschied von einem Monopol einheitlicher, milieuverengter Seelsorge- und auch Theolog:innentypen, die alles nur der kirchlichen oder theologischen Binnensphäre verdanken. Es würde zugleich die Risiko- und Ambiguitätsbereitschaft vieler Ebenen kirchlicher Entscheidungsinstanzen herausfordern, wäre aber zweifelsohne gerade innerhalb der jetzigen Situation ein wesentlicher Baustein der Krisenbewältigung und zugleich ein wichtiger Brückenkopf in eine säkulare Kulturlogik hinein. Eine Grundfrage bleibt allerdings: Sind überhaupt noch Erbentypen bereit, sich für einen kirchlichen Beruf zu interessieren?

Leidenschaften schätzen

Das Stichwort *Brückenkopf in eine säkulare Kulturlogik* führt in einen weiteren Bereich, der angesichts einer ambigen pastoralen Gemengelage entscheidend ist bzw. infrage steht: die Verkündigung in Katechese bzw. Predigt. Hier lassen sich in der Homiletik etwa unterschiedliche Techniken lernen, und die Literatur dazu ist – wie auch sonst innerhalb dieses Fachgebietes – ausufernd:[41] von der Spruch- bzw. Textpredigt, die Rolf Zerfass in den 1980ern bis 1990ern entwickelt hat,[42] bis zur Habilitation von Philipp Müller, die unter dem Titel *Predigt ist Zeugnis* eher auf methodische Hinweise verzichtet.[43] Auch gibt es eine schöne Entwicklung von der buchstäblich gemeindeorientierten Predigt bei Zerfass, wo der einzige und eigentliche Predigtort die Gemeinde ist, zu einer noch sehr frischen Veröffentlichung junger Homiletiker:innen unter dem Titel *Wo heute predigen?*. Hier werden bis zur Predigt in digitalen Welten verschiedene Predigtheterotope aufschlussreich abgeschritten und damit Ambiguitäten im Predigtgeschehen implizit gewürdigt. Derzeit wird im Fach zudem die Frage nach der politischen Predigt diskutiert.[44]

Unbeschadet dieser Diskurse soll hier ein Vorschlag aufgenommen werden, der noch vor allen inhaltlichen Positionierungen bzw. technischen Raffinessen

41 Vgl. Aigner, Maria Elisabeth/Pock, Johann/Wustmans, Hildegard: Wie heute predigen? Einblicke in die Predigtwerkstatt. Würzburg 2014; sowie: dies.: Wo heute predigen? Verkündigung an bekannten und unbekannten Orten. Würzburg 2019.

42 Vgl. Zerfass, Rolf: Predigt und Gemeinde. In: Trierer Theologische Zeitschrift 92 (1983), 89–104; ders.: Grundkurs Predigt. Düsseldorf 1987; Mödl, Ludwig/Schöttler, Heinz-Günther/Ulrich, Gerhard (Hg.): Das Evangelium ist eine Kraft Gottes. Die Predigt in den kulturellen Räumen der Gegenwart (FS Rolf Zerfass). München 1999.

43 Vgl. Müller, Philipp: Predigt ist Zeugnis. Grundlegung der Homiletik. Freiburg i.Br. 2007.

44 Vgl. Jahrestagung der Homiletiker*innen 2018 „politisch predigen“. Erbacher Hof, Mainz. Online unter: http://www.aghonline.de/ (Stand: 19.03.2024).

liegt. Der österreichische Theologe Martin Dürnberger hat dazu jüngst einen inhaltlichen Vorstoß gewagt, der in die Mitte unserer Fragestellung zielt. Er bezieht sich angesichts weitgehend ambivalent gewordener Parameter nicht auf den Begriff der Authentizität, da ihm dieser bereits theologisch genügend reflektiert erscheint. Stattdessen führt Dürnberger eine neue Kategorie für Zeugnis bzw. Verkündigung ein – die *Leidenschaft*:

„Wer die wilde These liebt, könnte Leidenschaft folglich (analog zur Authentizität) […] als spätmoderne Sekundärtugend begreifen: Wie Höflichkeit […] eine höfisch vormoderne und Disziplin eine […] moderne Sekundärtugend ist, wäre Leidenschaft besonders für eine reflexe, aber post-ironische Moderne attraktiv – eine Moderne, die in ihren eigenen Verwerfungen und auf den Trümmern der von ihr selbst betriebenen Weltgeschichte vor der Frage steht, ob und wie zumindest die eigene fragile Subjektivität unter diesen Bedingungen gelingen kann. Leidenschaft wäre hier die Antwort, keine theoretische, sondern eine erlebte: intensive Erfahrung von Leben bzw. darin seine Affirmation. *Lebe Deine Leidenschaft!* ist entsprechend Imperativ und Verheißung in einem […].“[45]

Dürnberger beschreibt zugleich, wie man gegenwärtig in verschiedenen Bereichen auf Personalisierungen setzt, und schlägt vor, leidenschaftliche Zeuginnen und Zeugen für das Evangelium ins Rampenlicht zu setzen. Sicher muss man sich hier ebenfalls der Ambivalenzen und Missbrauchsanfälligkeit solcher Strategien bewusst sein. Außerdem ist bei solchen Ansätzen stets der Gefahr einer *Stellschraubenlogik* zu wehren, der Pastoraltheologie, Katechese und Homiletik nicht selten erliegen. Dies meint den Messianismus, den neue Ideen und Konzepte bisweilen auslösen: Jetzt haben wir den Metaansatz oder die universale Methode für alle Fälle gefunden. Dieser oder jener ist der Universalschlüssel für alle Probleme im Fach.

Dementgegen löst die Leidenschaft als Persönlichkeitsmerkmal, das unabhängig von fachlichen Raffinessen sein möchte, das obige Postulat ein, vor allen innerkirchlichen Unterscheidungen *um der Sache willen* zu wirken und in erster Linie für sie zu brennen, um von dort her – etwa in mehrdeutigen Verkündigungssituationen – glaubwürdig zu sein. Für kirchliches Personal hieße das, dezidiert nach Leidenschaften Ausschau zu halten und eben diese in Aus- und Fortbildung zu fördern. Leidenschaft kann schließlich geradezu ein Kapital sein, das zum Erbenhabitus befähigt und eine wesentliche Voraussetzung für eine evangelisierende Pastoral innerhalb ambiger Situationen bildet. Dabei zeigt sie sich strukturanalog zu Authentizität wie zum Glaubensakt an sich: allesamt vorpersönliche Eigen-

45 Dürnberger, Martin: Leidenschaftliches Zeugnis! Reflexionen auf ein Leitmotiv nachvolkskirchlichen Christseins. In: Marschler, Thomas/von Stosch, Klaus: Verlorene Strahlkraft. Welches Glaubenszeugnis heute gefragt ist (Theologie kontrovers). Freiburg i. Br. 2018, 103–115, hier 109.

schaften bzw. Kompetenzen, deren Entwicklung unterstützt werden kann, die an sich aber nicht zwangsläufig mach- oder herstellbar sind.

Übersetzer:innen fördern

Eine letzte neue Verortung kirchlicher Berufe soll den Schlusspunkt bilden – auch weil sie gerade angesichts der oben problematisierten Fälle sexualisierter Gewalt durch Kleriker wichtige Impulse enthält und damit einen Bogen zum Anfang schlägt. Sie stammt aus der französischen Theologie und akzentuiert einen Begriff, der in der Auseinandersetzung mit kirchlichen Berufen gewiss nicht unthematisiert bleiben sollte: den der Berufung. Der Pariser Jesuit Christoph Theobald nimmt dabei innerhalb seines im letzten Jahr erstmals übersetzt erschienenen Bandes „Hören, wer ich sein kann" den Berufungsbegriff des II. Vatikanums aus *Gaudium et Spes* auf: eine Berufung zum Leben bzw. als Mensch, in der diejenige zum Christsein wurzelt. Die Berufung zum Menschsein beschreibt Theobald wie folgt: „Du kannst einmalig sein – und deine einmalige Existenz für den anderen in allen deinen Entscheidungen aufs Spiel setzen."[46]

Diese menschliche Berufung wird nun korreliert mit der christlichen, und zwar durch eine Übersetzerin, einen Übersetzer als eine Person, deren Anwesenheit – wie Theobald schreibt – als „heilsam" erfahren wird, worin die soteriologische Dimension der Seelsorge aufleuchtet.[47] Wichtig ist dabei die *Kohärenz* zwischen Worten und Taten sowie die Fähigkeit, den anderen ihren unersetzbaren Platz zu lassen.[48] Dieser Gedanke scheint mir für eine Pastoral der Zukunft eminent wichtig zu sein: Anderen ihren Platz zu lassen bzw. zu schauen, welcher Platz ihnen aus ihrer menschlichen und ggf. christlichen Berufung heraus geschenkt sein könnte, sie aber nicht zum Wunschort der eigenen Projektionen zu machen. Vielmehr ist es die Aufgabe der Übersetzerinnen und Übersetzer, das Verlangen im Anderen zu wecken, den eigenen Weg zu suchen und zu gehen. Alles andere wäre pastoraler bzw. geistlicher Missbrauch. Weder dürfen Menschen für meine Vorstellungen oder Pläne – seien sie auch noch so gut gemeint – noch für den Erhalt pastoraler Strukturen, eines bestimmten Kirchenbildes oder liebgewordener Sozialformen gebraucht werden.

Vielleicht klingt es trivial, aber diese Art des Übersetzens ist gewiss nicht selbstverständlich und gehört nicht umsonst in eine Haltung des Frei-Gebens, wie sie innerhalb der sog. „zeugenden Pastoral"[49] von Theobald und anderen entwickelt wird. Sie beinhaltet zugleich den Aspekt der stetigen Bekehrung zu

46 Theobald, Christoph: Hören, wer ich sein kann. Einübungen. Ostfildern 2018, 69.

47 Vgl. ebd., 65.

48 Vgl. ebd., 65

49 Vgl. Feiter, Reinhard/Müller, Hadwig (Hg.): Frei geben. Pastoraltheologische Impulse aus Frankreich (Bildung und Pastoral 1). Ostfildern 2012.

dem Übersetzungsprozess schlechthin, der allein Glaubwürdigkeit beanspruchen kann und den wir in der Fachsprache Offenbarung nennen.[50] Solche Ansätze können gerade angesichts der oben problematisierten vielschichtigen Missbrauchserfahrungen nicht häufig und intensiv genug thematisiert werden[51] – gerade in Aus- und Fortbildung des Seelsorgepersonals, und dies noch vor aller Unterscheidung in Priester und Laien sowie zunächst unabhängig von ihr. Es braucht Seelsorgerinnen und Seelsorger, die gerade angesichts ambiger pastoraler bzw. existenzieller Situationen kompetent sind in dieser Kunst der Übersetzung und Menschen darin freilassen können: zu sich selbst, zu anderen und zu Gott.

Ausblick

Es gehört zu den beinahe *totzitierten* Aussagen des II. Vatikanums, dass es nichts „wahrhaft Menschliches gäbe, das nicht in den Herzen der Jüngerinnen und Jünger Christi seinen Widerhall fände" (GS 1). Wenn dieses konziliare Erbe bewahrt werden soll, dann gehört auch die Ambiguität des Lebens – die gerade *Gaudium et Spes* an vielen Stellen thematisiert – zu dem, was sein Heimatrecht in Kirche und Theologie behalten bzw. bekommen darf. Interessant wäre es, genau über diese Herausforderung innertheologisch-interdisziplinär ins Gespräch zu kommen. Denn sie zeigt sich in der Amtsfrage von der Praxis her, ist in vielen Disziplinen sicherlich aber auch bereits innerhalb der eigenen Diskurse angelegt und bestimmt diese zumeist unbewusst – bis hin zum gegenwärtigen Pontifikat. Ambiguität scheint menschlich und damit schließlich auch kirchlich an der Tagesordnung zu sein, sodass ihre Wirkmacht am Ende einer vereinheitlichenden Moderne innerhalb diverser Diskurse nicht mehr zu leugnen ist. Daher zeigt sie sich in ihrer Phänomenbeschreibung und theologischen Begehung als ein zukunftsträchtiges kulturwissenschaftliches wie theologisches Forschungsfeld – nicht nur, wenn es um die Zukunft des pastoralen Personals geht.

50 Vgl. THEOBALD: Hören, wer ich sein kann, 79.

51 Dies zeigt nicht zuletzt die derzeit aufkommende Diskussion um spirituellen Missbrauch. Vgl. hierzu: TEMPELMANN, Inge: Geistlicher Missbrauch: Auswege aus frommer Gewalt. Ein Handbuch für Betroffene und Berater. Wuppertal 2018. Wie überdies geistlicher und sexueller Missbrauch ineinandergreifen können, zeigt beeindruckend: WAGNER, Doris: Spiritueller Missbrauch in der katholischen Kirche. Freiburg i. Br. 2018; sowie DIES.: Nicht mehr ich. Die wahre Geschichte einer jungen Ordensfrau. München 2016.

Literaturverzeichnis

AIGNER, Maria Elisabeth/POCK, Johann/WUSTMANS, Hildegard: Wie heute predigen? Einblicke in die Predigtwerkstatt. Würzburg 2014.

DIES.: Wo heute predigen? Verkündigung an bekannten und unbekannten Orten. Würzburg 2019.

AUGUSTIN, George: Ich bin eine Mission. Schritte der Evangelisierung. Ostfildern 2018, 67–97.

BAUER, Thomas: Die Vereindeutigung der Welt. Über den Verlust an Mehrdeutigkeit und Vielfalt. Stuttgart 2018.

BAUMAN, Zygmunt: Moderne und Ambivalenz. Das Ende der Eindeutigkeit. Hamburg 1992. [engl. Orig.: Modernity and Ambivalence. Cambridge 1991].

BAUSENHART, Guido: Das Amt in der Kirche. Eine not-wendende Neubestimmung. Freiburg i. Br. 1999.

DERS.: Theologischer Kommentar zum Dekret über das Apostolat der Laien *Apostolicam actuositatem*. In: HÜNERMANN, Peter/HILBERATH, Bernd Jochen (Hg.): Herder Theologischer Kommentar zum Zweiten Vatikanischen Konzil. Bd. 4: Apostolicam Actuositatem. Freiburg i. Br. 2005, 123.

BISTUM OSNABRÜCK: Neues Modell für Gemeindeleitung: Erste Pfarrgemeinschaft mit Pfarrbeauftragtem. Online unter: https://bistum.net/one.news/index.html?entry=page.artikel.abt.04.273 (Stand: 19.03.2024).

BODE, Franz-Josef: Statut für die Pfarrseelsorge nach c. 517 § 2 CIC in Osnabrück. In: Kirchliches Amtsbatt Osnabrück 134/7 (2018). Online unter: www.bistum.net/fix/files/990/artikel/doc/Amtsblatt_7-2018-Intranet.pdf (Stand: 19.03.2024), 157–159.

BOURDIEU, Pierre: Religion. Schriften zur Kultursoziologie, hg. v. SCHULTHEIS, Franz/EGGER, Stephan. Üs. v. PFEUFFER, Andreas/BEISTER, Bella/SCHWIPPS, Bernd. Bd. 5: Religion. Konstanz 2009.

BRÖCKLING, Ulrich: Von Hirten, Herden und dem Gott Pan. Figurationen pastoraler Macht. In: DERS.: Gute Hirten führen sanft. Über Menschenregierungskünste. Frankfurt a. M. 2017, 15–44.

BUCHER, Rainer: Der lange Weg vom Erlaubnis- zum Ermöglichungsdiskurs. Die Gemeindeleitungsproblematik im Kontext der Konstitutionsprobleme der katholischen Kirche in den entwickelten Gesellschaften Deutschlands und Österreichs. In: DERS.: An neuen Orten. Studien zu den aktuellen Konstitutionsproblemen der deutschen und österreichischen katholischen Kirche. Würzburg 2014, 131–148.

DERS.: Die pastorale Konstitution der Kirche. Was soll Kirche eigentlich? In: DERS. (Hg.): Die Provokation der Krise. Zwölf Fragen und Antworten zur Lage der Kirche. Würzburg 2004, 31–44.

DERS.: Klerikalismus als pastorale Handlungsform. Einige Analysen an der Schnittstelle von Kirchengeschichte und Pastoraltheologie. In: SOHN-KRONTAHLER, Michaela/HÖFER, Rudolf K. (Hg.): Laien gestalten Kirche (FS Maximilian Liebmann zum 75. Geburtstag). Innsbruck 2009, 155–175.

DERS.: Vom bösen Zauber falscher Vorstellungen. Zur pastoraltheologischen Problematik der soziologischen Kategorie Ehrenamt. In: Diakonia 40 (2009), 269–275.

DOMRADIO.DE: „Wunden, die niemals verjähren". Auszüge aus dem Brief von Papst Franziskus zu Missbrauch. Online unter: https://www.domradio.de/themen/weltkirche/2018-08-20/auszuege-aus-dem-brief-von-papst-franziskus-zu-missbrauch (Stand: 19.03.2024).

Dossier „Priester in der Krise" auf den Seiten der Herder Korrespondenz. Online unter: https://www.herder-korrespondenz.de/dossiers/kirche/priester-in-der-krise (Stand: 19.03.2024).

DÜRNBERGER, Martin: Leidenschaftliches Zeugnis! Reflexionen auf ein Leitmotiv nachvolks- kirchlichen Christseins. In: MARSCHLER, Thomas/VON STOSCH, Klaus: Verlorene Strahlkraft. Welches Glaubenszeugnis heute gefragt ist (Theologie kontrovers). Freiburg i. Br. 2018, 103–115.

EBERTZ, Michael N.: Erosion der Gnadenanstalt? Zum Wandel der Sozialgestalt von Kirche. Landau 1998.

ENXING, Julia: Schuld zur Sprache bringen. Eine Betrachtung des Schuldbekenntnisses Johannes Pauls II. In: DIES. (Hg.): Schuld. Theologische Erkundungen eines unbequemen Phänomens. Mainz 2015, 211–232

FEITER, Reinhard/HARTMANN, Richard/SCHMIEDL, Joachim (Hg.): Die Würzburger Synode. Die Texte neu gelesen (Europas Synoden nach dem II. Vatikanischen Konzil 1). Freiburg i. Br. 2016.

FEITER, Reinhard/MÜLLER, Hadwig: Was wird jetzt aus uns, Herr Bischof? Ermutigende Erfahrungen der Gemeindebildung in Poitiers. Ostfildern 2009.

FEITER, Reinhard/MÜLLER, Hadwig (Hg.): Frei geben. Pastoraltheologische Impulse aus Frankreich (Bildung und Pastoral 1). Ostfildern 2012.

GREINER, Ulrich: Die Lust, an allem schuld zu sein. Wie der Gedanke der Erbsünde verweltlicht wurde und heute in der Politik sein Unwesen treib. In: Die Zeit 43 (2018), 52.

HARTL, Johannes/WALLNER, Karl J./MEUSER, Bernhard: Mission Manifest. Die Thesen für das Comeback der Kirche. Freiburg i. Br. 2018.

HEILIGER STUHL: Instruktion zu einigen Fragen der Mitarbeit der Laien am Dienst der Priester vom 15. August 1997. Online unter: https://www.vatican.va/roman_curia/congregations/cclergy/documents/rc_con_interdic_doc_15081997_ge.html (Stand: 19.03.2024).

Herder Korrespondenz Spezial-Heft zum Priesteramt: Rückkehr der Priester. Über Hirten, Heiler, Heuchler. Freiburg i. Br. 2018.

Jahrestagung der Homiletiker*innen 2018 „politisch predigen". Erbacher Hof, Mainz. Online unter: http://www.aghonline.de/ (Stand: 19.03.2024).

KLINGER, Elmar: Armut. Eine Herausforderung Gottes. Zürich u. a. 1990.

DERS.: Kirche – Die Praxis des Volkes Gottes. In: FUCHS, Gotthard/LIENKAMP, Andreas (Hg.): Visionen des Konzils. 30 Jahre Pastoralkonstitution „Die Kirche in der Welt von heute". Münster 1997, 73–83.

KRANEMANN, Benedikt/WIJLENS, Myriam (Hg.): Gesendet in den Weinberg des Herrn. Laien in der katholischen Kirche heute und morgen (Erfurter Theologische Schriften 35). Würzburg 2010.

MÖDL, Ludwig/SCHÖTTLER, Heinz-Günther/ULRICH, Gerhard (Hg.): Das Evangelium ist eine Kraft Gottes. Die Predigt in den kulturellen Räumen der Gegenwart (FS Rolf Zerfass). München 1999.

MÜLLER, Philipp: Predigt ist Zeugnis. Grundlegung der Homiletik. Freiburg i. Br. 2007.

Nassehi, Armin: Die letzte Stunde der Wahrheit. Warum rechts und links keine Alternativen mehr sind und Gesellschaft ganz anders beschrieben werden muss. Hamburg 2015.

Nothelle-Wildfeuer, Ursula/Striet, Magnus (Hg.): Einfach nur Jesus? Eine Kritik am „Mission Manifest" (Katholizismus im Umbruch 8). Freiburg i. Br. 2018.

Odendahl, Björn: Osnabrück: Erstmals leitet ein Laie eine Pfarrei. Online unter: https://www.katholisch.de/aktuelles/aktuelle-artikel/osnabruck-erstmals-leitet-ein-laie-eine-pfarrei (Stand: 19.03.2024).

Paul VI.: Apostolisches Schreiben „Evangelii Nuntiandi" vom 08. Dezember 1975. Online unter: https://www.vatican.va/content/paul-vi/de/apost_exhortations/documents/hf_p-vi_exh_19751208_evangelii-nuntiandi.html (Stand: 19.03.2024).

Quisinski, Michael: Prolegomena einer Theologie als Lebenswissenschaft „auf der Grenze". Papst Franziskus und die theologische Erkenntnislehre. In: Theologie und Glaube 107 (2017), 137–156.

Sander, Hans-Joachim: Die Herrschaft der Oblaten und die Ohnmacht der Erben. Ein Reproduktionsvorgang von unabsehbarer Tragweite. In: Ders./Kreutzer, Ansgar (Hg.): Religion und soziale Distinktion. Resonanzen Pierre Bourdieus in der Theologie (Quaestiones Disputatae 295). Freiburg i. Br. 2018, 68–108.

Ders.: Jenseits des Gottes der Oblaten und diesseits eines überraschenden Gottes. Loci theologici an den Andersorten säkularer Rationalität. In: Söder, Joachim/Schönemann, Hubertus (Hg.): Wohin ist Gott? Gott erfahren im säkularen Zeitalter. Freiburg i. Br. 2013, 183–211.

Schönian, Valerie: Halleluja. Wie ich versuchte, die katholische Kirche zu verstehen. München 2018.

Seewald, Michael: Dogma im Wandel. Wie Glaubenslehren sich entwickeln. Freiburg i. Br. 2018.

Sekretariat der Deutschen Bischofskonferenz (Hg.): Rahmenstatuten und -ordnungen für Gemeinde- und Pastoral Referenten/Referentinnen (Die deutschen Bischöfe 96). Bonn 2011.

Sekretariat der Deutschen Bischofskonferenz (Hg.): Gemeinsam Kirche sein. Wort der deutschen Bischöfe zur Erneuerung der Pastoral (Die deutschen Bischöfe 100). Bonn 2015.

Stelzer, Marius: Krisendiagnosen – Lebensperspektiven. Zur Entwicklung priesterlicher Rollenidentitäten und beruflicher Professionalität in der modernen Lebenskultur (ZAP-Workingpaper 3). Online unter: https://www.researchgate.net/publication/286925272_Krisendiagonsen_Lebensperspektiven_Zur_Entwicklung_priesterlicher_Rollenidentitaten_und_beruflicher_Professionalitat_in_der_modernen_Lebenskultur (Stand: 19.03.20204).

Streib, Heinz/Keller, Barbara: Was bedeutet Spiritualität? Befunde, Analysen und Fallstudien aus Deutschland. Göttingen 2015.

Tempelmann, Inge: Geistlicher Missbrauch. Auswege aus frommer Gewalt. Ein Handbuch für Betroffene und Berater. Wuppertal 2018.

Uetzending.de: Medienbericht. September 2018. Online unter: https://www.uitzending.net/gemist/427850/Nederland-1/Geloofsgesprek. (Stand: 19.03.2024).

WAGNER, Doris: Spiritueller Missbrauch in der katholischen Kirche. Freiburg i. Br. 2018.

DIES.: Nicht mehr ich. Die wahre Geschichte einer jungen Ordensfrau. München 2016.

WIDL, Maria: Zum Pfarrgemeinderat berufen? Pfarrei und Geistliche Bewegungen im Spannungsfeld der Deutungsmuster. In: DIES.: Das Volk Gottes auf dem Weg durch die Postmoderne. Eine kleine Pastoraltheologie. Ostfildern 2018, 191–195.

DIES.: Pastorale Weltentheologie. Transversal entwickelt im Diskurs mit der Sozialpastoral. Würzburg. 2000.

ZERFASS, Rolf: Predigt und Gemeinde. In: Trierer Theologische Zeitschrift 92 (1983), 89–104.

DERS.: Grundkurs Predigt, Düsseldorf 1987.

ZWEITES VATIKANISCHES KONZIL: Dogmatische Konstitution über die Kirche „Lumen gentium" vom 21. November 1964. In: WOHLMUTH, Josef (Hg.): Dekrete der ökumenischen Konzilien. Conciliorum Oecumenicorum Decreta (Konzilien der Neuzeit 3). Darmstadt ^{3}1973. 849–900. [= LG].

ZWEITES VATIKANISCHES KONZIL: Pastoralkonstitution „Gaudium et spes" vom 7. Dezember 1965. In: WOHLMUTH, Josef (Hg.): Dekrete der ökumenischen Konzilien. Conciliorum Oecumenicorum Decreta (Konzilien der Neuzeit 3). Darmstadt ^{3}1973. 1069–1135. [= GS]

Der Schatten der Institution
DOI 10.17438/978-3-402-12328-7

Kinderschutz und Kinderrechte als Grundprinzipien des nationalen und des internationalen Rechts

PHILIPP B. DONATH

Abstract

Der Beitrag untersucht die Rolle von Kinderschutz und Kinderrechten innerhalb des nationalen und internationalen Rechtsrahmens, insbesondere in der Katholischen Kirche. Es wird diskutiert, wie Kinderschutz und Kinderrechte als fundamentale Prinzipien verstanden werden und wie sie in den Kontext des Völkerrechts eingebettet sind, vor allem im Hinblick auf die UN-Kinderrechtskonvention. Weiterhin wird die Bedeutung dieser Rechte im deutschen Recht und ihre Umsetzung in der Praxis beleuchtet. Zentrale Themen sind die rechtlichen Unterscheidungen zwischen Regeln und Prinzipien, die Rolle des Heiligen Stuhls, die Verpflichtungen aus der UN-Kinderrechtskonvention, die Auswirkungen von Verstößen gegen diese Verpflichtungen und die Konsequenzen für die katholische Kirche. Zudem werden die Problematiken von sexuellem Missbrauch und die rechtlichen Rahmenbedingungen für den Schutz von Kindern vor solchen Übergriffen detailliert erörtert. Als Konsequenz wird eine stärkere Fokussierung auf die Rechte und das Wohlergehen von Kindern gefordert, sowohl auf legislativer Ebene als auch in der täglichen Praxis von Bildungs- und Betreuungseinrichtungen. Die Notwendigkeit, Kinderschutz und Kinderrechte als zentrale Werte in allen gesellschaftlichen und kirchlichen Strukturen zu verankern, wird als wesentlich für die Förderung einer sicheren und förderlichen Umgebung für alle Kinder hervorgehoben.

The article examines the role of child protection and children's rights within the national and international legal framework, particularly in the Catholic Church. It discusses how child protection and children's rights are understood as fundamental principles and how they are embedded in the context of international law, particularly with regard to the UN Convention on the Rights of the Child. In addition, the significance of these rights in German law and their implementation in practice will be analysed. Central topics are the legal distinction between rules and principles, the role of the Holy See, the obligations arising from the UN Convention on the Rights of the Child, the consequences of violations of these obligations and the consequences for the Catholic Church. In addition, the issue of sexual abuse and the legal framework for the protection of children from such abuse are discussed in detail. As a result, a stronger focus on the rights and welfare of children is called for, both at the legislative level and in the daily practice of educational and care institutions. The need to embed child protection and children's rights as core values in all social and church structures is emphasised as essential to promoting a safe and nurturing environment for all children.

1. Einleitung

Die erschütternden Fälle der sexuellen Gewalt gegenüber Kindern, die auf dem Studientag der Katholisch-Theologischen Fakultät Münster vielschichtig besprochen wurden, sind nicht nur aus sozialen, pädagogischen und theologischen Gesichtspunkten zu betrachten, sondern ebenfalls aus juristischer Perspektive.

Der vorliegende Beitrag soll dabei nicht Einzelfälle untersuchen und rechtlich einordnen. Vielmehr wird in ihm aufgezeigt, dass Kinderschutz und Kinderrechte Grundprinzipien des nationalen und des internationalen Rechts darstellen und als solche ein besonderes Maß der Beachtung erfahren müssen.

2. Kinderschutz und Kinderrechte im internationalen Recht

2.1 Regeln und Prinzipien

In der Rechtstheorie gibt es bereits seit längerem eine größere Debatte um die Unterscheidung von Regeln und Prinzipien als unterschiedliche Ausprägungen des Rechts.[1]

Während Regeln sich durch eine binäre „Wenn-dann-Struktur",[2] gegliedert in Tatbestand und Rechtsfolge, auszeichnen, und in klassischen Subsumtionsschritten bearbeitet werden können,[3] ist dies bei Prinzipien üblicherweise nicht der Fall. Rechtsprinzipien können vielmehr als Ziele normativ angestrebt und stufenweise erfüllt werden.[4] Somit gehen Rechtsprinzipien über ein rein positivistisches Verständnis der Formulierung als Rechtstexte hinaus und erheben ihre zunehmende Realisierung zur Rechtspflicht.[5] Sie fungieren insofern auch als Maximierungs- oder Optimierungsgebote.[6]

1 Vgl. Esser, Josef: Grundsatz und Norm in der richterlichen Fortbildung des Privatrechts. Tübingen [3]1974; Dworkin, Ronald: The Model of Rules I. In: Ders.: Taking Rights Seriously. Cambridge (MA) 1978, 14–46; Alexy, Robert: Zur Struktur der Rechtsprinzipien. In: Schilcher, Bernd/Koller, Peter/Funk, Bernd-Christian (Hg.): Regeln, Prinzipien und Elemente im System des Rechts (Juristische Schriftenreihe 125). Wien 2000, 31–52, hier 31.

2 Alexy, Robert: Theorie der Grundrechte. Baden-Baden 1985, Neudruck Frankfurt a. M. 1986, 76.

3 Ders.: Rechtssystem und praktische Vernunft. In: Rechtstheorie 18/4 (1987), 405–419, hier 407 f.

4 Zur Vergleichbarkeit von Prinzipien und Werten, bei denen sich ähnliche Fragen stellen: Ders.: Theorie der Grundrechte, 125 ff.

5 Zoellner, Carl-Sebastian: Das *Transparenzprinzip* im internationalen Wirtschaftsrecht. Halle (Saale) 2009, 87 mit Verweis auf Dreier, Horst: Der Begriff des Rechts. In: Neue Juristische Wochenschrift 1986, 890–896, hier 892.

6 Siehe dazu Poscher, Ralf: Theorie eines Phantoms. In: Rechtswissenschaft 1 (2010), 349–372, hier 351 ff.

Nach Ronald Dworkin verfügen Prinzipien zudem im Vergleich zu Regeln über eine zusätzliche Dimension, nämlich eine solche des Gewichts bzw. der Bedeutung.[7]

Fraglich ist also, ob den Kinderrechten, die wie zu zeigen sein wird, den Kinderschutz beinhalten, neben einem Regel-Charakter auch ein Prinzipien-Charakter zukommt. Dies kann dann der Fall sein, wenn ihnen ein besonderes Gewicht als weitere Dimension neben der unmittelbaren Regelung zukommt.

2.2 Rechtsquelle der Kinderrechte im Völkerrecht

Die Rechtsquellen des internationalen Rechts sind nach wohl einhelliger Auffassung in Art. 38 Abs. 1 des Statuts des Internationalen Gerichtshofs (IGHSt) zu finden. Nach Art. 38 Abs. 1 lit. a) IGHSt sind dies zuvörderst internationale Übereinkünfte, aber auch nach lit. b) das internationale Gewohnheitsrecht als Ausdruck einer allgemein als Recht anerkannten Übung.

Im internationalen Recht strahlt das Übereinkommen über die Rechte des Kindes (UN-Kinderrechtskonvention, KRK, englisch: Convention on the Rights of the Child, CRC) von 1990 deutlich über das gesamte internationale Recht, nicht nur mit Bezug zu Kindern.[8] Dies ergibt sich daraus, dass es keine andere Konvention gibt, die so viele Unterzeichner und Ratifikationen vorweisen kann.

Insgesamt 196 Staaten und andere Völkerrechtssubjekte – wie der Heilige Stuhl – haben die UN-Kinderrechtskonvention ratifiziert und unterliegen somit ihrer Bindung.[9] An der überwältigenden Zahl der Vertragsparteien manifestiert sich, dass die Kinderrechte als eine grundlegende Rechtsüberzeugung der Völker der Erde gelten können. Dadurch bilden sie einen Fluchtpunkt der Ausrichtung des Rechts und verfügen damit über eine Zusatzdimension im Sinne Dworkins. Sie können somit als ein grundlegendes Prinzip des von Menschen gesetzten Rechts weltweit angesehen werden.

7 Dworkin: Model of rules, 25 f.

8 United Nations: Convention on the rights of the child. Adopted by the General Assembly of the United Nations on 20 November 1989. In: Treaty Series. Treaties and international agreements registered or filed and recorded with the Secretariat of the United Nations. 1557 (1999), 3–178. Vom 20.11.1989, in Kraft getreten am 02.09.1990.

9 Stand der Ratifikationen. United Nations Human Rights Treaty Bodies: Database. Online unter: https://tbinternet.ohchr.org/_layouts/15/TreatyBodyExternal/Treaty.aspx?Treaty=CRC&Lang=en (Stand: 19.03.2024).

2.3 Kinderrechte als Völkergewohnheitsrecht?

Zudem kann diskutiert werden, ob Kinderrechte bereits heute zum Völkergewohnheitsrecht zählen können. Damit eine Norm zum Völkergewohnheitsrecht erwachsen kann, müssen eine Rechtsüberzeugung (*opinio iuris*) und eine Allgemeine Übung (*consuetudo*) der Völkerrechtssubjekte vorliegen.[10]

Beispiele für Völkergewohnheitsrecht sind u. a. das Genozidverbot, das Selbstbestimmungsrecht der Völker, der gemeinsame Artikel 3 der Genfer Konventionen, das Verbot der Folter und der unmenschlichen oder erniedrigenden Behandlung oder Strafe.

Aufgrund der nahezu allumfassenden Unterzeichnung und Ratifikation der KRK kann wohl von einer allgemeinen Rechtsüberzeugung ausgegangen werden, dass grundlegende Kinderrechte, zu denen die vier Kernprinzipien der KRK einschließlich des Kindeswohlprinzips gehören, zum allgemein gültigen Recht zu zählen sind (*opinio iuris*).

Als einziger großer UN-Staat, der die KRK nicht ratifiziert hat, können die Vereinigten Staaten von Amerika völkerrechtlich insofern als *persistent objector* gelten, für den mangels Anerkennung eine spezifische völkergewohnheitsrechtliche Norm nicht zur Geltung erlangen würde.[11]

Allerdings ist mangels einer allgemeinen tatsächlichen Umsetzung der Kinderrechte in der Praxis der Staaten sowohl im nationalen Recht als auch im völkerrechtlichen Bereich bei der Annahme der *consuetudo* Zurückhaltung geboten. So finden noch immer weltweit leider viel zu viele offene Verstöße gegen die Rechte der KRK statt.

Auch in internationalen Konflikten hat die (mangelnde) Einhaltung der Kinderrechte erhebliche Relevanz. Verwiesen sei hier allein auf die Berichterstattung über getötete und entführte Kinder durch das Hamas-Massaker am 07.10.2023[12] sowie bezüglich der Situation der Kinder in Gaza im Rahmen der heftigen Reaktionen der israelischen Streitkräfte auf das Massaker.[13]

10 Puttler, Adelheid. In: Stern, Klaus/Sodan, Helge/Möstl, Markus: Das Staatsrecht der Bundesrepublik Deutschland im europäischen Staatenverbund. München ²2022, § 19, Rn. 11.

11 Herdegen, Matthias: Völkerrecht. München ²²2023, § 16, Rn. 13.

12 UNICEF zu Israel/Gaza: „Nichts rechtfertigt das Töten, Verstümmeln oder Entführen von Kindern“. Online unter: https://www.unicef.de/informieren/aktuelles/presse/-/unicef-zu-israel-gaza/340662 (Stand: 19.03.2024).

13 Süddeutsche Zeitung: UN beklagen Tausende getötete Kinder im Gazastreifen. 31.10.2023. Online unter: https://www.sueddeutsche.de/politik/konflikte-un-beklagen-tausende-getoetete-kinder-im-gazastreifen-dpa.urn-newsml-dpa-com-20090101-231025-99-690737 (Stand: 19.03.2024).

Somit sind Kinderrechte als Regeln durch das völkerrechtliche Übereinkommen der KRK sowie als grundlegendes Prinzip, aber bisher nicht als Völkergewohnheitsrecht anzusehen.

2.4 Die Bindung des Heiligen Stuhls an die UN-Kinderrechtskonvention

Die KRK ist in den 1980er Jahren unter maßgeblicher Beteiligung von Vertretern des Heiligen Stuhls entstanden. Diese haben sehr intensiv und vielfältig an der Erarbeitung der Konvention mitgewirkt und der Heilige Stuhl ist eines der ersten Völkerrechtssubjekte, das die Konvention unterzeichnet und ratifiziert hatte.

Dies ist durchaus aufsehenerregend, weil die katholische Kirche entsprechenden internationalen Menschenrechtsabkommen in früheren Zeiten ablehnend gegenüberstand. Sie hielt sich gerade zur Zeit der Aufklärung im 18. und 19. Jahrhundert fern von der offiziellen Anerkennung von Menschenrechten. So stieß die französische *Déclaration des Droits de l'Homme et du Citoyen* von 1789 auf starken Widerstand der katholischen Kirche.[14]

Ein solcher Grundkonflikt ist systematisch angelegt, tritt doch die katholische Kirche mit einem weltweiten Anspruch auf die Auslegung göttlicher Wahrheit auf. Wenn von Menschen gesetztes Recht mit dieser Wahrheit kollidiert, dann muss dies auf Ablehnung von katholischer Seite treffen.[15]

Ein grundlegender Wandel und Umbruch trat jedoch im Jahr 1963 mit der Enzyklika *Pacem in terris* von Johannes XXIII. ein. In dieser Enzyklika, die bisweilen als sein Vermächtnis angesehen wird, öffnete der Papst die katholische Kirche zu den Menschenrechten.[16] Dies bildet die Grundlage auch dafür, dass die katholische Kirche an der Weiterentwicklung des Völkerrechts im Bereich der internationalen Menschenrechtsverträge mitwirken konnte.

Für die katholische Kirche handelt im Völkerrechtsverkehr der Heilige Stuhl. Dieser ist ein Völkerrechtssubjekt eigener Art, das auch nach dem Untergang des Kirchenstaats im Jahr 1870 und somit auch ohne Territorium völkerrechtlich tätig sein konnte. Das Entstehen des Staates der Vatikanstadt mit den Lateranverträgen

14 Vgl. Pius VI.: Breve *Quod aliquantum* vom 10.03.1791. Online unter: https://www.vatican.va/content/pius-vi/it/documents/breve-quod-aliquantum-10-marzo-1791.html (Stand: 19.03.2024).

15 Zu den betreffenden innerkatholischen Konflikten zur Zeit der Aufklärung Schmale, Wolfgang: Frankreich und die Erklärung der Menschen- und Bürgerrechte von 1789 im Licht der französischen Forschung 200 Jahre danach. In: Zeitschrift für Historische Forschung 20 (1993), 345–376; hier 369 f.

16 Johannes XXIII: Enzyklika *Pacem in terris* vom 11. April 1963. Online unter: https://www.vatican.va/content/john-xxiii/de/encyclicals/documents/hf_j-xxiii_enc_11041963_pacem.html (Stand: 19.03.2024)

im Jahr 1929 führte zur Entstehung eines weiteren Völkerrechtssubjekts. Deren Verhältnis zueinander ist komplex,[17] in beiden Fällen steht jedoch an der Spitze der Papst.

Der Heilige Stuhl bestehend aus Papst und Kurie als Leitungsinstanzen der weltweit agierenden katholischen Kirche, kann jedenfalls bindende Verträge und Übereinkommen mit anderen Völkerrechtssubjekten schließen und sendet seit Jahrhunderten Gesandte und Vertreter an herrschaftliche Höfe und später in Staaten und zu Internationalen Organisationen wie den Vereinten Nationen.

Durch Unterzeichnung und Ratifikation ist jedenfalls der Heilige Stuhl seit dem 20.04.1990 an die UN-KRK gebunden.[18] Er hat jedoch in den letzten Jahren argumentiert, dass er nur für die Umsetzung der KRK innerhalb des Staates Vatikanstadt zuständig sei.[19]

Diese Auffassung ist deutlich zurückzuweisen. Sie widerspricht dem auch sonst unumstrittenen dualen Charakter von Heiligem Stuhl mit Papst und Kurie als Leitungsorgan der Weltkirche und dem davon zu unterscheidenden Staat der Vatikanstadt.[20] Es widerspricht auch dem jahrhundertealten Anspruch des Heiligen Stuhls, die katholische Kirche weltweit zu vertreten.

Wenn – wie bei der KRK – der Heilige Stuhl einem Abkommen beitritt, so ist er auch verpflichtet, die Umsetzung in den verschiedenen Einrichtungen der katholischen Kirche weltweit durchzusetzen.[21] Er kann sich nicht der entsprechenden eingegangenen Verantwortung und Rechtsverpflichtung entziehen.

Dieser Befund entspricht zudem der Rechtsprechung unterschiedlicher nationaler Gerichte, die auch den jeweiligen Nationalstaaten eine Verantwortung für die Vermeidung von Missbrauchsfällen in privaten und katholischen Einrichtungen zuwiesen.[22] Diese Nationalstaaten sind ebenfalls nicht Träger dieser Einrich-

17 Siehe hierzu Germelmann, Friedrich: Heiliger Stuhl und Vatikanstaat in der internationalen Gemeinschaft. Völkerrechtliche Praxis und interne Beziehungen. In: Archiv des Völkerrechts 47/2 (2009), 147–186.

18 Der Heilige Stuhl unterzeichnete und ratifizierte die KRK bereits am 20. April 1990 und das Fakultativprotokoll betreffend den Verkauf von Kindern, die Kinderprostitution und die Kinderpornographie vom 25.05.2000 (A/54/49, Vol. III) wurde am 24.10.2001 ratifiziert.

19 The Holy See: Comments of the Holy See on the Concluding Observations of the Committee on the Rights of the Child, 23.09.2014, Rn 6–8. Online unter: https://www.vatican.va/roman_curia/secretariat_state/2014/documents/rc-seg-st-20140205_concluding-observations-rights-child_en.html (Stand: 19.03.2024).

20 S. hierzu Morss, John R.: The International Legal Status of the Vatican/Holy See Complex. In: The European Journal of international Law 26/4 (2016), 927–946, hier 942.

21 So auch McManus, Kaleigh: The Holy See's Compliance with the United Nations Convention on the Rights of the Child. In: DePaul Journal for Social Justice, 12/1 (2018), 1–27, hier 3.

22 Vgl. Europäischer Gerichtshof für Menschenrechte: O'Keefe v. Ireland, Application No. 35810/09, Urteil vom 28. Januar 2014.

tungen. Jedenfalls eine solche Kontroll-Verantwortung muss daher sowohl den die KRK unterzeichnenden Nationalstaaten als auch dem Heiligen Stuhl zukommen.[23]

2.5 Inhalt der Bindung

Die Bindung besteht für die Einhaltung der Konventionsrechte mit ihren insgesamt 54 Artikeln, von denen vier als Kernprinzipien der KRK gelten: der Kindeswohlvorrang (Art. 3 Abs. 1 KRK), das Beteiligungsrecht (Art. 12 Abs. 1 und 2 KRK), das Recht auf kindgerechte Entwicklung (Art. 6 Abs. 2 KRK) und das Diskriminierungsverbot (Art. 2 KRK).

Fälle von sexueller Gewalt gegenüber Kindern verstoßen gegen mehrere Rechte der KRK.[24]

Dazu zählt zunächst Artikel 34 zum Schutz vor sexuellem Missbrauch. Dieser lautet:

„[1]Die Vertragsstaaten verpflichten sich, das Kind vor allen Formen sexueller Ausbeutung und sexuellen Mißbrauchs zu schützen. [2]Zu diesem Zweck treffen die Vertragsstaaten insbesondere alle geeigneten innerstaatlichen, zweiseitigen und mehrseitigen Maßnahmen, um zu verhindern, daß Kinder
a) zur Beteiligung an rechtswidrigen sexuellen Handlungen verleitet oder gezwungen werden;
b) für die Prostitution oder andere rechtswidrige sexuelle Praktiken ausgebeutet werden;
c) für pornographische Darbietungen und Darstellungen ausgebeutet werden."

Es wird aber auch gegen das Recht auf Schutz vor Gewalt und auf gewaltfreie Erziehung und Bildung (Art. 19, 28, 29 KRK) sowie auf Gesundheit (Art. 24 KRK) verstoßen. Schließlich werden durch Fälle sexueller Übergriffigkeit und Gewalt auch Kernprinzipien verletzt, zuvörderst das Recht auf kindgerechte Entwicklung (Art. 6 Abs. 2 KRK) und der Kindeswohlvorrang (Art. 3 Abs. 1 KRK).

Das Kindeswohlprinzip stellt das Leitprinzip der gesamten Kinderrechtskonvention dar und ist in Art. 3 Abs. 1 der UN-Kinderrechtskonvention (KRK) niedergelegt:

23 Milanovic, Marko: „CRC Concluding Observations on The Holy See," EJILTALK!, 05.02.2014. Online unter: https://www.ejiltalk.org/crc-concluding-observations-on-the-holy-see/ (Stand: 19.03.2023).

24 Es erscheint vorzugswürdig von sexueller Gewalt und nicht von Missbrauch gegenüber Kindern zu sprechen, da es keinen „Gebrauch" von Kindern geben kann. Dennoch wird in Rechtstexten vielfach der überkommene Begriff des Missbrauchs genutzt.

„Bei allen Maßnahmen, die Kinder betreffen, gleichviel ob sie von öffentlichen oder privaten Einrichtungen der sozialen Fürsorge, Gerichten, Verwaltungsbehörden oder Gesetzgebungsorganen getroffen werden, ist das Wohl des Kindes ein Gesichtspunkt, der vorrangig zu berücksichtigen ist."

Es stellt sich die Frage, welchen Rechtscharakter diese Vorschrift hat und wie man „einen Vorrang" gegenüber anderen Abwägungsaspekten einordnen muss. Grundlegend ist es zunächst eine Regel, die einem klassischen Wenn-dann-Schema aus Tatbestand und Rechtsfolge folgt: Wenn die betroffenen oder potentiell betroffenen Kinder ermittelt sind, muss deren Wohl, d. h. deren Interessen (engl.: *best interests of the child*), festgestellt und als ein vorrangiger Gesichtspunkt berücksichtigt werden. Damit können diese Interessen approximativ erfüllt werden. Somit ist der Kindeswohlvorrang sowohl eine Regel als auch ein Prinzip.

Der UN-Kinderrechtsausschuss, der die Umsetzung der KRK überwacht und zudem Leitlinien für deren Einhaltung bietet, hat Richtlinien für eine solche „Kindeswohlbegutachtung" erstellt.[25] *Kinder* sind dabei alle Personen, die noch nicht volljährig sind (Art. 1 Abs. 1 KRK).

Es ist bei einer solchen Gesamtbetrachtung der Kinderinteressen sinnvoll, die anderen Bestimmungen und Garantien der Kinderrechtskonvention als Anhaltspunkte heranzuziehen, um das Kindeswohl weiter zu konkretisieren:

Artikel 2:	Diskriminierungsverbot,
Artikel 6:	Recht auf Leben und kindgerechte Entwicklung,
Artikel 12:	Berücksichtigung des Kindeswillens,
Artikel 19, 34:	Schutz vor Gewaltanwendung, Misshandlung, Verwahrlosung, Schutz vor sexuellem Missbrauch,
Artikel 24:	Gesundheitsschutz,
Artikel 25:	Unterbringung,
Artikel 26:	Soziale Sicherheit,
Artikel 27:	Angemessene Lebensbedingungen, Unterhalt,
Artikel 7–10:	Name, Identität, Räumliche Beziehung zu den Eltern; persönlicher Umgang, Familienzusammenführung und grenzüberschreitende Kontakte,
Artikel 13:	Meinungs- und Informationsfreiheit,
Artikel 14:	Gedanken-, Gewissens- und Religionsfreiheit,
Artikel 23:	Förderung behinderter Kinder,
Artikel 28:	Recht auf Bildung; Schule; Berufsausbildung,
Artikel 29:	Bildungsziele, Bildungseinrichtungen,
Artikel 30:	Minderheitenschutz,

25 UN-Kinderrechtsausschuss: Allgemeine Bemerkung Nr. 14 (2013) zum Recht des Kindes auf Berücksichtigung seines Wohls als ein vorrangiger Gesichtspunkt (Art. 3 Abs. 1), Rn. 48.

Artikel 31:	Beteiligung an Freizeit, kulturellem und künstlerischem Leben, staatliche Förderung,
Artikel 32:	Schutz vor wirtschaftlicher Ausbeutung,
Artikel 33:	Schutz vor Suchtstoffen,
Artikel 35:	Maßnahmen gegen Entführung und Kinderhandel,
Artikel 36:	Schutz vor sonstiger Ausbeutung.

Die in der Kinderrechtskonvention aufgeführten Rechte sind dabei nicht abschließend zu verstehen, sondern dienen lediglich als Leitlinien im Rahmen einer umfassenden Betrachtung der Situation eines Kindes.

Sobald die Interessen der betroffenen oder potentiell betroffenen Kinder ermittelt wurden, ist das Kindeswohl als ein vorrangiger Aspekt zu berücksichtigen. *Berücksichtigen* bedeutet hierbei nicht nur, das Kindeswohl zur Kenntnis zu nehmen, sondern es als einen relevanten Faktor in den Entscheidungsprozess einzubeziehen. Das Wort *vorrangig* impliziert nicht, dass das Kindeswohl immer über anderen Belangen stehen soll. Vielmehr soll durch die Verwendung des Wortes *ein* verdeutlicht werden, dass das Kindeswohl zwar besonders wichtig, aber nicht ausschließlich entscheidend ist.[26]

Klar ist, dass die Interessen eines Sexualtäters dahinter vollständig zurücktreten. Jede entsprechend übergriffige Handlung ist nach der KRK verboten.

Gleiches gilt aber auch für Maßnahmen des Papstes oder von Verantwortlichen der Kurie oder in einzelnen Bistümern, die zur Versetzung von Tätern führen, die eine neue oder fortgesetzte Gefahr für Kinder erzeugen können. Der Ruf der Kirche oder einzelner Personen in der Kirche muss unter Berücksichtigung von Art. 3 Abs. 1 KRK hinter die Kinderinteressen zwingend zurücktreten.

Solche Handlungen stellen daher stets einen Verstoß gegen das Leitprinzip der KRK dar, welches ohne zusätzlichen nationalen Umsetzungsakt unmittelbar anwendbar ist.

Vergleichbares gilt für das Entwicklungsrecht aus Art. 6 Abs. 2 KRK und Art. 27 KRK. Bezüglich dieses Rechts ist eine Prognoseentscheidung notwendig, bei der zu prüfen ist, wie sich ein Tun oder Unterlassen im Jetzt auf die zukünftige Entwicklung eines Kindes auswirkt. Während körperliche Schäden oftmals ausheilen, sind die seelischen Schäden, die bei einem Kind, das Opfer sexueller Gewalt geworden ist, regelmäßig eine lebenslange Belastung, die vielfältige negative Folgen nach sich ziehen kann. Entsprechende Gefahren werden geschaffen, wenn weitere Kinder durch Versetzungen von Tätern in die Nähe solcher Behandlungen geraten können.

26 Vgl. Donath, Philipp: Die Abwägungsentscheidung in der Verwaltungsrechtspraxis und der „Kindeswohlvorrang". In: Bär, Dominik/Roth, Roland/Csaki, Friderike (Hg.): Handbuch Kinderrechte kommunal verwirklichen. Frankfurt a. M. 2021, 42–56.

Hierbei ist im positiven Sinne festzustellen, dass die katholische Kirche weltweit über einzigartige Möglichkeiten verfügt, zugunsten von Interessen von Kindern zu wirken. So besuchten im Jahr 2015 etwa sechs Millionen Kinder die ca. 200.000 katholischen Schulen auf fünf verschiedenen Kontinenten. Damit stellt die katholische Kirche den „weltweit größten nicht staatlichen Anbieter von kindbezogenen Leistungen im Bildungs- und Wohlfahrtsbereich“[27] dar.

Es liegt in der Verantwortung des Heiligen Stuhls, sicherzustellen, dass alle katholischen Einrichtungen die Bestimmungen der UN-Kinderrechtskonvention einhalten und die Rechte von Kindern respektieren und schützen. Dies bedeutet, dass sie gewährleisten müssen, dass Kinder in ihren Einrichtungen vor Missbrauch, Vernachlässigung oder Diskriminierung geschützt werden und dass ihre grundlegenden Bedürfnisse erfüllt werden. Dies gilt für alle katholischen Einrichtungen weltweit, unabhängig vom Standort.

2.6 Völkerrechtliche Folgen von Verstößen des Heiligen Stuhls gegen die UN-Kinderrechtskonvention

Bei Verstößen gegen diese Rechtspflichten können völkerrechtliche Konsequenzen drohen und die internationale Gemeinschaft kann entsprechende Maßnahmen ergreifen.

Dies sind zunächst Maßnahmen des Überwachungsorgans der KRK, des Kinderrechtsausschusses der UN. Dieser erhob im Jahr 2014 schwere Vorwürfe gegen die katholische Kirche und speziell den Vatikan vor dem Hintergrund tausender Missbrauchsfälle.

So führte die Ausschussvorsitzende Kirsten Sandberg in Genf aus: „*Sie verletzen die Konvention*“. Dies wurde damit begründet, dass der Vatikan nicht genug getan habe, um Kindesmissbrauch in der katholischen Kirche zu verhindern. Sie gab an, dass die Kirche sich von Priestern trennen müsse, die des Kindesmissbrauchs verdächtigt oder sogar überführt worden seien.[28] Im Bericht des Kinderrechtsausschusses wurde ausgeführt, dass solche Priester umgehend aus ihren

27 Juchem, Roland: Ein kritischer Blick Richtung Vatikan zum Weltkindertag: Kirche, Körperstrafe und Kinderrechtskonvention. Online unter: https://www.domradio.de/artikel/ein-kritischer-blick-richtung-vatikan-zum-weltkindertag (Stand: 19.03.2024), mit Verweis auf die frühere irische Präsidentin Mary McAleese.

28 Süddeutsche Zeitung: UN-Kritik an Aufarbeitung von Missbrauchsfällen: Vatikan verbittet sich Einmischung in katholische Lehre. 05.02.2014. Online unter: https://www.sueddeutsche.de/panorama/missbrauch-von-kindern-un-werfen-vatikan-verletzung-der-kinderrechtskonvention-vor-1.1880336 (Stand: 19.03.2024).

Ämtern entfernt und den jeweiligen nationalstaatlichen Behörden überstellt werden sollen.[29]

Dem Heiligen Stuhl wurde vorgeworfen, den Ruf der Kirche über das Kindeswohl zu stellen. So werde noch immer Auskunft über das genaue Ausmaß von sexuellem Missbrauch in der katholischen Kirche verweigert. Die Kirche versuche, die Verbrechen zu vertuschen, indem sie Täter in andere Pfarreien oder Länder versetzt habe.

Dabei seien auch strukturelle Defizite aufgedeckt worden, die dazu geführt hätten, dass solche Geschehnisse eintreten. Insbesondere habe es bestimmte Richtlinien-Vorgaben gegeben, die geradezu dazu führten, dass weiter Missbrauch stattfand und Täter straflos blieben.

Wie auch bei weiteren internationalen Konventionen ist es jedoch sehr schwierig, Völkerrecht durchzusetzen. So gibt es im Völkerrecht keinen Gerichtsvollzieher und keine Polizei. Daher bleiben die Ausführungen des Kinderrechtsausschusses der Vereinten Nationen zunächst nicht mehr als Berichte.

Ein weiterer, intensiverer Schritt kann der Verlust des Beobachterstatus des Heiligen Stuhls in der Generalversammlung der Vereinten Nationen sein. Der Status eines Ständigen Beobachters beruht auf einer reinen Praxis, die in der Charta der Vereinten Nationen nicht vorgesehen ist. Er kann also bei entsprechenden Mehrheiten oder Entscheidungen der UN-Organe wieder entzogen werden.

Eine Klage eines anderen Mitgliedstaats der KRK gegen den Heiligen Stuhl vor dem Internationalen Gerichtshof (IGH) in Den Haag wegen Verletzung der KRK durch den Heiligen Stuhl wäre hingegen grundsätzlich unzulässig, da nach Art. 34 Abs. 1 IGHSt vor dem IGH nur Staaten klagen und verklagt werden können. Zwar ist der Staat der Vatikanstadt ein (Kleinst-)Staat, aber eben nicht der Heilige Stuhl – auch wenn letzterer sich, wenn es für ihn günstig ist, vor nationalen Gerichten in der Regel mit Erfolg auf die Staatenimmunität beruft.[30]

Der Heilige Stuhl hat auch weder die Fakultativprotokolle zur KRK ratifiziert noch entsprechende Erklärungen abgegeben, die es Einzelpersonen ermöglichen, Beschwerden gegen ihn wegen angeblicher Verstöße gegen die KRK einzureichen.

29 The Committee on the Rights of the Child: Concluding Observations on the Second Periodic Report of the Holy See on the Convention on the Rights of the Child, CRC/C/VAT/CO/2, 31.01.2014; The Committee on the Rights of the Child: Concluding Observations on the Initial Report of the Holy See on the Optional Protocol to the Convention on the Rights of the Child on the Sale of Children, Child Prostitution and Child Pornography, CRC/C/OPSC/VAT/CO/1, 31.01.2014; The Committee on the Rights of the Child: Concluding Observations on the Initial Report of the Holy See on the Optional Protocol to the Convention on the Rights of the Child on the Involvement of Children in Armed Conflict, CRC/C/OPAC/VAT/CO/1, 31.01.2014.

30 Vgl. Ryngaert, Cedric: The Immunity of the Holy See in Sexual Abuse Cases: Reflections on the Judgment of the European Court of Human Rights in J. C. v Belgium, Völkerrechtsblog 24.11.2021.

Es bleibt daher im internationalen Recht weitgehend bei einem eher politischen *naming and shaming*, das heißt, dass man aufzeigt und deutlich artikuliert, dass ein Völkerrechtssubjekt gegen seine Verpflichtungen verstößt und durch den kompromittierenden Effekt dessen eine Änderung des Verhaltens erhofft.

Immerhin werden die Kinderrechte auch durch das Völkerstrafrecht zusätzlich abgesichert. So führte nicht der Angriffskrieg auf die Ukraine und unzählige Opfer unter der Zivilbevölkerung, sondern der Vorwurf der Verschleppung von ukrainischen Kindern nach Russland zur Anklage gegen *Wladimir Putin* und die russische Beauftragte für Kinderrechte, *Maria Lwowa-Belowa* vor dem Internationalen Strafgerichtshof (IStGH) in Den Haag.[31]

3. Kinderschutz und Kinderrechte im kirchlichen Strafrecht sowie im deutschen Recht

Das Kirchenrecht und das nationale Recht Deutschlands verfügen ebenfalls über unterschiedliche Durchsetzungsmechanismen zugunsten der Kinderrechte.

3.1 Kinder(schutz)rechte im CIC

Im Jahr 2021 fand insofern eine Generalüberholung von Buch VI im Kodex des katholischen Kirchenrechts (Codex Iuris Canonici, CIC) statt.[32] Nunmehr wurden auch die Delikte, die mit Pornographie oder Internet-Pornographie zu tun haben, klar als Straftaten benannt. Diese Delikte sind nunmehr in einen neuen Titel verschoben worden: Straftaten gegen Freiheit, Würde und das Leben des Menschen c. 1398 CIC/1983:

„Can. 1398 – §1. Mit der Amtsenthebung und anderen gerechten Strafen, wenn es die Schwere des Falles nahelegt, die Entlassung aus dem Klerikerstand nicht ausgenommen, soll ein Kleriker bestraft werden:
1° der eine Straftat gegen das sechste Gebot des Dekalogs mit einem Minderjährigen oder einer Person begeht, deren Vernunftgebrauch habituell eingeschränkt ist oder der das Recht einen gleichen Schutz zuerkennt;

31 Hofmann, Hans/Kamradt, Jasper: Der 2. russische Ukrainekrieg im Kontext des Kriegsvölkerrechts und Völkerstrafrechts. In: Zeitschrift für das gesamte Sicherheitsrecht (GSZ) 5 (2023), 209–217, hier 214 f.

32 Vgl. Hallermann, Heribert: Neues Strafrecht: Kirche will strenger gegen Missbrauch durchgreifen. Online unter: https://www.katholisch.de/artikel/30041-neues-strafrecht-kirche-will-strenger-gegen-missbrauch-durchgreifen (Stand: 19.03.2024).

2° der einen Minderjährigen oder eine Person, deren Vernunftgebrauch habituell eingeschränkt ist oder der das Recht einen gleichen Schutz zuerkennt, dazu verführt oder verleitet an echten oder simulierten pornographischen Darstellungen teilzunehmen oder diese umzusetzen;
3° der für sich gegen die guten Sitten in jedweder Form und mit jedwedem Mittel pornographische Bilder von Minderjährigen oder Personen, deren Vernunftgebrauch habituell eingeschränkt ist, erwirbt, aufbewahrt oder verbreitet.
§ 2. Wenn ein Mitglied eines Instituts des Geweihten Lebens oder einer Gesellschaft des Apostolischen Lebens oder sonst ein Gläubiger, der in der Kirche eine Würde bekleidet oder ein Amt oder eine Funktion ausübt, eine der Straftaten des § 1 oder des can. 1395 § 3 begeht, soll er nach Maßgabe des can. 1336 §§ 2–4 bestraft werden, wobei je nach Schwere der Straftat andere Strafen hinzugefügt werden sollen."

Dennoch ist es bei Klerikern bei der rechtlichen Konstruktion geblieben, dass wer eine entsprechende Tat zulasten eines Minderjährigen begeht, einen Verstoß gegen das sechste Gebot begeht, den Ehebruch (*contra sextum*). Dies ist nicht unproblematisch, da es bei Gewalt gegenüber Kindern gemäß der KRK gegen eigenständige Rechtsträger geht, die angegriffen werden und es unangemessen erscheint, dabei einen Verstoß gegen das Ehe- bzw. Zölibats-Gelübde in den Mittelpunkt des Vorwurfs zu stellen.

Da die Strafen, die das kirchliche Strafrecht zur Verfügung stellt, zudem begrenzt sind, auch wenn sie von Ermahnungen über Geldstrafen bis zur Exkommunizierung reichen,[33] ist es zum effektiven Schutz der Kinder notwendig, dass die Täter der nationalstaatlichen Strafverfolgung zugeführt werden.[34]

3.2 Kinderrechte im deutschen Recht

3.2.1 Territorial- und Personalprinzip

So kommt denn auch dem Recht der Staaten, in denen die katholische Kirche tätig ist, besondere Bedeutung zu. In Deutschland ergibt sich die Anwendung dieses Rechts im Wesentlichen aus zwei Prinzipien, aus dem Territorialprinzip und aus dem Personalprinzip.

Das Territorialprinzip sieht vor, dass Geschehnisse und Taten, die auf dem Territorium der Bundesrepublik Deutschland begangen werden, nach deutschem

33 Siehe c. 1331–1340 CIC/1983.

34 Vertieftere Analysen zur Umsetzung der Kinderrechte auch in den weiteren Bereichen des Kirchenrechts außerhalb des Kirchenstrafrechts sind sinnvoll und sollten in den nächsten Jahren vorgenommen werden.

Recht beurteilt werden müssen.[35] Das Personalprinzip sieht vor, dass eine Tat, bei der der Täter Deutscher ist, oder ein Opfer die deutsche Staatsangehörigkeit hat, grundsätzlich (auch) dem deutschen Recht unterliegt – unabhängig davon, auf welchem Territorium die Tat begangen wurde.[36]

3.2.2 Stellung der Kinderrechte im deutschen Recht

Im deutschen Recht stehen die Kinderrechte sehr hoch in der Normenhierarchie. Die Kinderrechte der KRK sind durch Ratifizierung zunächst in den Rang eines Bundesgesetzes übergegangen.[37]

Zudem nehmen die Kinderrechte der KRK aber durch Auslegung der offen formulierten Grundrechte des Grundgesetzes an der Interpretation der Verfassung teil.[38] Somit werden wohl jedenfalls die Kernprinzipien der Kinderrechtskonvention, insbesondere der Kindeswohlvorrang, in die Grundrechte des Grundgesetzes hineingelesen. Die Kinderrechte strahlen damit in die gesamte Rechtsordnung in Deutschland.

Dies gilt im Übrigen unabhängig davon, ob es bereits einen ausdrücklichen Artikel mit spezifischen Kinderrechten im Grundgesetz gibt oder nicht.[39]

Es ist daher sehr wichtig zu unterstreichen, dass die spezifischen Kindergrundrechte bereits jetzt Verfassungsgut in Deutschland sind. So gingen im Jahr 2021 alle Expertinnen und Experten, die im Rechtsausschuss des Deutschen Bundestages angehört worden sind, davon aus, dass die Kindergrundrechte bereits im Grundgesetz als spezifische Grundrechte für Minderjährige bestehen.[40]

Dies ergibt sich auch daraus, dass das Bundesverfassungsgericht bereits 1968 festgestellt hat, dass jedes Kind ein Recht auf Entwicklung seiner Persönlichkeit aus Art. 2 Abs. 1 GG (ggf. iVm. Art. 1 Abs. 1 GG) habe.[41] Dieses Recht gilt autark

35 Vgl. § 3 StGB: „Das deutsche Strafrecht gilt für Taten, die im Inland begangen werden.".

36 Vgl. mit gewissen Einschränkungen § 7 StGB.

37 Zustimmung von Bundestag und Bundesrat durch Gesetz vom 17. Februar 1992 (BGBl. II S. 121); am 5. April 1992 für Deutschland in Kraft getreten durch Bekanntmachung vom 10. Juli 1992 (BGBl. II S. 990). Zu weiteren verfassungsrechtlichen Implikationen siehe Hofmann, Rainer/Donath, Philipp: Gutachten bezüglich der ausdrücklichen Aufnahme von Kinderrechten in das Grundgesetz nach Maßgabe der Grundprinzipien der UN-Kinderrechtskonvention. Online unter: https://kinderrechte-ins-grundgesetz.de/wp-content/uploads/2018/02/DKHW_Gutachten_KRiGG_Hofmann_Donath.pdf (Stand: 19.03.2024).

38 Bundesverfassungsgericht: Beschluss vom 5. Juli 2013, 2 BvR 708/12, Rn. 21.

39 Derzeit findet wie in der vergangenen Legislaturperiode eine Debatte in Deutschland zur Aufnahme ausdrücklicher spezifischer Kindergrundrechte in das Grundgesetz statt.

40 Siehe Deutscher Bundestag: Experten für die Aufnahme von Kinderrechten ins Grundgesetz. Online unter: https://www.bundestag.de/dokumente/textarchiv/2021/kw20-pa-recht-kinderrechte-838844 (Stand: 19.03.2024).

41 BVerfGE 24, 119 (144).

für die Kinder, d.h. unabhängig von Eltern oder anderen Rechtsträgern. Auch dem Elterngrundrecht des Art. 6 Abs. 2 GG liege das Wohl des betroffenen Kindes zugrunde. Das Elterngrundrecht ist daher nach Ansicht des Bundesverfassungsgerichts ein *dienendes Grundrecht* zugunsten der betroffenen Kinder. Im Jahr 2008 hat das Bundesverfassungsgericht noch einmal ausdrücklich festgestellt, dass Kinder eigenständige Rechtssubjekte sind, an deren Wohl sich auch die Eltern zu orientieren haben.[42]

Somit müssen alle staatlichen Institutionen in Deutschland gemäß dem Normanwendungsprofil aus Art. 1 Abs. 3 GG jedenfalls die Kernprinzipien der KRK beachten.

Über die sogenannte mittelbare Drittwirkung von Grundrechten können aber auch private Rechtsträger an den Pflichten, die sich daraus ergeben, teilhaben. Rechtsdogmatisch strahlen nämlich die Grundrechte der Kinder aus dem Grundgesetz über sogenannte Generalklauseln wie §242 BGB oder §138 BGB in die privatrechtlichen Rechtsbeziehungen hinein.[43] Das heißt, dass auch nichtstaatliche Träger der Kinder- und Jugendhilfe sowie Bildungs- und Betreuungsträger mittelbar an die Kinderrechte des Grundgesetzes und daher mittelbar an die Wertungen der KRK gebunden sind.

Damit kommt die völkerrechtsfreundliche Auslegung des Grundgesetzes ins Spiel, die sich aus verschiedenen Normen des Grundgesetzes ergibt.[44] Wenn das Grundgesetz völkerrechtsfreundlich ausgelegt wird, sind bei den Kinderrechten insbesondere die KRK und somit deren Kernprinzipien zu beachten. Daher sind wohl jedenfalls der Kindeswohlvorrang, das Beteiligungsrecht, das Entwicklungsrecht und das Recht auf Schutz vor Diskriminierung als Inhalt der Verfassung des Bundes erfasst. Somit ist bei jeglicher Betroffenheit von Kindern das Kindeswohl mit einem besonderen Gewicht („ein vorrangiger Gesichtspunkt“) zu berücksichtigen.

Diese Kinderrechte finden sich zudem nunmehr auch in allen 16 Landesverfassungen in Deutschland. Zuletzt wurden in Hessen und in Hamburg Kinderrechte ausdrücklich in die jeweiligen Verfassungen der Bundesländer aufgenommen und in Bremen wurden die Kinderrechte in der Landesverfassung konkretisiert.

So hat zum Beispiel Art. 4 Abs. 2 der hessischen Verfassung, der im Jahr 2018 in einer Volksabstimmung angenommen worden ist, die Kernprinzipien der Kinderrechtskonvention explizit aufgenommen, namentlich das Wohl des Kindes, den Willen des Kindes, das Entwicklungsrecht des Kindes und ein Recht auf Schutz.[45]

42 BVerfGE 121, 69 (93).

43 SCHUBERT: Claudia. In: Münchener Kommentar zum BGB, [9]2022, §242, Rn. 134ff.

44 Vgl. u.a. Art. 1 Abs. 1 GG, Art. 24 GG; BVerfGE 63, 343 (370), BVerfGE 112, 1 (25f., Rn. 94f.); BVerfGE 111, 307, (317f.).

45 Vgl. N.N.: Kinder- und Jugendrechte. Kinderrechte in Hessen. Online unter: https://soziales.hessen.de/kinder-und-jugendliche/kinder-und-jugendrechte/kinderrechte-in-hessen (Stand: 19.03.2024).

Die Kinderrechte wirken daher als ganzheitliches Leitbild des Art. 3 Abs. 1 KRK iVm. Art. 12 Abs. 1 und 2 KRK und Art. 2 Abs. 1 GG sowie als einfaches Bundesgesetz und über die Landesverfassungen in ganz Deutschland.

Die Kinderrechte gelten damit in allen Rechtsbereichen, insbesondere im Kinder- und Jugendhilferecht, im Familienrecht, im Schulrecht, aber auch zum Beispiel im Baurecht, im Kommunalrecht und im Steuerrecht.

3.2.3 Ergebnis: Kinderrechte als Rechtsregeln und als Rechtsprinzipien

Das rechtstheoretische Problem der Abwägungsfähigkeit von Rechtsprinzipien und die Frage, wie mit ihnen umgegangen werden soll, wenn sie als Optimierungsgebote verstanden werden, stellt sich bei den Kinderrechten nicht in signifikanter Weise. Die Problematik besteht grundsätzlich darin, dass, wenn Prinzipien als Optimierungsgebote gelten, dann können sie abwägungsfähig sein. Wenn sie andererseits als Gebote mit Geltungsrang verstanden werden, dann kann nicht erklärt werden, wie sie gültig bleiben können, wenn sie im Falle von Kollisionen zurücktreten müssen. Die Kinderrechte allerdings sind sowohl Rechtsprinzipien als auch zwingend geltende Regeln.

So können sich Kinder, die von einer Maßnahme betroffen werden, z. B. unmittelbar auf Art. 3 Abs. 1 KRK sowie auf Art. 12 Abs. 1 und 2 KRK berufen. Daraus ergibt sich zwingend eine regelhafte Alles-oder-Nichts-Lösung im Sinne einer klassischen Wenn-Dann-Abfolge gemäß Art. 12 Abs. 1 und 2 KRK sowie Art. 3 Abs. 1 KRK. Erstens müssen die Kinder beteiligt werden, wenn sie von einer Maßnahme betroffen werden, zweitens sind ihre Interessen stets als ein vorrangiger Gesichtspunkt zu berücksichtigen.

Hier zeigt sich die Kombination von Regeln und Prinzipien mit ihrer graduellen Erfüllbarkeit. So können die besten Interessen der Kinder auch mit den Rechten anderer abgewogen werden und dadurch mehr oder weniger erfüllt werden. Aber es ist jedenfalls zwingend, dass die Interessen und Meinungen der Kinder berücksichtigt werden.

Dies zeichnet eine besondere Struktur der Kinderrechte aus. Kinderrechte gelten somit nicht nur als Regeln, sondern auch als Prinzipien, als Leitlinien für alle Staatsgewalt sowie mit mittelbaren Auswirkungen auf andere – private und kirchliche – Rechtsträger.

So muss der Gesetzgeber dafür sorgen, dass die Rechte der Kinder konkretisiert werden und einzelne Abwägungsentscheidungen müssen demokratisch legitimiert vorgegeben werden, sofern eine gewisse Grundrechtsrelevanz gegeben ist.[46]

46 „Wesentlichkeitstheorie" des Bundesverfassungsgerichts, hierzu Kotzur, Markus. In: von Münch, Ingo/Kunig, Philip: Grundgesetz-Kommentar, [7]2021, Art. 20, Rn. 156 ff.

Für die Schutzaspekte der Kinder hat der nationale Gesetzgeber in Deutschland solche spezifischen Klarstellungen getroffen.

3.3 Die Konkretisierung der Kinderrechte im Familien- und Sozialrecht sowie im Strafrecht

3.3.1 Das Erziehungsrecht

Grundsätzlich haben die Eltern eines Kindes das Recht und die Pflicht zur Erziehung der Kinder.[47]

Wenn Kinder jedoch in pädagogischen und kirchlichen Einrichtungen untergebracht sind, oder für bestimmte Reisen oder Veranstaltungen in Obhut der entsprechenden Fachkräfte übergeben werden, wird für den betreffenden Zeitraum ein Teil der Personensorge auf diese Personen übertragen.[48]

Somit müssen sich die pädagogischen und kirchlichen Fachkräfte an die entsprechenden Vorgaben zum Umgang und zur Erziehung von Kindern halten, die der Gesetzgeber festgelegt hat und die sich in den letzten Dekaden deutlich verändert haben. So wurde der einschlägige § 1631 Abs. 2 BGB in den vergangenen Jahrzehnten zunehmend präzisiert. Diese Entwicklung ist wichtig nachzuvollziehen und sie ist gerade vor dem Hintergrund der Ausgangsfassung des Paragraphen aufschlussreich, der bei Entstehung des BGB im Jahr 1900 bis zum Jahr 1958 noch lautete:

> „(2) [1]Der Vater kann kraft des Erziehungsrechts angemessene Zuchtmittel gegen das Kind anwenden. [2]Auf seinen Antrag hat das Vormundschaftsgericht ihn durch Anwendung geeigneter Zuchtmittel zu unterstützen."

Ab 1980 lautete § 1631 Abs. 2 BGB dann nach einer grundlegenden Änderung:

> „(2) Entwürdigende Erziehungsmaßnahmen sind unzulässig."

47 Art. 6 Abs. 2 GG: „[1]Pflege und Erziehung der Kinder sind das natürliche Recht der Eltern und die zuvörderst ihnen obliegende Pflicht. [2]Über ihre Betätigung wacht die staatliche Gemeinschaft.".

48 Huber, Peter. In: Münchener Kommentar zum BGB, [8]2020, § 1631, Rn. 10; Rakete-Dombek, Ingeborg/Berning, Susanne. In: Kaiser, Dagmar/Schnitzler, Klaus/Schilling, Roger/Sanders, Anne: BGB | Familienrecht, [4]2021, § 1631, Rn. 4.

Ab 1998:

„(2) Entwürdigende Erziehungsmaßnahmen, insbesondere körperliche und seelische Mißhandlungen, sind unzulässig."

Ab 2000:

„(2) [1]Kinder haben ein Recht auf gewaltfreie Erziehung. [2]Körperliche Bestrafungen, seelische Verletzungen und andere entwürdigende Maßnahmen sind unzulässig."

Und seit 2023[49]:

„(2) Das Kind hat ein Recht auf Pflege und Erziehung unter Ausschluss von Gewalt, körperlichen Bestrafungen, seelischen Verletzungen und anderen entwürdigenden Maßnahmen."

Hier hat sich also in den letzten Jahrzehnten ein umfassender Wandel vollzogen, der auch für kirchliche Einrichtungen im Geltungsbereich des deutschen Rechts gilt. Denn in kirchlichen Einrichtungen findet ebenso wie in anderen Einrichtungen der Kinder- und Jugendhilfe eine Übertragung (eines Teils) der Personensorge für die jeweiligen Anwesenheitszeiten statt, d. h.: § 1631 BGB gilt mit seinem ausdrücklichen Ausschluss von Gewalt auch in Kitas, Heimen, Internaten und auch in Schulen.

3.3.2 Kinder- und Jugendhilferecht

3.3.2.1 Grundnorm

Für die Arbeit mit Kindern gilt für darunter fallende Einrichtungen erweiternd das Achte Buch Sozialgesetzbuch (SGB VIII), das bisweilen auch als Kinder- und Jugendhilfegesetz (KJHG) bezeichnet wird. § 1 SGB VIII legt die Grundlagen der Arbeit mit Kindern und Jugendlichen fest:

„(1) Jeder junge Mensch hat ein Recht auf Förderung seiner Entwicklung und auf Erziehung zu einer selbstbestimmten, eigenverantwortlichen und gemeinschaftsfähigen Persönlichkeit.
(2) [1]Pflege und Erziehung der Kinder sind das natürliche Recht der Eltern und die zuvörderst ihnen obliegende Pflicht. [2]Über ihre Betätigung wacht die staatliche Gemeinschaft.
(3) Jugendhilfe soll zur Verwirklichung des Rechts nach Absatz 1 insbesondere
1. junge Menschen in ihrer individuellen und sozialen Entwicklung fördern und dazu beitragen, Benachteiligungen zu vermeiden oder abzubauen,

49 Gesetz vom 04.05.2021 (BGBl. I S. 882), in Kraft getreten mit Wirkung zum 01.01.2023.

2. jungen Menschen ermöglichen oder erleichtern, entsprechend ihrem Alter und ihrer individuellen Fähigkeiten in allen sie betreffenden Lebensbereichen selbstbestimmt zu interagieren und damit gleichberechtigt am Leben in der Gesellschaft teilhaben zu können,
3. Eltern und andere Erziehungsberechtigte bei der Erziehung beraten und unterstützen,
4. Kinder und Jugendliche vor Gefahren für ihr Wohl schützen,
5. dazu beitragen, positive Lebensbedingungen für junge Menschen und ihre Familien sowie eine kinder- und familienfreundliche Umwelt zu erhalten oder zu schaffen."

3.3.2.2 Der Begriff der Kindeswohlgefährdung

Der Schutz vor Kindeswohlgefährdung ist hier bereits ein wichtiger Aspekt (§ 1 Abs. 3 Nr. 4 SGB VIII), jedoch wird er gesetzlich nicht definiert. Es handelt sich daher bei der Kindeswohlgefährdung um einen *unbestimmten Rechtsbegriff*. Die Folge ist, dass in jedem Einzelfall eine konkrete Einschätzung notwendig ist.

Wann die Schwelle zur Kindeswohlgefährdung erreicht ist, bedarf einer komplexen fachlichen Beurteilung, die hohe Anforderungen an die Fachkräfte aus Jugendhilfe und Justiz stellt. Die deutschen Gerichte nehmen eine Kindeswohlgefährdung jedenfalls dann an, wenn eine gegenwärtige, in einem solchen Maß vorhandene Gefahr festgestellt wird, dass bei der weiteren Entwicklung der Dinge eine erhebliche Schädigung des geistigen oder leiblichen Wohls des Kindes mit hinreichender Wahrscheinlichkeit zu erwarten ist.[50]

Fälle von sexueller Übergriffigkeit oder Gewalt fallen eindeutig darunter.

3.3.2.3 Aktuelle Änderungen des Rechts

Im Jahr 2021 sind mit dem Kinder- und Jugendstärkungsgesetz (KJSG) weitere Verbesserungen im Kinderschutz vorgenommen worden.

Unter anderem wurde die Kooperation der Kinder- und Jugendhilfe mit Gesundheitswesen, Strafverfolgungsbehörden, Familiengerichten, Jugendstrafjustiz und anderen wichtigen Akteuren im Kinderschutz gestärkt. Personen, die das Jugendamt über gewichtige Anhaltspunkte für eine Kindeswohlgefährdung informieren (z. B. Fachkräfte, Ärzte, Lehrer), werden nun auch eine Rückmeldung darüber erhalten, ob das Jugendamt die gewichtigen Anhaltspunkte für die Gefährdung des Wohls des Kindes oder Jugendlichen bestätigt sieht und ob es zum Schutz des Kindes oder Jugendlichen tätig geworden ist und noch tätig ist (§ 4 Abs. 4 KKG, § 8a SGB VIII).

50 BGHZ 213, 107.

Kindertagespflegepersonen werden nun durch den Abschluss von Vereinbarungen ausdrücklich in den Schutzauftrag bezüglich Kindeswohlgefährdungen einbezogen (§ 8a Abs. 5 SGB VIII).

Für die Erteilung einer Betriebserlaubnis gibt es nunmehr erweiterte Anforderungen, u. a. die Zuverlässigkeit des Trägers sowie das Erfordernis der Vorlage eines Konzepts zum Schutz vor Gewalt und von Verfahren der Selbstvertretung und Beteiligung der betreuten Kinder und Jugendlichen und die Gewährleistung von Beschwerdemöglichkeiten innerhalb und außerhalb der Einrichtung (§ 45 SGB VIII).

Zudem sind jetzt Überprüfungen grundsätzlich vor Ort durchzuführen und diese sind auch unangekündigt möglich (§ 46 Abs. 2 SGB VIII).

3.3.2.4 Die Verpflichtung zur Erstellung eines Gewaltschutzkonzepts

Nach dem 2021 neu formulierten § 45 Abs. 2 S. 2 Nr. 4 SGB VIII bedarf es also für die Erteilung einer Erlaubnis für den Betrieb einer Einrichtung, dass

> „4. zur Sicherung der Rechte und des Wohls von Kindern und Jugendlichen in der Einrichtung die Entwicklung, Anwendung und Überprüfung eines Konzepts zum Schutz vor Gewalt, geeignete Verfahren der Selbstvertretung und Beteiligung sowie der Möglichkeit der Beschwerde in persönlichen Angelegenheiten innerhalb und außerhalb der Einrichtung gewährleistet werden."

Nach der Gesetzesbegründung muss das Gewaltschutzkonzept „insbesondere auf Zweck, Aufgabenspektrum, fachliches Profil, Größe, Räumlichkeiten und Ausstattung der jeweiligen Einrichtung ausgerichtet sein und darauf bezogene und abgestimmte Standards und Maßnahmen zum Gewaltschutz"[51] ausweisen. Auch muss das Konzept regelmäßig auf seine Passgenauigkeit und Wirksamkeit hin überprüft werden.

Ein solches Schutzkonzept soll dazu dienen, Fachkräfte zu sensibilisieren, Auffälligkeiten hinsichtlich einer Kindeswohlgefährdung zu erkennen und entsprechend zu reagieren. Es dient somit dem Schutz der betreuten Kinder und der Beschäftigten der jeweiligen Einrichtung.

Ein entsprechendes Konzept könnte beispielsweise Folgendes aufweisen: eine Darlegung der einschlägigen rechtlichen Grundlagen (z. B. UN-KRK, GG, StGB, SGB VIII, jeweiliges Schulgesetz) und eine Darstellung von Übergriffen und Gewalt sowie von Formen von Grenzüberschreitungen. Sodann sollte eine Risikoanalyse bzgl. der Räumlichkeiten sowie bzgl. der beteiligten Personen stattfinden

51 Bundestag: Drucksache 19/26107. Entwurf eines Gesetzes zur Stärkung von Kindern und Jugendlichen (Kinder- und Jugendstärkungsgesetz – KJSG), 98.

(z. B. Risikofaktoren zwischen Fachkräften und Kind sowie zwischen Kindern untereinander).

Dem sollte sich ein Präventionskonzept anschließen, bei welchem dem Kindeswohl der notwendige Vorrang eingeräumt wird (Art. 3 Abs. 1 KRK) und das z. B. auch Fortbildungen der Fachkräfte sowie Partizipation der Kinder und Jugendlichen vorsieht.

Schließlich sollte es ein Interventionskonzept geben, das Hinweise für Verhaltensweisen und Verfahren bei Verdachtsmomenten liefert. Dies betrifft auch die Rehabilitation von Personen, denen ungerechtfertigt Vorwürfe gemacht wurden.

Für Schulen hat die Kultusministerkonferenz am 17.03.2023 einen Leitfaden für Schutzkonzepte und Maßnahmen gegen sexuelle Gewalt an Schulen herausgegeben.[52]

Entscheidend sind auch Kooperationen in größeren Strukturen. Die einzelnen pädagogischen oder kirchlichen Einrichtungen dürfen nicht alleingelassen werden und sind aber auch rechtlich nun zur Kooperation im Kinderschutz verpflichtet.

Hierzu bestimmt § 47 Abs. 1 S. 1 Nr. 2 SGB VIII nunmehr ausdrücklich eine Meldepflicht:

„(1) Der Träger einer erlaubnispflichtigen Einrichtung hat der zuständigen Behörde unverzüglich
2. Ereignisse oder Entwicklungen, die geeignet sind, das Wohl der Kinder und Jugendlichen zu beeinträchtigen […], anzuzeigen."

Ein häufiges Missverständnis besteht darin, in Kinderschutzfällen, den Datenschutz zu hoch zu bewerten. Der Datenschutz betroffener Verdächtiger ist zwar auch verfassungsrechtlich gewährleistet (Art. 2 Abs. 1 GG iVm. Art. 1 Abs. 1 GG), allerdings sind die Kinderrechte mindestens ebenso hoch, wenn nicht höher zu bewerten (Art. 2 Abs. 1 GG iVm. Art. 1 Abs. 1 GG iVm. Art. 3 Abs. 1 KRK). Somit kann jedenfalls für Kinderschutzfälle vereinfachend festgestellt werden: *Kinderschutz schlägt Datenschutz.*

Zudem gibt es nun klarstellende spezifische Regelungen im Gesetz zur Kooperation und Information im Kinderschutz (KKG). Sobald es zu Verdachtsfällen kommt, muss also gehandelt werden. Hierfür bestimmt § 8a SGB VIII grundlegende Verfahrensvorgaben.

52 Kultusministerkonferenz: Kinderschutz in der Schule. Leitfaden zur Entwicklung und praktischen Umsetzung von Schutzkonzepten und Maßnahmen gegen sexuelle Gewalt an Schulen. Herrenberg 2023.

„(4) [1]In Vereinbarungen mit den Trägern von Einrichtungen und Diensten, die Leistungen nach diesem Buch erbringen, ist sicherzustellen, dass
1. deren Fachkräfte bei Bekanntwerden gewichtiger Anhaltspunkte für die Gefährdung eines von ihnen betreuten Kindes oder Jugendlichen eine Gefährdungseinschätzung vornehmen,
2. bei der Gefährdungseinschätzung eine insoweit erfahrene Fachkraft beratend hinzugezogen wird
sowie
3. die Erziehungsberechtigten sowie das Kind oder der Jugendliche in die Gefährdungseinschätzung einbezogen werden, soweit hierdurch der wirksame Schutz des Kindes oder Jugendlichen nicht in Frage gestellt wird.
[…]
(5) [1]In Vereinbarungen mit Kindertagespflegepersonen, die Leistungen nach diesem Buch erbringen, ist sicherzustellen, dass diese bei Bekanntwerden gewichtiger Anhaltspunkte für die Gefährdung eines von ihnen betreuten Kindes eine Gefährdungseinschätzung vornehmen und dabei eine insoweit erfahrene Fachkraft beratend hinzuziehen. [2]Die Erziehungsberechtigten sowie das Kind sind in die Gefährdungseinschätzung einzubeziehen, soweit hierdurch der wirksame Schutz des Kindes nicht in Frage gestellt wird.“

Dabei haben die Personen, die beruflich in Kontakt mit Kindern oder Jugendlichen stehen, bei der Einschätzung einer Kindeswohlgefährdung im Einzelfall gegenüber dem örtlichen Träger der Jugendhilfe Anspruch auf Beratung durch eine insoweit erfahrene Fachkraft (§ 8b SGB VIII).

Eine Kindeswohlgefährdung zu erkennen, kann im Einzelfall durchaus schwierig sein. Hierfür gibt es neben dem konkreten Anspruch der Fachkräfte aus § 8b SGB VIII auch zunehmend professionelle Kurse, die belegt werden können.[53]

Nicht selten zeigen sich Anzeichen in Form von Verhaltensauffälligkeiten oder Wesensveränderungen bei den betroffenen Kindern (z. B. Selbstunsicherheit, Angst, Unruhe, Aggressionen, Depressionen, extreme Scham- und Schuldgefühle, distanzloses Verhalten, Konzentrationsschwierigkeiten).

Auch können bestimmte Verletzungsbilder an Kindern Anzeichen für Kindeswohlgefährdung bilden, insbesondere dann, wenn die Verletzungen an Körperstellen auftreten, an denen sich Kinder beim Spielen normalerweise nicht verletzen. Hier sind dann Nachfragen notwendig und es ist zu prüfen, ob die jeweils vorgetragene Geschichte des tatsächlichen Ablaufs zum entsprechenden Verletzungsbild passt.

Wichtig ist, Aufmerksamkeit für mögliche Gefährdungs- oder Verletzungssituationen zu schaffen, indem eine Kinderrechtsperspektive eingenommen wird, wie sie die KRK als Prinzip fordert.

53 Vgl. den Online-Lehrgang Fegert, Jörg M. u. a.: Gute Kinderschutzverfahren. Online unter: https://elearning-kinderschutz.de/ (Stand: 19.03.2024).

3.3.3 Nationales Strafrecht

3.3.3.1 Materielles Strafrecht: Straftaten

Der deutsche Gesetzgeber, der sich ebenfalls an den Kinderrechten der KRK ausrichten muss, hat nunmehr auch das Strafrecht für Sexualstraftaten an Minderjährigen deutlich verschärft.

Sexueller Missbrauch von Minderjährigen ist nach deutschem Recht ein schweres Vergehen oder sogar Verbrechen[54], das je nach Alter des Opfers und der Art der Handlung unterschiedlich bestraft wird.

Ein wichtiges einschlägiges Strafgesetz ist § 176 StGB (sexueller Missbrauch von Kindern). Dieser Paragraph gilt für sexuelle Handlungen mit Personen unter 14 Jahren. Die Strafe ist Freiheitsstrafe nicht unter einem Jahr. Es handelt sich dabei mithin um ein Verbrechen. Von diesem Grundtatbestand ausgehend gibt es in den folgenden Paragraphen Abmilderungen sowie Verschärfungen, die bis hin zu lebenslanger Freiheitsstrafe führen können (§ 176d – sexueller Missbrauch von Kindern mit Todesfolge).

Aber auch bei älteren Opfern ist eine Strafbarkeit vorgesehen, z. B. nach § 182 StGB (sexueller Missbrauch von Jugendlichen). Dieser Paragraph gilt für entsprechende Handlungen mit Personen unter 18 Jahren, wenn dabei eine Zwangslage, eine Abhängigkeit oder ein Entgelt ausgenutzt werden. Das Strafmaß beträgt hier Freiheitsstrafe bis zu fünf Jahren oder Geldstrafe.

Es gibt noch weitere Strafgesetze, die bei sexuellem Missbrauch von Minderjährigen angewendet werden können, zum Beispiel § 174 StGB (sexueller Missbrauch von Schutzbefohlenen), § 177 StGB (sexuelle Nötigung, Vergewaltigung) oder auch § 184b StGB (Verbreitung, Erwerb und Besitz kinderpornographischer Schriften). Die Erfüllung der vielfältigen Straftatbestände hängt also von den konkreten Umständen des Falls ab.

Für die Straftaten gegen Kinder und Jugendliche wurde der Strafrahmen in den letzten Jahren deutlich angehoben und auch Berufsverbote sind die Folge.

So dürfen nach § 78a SGB VIII in Einrichtungen der Kinder- und Jugendhilfe keine Personen tätig sein, die rechtskräftig wegen einer Straftat nach den §§ 171, 174 bis 174c, 176 bis 180a, 181a, 182 bis 184g, 184i, 184j, 184k, 184l, 201a Abs. 3, den §§ 225, 232 bis 233a, 234, 235 oder 236 des StGB verurteilt worden sind.

Auch in weniger heftigen Fällen, z. B. bei einer Überschreitung des oben dargestellten Erziehungsrechts ist eine Strafbarkeit möglich, da § 1631 Abs. 2 BGB insofern nicht als Rechtfertigungsgrund wirken kann. Daher ist auch Strafrecht einschlägig, wenn dagegen verstoßen wird, z. B. eine Körperverletzung nach § 223 StGB bei Schlägen des Kindes. Insofern ist die Aussage von Papst Franziskus, dass

54 Gegeben bei einem Strafmaß von mindestens einem Jahr Freiheitsstrafe, § 12 Abs. 1 StGB.

ein „würdevolles Schlagen“ als Erziehungsmittel möglich sei,[55] inhaltlich evident rechtswidrig nach der KRK sowie nach deutschem Zivil- und Strafrecht.

In schweren Fällen von Schlägen kommt sogar eine Misshandlung von Schutzbefohlenen nach § 225 StGB in Betracht.

Auch möglich ist z. B. die Strafbarkeit wegen einer Freiheitsberaubung nach § 239 StGB bei Einsperren im Zimmer entgegen § 1631 Abs. 2 BGB oder in milderen Fällen eine Nötigung nach § 240 StGB.

Wenn jemand von einer Tat eines anderen Kenntnis erlangt, ist er auch strafrechtlich zum Tätigwerden verpflichtet. Sonst kann er sich gemäß § 258 StGB wegen Strafvereitelung strafbar machen.

Schließlich kommt Beihilfe in Betracht z. B. durch Versetzungen von potentiellen Tätern an andere Orte, an denen Taten geschehen können, oder wenn eine Mitarbeiterin oder ein Mitarbeiter eines Täters diesen auf irgendeine Weise bei der Tat unterstützt, z. B. durch Ermöglichung von Räumen und Zeiten, in denen der potentielle Täter mit Kindern allein sein kann.

3.3.3.2 Fristen zur Verfolgung von Straftaten

Die Verjährungsfristen für sexuellen Missbrauch hängen von der Schwere der Tat und dem Alter des Opfers ab, vgl. § 78 StGB. Je nach Strafandrohung für die jeweilige Straftat variiert die Verjährungsfrist zwischen drei Jahren und 30 Jahren.

Die Verjährung ruht jedoch in bestimmten Fällen (§ 78b StGB). Die Ruhezeit wird dann nicht auf die Verjährungsfrist angerechnet. Strafprozessual wurden zuletzt ebenfalls umfangreiche Änderungen im deutschen Recht bzgl. des Ruhens der Verjährung vorgenommen. So ruht nunmehr die Verjährung bis zur Vollendung des 30. Lebensjahres des Opfers nach § 78b Abs. 1 Nr. 1 StGB. Das heißt z. B., dass Opfer viel länger Zeit haben, sich zu überlegen, ob sie Anzeige erstatten.

Dies kann also dazu führen, dass eine Person, die als Kind Opfer einer Straftat wurde, noch bis ins hohe Erwachsenenalter einen Täter durch Strafanzeige der rechtmäßigen Bestrafung zuführen kann.

Für die Verfolgung der betreffenden Straftat kommt es jedoch darauf an, welche Verjährungsfristen zum Zeitpunkt der Tatbegehung galten.

3.3.4 Zusammenfassung zur Kinderrechtslage in Deutschland

Insgesamt kann also festgestellt werden, dass Kinderrechte im deutschen Recht sehr stark ausgeprägt sind und einen hohen Rang in der Normenhierarchie ha-

55 Kleinjung, Tilmann: Kindererziehung: Papst spricht vom würdevollen Schlagen. Online unter: https://www.deutschlandfunk.de/kindererziehung-papst-spricht-vom-wuerdevollen-schlagen-100.html (Stand: 19.03.2024).

ben. Sie nehmen als Leitprinzipien zudem an der Auslegung des Rechts teil und haben in den letzten Jahren zur Veränderung des Sozialrechts und des Strafrechts zugunsten des Kinderschutzes geführt.

Für die Praxis und die Rechtsdurchsetzung kommt es allerdings auf die Kenntnis von Geschehnissen an, die juristisch bewertet werden müssen – und die dann zur Entlastung oder Belastung von Tätern bzw. zu Auflagen oder Schließungen von Einrichtungen führen können.

Dazu bedarf es einer umfassenden Aufmerksamkeit und eines Wissens darüber, welche Rechte Kinder allgemein und speziell in pädagogischen und kirchlichen Einrichtungen haben. In solchen Einrichtungen sind zudem nunmehr Schutzkonzepte zwingend vorzuhalten.

Verdachtsfälle von Verstößen müssen unbedingt den nationalen Behörden zur Kenntnis gebracht werden, damit diese anhand einer umfassenden Prüfung bewerten können, ob gegen Kinderrechte verstoßen wurde oder nicht. Gegen Entscheidungen der Behörden kann im deutschen Rechtsstaat der Rechtsweg eingeschlagen werden.

Die Bürde des Äußerns darf nicht allein den kindlichen Opfern auferlegt werden. Vielmehr muss sich jeder selbst fragen, was er oder sie wahrnimmt oder beobachtet hat. Es bedarf einer entsprechenden Sensibilität und einer Kinderrechtsperspektive.

3.3.5 Kinderrechte keine *eigene Angelegenheit* der katholischen Kirche

Die katholische Kirche verfügt in Deutschland über verschiedene Sonderrechte, die sich aus unterschiedlichen Quellen, vor allem aus dem Grundgesetz und dem sonstigen Recht von Bund und Ländern, aber auch aus Verträgen ergeben.

Es gibt einige Verträge zwischen dem Bund bzw. den Bundesländern und den Religionsgemeinschaften, die sowohl spezifische Einzelfragen als auch umfassendere Regelungen zum Verhältnis der beteiligten Parteien behandeln. Vereinbarungen im Religionsverfassungsrecht mit dem Heiligen Stuhl werden allgemein als völkerrechtliche Verträge angesehen und als Konkordate bezeichnet, während die Verträge mit den evangelischen Landeskirchen als (staatliche) Kirchenverträge gelten.[56] Die älteren Konkordate aus der Zeit vor dem Inkrafttreten des Grundgesetzes (Bayern 1924, Preußen 1929, Baden 1932, Deutsches Reich 1933) behielten bis heute ihre Gültigkeit.

Das Grundgesetz garantiert in Art. 140 GG zudem die Fortgeltung der Artikel 136 bis 139 und 141 der Weimarer Reichsverfassung von 1919 (WRV), die das Verhältnis von Staat und Kirche regeln. Diese Artikel schützen u. a. die Religions-

56 v. Mangoldt, Hermann/Klein, Friedrich/Starck, Christian/Unruh, Peter, [7]2018, GG Art. 140 Rn. 41.

freiheit, das Selbstbestimmungsrecht und die Körperschaftsrechte der Religionsgemeinschaften.

Das individuelle Grundrecht auf Religionsfreiheit aus Art. 4 Abs. 1 und 2 GG wird unionsrechtlich durch Art. 6 Abs. 1 und 3 des Vertrags über die Europäische Union (EUV) und durch Art. 10 der Charta der Grundrechte der Europäischen Union (GRC) bzw. durch Art. 9 der Europäischen Menschenrechtskonvention (EMRK) des Europarats geschützt. Zusätzlich wird durch Art. 4 Abs. 2 Satz 1 des Vertrags über die Europäische Union (EUV) sowie Art. 17 Abs. 1 und 2 des Vertrags über die Arbeitsweise der Europäischen Union (AEUV) sichergestellt, dass die Europäische Union das jeweilige nationale Religionsverfassungsrecht respektiert.

Gemäß Art. 140 GG iVm. Art. 137 Abs. 3 S. 1 WRV gilt dabei:

> „Jede Religionsgesellschaft ordnet und verwaltet ihre Angelegenheiten selbständig innerhalb der Schranken des für alle geltenden Gesetzes."

Als eine eigenständige rechtliche Sicherung ergänzt dieses Selbstbestimmungsrecht die korporative Religionsfreiheit gemäß Art. 4 Abs. 1 und 2 sowie Art. 19 Abs. 3 des Grundgesetzes. Es verdrängt sie nicht, wie es bei einer *lex specialis*-Bestimmung der Fall wäre.[57] Die Einstufung einer Angelegenheit als „eigene" unterliegt lediglich einer „eingeschränkten gerichtlichen Plausibilitätskontrolle"[58]. Das heißt, dass die Kirchen hier grundsätzlich weite Spielräume haben.

Üblicherweise umfasst sind die kirchliche Verkündigung und Lehre, die Gestaltung von Gottesdienst und Liturgie, die Kirchenmitgliedschaft, die Organisation kirchlichen Handelns, die Gestaltung der Dienst- und Arbeitsverhältnisse kirchlicher Mitarbeiter, das kirchliche Finanzwesen, das soziale Engagement in diakonischer und karitativer Wohlfahrtstätigkeit, sowie die Ausübung eines kirchlichen Öffentlichkeitsauftrags einschließlich der Stellungnahmen zu gesellschaftlichen Fragen.[59]

Stets müssen jedoch die kollidierenden Grundrechte in einen angemessenen Ausgleich zueinander gebracht werden (*praktische Konkordanz*).[60]

Das kirchliche Selbstbestimmungsrecht hat besonders im Arbeitsrecht erhebliche Bedeutung.[61] So können die Kirchen – auch unionsrechtlich abgesichert – vor dem Hintergrund der religionsschützenden Vorschriften in bestimmten Grenzen ihre eigenen Maßstäbe für Einstellungen und Beschäftigungen setzen

57 BeckOK GG/GERMANN, Michael, 56. Ed. Stand 15.8.2023, GG Art. 140 Rn. 32.2–32.3.

58 BUNDESARBEITSGERICHT: Urteil vom 20.11.2012, 1 AZR 179/11, Rn. 104.

59 BeckOK GG/GERMANN, Michael, 56. Ed. Stand 15.8.2023, GG Art. 140 Rn. 34.

60 BVerfGE 129, 78 (102); HESSE, Konrad: Grundzüge des Verfassungsrechts der Bundesrepublik Deutschland. München [20]1995, Rn. 72.

61 Vgl. § 118 BetrVG.

und ihre innere Organisation gestalten. Die Rechte der Religionsgemeinschaft kollidieren dann z.B. mit dem Recht auf negative Religionsfreiheit eines Stellenbewerbers und mithin z.B. seinem Recht, nicht in der katholischen Kirche zu sein. In einem solchen Konflikt würde sich z.B. bei verkündungsnahen Tätigkeiten das Recht der Religionsgemeinschaft durchsetzen. Bei anderen Tätigkeiten muss eine jeweils genaue Abwägung vor dem Hintergrund des rechtsstaatlichen Verhältnismäßigkeitsprinzips erfolgen.

Sobald es aber um die Einschränkung von Kinderrechten nach der KRK geht, welche als Auslegungsprinzip fungiert und an hoher Stelle der nationalen Rechtsordnung steht, muss stets eine sehr genaue Betrachtung zum Ausgleich der widerstreitenden Interessen vorgenommen werden. Jedenfalls dann, wenn es zu sexuellen Übergriffen oder Gewalt gegenüber Kindern kommt oder kommen kann, tritt das kirchliche Selbstbestimmungsrecht aus Art. 140 GG iVm. Art. 137 Abs. 3 WRV selbstverständlich hinter die Kinderrechte aus Art. 2 GG iVm. Art. 3, 19 und 34 KRK zurück.

Sexuelle Übergriffe oder Gewalt gegenüber Kindern sowie strukturell-organisatorische Versetzungen zum Schutz von Tätern oder des Rufs der Kirche können daher niemals mit dem kirchlichen Selbstbestimmungsrecht als *eigene Angelegenheiten* gerechtfertigt werden. Dies wäre evident verfassungswidrig.

4. Haltungsfragen und Aufmerksamkeit – das Erfordernis einer Kinderrechtsperspektive

Die Kinderrechte, die aus dem Völkerrecht in die gesamte deutsche Rechtsordnung sowie in das Kirchenrecht hineinstrahlen, müssen auch die einzelnen Menschen als Rechtsanwender erfassen. Sobald sich die Haltung der Erwachsenen gegenüber den Kindern ändert und mehr Aufmerksamkeit für die Rechte der Kinder geschaffen wird, besteht eine große Chance, dass auch das bestehende Recht in der Praxis durchgesetzt wird.

Immer dann, wenn Kinder betroffen sind, müssen die Entscheidungsträger eine Kinderrechtsperspektive einnehmen und nach Art. 3 sowie Art. 12 KRK die Interessen und die Meinungen der Kinder mit besonderem Gewicht berücksichtigen.

Hieraus kann eine effektive Umsetzung der bestehenden Kinderrechte folgen, die als Regeln und Prinzipien die Rechtsordnung durchziehen. Hierfür ist oftmals in der Praxis eine Änderung der Einstellung der jeweiligen Person, die mit Kindern zu tun hat, geboten.

Jeder muss sich selbst fragen, was er oder sie wahrnimmt und ob man selbst die Kinderrechte beachtet. Auch die zunehmend besser geschulten Behörden müssen Kenntnis von kinderrechtlich relevanten Fällen erlangen können, um das dargestellte Recht durchsetzen zu können. Die Aufgaben von Fachkräften in Einrichtungen nach dem SGB VIII sind bezüglich des Kinderschutzes seit 2021 viel klarer definiert und sie können auch als Vorbild für Leitlinien in katholischen Einrichtungen weltweit dienen, z. B. bezüglich der Erstellung von Gewaltschutzkonzepten. Bereits heute kann sich jedoch niemand mehr hinter vermeintlichem Nichtwissen verbergen.

Gerade in Organisationen, die eine eigene Normsetzung vornehmen, ist es sehr wichtig, dass Aufmerksamkeit für die Kinderrechte besteht und geschaffen wird. So ist es in Kirchen, aber auch in Vereinen und anderen Organisationen. Es darf gerade in solchen Institutionen nicht an den Opfern hängen, die Kinderrechte durchzusetzen. Kindliche Opfer sind insofern geplagt genug. Daher muss jeder auf sich selbst und andere achten und insbesondere auf die Kinder, da sie besonders gefährdet sind. Sie haben einen Anspruch gegenüber den Erwachsenen, deren Handlungen und Entscheidungen Auswirkungen auf sie haben.

Bei Kindern müssen insbesondere Traumata nach Möglichkeit verhindert werden und es sollte ein positives Bild auf die Welt ermöglicht werden. Schwerste negative Erfahrungen müssen, soweit es machbar ist, vermieden werden, auch um sie nicht intergenerationell weiterzugeben.

Bezüglich des Kinderschutzes ist daher stets Wachsamkeit und genaues Hinhören erforderlich. Mit den Kindern muss regelmäßig gesprochen werden und es ist nicht günstig, wenn einzelne Personen zu bestimmten Zeiten ganz allein mit Kindern gelassen werden, ohne dass zumindest die Wahrscheinlichkeit besteht, dass ein Dritter jederzeit hinzukommen kann. Es sollten somit bereits nach Möglichkeit die Situationen ausgeschlossen werden, bei denen es zu Kindeswohlgefährdungen und insbesondere sexueller Gewalt gegen Kinder kommen kann.

Die Verpflichtung zur Aufmerksamkeit gegenüber Gefährdungen von Kindern ist keine Sache, die allein der Haltung oder einer moralischen Pflicht unterliegt. Es kommen wie aufgezeigt mehrere Straftaten in Betracht, wenn man schweigt oder Täter deckt.

Verdachtsfälle für Kindeswohlgefährdungen oder gar Straftaten müssen zwingend an die zuständigen staatlichen und kirchlichen Behörden weitergegeben werden und die Gesellschaft muss lernen, mit entsprechenden Situationen umzugehen. Dies betrifft sowohl den Umgang mit bestätigten Fällen als auch mit der Rehabilitierung von Personen, die im Ergebnis zu Unrecht verdächtigt worden sind.

5. Fazit

Die Beachtung der Meinung und der Interessen von Kindern sowie eine entsprechende Haltung gegenüber Kindern sind kein neumodischer Trend. Das Völkerrecht und das Verfassungsrecht heben vielmehr grundlegende Aspekte hervor, die bisher nicht selten verdeckt waren.

Denn es geht beim Einnehmen einer Kinderrechtsperspektive auch um die Erkenntnis, dass dadurch wesentliche Grundsätze bewahrt werden und wieder aufleben, die entscheidend für den Fortbestand und die Entwicklung der Menschheit sind, nämlich solche der Förderung und des besonderen Schutzes der Nachkommen und der Schwachen in einer Gemeinschaft.

Somit muss gesamtgesellschaftlich ein Kinderbewusstsein gestärkt und geschaffen werden. Dies gilt auch für religiöse Gemeinschaften und insbesondere für die katholische Kirche, die vertreten durch den Heiligen Stuhl die UN-Kinderrechtskonvention unterzeichnet und ratifiziert hat.

Die Kernprinzipien der Konvention – Kindeswohlvorrang, Beteiligungsrecht, Entwicklungsrecht und Diskriminierungsschutz – tragen verbindende Elemente in sich und können durch die Möglichkeit des Anstrebens und der graduellen Erfüllung einen Ausgleich zwischen widerstreitenden Interessen stiften.

Kinderrechte können so zum Zusammenhalt und zum Wohlbefinden aller Menschen beitragen. Die katholische Kirche hat dabei durch ihr weltweites Netz von Einrichtungen einzigartige Fähigkeiten und Mittel dazu, zur Erfüllung der kinderrechtlichen Kernprinzipien beizutragen und sollte dies in Zukunft mit besonderem Engagement tun.

Literaturverzeichnis

Alexy, Robert: Theorie der Grundrechte. Baden-Baden 1985, Neudruck Frankfurt a. M. 1986.

Alexy, Robert: Zur Struktur der Rechtsprinzipien. In: Schilcher, Bernd/Koller, Peter/Funk, Bernd-Christian (Hg.): Regeln, Prinzipien und Elemente im System des Rechts (Juristische Schriftenreihe 125). Wien 2000, 31–52.

Ders.: Rechtssystem und praktische Vernunft. In: Rechtstheorie 18/4 (1987), 405–419.

Deutscher Bundestag: Experten für die Aufnahme von Kinderrechten ins Grundgesetz. Online unter: https://www.bundestag.de/dokumente/textarchiv/2021/kw20-pa-recht-kinderrechte-838844 (Stand: 19.03.2024).

Donath, Philipp: Die Abwägungsentscheidung in der Verwaltungsrechtspraxis und der „Kindeswohlvorrang". In: Bär, Dominik/Roth, Roland/Csaki, Friderike (Hg.): Handbuch Kinderrechte kommunal verwirklichen. Frankfurt a. M. 2021, 42–56.

Dreier, Horst: Der Begriff des Rechts. In: Neue Juristische Wochenschrift 1986, 890–896.

Dworkin, Ronald: The Model of Rules I. In: Ders.: Taking Rights Seriously. Cambridge (MA) 1978, 14–46.

Esser, Josef: Grundsatz und Norm in der richterlichen Fortbildung des Privatrechts. Tübingen [3]1974.

Epping, Volker/Hillgruber, Christian: Beck'scher Online Kommentar Grundgesetz. Stand 1.06.2015.

Fegert, Jörg M. u. a.: Gute Kinderschutzverfahren. Online unter: https://elearning-kinderschutz.de/ (Stand: 19.03.2024).

Germelmann, Friedrich: Heiliger Stuhl und Vatikanstaat in der internationalen Gemeinschaft. Völkerrechtliche Praxis und interne Beziehungen. In: Archiv des Völkerrechts 47/2 (2009), 147–186.

Hallermann, Heribert: Neues Strafrecht: Kirche will strenger gegen Missbrauch durchgreifen. Online unter: https://www.katholisch.de/artikel/30041-neues-strafrecht-kirche-will-strenger-gegen-missbrauch-durchgreifen (Stand:19.03.2024).

Herdegen, Matthias: Völkerrecht. München [22]2023.

Hesse, Konrad: Grundzüge des Verfassungsrechts der Bundesrepublik Deutschland. München [20]1995.

Hessisches Ministerium für Soziales und Integration: Kinder- und Jugendrechte. Kinderrechte in Hessen. Online unter: https://soziales.hessen.de/kinder-und-jugendliche/kinder-und-jugendrechte/kinderrechte-in-hessen (Stand: 19.03.2024).

Hofmann, Hans/Kamradt, Jasper: Der 2. russische Ukrainekrieg im Kontext des Kriegsvölkerrechts und Völkerstrafrechts. In: Zeitschrift für das gesamte Sicherheitsrecht (GSZ) 5 (2023), 209–217.

Hofmann, Rainer/Donath, Philipp: Gutachten bezüglich der ausdrücklichen Aufnahme von Kinderrechten in das Grundgesetz nach Maßgabe der Grundprinzipien der UN-Kinderrechtskonvention. Online unter: https://kinderrechte-ins-grundgesetz.de/wp-content/uploads/2018/02/DKHW_Gutachten_KRiGG_Hofmann_Donath.pdf (Stand: 19.03.2024).

HOLY SEE: Comments of the Holy See on the Concluding Observations of the Committee on the Rights of the Child, 23.09.2014, Rn 6–8. Online unter: https://www.vatican.va/roman_curia/secretariat_state/2014/documents/rc-seg-st-20140205_concluding-observations-rights-child_en.html (Stand: 19.03.2024).

JOHANNES XXIII: Enzyklika *Pacem in terris* vom 11. April 1963. Online unter: https://www.vatican.va/content/john-xxiii/de/encyclicals/documents/hf_j-xxiii_enc_11041963_pacem.html (Stand: 19.03.2024)

JUCHEM, Roland: Ein kritischer Blick Richtung Vatikan zum Weltkindertag: Kirche, Körperstrafe und Kinderrechtskonvention. Online unter: https://www.domradio.de/artikel/ein-kritischer-blick-richtung-vatikan-zum-weltkindertag (Stand: 19.03.2024).

KAISER, Dagmar/SCHNITZLER, Klaus/SCHILLING, Roger/SANDERS, Anne: BGB | Familienrecht, München [4]2021.

KLEINJUNG, Tilmann: Kindererziehung: Papst spricht vom würdevollen Schlagen. Online unter: https://www.deutschlandfunk.de/kindererziehung-papst-spricht-vom-wuerdevollen-schlagen-100.html (Stand: 19.03.2024).

VON MÜNCH, Ingo/KUNIG, Philip: Grundgesetz-Kommentar, [7]2021.

KULTUSMINISTERKONFERENZ: Kinderschutz in der Schule. Leitfaden zur Entwicklung und praktischen Umsetzung von Schutzkonzepten und Maßnahmen gegen sexuelle Gewalt an Schulen. Herrenberg 2023.

MANGOLDT, Hermann von/KLEIN, Friedrich/STARCK, Christian/UNRUH, Peter: Kommentar zum Grundgesetz: GG., München [7]2018.

MCMANUS, Kaleigh: The Holy See's Compliance with the United Nations Convention on the Rights of the Child. In: DePaul Journal for Social Justice, 12/1 (2018), 1–27.

MILANOVIC, Marko: „CRC Concluding Observations on The Holy See", EJILTALK!, 05.02.2014. Online unter: https://www.ejiltalk.org/crc-concluding-observations-on-the-holy-see/ (Stand: 19.03.2024).

MORSS, John R.: The International Legal Status of the Vatican/Holy See Complex. In: The European Journal of international Law 26/4 (2016), 927–946.

PIUS VI.: Breve *Quod aliquantum* vom 10.03.1791. Online unter: https://www.vatican.va/content/pius-vi/it/documents/breve-quod-aliquantum-10-marzo-1791.html (Stand: 19.03.2024).

POSCHER, Ralf: Theorie eines Phantoms. In: Rechtswissenschaft 1 (2010).

RYNGAERT, Cedric: The Immunity of the Holy See in Sexual Abuse Cases: Reflections on the Judgment of the European Court of Human Rights in J. C. v Belgium, Völkerrechtsblog 24.11.2021

SÄCKER, Franz/RIXECKER, Roland/OETKER, Hartmut/LIMPBERG, Bettina: Münchener Kommentar zum BGB, 8. Auflage 2020.

SCHMALE, Wolfgang: Frankreich und die Erklärung der Menschen- und Bürgerrechte von 1789 im Licht der französischen Forschung 200 Jahre danach. In: Zeitschrift für Historische Forschung 20 (1993), 345–376.

STERN, Klaus/SODAN, Helge/MÖSTL, Markus: Das Staatsrecht der Bundesrepublik Deutschland im europäischen Staatenverbund. München [2]2022.

SÜDDEUTSCHE ZEITUNG: UN beklagen Tausende getötete Kinder im Gazastreifen. Online unter: https://www.sueddeutsche.de/politik/konflikte-un-beklagen-tausende-getoetete-kinder-im-gazastreifen-dpa.urn-newsml-dpa-com-20090101-231025-99-690737 (Stand: 19.03.2024).

Süddeutsche Zeitung: UN-Kritik an Aufarbeitung von Missbrauchsfällen: Vatikan verbittet sich Einmischung in katholische Lehre. Online unter: https://www.sueddeutsche.de/panorama/missbrauch-von-kindern-un-werfen-vatikan-verletzung-der-kinderrechts konvention-vor-1.1880336 (Stand: 19.03.2024).

The Committee on the Rights of the Child: Concluding Observations on the Second Periodic Report of the Holy See on the Convention on the Rights of the Child, CRC/C/VAT/CO/2, 31.01.2014.

The Committee on the Rights of the Child: Concluding Observations on the Initial Report of the Holy See on the Optional Protocol to the Convention on the Rights of the Child on the Sale of Children, Child Prostitution and Child Pornography, CRC/C/OPSC/VAT/CO/1, 31.01.2014.

The Committee on the Rights of the Child: Concluding Observations on the Initial Report of the Holy See on the Optional Protocol to the Convention on the Rights of the Child on the Involvement of Children in Armed Conflict, CRC/C/OPAC/VAT/CO/1, 31.01.2014.

UN-Kinderrechtsausschuss: Allgemeine Bemerkung Nr. 14 (2013) zum Recht des Kindes auf Berücksichtigung seines Wohls als ein vorrangiger Gesichtspunkt (Art. 3 Abs. 1), Rn. 48.

Zoellner, Carl-Sebastian: Das *Transparenzprinzip* im internationalen Wirtschaftsrecht. Halle (Saale) 2009, 87.

WAS KÖNNEN WIR IN ZUKUNFT TUN?

Der Schatten der Institution
DOI 10.17438/978-3-402-12329-4

Was kann das Strafrecht bei der „Bekämpfung" sexualisierter Gewalt leisten?

Ein kursorischer Überblick aus kriminologischer Perspektive

TILLMANN BARTSCH

Abstract

Der Beitrag beleuchtet die Rolle des Strafrechts in der Bekämpfung sexualisierter Gewalt aus kriminologischer Perspektive. Es werden zentrale Begriffe definiert und die Funktion des staatlichen Strafrechts herausgestellt. Trotz seiner Unverzichtbarkeit bei schweren Straftaten zeigt sich die begrenzte Wirksamkeit des Strafrechts gegenüber sexualisierter Gewalt. Die Arbeit betont die Notwendigkeit einer weit über das Strafrecht hinaus gehenden gesellschaftlichen Kontrolle, um kriminelle Machtstrukturen abzubauen. Zugleich verweist sie auf Forschungsergebnisse, die die Bedeutung von Machtasymmetrien in Institutionen wie der Kirche hervorheben. Die Erkenntnisse unterstreichen die Komplexität und Notwendigkeit einer ganzheitlichen Herangehensweise im Kampf gegen sexualisierte Gewalt.

This article examines the role of criminal law in combating sexualised violence from a criminological perspective. Key terms are defined and the function of state criminal law is emphasised. Despite its indispensability in serious criminal offences, the limited effectiveness of criminal law against sexualised violence becomes apparent. The study emphasises the need for comprehensive social control in order to dismantle criminal power structures. The work refers to research findings that emphasise the importance of power asymmetries in institutions such as the church. The findings underline the complexity and necessity of a holistic approach in the fight against sexualised violence.

1. Einführung

Das Thema sexualisierte Gewalt und Strafrecht ist derart facettenreichen, dass man sich mit ihm ohne Weiteres in einer umfangreichen Monographie befassen könnte. Es liegt daher auf der Hand, dass der leitenden Fragestellung – Was kann das Strafrecht bei der *Bekämpfung* sexualisierter Gewalt aus kriminologischer Sicht leisten? – in diesem kurzen Beitrag nur kursorisch und ohne jeden Anspruch auf Vollständigkeit nachgegangen werden kann. Nach der Bestimmung der zentralen Begrifflichkeiten (2.) und einigen basalen Ausführungen zur Aufgabe und Funktion des Strafrechts im Gesamtsystem der Sozialkontrolle (3.) soll nach der Leistungsfähigkeit (4.) des Strafrechts bei der *Bekämpfung* sexualisierter Gewalt gefragt werden. Abschließend wird ein Fazit (5.) gezogen.

Insgesamt enthält dieser Text die um wenige Nachweise ergänzte Fassung eines Vortrags, den der Verfasser am 27.03.2023 beim Studientag zu sexualisierter Gewalt in der Kirche, veranstaltet von der Katholisch-Theologischen Fakultät der Universität Münster, gehalten hat.

2. Begriffsbestimmung

Von den beiden Begrifflichkeiten, die im Zentrum dieses Beitrags stehen, lässt sich einer relativ gut bestimmen. Wird nachfolgend vom *Strafrecht* gesprochen, ist damit ausschließlich das staatliche Strafrecht, das in seinem Kern im Strafgesetzbuch (StGB), geregelt ist, gemeint. Um andere Sanktionsnormen, die teils ebenfalls unter dem Begriff *Strafrecht* firmieren (etwa das Kirchenstrafrecht oder die partiell als *Strafrecht* bezeichneten Sanktionsnormen mancher Verbände[1]), geht es in diesem Text mithin nicht.

Etwas schwieriger fällt die Definition des Begriffs *sexualisierte Gewalt*. Hierunter wird Unterschiedliches subsumiert. Teilweise werden darunter alle sexuellen Handlungen gefasst, die einer Person gegen ihren Willen aufgedrängt oder aufgezwungen werden.[2] Explizit wird der Begriff sexualisierte Gewalt dabei dem schon länger gebräuchlichen Begriff der sexuellen Gewalt gleichgesetzt.[3] So verstanden, hat der Begriff sexualisierte Gewalt keinen eigenen Anwendungsbereich, sondern er ist vielmehr nur ein Synonym für den Begriff sexuelle Gewalt; man könnte daher auch auf einen der beiden Begriffe verzichten. Dieser Befund irritiert, dies gilt umso mehr als man als sprachsensibler Leser einen Unterschied zwischen *sexuell* und *sexualisiert* vermutet.

Besser gefällt daher eine Definition, die sich unter anderem auf der Homepage des Bundesministeriums für Familie, Senioren Frauen und Jugend findet. Hiernach versteht man unter sexualisierter Gewalt jeden Übergriff auf die sexuelle Selbstbestimmung. Dabei soll das Wort *sexualisiert* deutlich machen, dass die

1 Siehe etwa zum „Fußballstrafrecht" des Deutschen Fußball-Bundes HILPERT, Horst: Das Fußballstrafrecht des Deutschen Fußball-Bundes (DFB). Berlin 2018.

2 So etwa: CORA. LANDESKOORDINIERUNGSSTELLE GEGEN HÄUSLICHE GEWALT UND SEXUALISIERTE GEWALT IN MECKLENBURG-VORPOMMERN: Sexualisierte Gewalt. Online unter: https://www.cora-mv.de/index.php/sexualisierte-gewalt (Stand: 19.03.2024).

3 So etwa der BUND AUTONOMER BERATUNGSSTELLEN BEI SEXUELLER GEWALT ÖSTERREICH: Was ist sexuelle Gewalt bei Frauen?. Online unter: https://www.sexuellegewalt.at/informieren/was-ist-sexuelle-gewalt-an-frauen/ (Stand 19.03.2024).

sexuellen Handlungen lediglich als Mittel zum Zweck, also zur Ausübung von Macht und Gewalt oder als Ausdruck eines Machtungleichgewichts, vorgenommen werden.[4] Zum Vorschein kommt damit die – zunehmend besser belegte – Erkenntnis[5], dass es bei sexuellen Übergriffen vielfach weniger um ein sexuelles Verlangen des Täters geht als vielmehr um Machtausübung. Die sexuellen Handlungen werden als Methode – scil.: als Mittel zur Ausübung von Macht – genutzt. Zugleich klingt an, dass sich solche Übergriffe vielfach im Rahmen eines Machtgefälles, das aus unterschiedlichen Gründen (etwa: Alter, berufliche Stellung, Ansehen, Geschlecht, körperliche und oder geistige Überlegenheit) zwischen Täter und Opfer bestehen kann, ereignen.[6] Daher soll der Begriff sexualisierte Gewalt hier in der zuletzt genannten Weise verstanden werden.

3. Aufgabe und Funktion des Strafrechts im Gesamtsystem der Sozialkontrolle

Um nachzuvollziehen, was das Strafrecht bei der *Bekämpfung* sexualisierter Gewalt leisten (aber auch nicht leisten) kann, muss man sich zunächst vergegenwärtigen, worin überhaupt die Aufgabe des Strafrechts im Gesamtsystem der Sozialkontrolle besteht und welche Zwecke mit ihm verfolgt werden.

Der Begriff der Sozialkontrolle stammt aus der nordamerikanischen Soziologie.[7] Er geht weit über das Strafrecht hinaus und umfasst alle Instrumente, Mechanismen und Prozesse, mit deren Hilfe Gesellschaften, gesellschaftliche Subgruppen oder Individuen Spannungen, Konflikte und Streitigkeiten überwinden.[8] Der sozialen Kontrolle kommt mithin die Aufgabe zu, innerhalb einer Gesellschaft eine soziale Ordnung herzustellen bzw. für sozialen Frieden zu sorgen. Dieses Ziel lässt sich nur erreichen, wenn es in einer Gesellschaft einerseits *Normen* und andererseits *Steuerungselemente* gibt, die in ihrem Zusammenwirken den gesell-

4 Siehe die Homepage des BMFSJ: Bundesminsiterium für Familien, Senioren, Frauen und Jugend. Online unter: https://www.bmfsfj.de/bmfsfj/themen/gleichstellung/frauen-vor-gewalt-schuetzen/haeusliche-gewalt/formen-der-gewalt-erkennen-80642 (Stand 19.03.2024).

5 Siehe dazu bereits Göppinger, Hans: Kriminologie. München [6]2008, § 29 Rn. 25.

6 Siehe zum sexuellen Missbrauch in Institutionen: Dölling, Dieter/Hermann, Dieter/Laue, Christian: Kriminologie. Ein Grundriss. Berlin/Heidelberg 2022, § 31 Rn. 9 f. Gut dargestellt auf der Homepage des Erzbistums Berlin: Erzbistum Berlin: Was ist sexuelle Gewalt? Online unter: https://praevention.erzbistumberlin.de/was-ist-sexualisierte-gewalt/ (Stand: 19.03.2024).

7 Siehe zur Entwicklung Peters, Helge: Soziale Kontrolle. In: Albrecht, Günter (Hg.): Handbuch Soziale Probleme. Bd. 2. Wiesbaden [2]2012, 1255 ff.

8 Vgl. Kaiser, Günther: Kriminologie. Heidelberg [3]1996, § 28 Rn. 4; Meier, Bernd-Dieter: Strafrechtliche Sanktionen. Heidelberg [5]2019, 2.

schaftlichen Frieden herstellen und beispielsweise verhindern, dass der Stärkere seine Freiheit auf Kosten des Schwächeren auslebt.[9]

Damit sind die beiden grundlegenden Elemente jeder Form von Sozialkontrolle bereits beschrieben: Zur Herstellung von Sozialkontrolle benötigt man einerseits Normen, die das Verhalten der Gesellschaftsmitglieder in die gewünschte, das heißt: der sozialen Ordnung entsprechende, Richtung lenken sollen. Andererseits braucht man Steuerungselemente, die sicherstellen, dass diese Normen auch eingehalten werden. Fehlt eines dieser beiden Elemente, also entweder die Norm oder das Steuerungselement, lässt sich keine soziale Kontrolle herstellen.[10] Das lässt sich am Beispiel des gesellschaftlichen Subsystems *Fußballsport* illustrieren: Will man verhindern, dass beim Fußball stets diejenige Mannschaft gewinnt, die über die größte körperliche Kraft verfügt und die zugleich am wenigsten Skrupel besitzt, gegen den Gegner Gewalt in Form des Einsatzes von Blutgrätschen, Schlägen, Stößen oder sonst durch Foulspiele einzusetzen, braucht man zunächst eine Regel, die das Foulspiel beim Fußball verbietet.

Die Regel allein hilft aber noch nicht weiter. Benötigt wird überdies ein Steuerungselement, mittels dessen dafür gesorgt wird, dass der in den Fußballregeln niedergelegte Verhaltensbefehl *Begehe keine Foulspiele* auch befolgt wird. Und tatsächlich gibt es im Fußball zwei Steuerungselemente: Es existieren der Schiedsrichter und die Sportgerichte, die beide darüber wachen, dass die im Fußball geltenden Verhaltensregeln eingehalten werden, und dafür zuständig sind, dass Verstöße gegen diese Regeln mit den dafür vorgesehenen (Fußball-)Sanktionen – etwa mit Frei- oder Strafstößen, gelben oder roten Karten und ggf. anschließenden Spielersperren – sanktioniert werden.

Vorstehendes Beispiel deutet bereits an, dass unter den hier relevanten Normbegriff nicht nur die von den parlamentarischen Gesetzgebern in Bund und Ländern erlassenen Normen, also die Gesetze im formellen Sinne, fallen, sondern alle Regeln, mit denen sozialer Frieden hergestellt werden soll.[11] Neben den durch staatliche Kriminalstrafe abgesicherten Verboten, niemanden zu berauben (§ 249 StGB), zu bestehlen (§ 242 StGB), zu nötigen (§ 240 StGB) oder zu vergewaltigen (§ 177 Abs. 6 StGB), und bspw. der zivilrechtlichen Norm, die Miete für eine angemietete Sache zu entrichten (§ 535 Abs. 2 BGB), geht es also zudem um die von privaten Vereinen und Verbänden erlassenen Regeln, aber auch um bloße (meist nicht einmal verschriftlichte) Moral- und Sittennormen, etwa das Verbot zu lügen oder das Gebot, sich in einer Schlange beim Bäcker hinten anzustellen.[12]

9 Vgl. Meier (Fn. 8), 2.

10 Zum Vorstehenden Meier (Fn. 8), 2.

11 Zur Weite des hier relevanten Normbegriffs: Meier (Fn. 8), 2.

12 Zum Ganzen Meier (Fn. 8), 2.

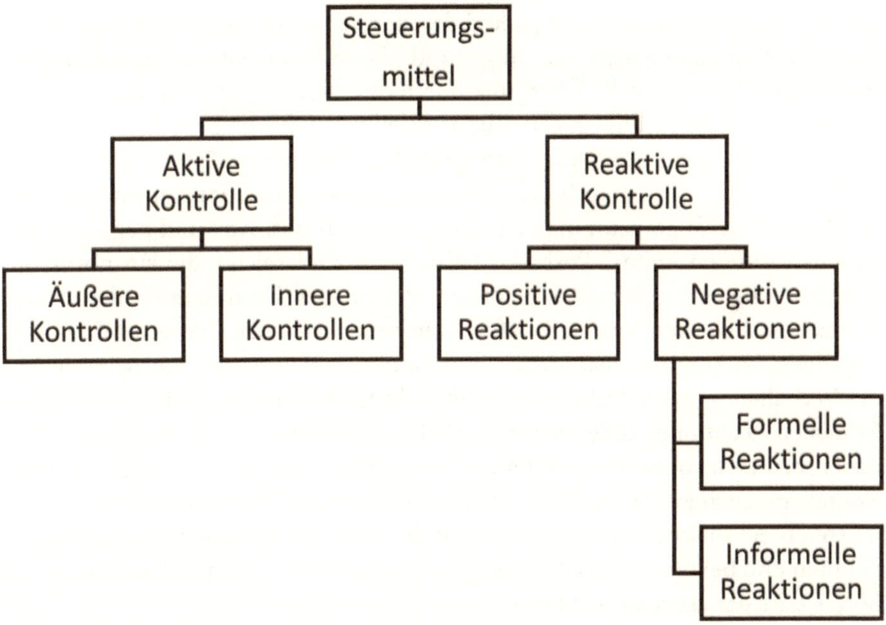

Abbildung 1: Soziale Kontrolle – Steuerungsmittel[13]

Ebenso vielgestaltig wie die Normen sind auch die Steuerungsmittel im Bereich der sozialen Kontrolle. Dies veranschaulicht Abbildung 1.

Zum Zweck der Einhaltung von Normen können zunächst sowohl Maßnahmen der aktiven Kontrolle eingesetzt werden als auch solche der reaktiven Kontrolle.

Maßnahmen der aktiven Kontrolle sind solche, mittels derer man vorbeugend, also präventiv, versucht, das unerwünschte Verhalten zu verhindern. Unterscheiden kann man dabei einerseits Maßnahmen, die dazu dienen, äußere Schranken zu errichten, damit es von vornherein nicht zu einem Normbruch kommt. Das klassische Beispiel bildet insoweit das Fahrradschloss, das eine Wegnahme oder auch nur unbefugte Nutzung des Fahrrads verhindern soll. Andererseits können Maßnahmen aber auch darauf ausgerichtet sein, den Einzelnen zu verändern oder zu erziehen. Solche Maßnahmen zielen also darauf ab, bei dem Einzelnen innere Schranken zu errichten, damit es nicht zu einem Regelbruch kommt.[14] Als eine Maßnahme, die zum Aufbau innerer Schranken zwecks Verhinderung eines Normbruchs dient, lässt sich das an mehreren deutschen Universitätskliniken angesiedelte Präventionsnetzwerk *Kein Täter werden* anführen. Diese Maßnahme

13 Eigene Darstellung nach dem Aufbau bei: MEIER (Fn. 8), 2 f.
14 Vgl. MEIER (Fn. 8), 2.

wendet sich an Menschen, die pädophile oder hebephile Neigungen haben, und zielt mit einem anonymen Beratungs- und Therapieangebot für tatgeneigte Personen darauf ab, „sexuelle Übergriffe durch direkten körperlichen Kontakt oder indirekt durch den Konsum oder die Herstellung von Missbrauchsabbildungen im Internet (sogenannte Kinderpornografie) zu verhindern."[15]

Bei der reaktiven Kontrolle, also derjenigen, die in Reaktion auf ein bestimmtes Verhalten erfolgt, kann man zunächst zwischen positiven und negativen Reaktionen differenzieren:[16] Positive Maßnahmen sind solche, die ein normkonformes Verhalten nachträglich belohnen. Beispielhaft kann man wiederum den Fußballsport und die dort regelmäßig verliehenen Fair-Play-Preise anführen. Mit negativen Sanktionen wird hingegen auf ein zurückliegendes normabweichendes Verhalten reagiert. Dabei kann man dann noch weiter nach informellen und formellen Reaktionen differenzieren. Als informelle Reaktionen bezeichnet man dabei solche, die ohne eine bestimmte vorgegebene Form im jeweiligen sozialen Kontext geschehen: Wer sich beim Bäcker vorzudrängeln versucht, kann vielfach jedenfalls ein missmutiges *Brummeln* aus der Schlange wartender Menschen vernehmen und bekommt manchmal sogar von einer besonders resoluten Person zu hören, dass das „so aber nicht geht".

Formelle Reaktionen reaktiver Art bestehen hingegen im weitgehend formalisierten Tätigwerden staatlicher Behörden, etwa der Polizei und der Justiz, nach einem Normbruch.[17] Die hier interessierenden strafrechtlichen Sanktionen sind daher diesen formellen Reaktionen auf einen Normbruch zuordnen.

Deutlich wird anhand der Abbildung 2, dass das Strafrecht und das Tätigwerden von Strafverfolgungsbehörden und -justiz nur einen (Bruch-)Teil der Steuerungsmittel im Gesamtsystem der sozialen Kontrolle ausmachen. Und selbst im Bereich der formellen Reaktionen auf Normbrüche stellt das Strafrecht nur einen Teil des Ganzen dar.[18] Die Ursache hierfür liegt darin, dass nur wenige Verstöße gegen Normen, die das Zusammenleben in unserer Gesellschaft regeln sollen, überhaupt mit strafrechtlichen Sanktionen bedroht sind. Der weitaus größere Teil von Normen, nach denen sich das Zusammenleben in unserer Gesellschaft richten soll, ist für den Fall eines Normbruchs jedenfalls nicht mit strafrechtlichen Sanktionen bedroht.

15 So die Homepage der CHARITÉ BERLIN: Prävention durch Fernbehandlung. Online unter: https://sexualmedizin.charite.de/forschung/praevention_durch_fernbehandlung/ (Stand: 19.03.2024).

16 Dazu BAER, Susanne: Rechtssoziologie. Eine Einführung in die interdisziplinäre Rechtsforschung. Baden-Baden [5]2023, § 9 Rn. 6.

17 Vgl. MEIER: Sanktionen, 2.

18 Vgl. ROXIN, Claus: Strafrecht Allgemeiner Teil. Bd. 1: Grundlagen. Der Aufbau der Verbrechenslehre. München 2006, § 2 Rn. 97.

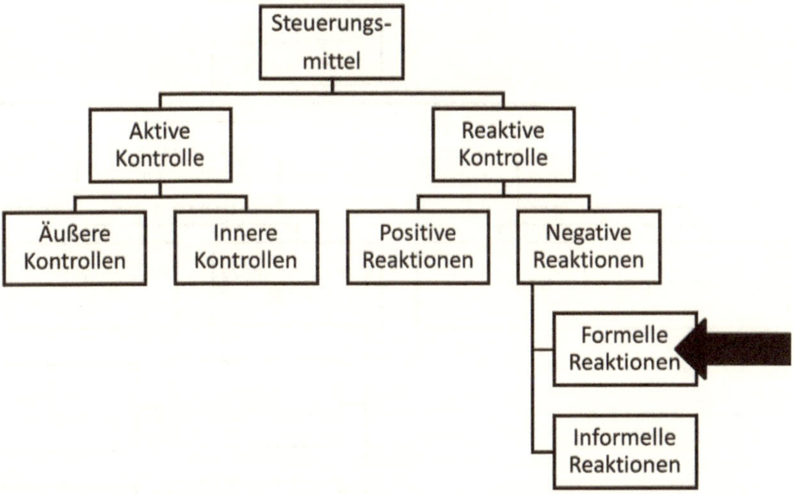

Abbildung 2: Einordnung des Strafrechts in die dem System der Sozialen Kontrolle zur Verfügung stehenden Steuerungsmittel

Jedoch kommt dem Strafrecht mit seinen Sanktionen eine besondere Bedeutung innerhalb des Gesamtsystems sozialer Kontrolle zu, weil mit der Anwendung des Strafrechts ein besonders tiefgehender Eingriff in die Rechte des Betroffenen verbunden ist.[19] Das wird erkennbar, wenn man die Folgen einer Straftat näher betrachtet. Sie bestehen zunächst in dem mit einer Verurteilung verbundenen Schuldspruch, mit dem nach h. M. ein einzigartiger sozialethischer Tadel verbunden ist[20] und der regelhaft öffentlich und stets *im Namen des Volkes* ausgesprochen wird. Als strafenden Sanktionen kennt das StGB die zeitige und lebenslange Freiheitsstrafe (§ 38 StGB), die Geldstrafe (§ 40 StGB) und die Nebenstrafe Fahrverbot (§ 44 StGB), die seit dem Jahr 2017 bei jeder Straftat zusätzlich zu einer Freiheitsstrafe oder Geldstrafe verhängt werden kann.[21] Darüber hinaus enthält das StGB mehrere weitere Sanktionen, etwa die Maßregeln der Besserung und Sicherung; sie müssen hier nicht näher behandelt werden.[22]

Aus der besonderen Eingriffstiefe, die mit dem Schuldspruch in einem strafrechtlichen Urteil und den hieran anknüpfenden strafrechtlichen Sanktionen verbunden ist, ergibt sich aus der Perspektive des Verfassungsrechts, dass der Einsatz des Strafrechtes besonders hohen Legitimationsanforderungen unter-

19 Vgl. Kett-Straub, Gabriele/Kudlich, Hans: Sanktionenrecht. München ²2021, § 1 Rn. 6.

20 Vgl. Meier: Sanktionen, 16; krit. Roxin: Strafrecht Allgemeiner Teil, § 2 Rn. 131.

21 Siehe dazu Ostendorf, Heribert/Bartsch, Tillmann. In: NK-StGB, Baden-Baden ⁶2023, § 44 Rn. 1 f.

22 Ein guter Überblick findet sich etwa bei Kett-Straub/Kudlich: Sanktionenrecht, § 2.

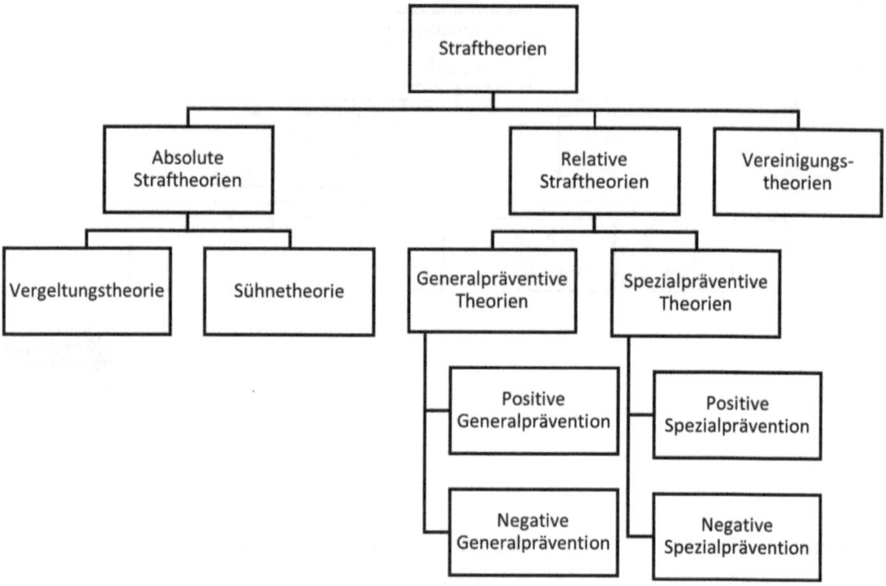

Abbildung 3: Überblick zu Straftheorien

liegt. Aus diesem Umstand lässt sich zugleich die besondere Aufgabe ableiten, die dem Strafrecht im System der Sozialkontrolle zukommt. Treffend liest man hierzu in einer Entscheidung des Bundesverfassungsgerichts aus dem Jahr 2008 zur Strafbarkeit des sog. Geschwisterinzests: „Das Strafrecht wird als ‚ultima ratio' des Rechtsgüterschutzes eingesetzt, wenn ein bestimmtes Verhalten über sein Verbotensein hinaus in besonderer Weise sozialschädlich und für das geordnete Zusammenleben der Menschen unerträglich, seine Verhinderung daher besonders dringlich ist.“[23]

Aus der so formulierten Aufgabe des Strafrechts lässt sich freilich noch nicht ableiten, zu welchem konkreten Zweck das Mittel der Kriminalstrafe eingesetzt wird. Hier konkurrieren seit Langem verschiedene Theorien, die nachfolgend (nicht vollständig)[24] beschrieben werden:

Unterscheiden kann man zunächst zwischen den sog. absoluten und den relativen Straftheorien. Die absoluten Straftheorien, die maßgeblich von Kant und Hegel geprägt wurden, sehen den Zweck der Strafe allein darin, das durch die Tat in die Welt gesetzte Unrecht mittels Übelszufügung im Wege einer staatli-

23 BVerfG: Urteil vom 26.02.2008 – 2BvR 392/07. In: NJW 2008, 1137, 1138.

24 Siehe etwa zu den jüngst vermehrt diskutierten expressiven Strafzwecktheorien: DÖLLING, Dieter/HERMANN, Dieter/LAUE, Christian: Kriminologie, Berlin Heidelberg 2022, § 28 Rn. 9.

chen Strafe auszugleichen.[25] Auf die Gesellschaft bezogene Zwecke werden mit der Strafe hiernach nicht verfolgt, es geht allein um die Wiederherstellung der Gerechtigkeit.[26]

Das gemeinsame Merkmal der relativen Straftheorien besteht demgegenüber darin, dass sie den Sinn und Zweck der Strafe in der Prävention, namentlich also der Verhinderung künftiger Straftaten, sehen. Dabei beziehen sich die sog. spezialpräventiven Theorien, die maßgeblich von dem Strafrechtswissenschaftler Franz von Liszt[27], geprägt wurden, auf den Täter: Auf ihn soll nach begangener Tat eingewirkt werden, um die Begehung weiterer Strafen zu verhindern.[28] Nach der Theorie der positiven Spezialprävention soll dieses Ziel durch Besserung des Täters, etwa in Form von Behandlungsmaßnahmen im Strafvollzug oder im Fall einer Bewährung mit Behandlung außerhalb des Vollzugs, erreicht werden. Nach der Theorie der negativen Spezialprävention soll die Strafe hingegen abschrecken (*einen Denkzettel verpassen*) oder den Täter (mittels Einsperrung) unschädlich machen, soweit er als nicht besserungsfähig gilt.

Die generalpräventiven Theorien, die in der strafrechtlichen Diskussion häufig mit dem Namen Anselm von Feuerbach[29] verbunden sind, haben einen anderen Bezugspunkt. Ihnen zufolge wird gestraft, um eine Präventionswirkung in der Gesellschaft zu erzielen, und zwar entweder durch Abschreckung der Allgemeinheit (negative Generalprävention) oder durch Demonstration der Unverbrüchlichkeit des Rechts, also der Verdeutlichung des Umstands, dass sich das Recht gegenüber dem Unrecht durchsetzt (positive Generalprävention). Zugleich wird der Strafe dabei eine Befriedungsfunktion zugeschrieben.[30]

Auch wenn in letzter Zeit die Diskussion über die *richtige* Strafzwecktheorie wieder vermehrt geführt wird, besteht doch mittlerweile größere Einigkeit darüber, dass die Frage nach dem Sinn und Zweck der Strafe auf Basis von nur einer der genannten Theorien nicht beantwortet werden kann.[31] Die Antwort, so auch das Bundesverfassungsgericht,[32] liege vielmehr in einer Vereinigung[33] der Kernaspekte dieser Theorien mit dem Ziel, „sämtliche Strafzwecke in ein ausgewogenes Verhältnis zueinander zu bringen."[34] Als Aspekte einer angemessenen

25 Vgl. Ebd., Kriminologie, § 28 Rn. 2; Kett-Straub/Kudlich: Sanktionenrecht, § 3 Rn. 4.
26 Vgl. Meier: Sanktionen, 18 f.
27 Siehe Liszt, Franz von: Strafrechtliche Aufsätze und Vorträge. Bd. 1. Berlin 1905.
28 Kett-Straub/Kudlich: Sanktionenrecht, § 3 Rn. 16.
29 Siehe dazu Feuerbach, Anselm von: Lehrbuch des gemeinen in Deutschland gültigen peinlichen Rechts. Gießen 1847.
30 Vgl. Kett-Straub/Kudlich: Sanktionenrecht, § 3 Rn. 12 ff.
31 Vgl. Ebd., § 3 Rn. 20: Vereinigung der Aspekte sei herrschende Meinung.
32 Vgl. BVerfG: Urteil vom 21.06.1977. 1 BvL 14/76, in: NJW 1977, 1525.
33 Siehe auch Baer: Rechtssoziologie, § 9 Rn. 7.
34 Vgl. BVerfG: Urteil vom 21.06.1977. 1 BvL 14/76, 1525, 1531

Strafsanktion sieht das BVerfG (und auch die h. M. in der Literatur) also sowohl den Schuldausgleich als auch die Prävention in Form der Spezial- und Generalprävention an.

4. Leistungsfähigkeit des Strafrechts bei der Bekämpfung sexualisierter Gewalt

Fragt man auf dieser Basis nach der Leistungsfähigkeit des Strafrechts bei der Bekämpfung sexualisierter Gewalt, wird recht schnell deutlich, dass man aus verschiedenen Gründen keine übergroßen Erwartungen an das Strafrecht haben sollte. Vier dieser Gründe seien nachfolgend genannt:

4.1 Beschränkter Anwendungsbereich des Strafrechts

Da die Aufgabe des Strafrechts in der Verhinderung von Verhaltensweisen liegt, die nicht bloß verboten, sondern in besonders erheblicher Weise sozialschädlich sind (s. o.), werden vom Gesetzgeber grundsätzlich nicht alle Handlungen, die ein bestimmtes Rechtsgut (etwa Eigentum, körperliche Unversehrtheit, persönliche Freiheit) schädigen oder gefährden können, unter Androhung von Kriminalstrafe verboten.[35] Als strafwürdig werden vielmehr nur diejenigen Handlungen eingestuft, die der Gesetzgeber mit Blick auf ein bestimmtes Rechtsgut für besonders schädlich/gefährlich hält. Das gilt auch für den Bereich der sexualisierten Gewalt. Unter Androhung von Kriminalstrafe verboten sind zwar zahlreiche Handlungen, die in die sexuelle Selbstbestimmung eingreifen, so etwa der sexuelle Übergriff (§ 177 Abs. 1 StGB), die sexuelle Nötigung (§ 177 Abs. 5 StGB), die Vergewaltigung (§ 177 Abs. 6 StGB), der sexuelle Missbrauch von Kindern (§§ 176 ff. StGB) und neuerdings auch die sexuelle Belästigung, die dadurch gekennzeichnet ist, dass jemand eine andere Person körperlich berührt *und dadurch* belästigt (§ 184i StGB). Nicht erfasst ist von den sexualstrafrechtlichen Normen des StGB aber beispielsweise ein Bereich, der ebenfalls häufig der sexualisierten Gewalt zugerechnet und – unangemessen verniedlichend – als *Catcalling* beschrieben wird.[36] Gemeint ist damit die erhebliche verbale sexuelle Belästigung, für deren Krimi-

35 Zum sog. fragmentarischen Charakter des Strafrechts: KETT-STRAUB/KUDLICH: Sanktionenrecht, § 1 Rn. 6.

36 Siehe dazu etwa STEINER, Daniel: Catcalling: Gesetzgeber in der Pflicht? In: Zeitschrift für Rechtspolitik 2021, 241–243.

nalisierung sich bislang noch keine parlamentarische Mehrheit gefunden hat.[37] Jedenfalls dieser Form sexualisierter Gewalt kann man daher de lege lata mit dem Strafrecht bislang (fast) nicht begegnen.[38]

4.2 Für den individuell Betroffenen kommt das Strafrecht immer zu spät

Schon aus der Einordnung des Strafrechts in den Bereich der reaktiven Maßnahmen im Feld der Sozialkontrolle ergibt sich, dass das Strafrecht für den von einem konkreten sexuellen Übergriff Betroffenen stets zu spät kommt. Zwar kann der Betroffene im nachfolgenden Strafverfahren einen gewissen Ausgleich für die erlittenen Verletzungen erlangen: Möglich ist dies etwa im Rahmen eines Täter-Opfer-Ausgleichs (§ 46a StGB) oder im sog. Adhäsionsverfahren (§§ 403 ff. StPO), das Opfern von Straftaten die Chance bietet, Schadensersatz und Schmerzensgeld sogleich im Strafverfahren geltend zu machen. Vielleicht wird mancher Betroffener im Strafverfahren auch Genugtuung erfahren, weil förmlich festgestellt wird, dass er durch rechtswidriges und schuldhaftes Verhalten eines anderen Gesellschaftsmitglieds geschädigt wurde und dies nun mit den schwersten Sanktionen, die das deutsche Recht kennt, geahndet wird. Nicht selten sind Strafverfahren aber auch mit Enttäuschungen verbunden (siehe 4.4), und gerade bei Taten aus dem Bereich der sexualisierten Gewalt muss man überdies im Blick behalten, dass das Strafverfahren mit massiven Belastungen für Betroffene verbunden sein kann.[39]

4.3 Unklarheit über die Erreichung der mit den Strafen verfolgten Zwecke

Zu einer eher zurückhaltenden Beurteilung der Leistungsfähigkeit des Strafrechts mahnen auch die empirischen Erkenntnisse, die bislang zu der Frage erzielt wurden, ob die dem Strafrecht zugeschriebenen präventiven Wirkungen tatsächlich erreicht werden.[40] Das gilt zunächst für die Spezialprävention. Speziell zur

37 Zu Bemühungen jedenfalls der SPD-Bundestagsfraktion diesen Zustand zu ändern, siehe den Bericht auf Tagesschau.de: Eckstein, Philipp: Sexualisierte Gewalt. SPD will verbale Belästigung strafbar machen. Online unter: https://www.tagesschau.de/inland/innenpolitik/spd-vorstoss-straftatbestand-verbale-belaestigung-100.html (Stand: 19.03.2024).

38 Zur im Einzelfall möglichen Erfassung von Catcalling als Beleidigung nach § 185 StGB: Pörner, Till: Das sog. Catcalling – Strafwürdiges Unrecht oder bloße Bagatelle? In: Neue Zeitschrift für Strafrecht 2021, 336–341, hier 336, 338 f.

39 Vgl. Schwind, Hans-Dieter/Schwind, Jan-Volker: Kriminologie und Kriminalpolitik. Eine praxisorientierte Einführung mit Beispielen. Heidelberg [24]2021, § 11 Rn. 27.

40 Bezüglich der absoluten Straftheorien muss man angesichts des metaphysischen Charakters nach Wirkungen nicht fragen.

Wirkung der Sexualstraftäterbehandlung liegt mittlerweile eine große Zahl an Evaluationsstudien vor. Zwar fallen klare Aussagen über die gesamte Befundlage schwer, weil angesichts der Vielfalt der Sexualdelikte zahlreiche unterschiedliche Therapiemethoden und Evaluationsformen existieren, die sich untereinander nur schwer vergleichen lassen.[41] Wagt man auf Basis einer groß angelegten Meta-Evaluation[42] gleichwohl eine Aussage[43], dann kann man jedoch konstatieren, dass

- bei ambulanten Therapien im Durschnitt signifikant positive Effekte in der Sexualstraftäterbehandlung erzielt werden, z. B. in Form von niedrigeren Rückfallraten im Vergleich zu unbehandelten Gruppen,
- bei stationären Therapien mit stark strukturierten Behandlungsprogrammen ohne individualisierende Elemente indes kaum positive Effekte festzustellen sind.[44]

Freilich sollte vorstehender Befund nicht dahingehend missverstanden werden, dass ein Großteil aller inhaftierten Sexualstraftäter einschlägig rückfällig würde. Das ist nicht der Fall.[45] Hervor geht aus dem Dargestellten nur, dass bei einem Vergleich von im Strafvollzug therapeutisch behandelten und nicht behandelten Sexualstraftätern keine signifikanten Unterschiede in der Rückfälligkeit festgestellt werden konnten.

Kaum Aussagen treffen kann man zum empirischen Gehalt der Theorie der positiven Generalprävention: Zu der Frage, ob die Bevölkerung aufgrund der von den Gerichten verhängten Strafen den (dann auch noch kriminalpräventiv wirkenden) Eindruck gewinnt, dass das Recht sich gegenüber dem Unrecht durchsetzt, gibt es bislang keine ausreichend gesicherten Erkenntnisse. Zurückzuführen ist dies in erster Linie auf erhebliche Probleme bei der Erforschung der komplexen Wirkungsannahmen, die der Theorie der positiven Generalprävention zugrunde liegen.[46] Das Fehlen empirischer Belege bedeutet hier also nicht, dass der den Strafen zugeschriebene positiv-generalpräventive Zweck tatsächlich

41 Vgl. Lösel, Friedrich/Carl, Lena/Link, Eva: Evaluation der Behandlung von Sexualstraftätern im Strafvollzug. Eine umfassende multizentrische Studie. Baden-Baden 2023, 31 f.

42 Schmucker, Martin/Lösel, Friedrich: Sexual offender treatment for reducing recidivism among convicted sex offenders: A systematic review and meta-analysis. In: Campell Systematic Reviews 13 (2017).

43 Zur Vorsicht der Kriminologie bei der Beurteilung von Wirkungen der Strafe: Baer: Rechtssoziologie, § 9 Rn. 7.

44 Siehe auch den breiten Überblick bei Lösel/Carl/Link: Evaluation Strafvollzug, 31 ff. und die doch ermutigenden Ergebnisse ebendieser Studie.

45 Ausführlich Eisenberg, Ulrich/Kölbel, Ralf: Kriminologie. Tübingen [7]2017, § 57 Rn. 27.

46 Vgl. Dölling/Hermann/Laue: Kriminologie, § 28 Rn. 8.

nicht erzielt wird, sondern dass bisher keine Möglichkeit gefunden wurde, dies ausreichend zu erforschen.

Etwas besser sieht die Befundlage zur negativen Generalprävention aus. Zwar sind spezifische Befunde zur Abschreckungswirkung im Bereich der Sexualstraftaten nicht ersichtlich. Ganz allgemein wird man auf Basis der vorhandenen empirischen Erkenntnisse jedoch sagen können, dass sich die mit der negativen Generalprävention verbundenen Annahmen bislang allenfalls partiell bestätigt haben. Im Einzelnen gelangte man hinsichtlich der abschreckenden Wirkung von Strafen zu folgenden Ergebnissen: Art und objektive Schwere einer Strafe haben keinen abschreckenden Effekt.[47] Eine gewisse abschreckende Wirkung kommt jedoch dem Entdeckungsrisiko zu. Wenn auch mit Einschränkungen gilt daher: Je größer die (angenommene) Wahrscheinlichkeit ist, entdeckt zu werden, desto seltener werden Straftaten begangen. Die größte Bedeutung für die Entscheidung für und wider einen Normbruch scheinen jedoch die moralische Verbindlichkeit einer Norm und die erwarteten informellen Reaktionen im Umfeld des Täters zu haben.[48]

4.4 Hürden im Prozess der Strafverfolgung

Sehen muss man überdies, dass Strafverfahren im Allgemeinen und auch speziell im Bereich der sexualisierten Gewalt aus Sicht der Verletzten nicht selten mit einer Enttäuschung enden. Ursächlich ist, dass am Schluss häufig keine Verurteilung des Täters steht, sondern ein anderes Ergebnis – namentlich eine Einstellung oder ein Freispruch. Erkennbar wird dies bereits, wenn man die Zahl der registrierten Straftaten gegen die sexuelle Selbstbestimmung und die Zahl der Verurteilungen gegenüberstellt.

Abbildung 4 zeigt die Zahl der polizeilich registrierten Sexualstraftaten im Zeitraum 2006–2022. Nach einem leichten Rückgang im Jahr 2009 waren die Zahlen über einen längeren Zeitraum relativ stabil, bewegten sich durchgängig zwischen 45.000 und 49.000 Taten. Seit dem Jahr 2017 ist indes ein massiver, bis zuletzt anhaltender Anstieg zu erkennen: Wurden im Jahr 2016 noch gut 47.000 Straftaten gegen die sexuelle Selbstbestimmung erfasst, waren es im Jahr 2022 118.000 Taten. Für diesen massiven Anstieg gibt es unterschiedliche, hier nicht vollständig aufzuzählende Gründe. Zwei zentrale Ursachen lassen sich jedoch der nachfolgenden Abbildung 5 entnehmen.

47 Eisenberg/Kölbel: Kriminologie, § 41 Rn. 13 ff.

48 Ebd.; siehe auch Dölling/Hermann/Laue: Kriminologie, § 28 Rn. 8.

49 Datenquelle: Bundeskriminalamt: Polizeiliche Kriminalstatistik 2006–2022, Wiesbaden 2007–2023.

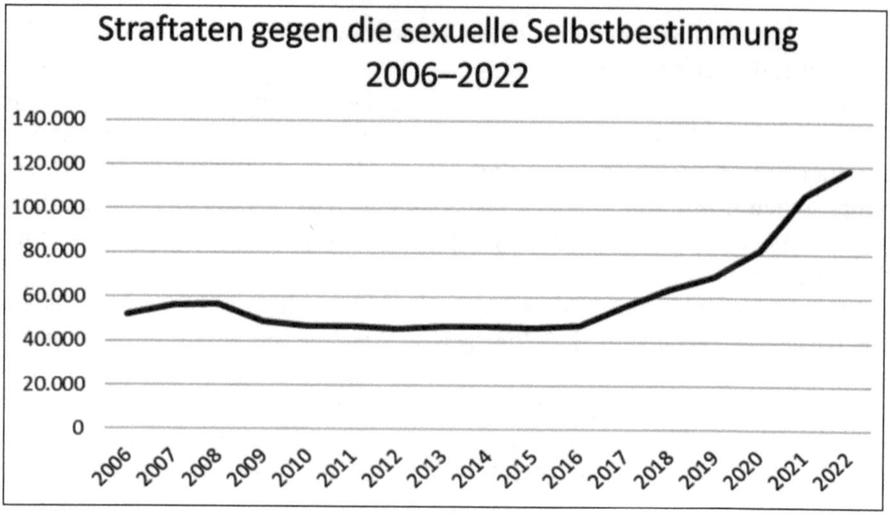

Abbildung 4: Polizeilich registrierte Straftaten gegen die sexuelle Selbstbestimmung im Zeitraum 2006–2022[49]

Zum einen hat der Gesetzgeber den Anwendungsbereich des Sexualstrafrechts in den letzten Jahren deutlich erweitert. Neue Straftatbestände, etwa die Straftaten aus Gruppen (§ 184j StGB) und die sexuelle Belästigung (§ 184i StGB) sind geschaffen worden. Wird mehr unter Strafe gestellt, steigt in der Folge auch die Gesamtzahl der Delikte gegen die sexuelle Selbstbestimmung. Zum anderen ist der Anstieg bei den Sexualdelikten maßgeblich auf eine Zunahme in einem bestimmten Deliktsbereich zurückzuführen. Gemeint ist die Verbreitung kinderpornographischer Schriften (§ 184b StGB). Stetig zunehmend registriert die Polizei hier seit dem Jahr 2016 deutlich mehr Taten als in den Vorjahren. Ursächlich hierfür dürfte aber weniger eine tatsächliche Zunahme einschlägiger Straftaten sein. Verantwortlich zeichnen dürften vielmehr verbesserte Ermittlungsmöglichkeiten der Polizei,[50] die dazu führen, dass mehr kinderpornographische Straftaten aus dem Dunkelfeld der Kriminalität in das Hellfeld gelangen.

Stellt man diesen Zahlen polizeilich registrierter Sexualstraftaten der Zahl an Personen gegenüber, die jährlich wegen Sexualstraftaten verurteilt werden (Abbildung 6), lässt sich bereits erahnen, dass eine Vielzahl polizeilich registrierter Taten nicht zu einer Verurteilung führt.

50 Zur Nutzung US-amerikanischer Daten bei der Verfolgung kinderpornographischer Straftaten: Pschorr, Simon/Wörner, Liane: Strafverfolgung in Deutschland aufgrund US-amerikanischer Daten. In: Strafverteidiger 2023, 274–279, hier 274 ff.

51 Datenquelle: Bundeskriminalamt: Polizeiliche Kriminalstatistik 2006–2022, Wiesbaden 2003–2023.

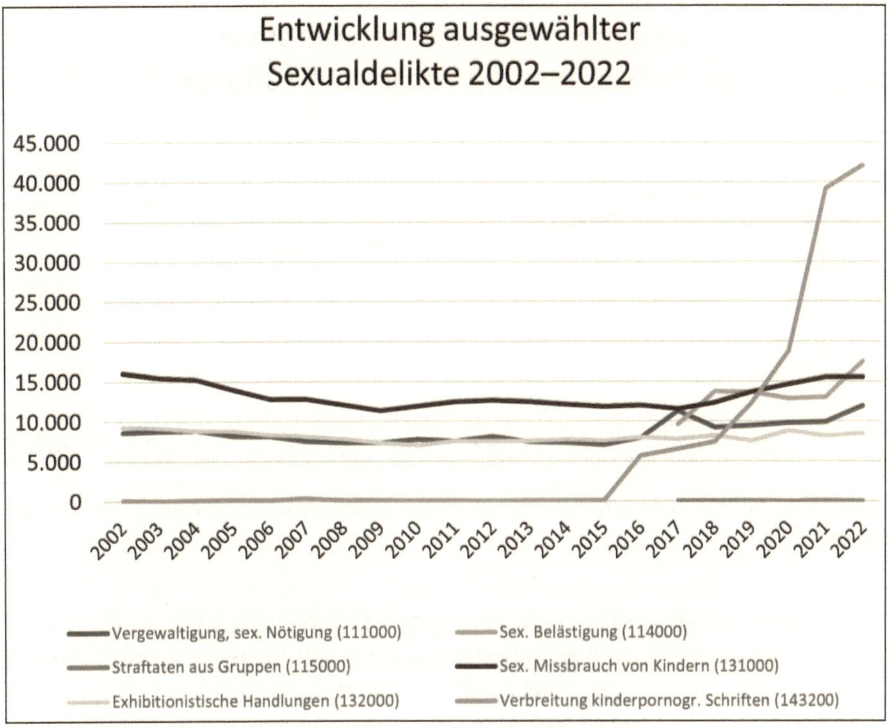

Abbildung 5: Entwicklung ausgewählter Sexualdelikte im Zeitraum 2002–2022[51]

So stehen beispielsweise über 100.000 registrierten Sexualstraftaten im Jahr 2021 nur etwas über 10.000 wegen solcher Delikte Verurteilte in demselben Jahr gegenüber. Zugegebenermaßen ist ein solcher Vergleich von Daten über polizeilich registrierte Taten mit Zahlen zu Verurteilungen problematisch. Unter anderem stammen die hier präsentierten Daten aus unterschiedlichen Datenquellen (Polizeiliche Kriminalstatistik und Strafverfolgungsstatistik), beziehen sich mal auf Taten und mal auf Personen und natürlich wird nicht jede polizeilich registrierte Tat noch im Jahr der Registrierung abgeurteilt. Darüber hinaus kann es durchaus sein, dass nach einer polizeilich registrierten Tat zwar keine Verurteilung wegen Sexualdelikten erfolgt, aber – weil sich die anfängliche rechtliche Beurteilung geändert hat – eine Verurteilung wegen einer anderen Straftat. Bei der Interpretation der hier präsentierten Daten ist also Zurückhaltung geboten.

Allerdings zeigt eine vom Kriminologischen Forschungsinstitut Niedersachsen e. V. im Jahr 2021 durchgeführte Verlaufsstudie zu einem bestimmten Deliktsbereich, dass man tatsächlich davon ausgehen kann, dass nur ein geringer Teil der polizeilich bekannt gewordenen Taten am Schluss mit einer Verurteilung en-

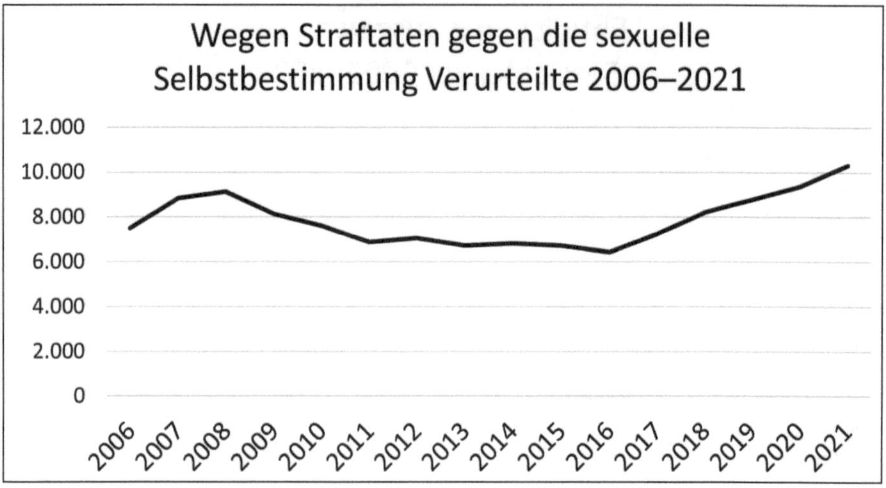

Abbildung 6: Wegen Straftaten gegen die sexuelle Selbstbestimmung Verurteilte im Zeitraum 2006–2021[52]

det.[53] Die Studie bezog sich auf die Zwangsprostitution nach § 232a StGB. Hierbei handelt es sich um einen Straftatbestand, der zu den Menschenhandelsdelikten zählt und der ebenfalls die sexuelle Selbstbestimmung schützen soll. Dabei ergab eine repräsentative Analyse von Akten zu Strafverfahren, die im Zeitraum 2017 bis 2019 in Deutschland wegen Zwangsprostitution geführt wurden, dass von 216 eingeleiteten Verfahren nur 13,4 Prozent mit einer rechtskräftigen Verurteilung wegen Zwangsprostitution endeten, weitere 6,1 Prozent wurden mit einer rechtskräftigen Verurteilung wegen anderer Delikte abgeschlossen. Die weiteren wegen Zwangsprostitution geführten Verfahren endeten weit überwiegend mit einer Einstellung oder – selten – mit einem Freispruch.[54] Die von Verletzten wohl häufig erhoffte Verurteilung (und die damit verbundene Anerkennung als Betroffener einer rechtswidrigen Tat) bleibt daher in einer erheblichen Zahl von Fällen aus, weil die Hürden für eine strafrechtliche Verurteilung – aus guten rechtsstaatlichen Gründen – hoch sind.

Eine weitere, ganz erhebliche Hürde für die Strafverfolgung folgt schließlich aus dem oben bereits anklingenden Umstand, dass viele Straftaten schon deshalb nicht verfolgt werden können, weil sie im Dunkelfeld bleiben, den Strafverfolgungsbehörden also überhaupt nicht bekannt werden. Ein solches Dunkelfeld

52 Datenquelle: Statistisches Bundesamt: Strafverfolgungsstatistik, Wiesbaden 2007–2022.

53 Bartsch, Tillmann u. a.: Evaluierung der Strafvorschriften des Menschenhandels (§§ 232 bis 233a StGB). Baden-Baden u. a. 2021.

54 Ebd., 175.

gibt es bei allen Delikten, bei Straftaten gegen die sexuelle Selbstbestimmung ist allerdings von einem besonders großen Dunkelfeld auszugehen.

Das bestätigt eine jüngst vom Landeskriminalamt Niedersachsen veröffentlichte Befragung zu Sicherheit und Kriminalität in Niedersachsen.[55] In dieser im Hinblick auf die soziodemographischen Faktoren Alter und Geschlecht für Niedersachsen repräsentativen Studie wurden knapp 16.000 Einwohner Niedersachsens schriftlich unter anderem zur Opferwerdung im Jahr 2022 befragt.[56] Gezeigt hat sich, dass in besagtem Jahr 35 Prozent der Befragten Opfer mindestens einer Straftat und 5,2 Prozent Opfer eines Sexualdelikts (definiert als sexuell bedrängt; sexuell missbraucht, durch (Ex-)Partnerin sexuell missbraucht, Exhibitionismus) geworden sind.[57] Betrachtet man nun die Quote der zur Anzeige gebrachten Straftaten, zeigt sich, dass 24,8 Prozent aller Opferwerdungen (also in Bezug auf irgendeine erlebte Straftat) von den Betroffenen zur Anzeige gebracht wurden. Bei Sexualdelikten lag die Anzeigequote dagegen lediglich bei durchschnittlich 3,8 Prozent (sexuell bedrängt: 3,9 Prozent; sexuell missbraucht: 13,4 Prozent, von (Ex-)Partnerin sexuell missbraucht: 0,0 Prozent, Exhibitionismus: 5,4 Prozent).[58] Der weit überwiegende Teil (96,2 Prozent) der Sexualdelinquenz ist also den Strafverfolgungsbehörden nicht zur Kenntnis gelangt. Dabei gibt die Studie auch Aufschluss über die Gründe, die Opfer von Sexualdelikten davon abhalten, Anzeige zu erstatten. Am häufigsten genannt wurde von denjenigen, die ein Sexualdelikt nicht zur Anzeige gebracht haben (Mehrfachnennungen waren möglich), dass man

- die Tat nicht als schwerwiegend angesehen habe (46,7 Prozent aller),
- den Wunsch nach Ruhe sowie danach verspürt habe, das Erlebte zu vergessen (41,7 Prozent),
- keine Beweise gehabt habe (44,3 Prozent),
- Angst gehabt habe, von der Polizei nicht ernst genommen zu werden (32,4 Prozent), und/oder
- der Auffassung war, die Polizei könne den Fall ohnehin nicht aufklären (28,3 Prozent).[59]

55 Bosold, Viktoria u. a.: Befragung zu Sicherheit und Kriminalität in Niedersachsen 2023 – Bericht zu Kernbefunden der Studie. Hannover 2024.

56 Ebd., 8.

57 Ebd., 40.

58 Ebd., 43.

59 Ebd., 65.

5. Fazit

Als staatliches Reaktionsinstrument ist das Strafrecht jedenfalls bei schweren Straftaten, zu denen Delikte gegen die sexuelle Selbstbestimmung vielfach gehören, unverzichtbar; eine staatlich verfasste Gesellschaft, die ohne Strafrecht auskommt, ist nicht bekannt. Man sollte sich allerdings der begrenzten Leistungskraft des Strafrechts im Allgemeinen und auch als Mittel zur Bekämpfung sexualisierter Gewalt im Speziellen bewusst sein: Der Anwendungsbereich des Strafrechts ist auch im Bereich der sexualisierten Gewalt beschränkt auf besonders erhebliche Eingriffe in die sexuelle Selbstbestimmung. Auch tun sich Betroffene von sexualisierter Gewalt häufig (nachvollziehbar) schwer, die Übergriffe überhaupt zur Anzeige zu bringen – und wenn sie sich dazu entscheiden, ist der (vielfach wohl) erhoffte Erfolg – Verurteilung – keineswegs garantiert. Dies kann erneut Betroffenheit auslösen. Ohnedies kommt das Strafrecht im Fall eines konkreten Übergriffs stets zu spät. Die Rechtsgutsverletzung ist eingetreten, und auf einen Ausgleich der Schäden und die Heilung der Verletzungen ist das Strafverfahren allenfalls partiell ausgerichtet. Endlich muss man den spezial- und generalpräventiven Wirkungen, die dem Strafrecht zugeschrieben werden, auf Basis der vorliegenden Befunde zwar keine Absage erteilen, sie aber in erheblichen Teilen doch zumindest mit einem Fragezeichen versehen.

Vor diesem Hintergrund soll unter Bezugnahme auf den Anfang dieses Beitrags daran erinnert werden, dass das Strafrecht nur einen Teil des Gesamtsystems sozialer Kontrolle ausmacht und die Herstellung der sozialen Kontrolle uns alle angeht. Geht man davon aus, dass sexualisierte Gewalt häufig in Abhängigkeitsverhältnissen vorkommt und als Mittel zur Demonstration von Macht eingesetzt wird, ergibt sich daraus für Institutionen, die in ihrem Bereich mit sexualisierter Gewalt konfrontiert sind, das Erfordernis, am Abbau kriminalitätsbegünstigender Machtstrukturen zu arbeiten oder aber entsprechende Bereiche bestmöglich zu kontrollieren. Dass Katholische und Evangelische Kirche unter anderem hier ansetzen sollten, um sexualisierte Gewalt in ihren Verantwortungsbereichen besser zu bekämpfen, haben die MHG-Studie bzw. die jüngst vorgelegte ForuM-Studie sehr deutlich gemacht: Belegt werden soll dies hier nur noch mit der Feststellung, dass allein in der 37-seitigen Zusammenfassung der ForuM-Studie[60] das Wort *Macht* (teils in Wortverbindungen wie Machtasymmetrie, Pastoralmacht, Machtmissbrauch u. ä.) 30-mal (!) vorkommt.

60 Im Internet abrufbar unter: Wazlawik, Martin u. a.: Zusammenfassung der Ergebnisse, Schlussfolgerungen und Empfehlungen für Prävention, Intervention und Aufarbeitung. Online unter: https://www.forum-studie.de/wp-content/uploads/2024/01/Zusammenfassung_ForuM.pdf (Stand 19.03.2024).

Literaturverzeichnis

Baer, Susanne: Rechtssoziologie. Eine Einführung in die interdisziplinäre Rechtsforschung. Baden-Baden [5]2023.

Bartsch, Tillmann/Labarta Greven, Nora/Schierholt, Johanna/Treskow, Laura/Küster, Robert/Deyerling, Lena/Zietlow, Bettina: Evaluierung der Strafvorschriften des Menschenhandels (§§ 232 bis 233a StGB). Baden-Baden 2021.

Bosold, Viktoria/Gluba, Alexander/Fleischer, Stephanie/Rollheiser, Michael: Befragung zu Sicherheit und Kriminalität in Niedersachsen 2023 – Bericht zu Kernbefunden der Studie. Hannover 2024.

Bund autonomer Beratungsstellen bei sexueller Gewalt Österreich. Online unter: https://www.sexuellegewalt.at/informieren/was-ist-sexuelle-gewalt-an-frauen/ (Stand 19.03.2024).

Bundeskriminalamt: Polizeiliche Kriminalstatistik 2006–2022, Wiesbaden 2003–2023.

Bundesminsiterium für Familien, Senioren, Frauen und Jugend. Online unter: https://www.bmfsfj.de/bmfsfj/themen/gleichstellung/frauen-vor-gewalt-schuetzen/haeusliche-gewalt/formen-der-gewalt-erkennen-80642 (Stand 19.03.2024).

Charité Berlin: Prävention durch Fernbehandlung. Online unter: https://sexualmedizin.charite.de/forschung/praevention_durch_fernbehandlung/ (Stand: 19.03.2024).

Cora. Landeskoordinierungsstelle gegen häusliche Gewalt und sexualisierte Gewalt in Mecklenburg-Vorpommern. Online unter: https://www.cora-mv.de/index.php/sexualisierte-gewalt (Stand: 19.03.2024).

Dölling, Dieter/Hermann, Dieter/Laue, Christian: Kriminologie. Ein Grundriss, Berlin/Heidelberg 2022.

Eckstein, Philipp: Sexualisierte Gewalt. SPD will verbale Belästigung strafbar machen. Online unter: https://www.tagesschau.de/inland/innenpolitik/spd-vorstoss-straftatbestand-verbale-belaestigung-100.html (Stand: 19.03.2024).

Eisenberg, Ulrich/Kölbel, Ralf: Kriminologie. Tübingen [7]2017.

Erzbistum Berlin: Was ist sexuelle Gewalt? Online unter:https://praevention.erzbistum-berlin.de/was-ist-sexualisierte-gewalt/ (Stand: 13.03.2024).

Feuerbach, Anselm von: Lehrbuch des gemeinen in Deutschland gültigen peinlichen Rechts, Gießen 1847.

Göppinger, Hans: Kriminologie. München [6]2008.

Hilpert, Horst: Das Fußballstrafrecht des Deutschen Fußball-Bundes (DFB). Berlin 2018.

Kaiser, Günther, Kriminologie. Heidelberg [3]1996.

Kett-Straub, Gabriele/Kudlich, Hans: Sanktionenrecht. München [2]2021.

Kindhäuser, Urs/Neumann, Ulf/Paeffgen, Hans-Ullrich/Saliger, Frank (Hg.): Nomos-Kommentar zum StGB, Bd. 2, §§ 38–79b StGB. München [6]2023 (zitiert als: Bearbeiter, in: NK-StGB (2023), § und Rn.).

Landeskriminalamt Niedersachsen (Hg.): Befragung zu Sicherheit und Kriminalität in Niedersachsen 2023. Bericht zu Kernbefunden der Studie. Hannover. Online unter: https://www.lka.polizei-nds.de/forschung/dunkelfeldstudie/dunkelfeldstudie-vierte-befragung-von-40000-menschen-steht-unmittelbar-bevor-115379.html (Stand: 19.03.2024).

Liszt, Franz von: Strafrechtliche Aufsätze und Vorträge. Bd. 1. Berlin 1905.

LÖSEL, Friedrich/CARL, Lena/LINK, Eva: Evaluation der Behandlung von Sexualstraftätern im Strafvollzug. Eine umfassende multizentrische Studie, Baden-Baden 2023.

MEIER, Bernd-Dieter: Strafrechtliche Sanktionen. Heidelberg [5]2019.

PETERS, Helge (2012), Soziale Kontrolle. In: ALBRECHT, Günter (Hg.), Handbuch Soziale Probleme. Bd. 2. Wiesbaden [2]2012.

PÖRNER, Till: Das sog. Catcalling – Strafwürdiges Unrecht oder bloße Bagatelle? In: Neue Zeitschrift für Strafrecht 2021, 336–341.

PSCHORR, Simon/WÖRNER, Liane: Strafverfolgung in Deutschland aufgrund US-amerikanischer Daten. In: Strafverteidiger 2023, 274–279.

ROXIN, Claus: Strafrecht Allgemeiner Teil. Bd. 1: Grundlagen. Der Aufbau der Verbrechenslehre. München 2006.

SCHMUCKER, Martin/LÖSEL, Friedrich: Sexual offender treatment for reducing recidivism among convicted sex offenders: A systematic review and meta-analysis. In: Campell Systematic Reviews 13 (2017).

SCHWIND, Hans-Dieter/SCHWIND, Jan-Volker: Kriminologie und Kriminalpolitik. Eine praxisorientierte Einführung mit Beispielen. Heidelberg [24]2021.

STATISTISCHES BUNDESAMT: Strafverfolgungsstatistik, Wiesebaden 2007–2022.

STEINER, Daniel: Catcalling: Gesetzgeber in der Pflicht? In: Zeitschrift für Rechtspolitik 2021, 241–243.

WAZLAWIK, Martin/GROẞBÖLTING, Thomas/KESSL, Fabian/LORENZ-SINAI, Friederike/DILL, Helga/CASPARI, Peter/TOZDAN, Safiye/BRIKEN, Peer/DREẞING, Harald/HOELL, Andreas/DÖLLING, Dieter: Zusammenfassung der Ergebnisse, Schlussfolgerungen und Empfehlungen für Prävention, Intervention und Aufarbeitung. Online unter: https://www.forum-studie.de/wp-content/uploads/2024/01/Zusammenfassung_ForuM.pdf (Stand 13.03.2024).

Der Schatten der Institution
DOI 10.17438/978-3-402-12330-0

„Also, dass die von Anfang an halt nicht so ein Papiertiger erstellen […].“[1]

Institutionelle Schutzkonzepte zwischen Konzeptarbeit und gelebtem Kinderschutz

REBEKKA BURKE

Abstract

Der Beitrag skizziert drei Beobachtungen zur Arbeit mit Institutionellen Schutzkonzepten in Pfarreien. Es wird deutlich, dass im Rahmen der Konzeptarbeit sehr viel Aufmerksamkeit auf die Erstellung der Konzepttexte gelegt wird und damit der Schutz*prozess* kapazitätskonform umgebaut wird. Dies hat Folgen für die Kompetenzen der Menschen, die in den Pfarreien mit den Konzepten arbeiten und die herausgefordert sind, nicht nur die Erstellung des Textes, sondern auch die fortwährende und alltägliche Arbeit mit dem Schutzkonzept abzusichern.

The article outlines three observations on working with institutional safeguarding concepts in parishes. It becomes clear that a great deal of attention is paid to the creation of the concept texts and that the safeguarding process is thus reorganised in line with capacity. This has consequences for the competences of the people who work with the concepts in the parishes and who are challenged to ensure not only the creation of the text, but also the ongoing and everyday work with the safeguarding concept.

„Was können wir in Zukunft tun?“ So lautete der Titel des dritten Teils der Tagung, die dieser Publikation voranging. Dieser Fragestellung folgend fokussiert der vorliegende Beitrag den Bereich der Prävention. Prävention verweist auf das Zuvorkommen; auf die Maßnahmen, die ergriffen werden können, um es unwahrscheinlicher zu machen, dass Menschen Leid erfahren. „Prävention sorgt im Vorfeld für eine Verhinderung bzw. Behinderung von sexualisierter Gewalt“.[2]

1 BURKE, Rebekka: Institutionelle Schutzkonzepte und Kinderpartizipation. Religionspädagogische Perspektiven auf präventionsbezogene Organisationsentwicklungsprozesse in der Gemeindepastoral (Studien zur praktischen Theologie 9). Münster 2023, 85.

2 BRAUN, Brigitte: Die Notwendigkeit, Prävention sexualisierter Gewalt zu lehren oder „Wer erzieht die Erzieher?“ (Karl Marx). In: WAZLAWIK, Martin u. a. (Hg.): Perspektiven auf sexualisierte Gewalt (Sexuelle Gewalt und Pädagogik 5). Wiesbaden 2020, 131–152, hier 133.

Dabei ist stets die Annahme leitend, dass nie gänzlich verhindert werden kann, dass sexualisierte Gewalt ausgeübt wird. Es können jedoch Maßnahmen ergriffen werden, die missbrauchsbegünstigende Logiken aufdecken und Handlungen potenzieller Täter:innen behindern. Es können Maßnahmen ergriffen werden, die Kulturen in Institutionen so prägen, dass besser aufeinander Acht gegeben wird. Damit ist auch klar: Eine Kernanforderung an Präventionsarbeit ist, dass sie nie als abgeschlossen betrachtet werden kann.[3] Mit ihr verbundene Maßnahmen sind vielmehr in fortwährender Entwicklung begriffen, um veränderte Umstände aufgreifen zu können.

Dieser Beitrag fokussiert Institutionelle Schutzkonzepte (ISK) und geht dabei in drei Schritten vor: Zunächst (1) erfolgt eine Klärung des Gegenstandes (ISK). Anschließend (2) werden drei Beobachtungen zur Arbeit mit ISK skizziert, um abschließend (3) danach zu fragen, welche Kompetenzen hilfreich sein können, um mit ISK zu arbeiten.

1. Startpunkt: Was sind Institutionelle Schutzkonzepte (ISK)?

ISK bilden *einen* Teil der Präventionsarbeit der katholischen Kirche in Deutschland, sind aber kein *Sonderinstrument* kirchlicher Einrichtungen. Die Konzepte sind laut geltender Vereinbarung zwischen Deutscher Bischofskonferenz und Bundesregierung „ein Zusammenspiel aus institutionellen und pädagogischen Maßnahmen sowie einer Kultur des Respekts und der Wertschätzung gegenüber Kindern und Jugendlichen."[4] ISK bestehen aus unterschiedlichen Bausteinen. So gibt es Maßnahmen, die die persönliche und fachliche Eignung von Erwachsenen und leitend tätigen Jugendlichen adressieren (z. B. das Vorlegen von Führungszeugnissen oder das Absolvieren von Schulungen). Davon zu unterscheiden sind Maßnahmen und Bausteine, die die Interaktion zwischen Kindern, Jugendlichen und Erwachsenen regeln: z. B. die Risikoanalyse, der Verhaltenskodex, das Beschwerde- und Qualitätsmanagement und die Stärkungsprozesse für Kinder und Jugendliche.

Dieser Beitrag kann keinen deutschlandweiten Überblick über die Entwicklungen der ISK-Erstellung liefern. Vielmehr stützen sich die Einschätzungen und Beobachtungen auf empirische Erkenntnisse, die in einem NRW-Bistum gewonnen

3 Vgl. z. B.: Miosga, Margit/Schele, Ursula: Sexualisierte Gewalt und Schule. Was Lehrerinnen und Lehrer wissen müssen. Weinheim/Basel 2018, 138.

4 Unabhängiger Beauftragter für Fragen des sexuellen Kindesmissbrauch (UBSKM)/Deutsche Bischofskonferenz (DBK): Vereinbarung zwischen dem Beauftragten der Deutschen Bischofskonferenz für Fragen des sexuellen Missbrauchs Minderjähriger im kirchlichen Bereich und dem Unabhängigen Beauftragten für Fragen des sexuellen Kindesmissbrauchs (UBSKM). Berlin 2016, 5.

wurden.[5] Der empirische Einblick in die Präventionspraxis des Bistums erfolgte zwischen 2018 und 2022. In dieser Zeit wurde die MHG-Studie veröffentlicht und in der Folge stand die Aufarbeitung, Präventions- und Interventionsarbeit der katholischen Kirche und ihrer (Erz-)Bistümer erneut unter besonderer öffentlicher Beobachtung. Die Autorin hat Schutzkonzepte von 18 Pfarreien analysiert, die im Zeitraum von 09/2018 bis 10/2019 verabschiedet wurden, sowie Expert:inneninterviews mit Mitgliedern der diözesanen Fachstelle für Prävention geführt. Ein Zitat aus diesen Gesprächen stellt den Titel dieses Beitrags dar. Eine diözesane Mitarbeitende beschreibt im Interview folgende Anforderungssituation:

> „Also, dass die von Anfang an halt nicht so ein Papiertiger erstellen, sondern von Anfang an halt gucken, wie kann das wirklich bei uns in der Praxis gelingen, mit haupt- und ehrenamtlich Tätigen, damit's direkt lebbar wird das Thema Prävention.“[6]

Was hier geschildert wird, kann als ein Anforderungsfeld in der Präventionsarbeit mit Schutzkonzepten markiert werden: Es geht um das Spannungsfeld zwischen Konzeptarbeit einerseits und praktischer Umsetzung andererseits. Dieses Spannungsfeld lässt interessante Erkenntnisse zu und wirft drängende Fragen auf, die im Folgenden anhand dreier ausgewählter Beobachtungen näher beleuchtet werden.

2. Was sind lehrreiche Beobachtungen mit Blick auf die Erstellung der ISK?

Nachfolgend werden drei ausgewählte Beobachtungen zu den ISK geschildert, die auf Basis der Materialanalysen aus dem Bistum gemacht werden konnten. Anhand dieser Beobachtungen wird deutlich, dass Präventionsarbeit mit Schutzkonzepten in kirchlichen Kontexten ein anspruchsvolles Unterfangen darstellt. Einige wenige Aspekte können in der Kürze dieser Ausführungen hervorgehoben werden. Aus diesen Beobachtungen wiederum können im Anschluss Spuren für Kompetenzen von Menschen abgeleitet werden, die mit der Erstellung der Konzepte betraut sind.

5 Die Erhebungen erfolgten im Zuge der Anfertigung der Dissertationsschrift der Autorin. Die nachfolgenden Zitate sowie der daraus entnommene Teil, der den Titel dieses Beitrags stellt, stammen aus den Interviews, die für die Arbeit geführt und ausgewertet wurden. Die Ausführungen in diesem Artikel greifen die Ergebnisse der Arbeit auf. Vgl. Burke: Institutionelle Schutzkonzepte und Kinderpartizipation, 313–323.

6 Ebd., 85.

Der Konzepttext wird unter der Hand zum Ziel der Präventionsarbeit
Eine der Erkenntnisse aus der Auseinandersetzung mit dem empirischen Material lautet: Ja, Schutzkonzepte werden in gemeindepastoralen Kontexten mittlerweile erfolgreich erstellt, Begleitprozesse der Gemeinden und Pfarreien sowie ihrer Akteure aber eher vernachlässigt. Dazu ist wichtig zu verstehen: ISK sind als *Steuerungs*instrumente für wirksame Prävention konzipiert. Sie werden in der sozialwissenschaftlichen Forschung beschrieben als „einrichtungsspezifische Maßnahmen und Prozesse“[7]. Für katholische Pfarreien besteht die Pflicht, ein Schutzkonzept zu erstellen. Diese Pflicht zielt auf den zu erstellenden Text, welcher dann bei der Präventionsstelle des Bistums vorgelegt wird, jedoch nicht genehmigungspflichtig ist. Über die Analyse der Schutzkonzepte wurde mitunter eine *Copy-Paste-Logik* deutlich, die sich in einer wortwörtlichen Übereinstimmung der individuellen Schutzkonzepte mit den Vorschlägen einer Arbeitshilfe des Bistums zeigt. Teilweise übernehmen Pfarreien also wortwörtlich Passagen der Arbeitshilfe. Dieses Vorgehen steht zum Teil im Gegensatz zu dem Anspruch, einrichtungsspezifische Maßnahmen zu entwickeln. Eine Schlussfolgerung, die daraus gezogen werden kann, lautet: Dass Konzepttexte erstellt werden, wird gut abgesichert. Der Konzepttext wird hier aber unter der Hand zum eigentlichen Ziel des Prozesses. Jedoch: „Nur wer seine Organisation in ihren Strukturen, Abläufen und Prozessen gut kennt, kann überhaupt erst Risikomomente und mögliche Gefahrensituationen für die Kinder und Jugendlichen erkennen.“[8] Ob eine Auseinandersetzung mit den Struktureigenheiten der Pfarrei angemessen stattgefunden hat, wird aus den Konzepten nicht ersichtlich. Es ist möglich, dass Papiere erstellt werden, die für Praxisveränderung wenig austragen, bzw. dass die angestrebte Praxissteuerung damit ungenau wird.

Dem zugrunde liegt – und das ist wichtig zu verstehen – für die interviewten Mitarbeitenden offenbar eine *Implementierungslogik*: Das Schutzkonzept wird in dieser Logik nach seiner Erstellung in den Alltag der Menschen *gebracht*. Es wird in dieser Logik erst erstellt (in der Regel in einem Kreis ausgewählter Haupt- und Ehrenamtlicher) und dann umgesetzt: „Das ist [sic!] auch irgendwann mal so ein Prozess zumindest in der Erstellung abgeschlossen ist. So die Umsetzung ist ja dann lebenslang […]“. Dahinter liegt die Annahme, man könne Handlungen durch Konzepte steuern. Diese Vorstellung scheint nicht präventionsspezifisch. Viele Bereiche kirchlichen Lebens sollen auf diese Weise gesteuert werden. Wer

7 Allroggen, Marc u. a.: Einleitung: Schutzkonzepte zur Verbesserung des Kinderschutzes in Organisationen. In: Wolff, Mechthild/Schröer, Wolfgang/Fegert, Jörg (Hg.): Schutzkonzepte in Theorie und Praxis. Ein beteiligungsorientiertes Werkbuch. Weinheim/Basel 2017, 10–13, hier 10.

8 Oppermann, Carolin u. a.: Kultur der Achtsamkeit als wesentlicher Aspekt eines Kinderschutzes. In: Schröer, Wolfgang u. a. (Hg.): Lehrbuch Schutzkonzepte in pädagogischen Organisationen. Mit Online-Materialien. Weinheim/Basel 2018, 41–55, hier 46.

schon einmal damit befasst war, ein Pastoralkonzept zu schreiben, weiß sicher um den hohen Stellenwert, der konzeptioneller Arbeit von Seiten der diözesanen Auftraggebenden zugeschrieben wird. Es scheint also nicht so, dass keine Ideen und Visionen für präventionssensible Handlungsprogramme für kirchliche Kontexte erarbeitet würden (selbst wenn sie dann per *copy-paste* Textbausteine aus Arbeitshilfen übernehmen). Vielmehr scheint der entscheidende Punkt, dass Konzepttext und Alltagsleben unterschiedliche Lebensrealitäten im Blick haben können. Denn anzunehmen ist, dass sich kirchliches Leben bzw. Alltag mitunter einfach *trotzdem* anders realisiert. Die Handlungsmuster der Praxis drängen damit ggf. in andere Richtungen als die verschriftlichten Konzepte.

Konzeptlogik upside-down

ISK werden in der sozialwissenschaftlichen Forschung weiterhin als Organisations*entwicklungsprozesse* begriffen.[9] Eine Ordnung, Konzeptarbeit entsprechend einer Implementierungslogik (wie sie die Interviewpartner:innen beschreiben) zu betreiben, wird in der Prävention somit gleichzeitig in gewisser Weise auf den Kopf gestellt: Es geht vor allem um den Prozess, um stetige Re-Aktualisierung, um das *Auf-dem-Weg-Sein*. Schutzkonzepte sind damit mehr als Textprodukte, die in der Praxis umgesetzt werden.

Verdeutlichen kann man dies z. B. mit Hilfe des Elements der Risikoanalyse. Diese steht am Anfang des Schutzkonzeptprozesses und dient einerseits dazu, Schutz- und Risikofaktoren ausfindig zu machen, um darauf aufbauend das Konzept zu formulieren. Dazu werden möglichst viele Gruppen der Einrichtung einbezogen[10]. Andererseits führt ein solcher Gesprächs- und Arbeitsprozess in dem Moment, in dem er eingeführt ist, faktisch schon zur Bearbeitung des Themas. Strukturelle Maßnahmen werden schriftlich im Anschluss im Schutzkonzept festgehalten, aber der organisationale Lernprozess setzt bei den beteiligten Gruppen bereits während der Analyse ein. Dies erfordert kompetente Prozessbegleitung seitens der verantwortlichen Personen – im Fall der Pfarreien der Pfarreileitung und des hauptamtlichen Personals.

Ein zweiter Punkt kommt hinzu: Die Erstellung der Schutzkonzepte ist vor allem *einrichtungsspezifisch* ausgerichtet. Für Schutzkonzepte ist entscheidend, dass gleiche „Logiken und Handlungsmuster […] sofort deutlich machen, in welcher Organisation man sich befindet“[11] und dennoch jede Organisation an sich als ein-

9 Fegert, Jörg M./Schöder, Wolfgang/Wolff, Mechthild: Persönliche Rechte von Kindern und Jugendlichen. Schutzkonzepte als organisationale Herausforderungen. In: Dies. (Hg.): Schutzkonzepte in Theorie und Praxis. Ein beteiligungsorientiertes Werkbuch. Weinheim/Basel 2017, 14–24, hier 14 f.

10 Ebd., 15.

11 Oppermann, Carolin/Schröer, Wolfgang: Organisationen. In: Dies. u. a. (Hg.): Lehrbuch Schutzkonzepte in pädagogischen Organisationen. Mit Online-Materialien. Weinheim/Basel 2018, 98–113 hier 100.

zigartig zu bezeichnen ist, „weil sie letztlich ihre eigenen Strukturen, Regeln, Routinen, Kulturen, Geschichten, Gedächtnisse, Mythen oder Vergegenständlichung aufweist."[12] So mag es zwar in vielen Pfarreien Zeltlager geben, aber die jeweiligen Konfigurationen der Umsetzung von *Zeltlager* erfordern für alle Einheiten spezifische Maßnahmen. Pfarreien sind sozusagen *einrichtungssynchron* Zielgröße der Schutzkonzepterstellung.[13] Jedoch sind Pfarreien komplexere Gebilde: Insbesondere deren Struktureigenheiten stellen eine besondere Rahmensituation dar, z. B. weil hier ein territorial großräumiger Bereich im Blick ist oder auch, weil sie unter ihrem Dach (teils auch in ihrer Trägerschaft) andere Orte kirchlichen Lebens (z. B. Kitas, Altenheime oder Jugendverbände) und oft mehrere Gemeinden versammeln, die teils in Parallelstrukturen agieren.

Nehmen wir diese beiden Beobachtungen zusammen: Im Grunde genommen hat man sich mit dem Auftrag Schutzkonzepte zu erstellen, den Auftrag gegeben, auf Ebene der Pfarreien *einrichtungsspezifische Organisationsentwicklung* voranzutreiben. Eine simple Implementierungslogik greift zu kurz bzw. wird auf den Kopf gestellt. Entwickelt werden sollen komplexe Strukturgebilde. Zu prüfen wäre, wie Pfarreien in ihrer ganzen Komplexität angemessen problematisiert werden können und, ob ihre Spezifika mit Hilfe der ISK ausreichend gut zur Geltung kommen und für die alltägliche Kinderschutzarbeit fruchtbar gemacht werden können.

Partizipationserwartungen vs. Nicht-Einhaltung von Partizipationserwartungen
Für die Erstellung von Schutzkonzepten wird seitens der Vorgaben durch die Rahmenordnung Prävention der Deutschen Bischofskonferenz erwartet, dass diese „partizipativ in Zusammenarbeit mit allen hierfür relevanten Personen und Gruppen" erfolgt. „Dazu gehören auch die Kinder und Jugendlichen und erwachsenen Schutzbefohlenen selbst."[14] – so die Rahmenordnung. Durch eine gemeinsame Beschäftigung mit dem Thema kann eine höhere Sensibilisierung in der Organisation insgesamt erreicht werden.

> „Alle beteiligten Personengruppen (Mitarbeitende, Kinder, Jugendliche, Erziehungsberechtigte, Ehrenamtliche) bei der Entwicklung und Implementierung von Schutzkonzepten mit einzubeziehen […], stellt wahrscheinlich den schwierigsten, aber auch den bedeutsamsten prognostischen Faktor für einen gelingenden Organisationsentwicklungsprozess dar."[15]

12 Ebd.

13 Vgl. Sekretariat der Deutschen Bischofskonferenz (Hg.): Rahmenordnung – Prävention gegen sexualisierte Gewalt an Minderjährigen und schutz- und hilfebedürftigen Erwachsenen im Bereich der Deutschen Bischofskonferenz. 2020, 4. Online unter: https://www.dbk.de/fileadmin/redaktion/diverse_downloads/dossiers_2019/2019-207b-Rahmenordnung-Praevention.pdf (Stand: 19.03.2024).

14 Ebd.

15 Schloz, Carolin/Allroggen, Marc/Fegert, Jörg: Forschungsstand zur Umsetzung von Schutzkonzepten und Faktoren einer gelingenden Implementierung. In: Wolff, Mecht-

Des Weiteren soll durch Partizipation das Machtgefälle bearbeitet werden, das zwischen „Organisation und Professionellen auf der einen Seite und AdressatInnen auf der anderen Seite besteht“[16]. Durch die Auswertung des vorliegenden Materials konnte ein Spannungsfeld zwischen Partizipationserwartungen und der Nicht-Einhaltung von Partizipationserwartungen ausgemacht werden. Neben Erwartungen an die Wirkung der ISK kommt es in der Umsetzung der Präventionsmaßnahmen offenbar zu *Prozessverkürzungen*. Beispielsweise werden kindliche Perspektiven in den Interviews als wünschenswertes Element der Schutzkonzepterstellung skizziert, das jedoch angesichts von Kapazitäts- und Ressourcenfragen in den Pfarreien auf einen Zeitpunkt X vertagt wird, zu dem das dann erstellte Schutzkonzept gemeinsam mit den Kindern *gelebt* wird. Es kommt also zu kapazitätskonformer Prozessbegrenzung, die im Resultat dazu führt, dass vom Auftrag der Schutzkonzepterstellung in gewisser Weise abgewichen wird.

Partizipation hat in zahlreichen Theorien, die sich mit ihr auseinandersetzen, zentral mit der Frage nach Einfluss auf Entscheidungen zu tun.[17] Aus der UN-Kinderrechtskonvention lassen sich vier hierarchisch angeordnete Kernelemente der Partizipationsrechte von Kindern ableiten: Information, Verständnis, Stimme und Einfluss.[18] Die Analyse der untersuchten Konzepte ergibt im Rückbezug auf diese Elemente: Ausgehandelt wird in den Schutzkonzepten vor allem die Frage danach, wie Kinder sprachfähig gemacht werden können. Es geht in den Konzepten also weniger um den Einfluss auf Entscheidungen, sondern vielmehr um die Ermöglichung kindlicher Äußerungen, sprich um das Kernelement der Stimme. Es wird so beispielsweise wiederholt verschriftlicht, dass Kinder einen Verdacht oder Lob und Kritik äußern können, dass sie sich beschweren oder *Nein* sagen können sollen. Vorausgesetzt wird damit ein Verständnis von Kindern, im Rahmen dessen sie etwas zur Sprache bringen können sollen. Die Pfarreien und Gemeinden geben sich selbst die Aufgabe, dieses *Zur-Sprache-Bringen* abzusichern und zu ermöglichen. Wenn jedoch erwartet wird, dass Kinder etwas sagen können sollen, dann braucht es eine entsprechende Absicherung über verschiedene Maßnahmen. Und diese sind im analysierten Material so kaum auffindbar,

hild/Schröer, Wolfgang/Fegert, Jörg (Hg.): Schutzkonzepte in Theorie und Praxis. Ein beteiligungsorientiertes Werkbuch. Weinheim/Basel 2017, 25–32, hier 31.

16 Oppermann, Carolin/Schröer, Wolfgang: AdressatInnen und Schutzkonzepte. In: Dies. u. a. (Hg.): Lehrbuch Schutzkonzepte in pädagogischen Organisationen. Mit Online-Materialien. Weinheim/Basel 2018, 141–151, hier 142.

17 Vgl. z. B.: Straßburger, Gaby/Rieger, Judith: Bedeutung und Formen der Partizipation – Das Modell der Partizipationspyramide. In: Dies.: Partizipation kompakt. Für Studium, Lehre und Praxis sozialer Berufe. Weinheim/Basel ^{2}2019, 12–39, hier 22–34.

18 Mayne, Fiona/Howitt, Christine/Rennie, Léonie: A hierarchical model of children's research participation rights based on information, understanding, voice, and influence. In: European Early Childhood Education Research Journal 26/5 (2018), 644–656.

sodass sich auch an diesem Beispiel zeigen lässt: Programm und Selbstanspruch der ISK sind klar. Unkonkretisiert bleiben auf Konzeptbasis Anknüpfungspunkte für die Handlungsebene.

3. Welche Kompetenzen braucht es für die Arbeit mit Schutzkonzepten?

Die dritte Beobachtung wirft nun – zusammengenommen mit den ersten beiden – die Frage nach den Aufgaben und Kompetenzen der Personen auf, die für pastorales Handeln vor Ort verantwortlich sind. An dieser Stelle werden Vorschläge formuliert, die auch im Wortsinn als *Anregungen* zu verstehen sind und sicher weiterer Erprobung und Diskussion bedürfen.

Was aus den Ausführungen zentral scheint, sind die kapazitätskonforme Prozessbegrenzung sowie die Fokussierung des Konzepttextes im Rahmen der Erstellung der ISK. Darin liegen einige spannende Spuren für die Ausbildung von Menschen, die z. B. an Orten wie Pfarreien oder Schulen arbeiten werden.

Wenn Impulse für die Handlungsebene der entscheidende Punkt sind, um die selbstgegebenen Handlungsprogramme der Pfarreien auch mit den Alltagspraktiken in Kontakt zu bringen, so braucht es Personen, die diese *Übersetzung* bzw. diese *Kontaktaufnahme* leisten können. Menschen, die in Organisationen (theologisch oder religionspädagogisch oder sozialarbeiterisch) arbeiten, müssen somit mit dem Thema Prävention und auch mit ISK konkret in Berührung kommen, *bevor* sie Verantwortung für Schutzbefohlene übernehmen. Und das nicht zufällig, sondern strukturell abgesichert in den jeweiligen Ausbildungs- und Studiengängen. Denn die Anforderungssituation ist durchaus komplex, wie das nachfolgende Zitat zeigt:

> „Prävention von sexualisierter Gewalt muss Teil der grundlegenden Absicht pädagogischen Handelns und Querschnittsaufgabe im pädagogischen Alltag sein, unabhängig davon, ob Mathematik gelehrt oder Fußball gespielt wird."[19]

Das Zitat macht deutlich: Es ist eigentlich egal, in welcher beruflichen Tätigkeit, ob nun als Religionslehrerin in der Grundschule, Schulsozialarbeiter am Gymnasium oder als Pfarreileitung. Prävention ist kein Zusatz, sondern Teil grundlegender Handlungskompetenzen. Dabei spielt auch der Bereich der eigenen Betroffenheiten eine Rolle:

19 Braun: Die Notwendigkeit, 137.

„Prävention fordert ein, dass erwachsene, private wie professionelle Bezugspersonen ihre Haltung überprüfen und jede Maßnahme etablieren, die dem Ziel dient, sexualisierte Gewalt zu verhindern, ohne sich selbst als Person, mit den eigenen Annahmen und Bewertungen, außer Acht zu lassen. Gerade Themen wie Gewalt oder Sexualität zeigen tief verankerte Bilder und Werte, die das Handeln letztendlich stärker bestimmen als kognitiv erzeugtes Wissen.“[20]

Ein weiterer Bereich scheint interessant: Schutzkonzepte gehen davon aus, dass man sich als lernende Organisation versteht. In einer lernenden Organisation gibt es eine „klare Vorstellung von den Faktoren, die signalisieren könnten, dass sich irgendwo Ärger zusammenbraut.“[21] Fehler werden dabei nicht negativ verstanden, sondern es geht darum Fehler als Lernanlässe für die Organisation insgesamt aufzugreifen, damit bestehende Handlungsmuster verändert werden können.

„Achtsamkeit bedeutet in diesem Sinne, die Entstehung von Fehlern als ein Zusammenspiel von organisationalen Strukturen und menschlichen Handlungen zu begreifen und organisationale Risiken zu identifizieren, die Fehler im System begünstigen. Es gilt, die Kontexte, in denen Fehler auftauchen, zu analysieren und die Bedingungen, die einen Fehler oder ein Problem begünstigt haben, zu beseitigen.“[22]

So sollen *Verhaltens-* und *Verhältnis*änderungen katalysiert werden können.[23] Die Tagung, die der Anlass für diese Veröffentlichung ist und ihr vorausgeht, fragte nach Konsequenzen für das theologische Studium. Es ist sicher zuträglich, wenn Studierende bereits während ihres Studiums die Erfahrung machen, dass auch an ihrem Studienort eine solche Haltung bereits im Vorgriff auf spätere Berufstätigkeiten aktiv praktiziert und konzeptionell seitens der Institutionen unterstützt wird.[24] Dazu könnte auch gehören, dass die Ausbildungsorte selbst an ihrer Aufmerksamkeit gegenüber Fehlern arbeiten sowie z. B. selbst Schutzkonzepte anfertigen.

Mit der Upside-Down-Logik der Schutzkonzepterstellung werden womöglich auch herkömmliche Rollenerwartungen angefragt. Theolog:innen sind qua Aus-

20 Ebd.

21 Weick, Karl E./Sutcliffe, Kathleen M.: Das Unerwartete managen. Wie Unternehmen aus Extremsituationen lernen. Stuttgart 2010, 92.

22 Oppermann u. a.: Kultur der Achtsamkeit als wesentlicher Aspekt eines Schutzkonzeptes, 43.

23 Braun: Die Notwendigkeit, 146.

24 Vgl. Wazlawik, Martin/Kopp, Katharina: Neue Kollegin, neuer Kollege. Der Schutz des Kindes als Thema des Studiums. In: Böwer, Michael/Kotthaus, Jochem (Hg.): Praxisbuch Kinderschutz. Professionelle Herausforderungen bewältigen. Weinheim/Basel 2018, 410–421, hier 419.

bildung keine Kinderschutzexpert:innen und dennoch verantwortlich dafür, sichere Räume in Kirche zu gestalten. Die Standardisierung bzgl. Kinderschutzthemen ist in der Ausbildung aktuell nicht flächendeckend abgesichert. So gibt es laut Beck u. a. 2020 z. B. keine wissenschaftlichen Daten zu Angeboten im Bereich der Prävention sexualisierter Gewalt in den universitären Lehramtsausbildungen in Deutschland.[25] Hinzu kommt: Keine Fachperson irgendeiner Disziplin kann Prävention und Kinderschutzversorgung alleine übernehmen. Kinderschutz und Prävention sind vielmehr multidisziplinär aufgestellte Felder, in denen keine:r alleine arbeiten kann. Hilfreich ist das Wissen um die jeweiligen *Verbündeten*, sprich darum, welche Akteure im Bereich des Kinderschutzes wofür zuständig sind, wie sie mit ins Boot zu holen sind und wo sie im Umfeld der eigenen Wirkungsstätte anzutreffen sind (z. B. Polizei, Beratungsstellen, Kinderschutzambulanzen, Jugendämter etc.).[26] Um diese Ressourcen im Alltag aktivieren zu können, benötigen auch theologische Fachkräfte im Zuge ihrer beruflichen Tätigkeit z. B. eine entsprechend ausgeprägte Vernetzungskompetenz sowie möglichst auch schon in der Ausbildung Gelegenheiten zur Klärung und Reflexion der eigenen Rolle im Miteinander der Professionen.[27]

Es wurde bereits deutlich, dass die präventiven Konzeptionen ggf. in andere Richtungen drängen können als die Handlungsmuster. Eine der Schlussfolgerungen dazu lautete: Nicht das Textprodukt selbst, sondern der Erstellungsprozess sowie die fortwährende Arbeit mit dem Konzept sollten im Rahmen der Präventionsarbeit der Pfarreien konsequenter abgesichert werden. Was braucht es dazu? Womöglich so etwas wie *eine Kompetenz dranzubleiben*. „Irgendwann muss doch mal Ruhe sein!“[28] ist keine Option für eine Handlungsmaxime in der Arbeit mit ISK. Stattdessen scheint entscheidender, dass Menschen, die Organisationen durch ihre (theologische) Mitarbeit gestalten, mit Vorläufigkeiten leben können. Dass sie sich nicht in Perfektionsschleifen verlieren, sondern konzeptionelle Schreibprozesse an ein Ende bringen können, *obwohl* das Thema nicht fertig ist.

25 Vgl. Beck, Mirja u. a.: Qualifizierungsmaßnahmen für (sozial-)pädagogische Fachkräfte: Ein didaktischer Referenzrahmen für Angebote zur Prävention sexualisierter Gewalt. In: Wazlawik, Martin u. a. (Hg.): Perspektiven auf sexualisierte Gewalt (Sexuelle Gewalt und Pädagogik, 5), Wiesbaden 2020, 101–116, hier 104 f.

26 Vgl. für diesen Abschnitt: Warum sollte Kinderschutz ein Pflichtfach sein, Maud Zitelmann? Podcast mit Prof. Dr. Maud Zitelmann. In: UBSKM: einbiszwei. Der Podcast über sexuelle Gewalt (06.10.2022).

27 Vgl. für den Bereich der sozialen Arbeit: Wazlawik/Kopp: Neue Kollegin, neuer Kollege, 419.

28 Vgl. für den gleichnamigen Buchtitel: Caspari, Peter u. a.: Irgendwann muss doch mal Ruhe sein! Institutionelles Ringen um Aufarbeitung von sexualisierter Gewalt und Machtmissbrauch an einem Institut für analytische Kinder- und Jugendlichenpsychotherapie (Sexuelle Gewalt in Kindheit und Jugend: Forschung als Beitrag zur Aufarbeitung). Wiesbaden 2021.

Und nicht davor zurückscheuen nach ein paar Monaten das gleiche Dokument wieder herauszuholen und zu aktualisieren.

Gleichzeitig zeigt damit die Schutzkonzepterstellung, dass es Strategien zum Umgang mit komplexen Situationen und Strukturen braucht. Es scheint nicht ausreichend, Kirche in ihren Strukturen gestalten zu wollen bzw. ein Gebiet mit einem Konzept zu *versorgen*. Vielmehr fordern die Beziehungsräume, die uns in diesen Strukturen geschenkt werden, dazu auf, mit präventionssensiblem Leben gefüllt zu werden. Es bedarf weiterer Denk- und Forschungsarbeit, wie ein solcher Umgang mit derart komplexen Situationen gelingen kann, ohne dem Impuls, etwas *In den Griff bekommen* zu wollen, vorschnell nachzugeben. Dem Gegenüber könnte man fragen, wie es möglich werden kann, dass sich Akteure, z. B. in den Pfarreien, weiter im Verstehen lernen einüben. Was hilft, damit sie die Anforderung dranzubleiben, produktiv bearbeiten können? Wie kann die Aufmerksamkeit für die Eigenheiten der jeweils vorhandenen Strukturen zur Ressource für die eigene, pfarreispezifische Kinderschutzarbeit werden? Wenn dazu im Rahmen theologischer Ausbildungen und Studien etwas beigetragen werden kann, wäre sicherlich nicht wenig gewonnen.

Literaturverzeichnis

Allroggen, Marc/Domann, Sophie/Eßer, Florian/Fegert, Jörg M./Kampert, Meike/Rau, Thea/Rusack, Tanja/Schloz, Carolin/Schröer, Wolfgang/Strahl, Benjamin/Wolff, Mechthild: Einleitung: Schutzkonzepte zur Verbesserung des Kinderschutzes in Organisationen. In: Wolff, Mechthild/Schröer, Wolfgang/Fegert, Jörg (Hg.): Schutzkonzepte in Theorie und Praxis. Ein beteiligungsorientiertes Werkbuch. Weinheim/Basel 2017, 10–13.

Beck, Mirja/Henningsen, Anja/Pöter, Jan/Rau, Thea/Voß, Heinz-Jürgen: Qualifizierungsmaßnahmen für (sozial-)pädagogische Fachkräfte: Ein didaktischer Referenzrahmen für Angebote zur Prävention sexualisierter Gewalt. In: Wazlawik, Martin/Christmann, Bernd/Böhm, Maika/Dekker, Arne (Hg.): Perspektiven auf sexualisierte Gewalt (Sexuelle Gewalt und Pädagogik, 5). Wiesbaden 2020, 101–116.

Braun, Brigitte: Die Notwendigkeit, Prävention sexualisierter Gewalt zu lehren oder „Wer erzieht die Erzieher?“ (Karl Marx). In: Wazlawik, Martin/Christmann, Bernd/Böhm, Maika/Dekker, Arne (Hg.): Perspektiven auf sexualisierte Gewalt (Sexuelle Gewalt und Pädagogik 5). Wiesbaden 2020, 131–152.

Burke, Rebekka: Institutionelle Schutzkonzepte und Kinderpartizipation. Religionspädagogische Perspektiven auf präventionsbezogene Organisationsentwicklungsprozesse in der Gemeindepastoral (Studien zur praktischen Theologie 9). Münster 2023.

Caspari, Peter/Dill, Helga/Caspari, Cornelia/Hackenschmied, Gerhard: Irgendwann muss doch mal Ruhe sein! Institutionelles Ringen um Aufarbeitung von sexualisierter Gewalt und Machtmissbrauch an einem Institut für analytische Kinder- und

Jugendlichenpsychotherapie (Sexuelle Gewalt in Kindheit und Jugend: Forschung als Beitrag zur Aufarbeitung). Wiesbaden 2021.

Fegert, Jörg M./Schöder, Wolfgang/Wolff, Mechthild: Persönliche Rechte von Kindern und Jugendlichen. Schutzkonzepte als organisationale Herausforderungen. In: Dies./Rörig, Johannes Wilhelm (Hg.): Schutzkonzepte in Theorie und Praxis. Ein beteiligungsorientiertes Werkbuch. Weinheim/Basel 2017, 14–24.

Mayne, Fiona/Howitt, Christine/Rennie, Léonie: A hierarchical model of children's research participation rights based on information, understanding, voice, and influence. In: European Early Childhood Education Research Journal 26/5 (2018), 644–656.

Miosga, Margit/Schele, Ursula: Sexualisierte Gewalt und Schule. Was Lehrerinnen und Lehrer wissen müssen. Weinheim/Basel 2018.

Oppermann, Carolin/Schröer, Wolfgang: AdressatInnen und Schutzkonzepte. In: SChröer, Wolfgang/Wolff, Mechthild/Oppermann, Carolin/Winter, Veronika/Harder, Claudia (Hg.): Lehrbuch Schutzkonzepte in pädagogischen Organisationen. Mit Online-Materialien. Weinheim/Basel 2018, 141–151.

Oppermann, Carolin/Schröer, Wolfgang/Winter, Veronika/Wolff, Mechthild: Kultur der Achtsamkeit als wesentlicher Aspekt eines Schutzkonzeptes. In: Schröer, Wolfgang/Wolff, Mechthild/Oppermann, Carolin/Winter, Veronika/Harder, Claudia(Hg.): Lehrbuch Schutzkonzepte in pädagogischen Organisationen. Mit Online-Materialien. Weinheim und Basel 2018, 41–55.

Oppermann, Carolin/Schröer, Wolfgang: Organisationen. In: Oppermann, Carolin (Hg.): Lehrbuch Schutzkonzepte in pädagogischen Organisationen. Mit Online-Materialien. Weinheim/Basel 2018, 98–113.

Schloz, Carolin/Allroggen, Marc/Fegert, Jörg: Forschungsstand zur Umsetzung von Schutzkonzepten und Faktoren einer gelingenden Implementierung. In: Wolff, Mechthild/Schröer, Wolfgang/Fegert, Jörg (Hg.): Schutzkonzepte in Theorie und Praxis. Ein beteiligungsorientiertes Werkbuch. Weinheim/Basel 2017, 25–32.

Sekretariat der Deutschen Bischofskonferenz (Hg.): Rahmenordnung – Prävention gegen sexualisierte Gewalt an Minderjährigen und schutz- und hilfebedürftigen Erwachsenen im Bereich der Deutschen Bischofskonferenz 2020. Online unter https://www.dbk.de/fileadmin/redaktion/diverse_downloads/dossiers_2019/2019-207b-Rahmenordnung-Praevention.pdf (Stand: 19.03.2024).

Straßburger, Gaby/Rieger, Judith: Bedeutung und Formen der Partizipation – Das Modell der Partizipationspyramide. In: Dies.: Partizipation kompakt. Für Studium, Lehre und Praxis sozialer Berufe. Weinheim/Basel [2]2019, 12–39.

Unabhängiger Beauftragter für Fragen des sexuellen Kindesmissbrauch (UBSKM)/Deutsche Bischofskonferenz (DBK): Vereinbarung zwischen dem Beauftragten der Deutschen Bischofskonferenz für Fragen des sexuellen Missbrauchs Minderjähriger im kirchlichen Bereich und dem Unabhängigen Beauftragten für Fragen des sexuellen Kindesmissbrauchs (UBSKM). Berlin 2016.

Warum sollte Kinderschutz ein Pflichtfach sein, Maud Zitelmann? Podcast mit Prof. Dr. Maud Zitelmann. In: UBSKM: einbiszwei. Der Podcast über sexuelle Gewalt (06.10.2022).

WAZLAWIK, Martin/KOPP, Katharina: Neue Kollegin, neuer Kollege. Der Schutz des Kindes als Thema des Studiums. In: BÖWER, Michael/KOTTHAUS, Jochem (Hg.): Praxisbuch Kinderschutz. Professionelle Herausforderungen bewältigen. Weinheim/Basel 2018, 410–421.

WEICK, Karl E./SUTCLIFFE, Kathleen M.: Das Unerwartete managen. Wie Unternehmen aus Extremsituationen lernen. Stuttgart 2010.

Der Schatten der Institution
DOI 10.17438/978-3-402-12331-7

Wenn der Ernstfall eintritt?

Orientierungshilfen für den rechtlichen Umgang mit sexuellem Missbrauch

THOMAS NEUMANN

Abstract

Der Beitrag analysiert den rechtlichen Umgang mit Verdachtsfällen sexuellen Missbrauchs in der Kirche. Er betont die komplexe Situation für Betroffene, Verantwortliche und involvierte Personen. Recht bietet dabei Handlungsoptionen zur gerechten Behandlung an, hat aber Grenzen. Es werden die Grundlagen und Prinzipien des Strafrechts, die bei der Anwendung des kirchlichen Rechts zu beachten sind, sowie die spezifische Vorgehensweise bei Verdachtsfällen erläutert. Der Autor identifiziert die spezifisch kirchlichen Schutzgüter, die durch das kirchliche Strafrecht geschützte werden sollen. Abschließend betont er die Notwendigkeit einer konsequenten Rechtsanwendung für eine gerechte Lösung und das Überwinden von Versäumnissen.

The article analyses the legal handling of suspected cases of sexual abuse in the church. It emphasises the complex situation for those affected, those responsible and those involved. The law offers options for fair treatment, but has its limits. The author explains the fundamentals and principles of criminal law that must be observed when applying church law, as well as the specific procedure in suspected cases. The author identifies the specifically ecclesiastical objects of protection and emphasises the necessity of a consistent application of the law for a just solution and the overcoming of omissions.

Besteht der Verdacht sexuellen Missbrauchs gegenüber einer konkreten Person, ergibt sich eine komplexe Situation, in der Verantwortliche, Betroffene und weitere beteiligte Personen vor einer schnell überfordernden Aufgabe stehen. Das Recht dient in erster Linie der Reduktion der Komplexität und bietet konkrete Handlungsoptionen, um eine gerechte Behandlung des Falles zu gewährleisten. Recht ist also mithin notwendig,[1] hat aber auch seine Grenzen.[2] Elementarisiert ist es dem Recht eigen

1 Vgl. NEUMANN, Johannes: Das Kirchenrecht – Chance und Versuchung. Graz 1972, 21: „Das Recht als eine Kategorie der Wirklichkeit gehört zur Abbildhaftigkeit der Kirche und wird vom Neuen Testament durch den Gebrauch offensichtlicher Rechtsbegriffe bejaht. Ein totaler Verzicht auf rechtliche Strukturen in der Kirche und auf verbindliche, der Gerechtigkeit wie

„im äußeren Zusammenhang der Menschen bestimmte Verhaltensnormen verbindlich aufzustellen, die dazu dienen, einen friedlichen Ausgleich der Interessen zu gewährleisten und die Beziehungen der Menschen zu ordnen und gegebenenfalls die Interessenkonflikte in einer dem Menschen angemessenen Form auszutragen."[3]

Im Folgenden werden 1. Grundlagen für die Rechtsanwendung und allgemeine Rechtsprinzipien des Strafrechts dargelegt, die bei der Anwendung des kirchlichen Strafrechts zwingend zu beachten sind. Auf dieser Basis wird dann 2. die konkrete Handlungsweise beschrieben, wie mit Fällen des Verdachts sexuellen Missbrauchs nach geltendem Recht umzugehen ist. Am Ende des Beitrags stehen 3. Überlegungen warum die Kirche überhaupt beansprucht, Sexualstraftaten zu verfolgen, wenn doch bereits funktionierende staatliche Strafverfolgungsinstrumente bestehen.

1. Grundlagen für die Rechtsanwendung und Rechtsprinzipien des Strafrechts

Die Behandlung des sexuellen Missbrauchs aus rechtlicher Perspektive bedarf einiger Wegmarken bzw. Leitplanken, um die Möglichkeiten, vor allem aber die Grenzen der kanonistischen Sichtweise zu verdeutlichen, die nie die Einzige sein kann, um eine vollumfängliche Aufarbeitung zu gewährleisten. Geahndet wird durch rechtliche Mittel der äußere Verstoß gegen ein strafbewährtes Gesetz, woraufhin die zuständige Autorität – da es sich um öffentliches Recht handelt – die Strafverfolgung beginnt und eine angemessene Strafe verhängt. Würde nicht die Frage der Schuld des Täters zum primären Gegenstand der Strafverfolgung (Verschuldenshaftung), sondern ausschließlich das empfundene Leid der Verletzten (Erfolgshaftung), sprächen wir von Rache wie in archaischen Systemen, aber nicht von Strafe.[4] Bestraft wird folglich die äußere Verletzung eines Gesetzes durch die öffentliche Autorität. Der Maßstab für die Strafzumessung ist die Intensität des

dem Geist des Neuen Testaments entsprechende Normen würde darum im Gegensatz zur Sprache der heiligen Schrift und zu ihrem ursprünglichen Verständnis treten."

2 Vgl. ebd., 13: „Durch die weitegehende Verrechtlichung des moralisch-sittlichen Verhaltens und die Moralisierung des Rechts, d. h. durch die Identifizierung der Rechtsnorm mit den sittlichen Maßstäben, hat das kirchliche Recht nicht nur weithin seine Eigenständigkeit, sondern auch seine Glaubwürdigkeit verloren."

3 NEUMANN, Johannes: Braucht die Kirche ein Recht? Funktion und Grenzen des Rechts in der Kirche. Johannes Neumann antwortet Ingo Hermann (Das theologische Interview 14). Düsseldorf 1970, 48.

4 Vgl. MEDER, Stefan: Rechtsgeschichte. Köln [5]2014, 43 f.

Verstoßes gegen das Gesetz sowie die zurechenbare Schuld des vermeintlichen Täters. Für die Strafverfolgung sind vier Leitplanken zu beachten:

1) Blickt man von der Beobachterperspektive auf den bisherigen rechtlichen Umgang mit Fällen sexuellen Missbrauchs in der katholischen Kirche, dann lassen sich zwei extreme Formen von Fehlverhalten, die auf der Ignoranz des Rechts beruhen, ausmachen: Als erster Pol die Vertuschung von Fällen sexuellen Missbrauchs zum Schutz des guten Rufes der Kirche und als zweiter Pol die Vorverurteilung in Missachtung der Unschuldsvermutung.[5] Am ersten Pol zeigt sich, dass die Verantwortlichen, vor allem Bischöfe, sich gegenüber den Betroffenen arrogant, gefühllos und taub verhalten. Sie leugnen, verharmlosen und lügen vor Gericht.[6] An beiden Polen besteht im Hinblick auf das Kanonische Recht die Tatsache, dass die schlichte Nicht-Anwendung des kirchlichen Strafrechts – oder härter formuliert – rechtlicher Standards und Normen unheilsame Folgen zeitigte.[7]

Gemäß der Leitfrage dieses Panels: „Was können wir tun?", wird es im Folgenden jedoch nicht um die Fehler der Vergangenheit[8] gehen,[9] sondern um eine

5 Vgl. Lüdicke Klaus: Nicht nur Worte, sondern Taten. Desiderate zum rechtlichen Umgang mit sexuellem Missbrauch in der Kirche. In: Ohly, Christoph/Haering, Stephan/Müller, Ludger (Hg.): Rechtskultur und Rechtspflege in der Kirche. (FS Wilhelm Rees; KST 71). Berlin 2020, 609–622, hier 609.

6 Vgl. Anuth, Bernhard Sven: Kirchenschutz vor Kinderschutz? Eine kirchenstraf- und verfahrensrechtliche Problemanzeige zum Umgang mit sexuellem Missbrauch Minderjähriger durch Kleriker. In: Hilpert, Konrad u.a. (Hg.): Sexueller Missbrauch von Kindern und Jugendlichen im Raum von Kirche (Qaestiones Disputatae 309). Freiburg i.Br. 2020, 129–146, hier 131.

7 Vgl. Wijlens, Myriam: Der sexuelle Missbrauch von Minderjährigen. Entwicklungen im kanonischen Recht zwischen 1983 und 2020. In: Aschmann, Birgit (Hg.): Katholische Dunkelräume. Paderborn 2021, 77–95, hier 80.

8 Eindrücklich gibt Norbert Lüdecke einen Überblick über die Versäumnisse aller Verantwortlichen im Umgang mit sexuellem Missbrauch in der Vergangenheit seit den 1980er Jahren: Lüdecke, Norbert: Warum erst 2010? Hinweise und Anfragen zur Vorgeschichte eines Skandaljahres der Kirche in Deutschland. In: Anuth, Bernhard Sven/Dennemarck, Bernd/Ihli, Stefan (Hg.): „Von Barmherzigkeit und Recht will ich singen" (FS Andreas Weiß; Eichstätter Studien N.F. 84). Regensburg 2020, 353–380.

9 Unstrittig dürfte sein, dass natürlich ein gerechter Umgang mit Fällen sexuellen Missbrauchs ebenfalls der Aufarbeitung der Vergangenheit bedarf. Die Aufarbeitung hat jedoch laut der Unabhängigen Kommission zur Aufarbeitung sexuellen Kindesmissbrauchs einen anderen Fokus als die rechtliche Aufklärung dieser Fälle:
„Aufarbeitung soll vergangenes Unrecht aufdecken. Zu Beginn von gesellschaftlicher Aufarbeitung stehen die Erfahrungen der Menschen, die in ihrer Kindheit und Jugend von sexualisierter Gewalt betroffen waren. Ihre Berichte ermöglichen es, Ausmaß und Folgen sexuellen Missbrauchs in Deutschland offen zu benennen und zu untersuchen, welche Strukturen sexualisierte Gewalt ermöglicht haben. Aufarbeitung will klären, warum sexueller Kindesmissbrauch vertuscht oder verschwiegen wurde und Wege aus diesem Schweigen aufzeigen. ***Aufarbeitung kann eine juristische Aufklärung von Straftaten oder die individuelle Verarbeitung des Traumas***

Orientierungshilfe für den rechtmäßigen Umgang mit bzw. die rechtliche Aufklärung von zukünftigen Fällen.

2) Das Recht hat eine eigene Sprache, die für den Laien hart und gefühllos erscheinen mag. Die abstrakte und apodiktische Sprache des Rechts dient jedoch der Rechtssicherheit.[10] Nur eine bestimmt und eindeutig formulierte Norm führt zu gerechter und angemessener Rechtsapplikation. Besonders im Bereich des Strafrechts ist c. 18 CIC/1983[11] zu beachten, der eine enge, d. h. streng am Wortlaut des Gesetzestextes orientierte Auslegung vorschreibt. Alle Gläubigen haben gemäß c. 221 §§ 2 und 3 CIC/1983 das fundamentale Recht auf ein Urteil nach Recht und Billigkeit und darauf, dass kanonische Strafen nur nach Maßgabe des Gesetzes über sie verhängt werden. Kurzum: niemand kann für eine Handlung, die nicht strafbar ist, bestraft werden. Neben diesen grundsätzlichen Anmerkungen zum Eigencharakter des Rechts soll abschließend noch die Natur eines gerichtlichen Urteils erläutert werden: Auch wenn es das hehre Ziel eines Prozesses ist, die Wahrheit zu ergründen, kann der Richter gemäß c. 1608 CIC/1983 nur moralische Gewissheit über einen Sachverhalt erlangen. Moralische Gewissheit setzt die Schlüssigkeit der Argumente voraus, auf die sich der Richter stützt. Er darf keinen vernünftigen Zweifel an der Folgerichtigkeit der Argumente haben. Es geht eben nicht um eine naturwissenschaftliche Sicherheit.[12] Wenn eine Tat also rechtlich nicht bewiesen werden kann, heißt es nicht, dass die Behauptung nicht wahr ist. Sie ist nur rechtlich nicht beweisbar!

3) Die Grenze der rechtlichen Perspektive muss ebenso klar benannt werden. Das Recht greift in der pathologischen Phase des sexuellen Missbrauchs ein.[13] D. h. sexueller Missbrauch kann vor allem durch das Recht nie vollkommen ver-

in einer Therapie nicht ersetzen. *Gesellschaftliche Aufarbeitung macht jedoch das Unrecht der Vergangenheit zum Thema der Gegenwart. Aufarbeitung zielt auf ein besseres Verständnis der Gesellschaft für die Dimensionen sexuellen Kindesmissbrauchs, damit Kinder in Zukunft sicher leben können.*" [Hervorhebung T. N.] Unabhängige Kommission zur Aufarbeitung sexuellen Missbrauchs: Was bedeutet Aufarbeitung sexuellen Kindesmissbrauchs? Online unter: https://www.aufarbeitungskommission.de/kommission/aufarbeitung/was-bedeutet-aufarbeitung/ (Stand: 19.03.2024).

10 Vgl. allgemein zum Zusammenhang von Sprache und Recht: Rüthers, Bernd/Fischer, Christian/Birk, Axel (Hg.): Rechtstheorie mit juristischer Methodenlehre. München [10]2018, § 5 Sprache und Recht; Im spezifischen für das Kanonische Recht: Hahn, Judith: The language of canon law. Oxford 2023.

11 C. 18 CIC/1983: „Gesetze, die eine Strafe festsetzen oder die freie Ausübung von Rechten einschränken oder eine Ausnahme vom Gesetz enthalten, unterliegen enger Auslegung."

12 Vgl. Lüdicke, Klaus: Kommentar zu c. 1608. In: Ders. (Hg.): Münsterischer Kommentar zum Codex Iuris Canonici, unter besonderer Berücksichtigung der Rechtslage in Deutschland, Österreich und der Schweiz, Loseblattwerk. Essen seit 1985. 62. Ergänzungslieferung, Stand Oktober 2022, Rn. 4.

13 Vgl. Visioli, Matteo: La protectione penale del minore del nuovo libro VI del codice. In: Periodica de Re Canonica 110 (2021), 597–626, hier 601.

hindert werden. Hier geht die generalpräventive Wirkung gegen Null.[14] Allerdings gilt auch, dass wenn eine Tat einmal bekannt wurde, eine Wiederholung jedoch mit aller Entschiedenheit zu verhindern ist. Das Einhalten von Rechtsvorschriften und die Anpassung des Rechts können dazu einen wichtigen Beitrag leisten.[15]

4) Das Verhältnis zur säkularen – besser staatlichen Justiz – ist klar zu bestimmen. Die Kirche beansprucht keine Sonderjustiz oder ein veraltetes *privilegium fori*[16] für ihre Kleriker. Die Kirche und alle ihre Glieder sind dem jeweiligen staatlichen Recht vollumfänglich unterworfen, vor allem dem Strafrecht. In aller Klarheit wurde dies noch im alten Recht, dem CIC/1917 in c. 2198 formuliert:

> „Delictum quod unice laedit Ecclesiae legem, natura sua, sola ecclesiastica auctoritas persequitur, requisito interdum, ubi eadem auctoritas necessarium vel opportunum iudicaverit, auxilio brachii saecularis;
>
> delictum quod unice laedit legem societatis civilis, iure proprio, salvo praescripto can. 120, punit civilis auctoritas, licet etiam Ecclesia sit in illud competens ratione peccati;
>
> delictum quod laedit utriusque societatis legem, ab utraque potestate puniri potest."

Durch die Abschaffung des *privilegium fori* ist für die Verfolgung eines Delikts im staatlichen Bereich allein der Staat zuständig. Ein Delikt, das nur nach kirchlichem Recht strafbar ist, kann nur von der Kirche verfolgt werden. Letztendlich gibt es aber auch Delikte, die in den Judikativbereich beider Obödienzen fallen, diese müssen von beiden verfolgt werden. Jedoch ist an dieser Stelle kritisch zu hinterfragen, warum die Kirche mit ihren Mitteln dieselbe Straftat verfolgt wie der Staat. Später wird darauf zurückzukommen sein, wenn es um die Frage des Schutzgutes der strafrechtlichen Bestimmungen zum sexuellen Missbrauch geht. An dieser Stelle sei jedoch ausdrücklich festgehalten: Die Kirche hat keinen Anspruch auf eine Paralleljustiz unabhängig vom Staat und beansprucht diesen auch nicht im geltenden Recht. So heißt es in Anlehnung an *Vos estis lux mundi* (VELM)[17] im Vademecum des Dikasteriums für die Glaubenslehre (DDF) Nr. 48:

14 Vgl. zur generalpräventiven Wirkung strafrechtlicher Normen: Bauer, Manfred: Rechtlicher Umgang mit Scheitern und Fehlverhalten im Kirchenrecht. In: Schüller, Thomas/Neumann, Thomas (Hg.): Kirchenrecht im Dialog. Tagungsband zur Tagung des Instituts für Kanonisches Recht, 18.–20. Februar 2019 (Kirche und Recht: Beihefte 5). Berlin 2020, 166–185; im selben Band: Verrel, Torsten: Rechtlicher Umgang mit Fehlverhalten im staatlichen Recht, 190–205.

15 Vgl. Wijlens: Der sexuelle Missbrauch, 80.

16 Vgl. Oestmann, Peter: s. v. privilegium fori. In: Handwörterbuch zur deutschen Rechtsgeschichte, Bd. IV, Sp. 834–835. Online unter: https://www.hrgdigital.de/HRG.privilegium_fori (Stand: 19.03.2024).

17 Papst Franziskus: Motu Proprio „Vos estis lux mundi" vom 7. Mai 2019. In: Acta Apostolicae Sedis 111 (2019), 823 –832; am 25. März 2023 wurde eine aktualisierte Fassung ver-

„In diesem Zusammenhang ist zudem die Frage anzusprechen, inwieweit der Ordinarius oder Hierarch verpflichtet ist, die staatlichen Behörden über die erhaltene notitia de delicto und über die eingeleitete Voruntersuchung zu informieren. Dabei können zwei Grundsätze angewandt werden:

a. Die staatlichen Gesetze müssen respektiert werden (vgl. Art. 19 VELM).

b. Der Wille des mutmaßlichen Opfers muss respektiert werden, sofern er nicht im Widerspruch zum staatlichen Recht steht, und es soll – wie noch ausgeführt werden wird (Nr. 56) – zur Ausübung seiner Pflichten und Rechte vor den staatlichen Behörden ermutigt werden, wobei darauf zu achten ist, dass dieser Vorschlag dokumentiert und jede Form, das mutmaßliche Opfer davon abzuhalten, vermieden wird."[18]

Wie soll man aber nun innerhalb dieser Leitplanken handeln, wenn der Ernstfall eintritt? Im Rahmen des von Papst Franziskus einberufenen Missbrauchsgipfels vom 21.–24. Februar 2019 forderte Kardinal Reinhard Marx, dass es transparenter Verfahrensregeln bedürfe, die nicht unterhalb der Qualitätsstandards der öffentlichen Rechtspflege liegen dürften.[19]

Wie sehen nun aber diese Qualitätsstandards der öffentlichen Rechtspflege aus? Im juristischen Kontext spricht man hier eher von rechtsstaatlichen Prinzipien. Besonders im Strafrecht sind hier mehrere Rechtsprinzipien zu beachten, die im staatlichen und mit gleicher Wirkung im kirchlichen Rechtskreis Geltung beanspruchen[20]:

Erstens das *Legalitätsprinzip*:
Ohne ein Gesetz darf es keine Strafe geben (*sine lege nulla poena*). Dieses Prinzip klingt bereits in c. 221 § 3 CIC/1983 an, der lautet: „Die Gläubigen haben das Recht, daß kanonische Strafen über sie nur nach Maßgabe des Gesetzes verhängt werden." Eine Person kann nur bestraft werden, wenn die Handlung, die sie vollzieht, auch unter Strafe gestellt (poenalisiert) ist. So kann etwa der Bruch der Sonntagspflicht, für den es keinen Straftatbestand im kanonischen Recht gibt, nicht dazu führen, dass gegen die Person ein Strafverfahren geführt und eine Strafe wie etwa die Exkommunikation verhängt wird. Dieses Rechtsprinzip stellt sowohl den Ge-

öffentlicht. Online unter: https://www.vatican.va/content/francesco/it/motu_proprio/documents/20230325-motu-proprio-vos-estis-lux-mundi-aggiornato.html (Stand: 19.03.2024).

18 Dikasterium für die Glaubenslehre: Vademecum zu einigen Fragen in den Verhalten zur Behandlung von Fällen sexuellen Missbrauchs Minderjähriger durch Kleriker vom 5. Juni 2022, Version 2.0. Online unter: https://www.vatican.va/roman_curia/congregations/cfaith/ddf/rc_ddf_doc_20220605_vademecum-casi-abuso-2.0_ge.html (Stand: 19.03.2024).

19 Vgl. Anuth: Kirchenschutz vor Kinderschutz, 145.

20 Grundlegend zur Rezeption der Rechtsprinzipien des Strafrechts: Eichholt, Bernd: Regulae iuris des Liber VI im staatlichen und kirchlichen Straf- und Prozessrecht. In: Ohly, Christoph/Haering, Stephan/Müller, Ludger (Hg.): Rechtskultur und Rechtspflege in der Kirche (FS Wilhelm Rees; Kanonistische Studien und Texte 71). Berlin 2020, 39–52.

setzgeber als auch den Rechtsanwender im Bereich des sexuellen Missbrauchs vor große Herausforderungen, da der Tatbestand bzw. die Tatbestände eindeutig und rechtssicher formuliert sein müssen. Konkret ist also die Frage zu beantworten, ob eine bestimmte Handlung unter oder über der Grenze zur Strafbarkeit liegt. Es gilt ja wie aufgezeigt die enge Auslegung gemäß c. 18 CIC/1983. Dieser Sachzusammenhang wird später im Kontext der Bestimmtheit des Tatbestandes in c. 1395 § 3 und c. 1398 CIC/193 noch einmal aufgegriffen.

Zweitens das *Schuldprinzip*:
Ohne Schuld kann keine Strafe verhängt werden (*sine culpa nulla poena*).[21] Nur der Person, der die Tat zurechenbar ist und deren Schuld festgestellt wurde, kann gemäß c. 1321 § 2 CIC/1983 bestraft werden. Handelt es sich nicht um schuldhaftes Handeln, kann der vermeintliche Täter nicht bestraft werden. Das Element der Zurechenbarkeit hat immense Bedeutung. Wer jetzt jedoch an Schuldminderungsgründe wie Trunkenheit denkt, muss zusätzlich beachten, dass derjenige, der etwa die Trunkenheit absichtlich herbeiführt, um eine Tat zu begehen, dessen Schuld dann gemäß c. 1324 § 1 °2 CIC/1983 nicht als gemindert gilt.[22]

Drittens die *Unschuldsvermutung*:
Auch in der Kirche gilt jener gemeinhin bekannte Rechtssatz: im Zweifel für den Angeklagten (*in dubio pro reo*). Die Unschuldsvermutung ist hierbei kein Mittel zum Zweck der Vertuschung, sondern ein rechtsstaatliches Prinzip. Detaillierter formuliert: der Ankläger muss die Präsumtion (die Rechtsvermutung) der Unschuld des Angeklagten im gerichtlichen Prozess entkräften. Der Angeklagte muss eben nicht seine Unschuld beweisen. Dieses Prinzip entstand im Rahmen des Inquisitionsprozesses, bei dem der der Ketzerei beschuldigte Christ nicht seine Unschuld nachweisen musste, sondern vielmehr der anklagende Inquisitor die Unschuldsvermutung argumentativ, logisch und mit vernünftigen Argumenten entkräften musste.[23] Die Strafrechtsreform Papst Franziskus' hat dieses fundamentale Rechtsprinzip expressiv verbis wieder in den CIC in c. 1321 § 1 aufgenommen, wenn es dort nun heißt: „Jeder ist so lange als unschuldig anzusehen, bis das Gegenteil bewiesen ist."

21 Zur kanonischen Schuldlehre nach wie vor eingängig: Kuttner, Stephan: Kanonistische Schuldlehre von Gratian bis auf die Dekretalen Gregors IX. Systematisch auf Grund der handschriftlichen Quellen dargestellt. Vatikanstadt 1935.

22 Vgl. Lüdicke: Kommentar zu c. 1324. In: MK CIC, Rn. 9; sowie Ders.: Kommentar zu c. 1325. In: MK CIC, 6.

23 Vgl. zum rechtshistorischen Zusammenhang: Kerry, Lotte: Gottesfurcht und irdische Strafe. Der Beitrag des mittelalterlichen Kirchenrechts zur Entstehung des öffentlichen Strafrechts (Konflikt, Verbrechen und Sanktion in der Gesellschaft Alteuropas 10). Köln 2006.

Viertens das *absolute Rückwirkungsverbot* im Strafrecht:
Niemand kann für eine Tat bestraft werden, die zum Zeitpunkt der Tat nicht unter Strafe stand. Dies hängt im kirchlichen Bereich unter anderem mit dem bereits erwähnten c. 221 § 3 CIC/1983 zusammen, aber auch mit c. 1313 § 1 CIC/1983, der auf die *regulae iuris* Papst Bonifaz' VIII.: „*In poenis benignior est interpretatio facienda*" zurückgeht. Dies klingt nach dem ersten Hören wenig einsichtig. Seit dem 8. Dezember 2021 ist zum Beispiel der sexuelle Missbrauch einer erwachsenen oder minderjährigen Person durch einen männlichen oder weiblichen Laien gemäß c. 1398 § 2 i. V. m. c. 1395 § 3 CIC/1983 strafbar. Hat jedoch ein Pastoralreferent am 2. Dezember 2021 eine solche Tat begangen, lag bei ihm nach diesem Prinzip keine Straftat vor. Vielleicht leuchtet das dahinterstehende rechtsstaatliche Prinzip mit einem anderen Beispiel mehr ein: Wenn der Deutsche Bundestag das Betreiben einer Ölheizung ohne genormte Filteranlage ab dem 01.10.2023 unter Strafe stellt, kann niemand dafür bestraft werden, der eine Ölheizung ohne Filteranlage vom 27.04.2023 bis zum 30.09.2023 betrieben hat.

Letztendlich sorgt dieses Prinzip für Rechtssicherheit, da alle Rechtsunterworfenen wissen können, welche Handlungen strafrechtlich sanktioniert werden, womit auch ein Rechtsfrieden hergestellt ist. Bestünde dauerhafte Unsicherheit über die Legalität einer Handlung, würden rechtsstaatliche Prinzipien unterminiert.

Fünftens die *Offizialmaxime*:
Die Offizialmaxime dient vor allem der Entlastung der geschädigten Person, also in unserem Kontext der Opfer. Die Opfer sind nicht dazu verpflichtet, das Verbrechen, das ihnen widerfahren ist, zu beweisen – also die Unschuldsvermutung zu entkräften. Der Staat bzw. die kirchliche Autorität als Gerichtsherren müssen dem Amtsermittlungsgrundsatz folgen und haben die zwingende Pflicht, den mutmaßlichen Täter anzuklagen und alle Beweise zu ermitteln und anzuführen, um die Präsumtion der Unschuld des Beklagten zu entkräften. Papst Franziskus erinnert in der Apostolischen Konstitution zur Promulgation des neuen Strafrechts *Pascite Gregem Dei* die Bischöfe eindringlich an diese Amtspflicht.[24] In ihrer Ursprungsform führt die Offizialmaxime auch dazu, dass die geschädigte Person keine Partei im Prozess ist. Dies muss allerdings, wie uns die staatliche

24 Vgl. Papst Franziskus: Apostolische Konstitution Pascite Gregem Dei vom 21. Mai 2021. Online unter: https://www.vatican.va/content/francesco/de/apost_constitutions/documents/papa-francesco_costituzione-ap_20210523_pascite-gregem-dei.html (Stand: 19.03.2024); Zur Pflicht zu strafen vgl. Neumann, Thomas: Hat die Kirche die Pflicht zu strafen? Rechtsdogmatische Überlegungen zu c. 1311 § 2 CIC/1983 N. F. In: Ders./Platen, Peter/Schüller, Thomas (Hg.): Nulla est cariats sine iustitia (FS Klaus Lüdicke; MK CIC. Beihefte 82). Essen 2023, 203–227.

Rechtsentwicklung zeigt, nicht der Fall sein.[25] Die Nebenklage könnte ebenso wie im staatlichen Recht im kirchlichen Strafprozessrecht eingeführt werden. Bisher gibt es nur die Möglichkeit, durch eine Schadensersatzklage (Adhäsionsverfahren) als dritte Partei gemäß c. 1729–1731 CIC/1983 am Prozess teilzunehmen.

Diese fünf Rechtsstandards, die im Übrigen mehrheitlich von der Kirche in der Rechtsgeschichte entwickelt und dann vom Staat adaptiert wurden, muss auch die Kirche einhalten. Es ist mehr als verwerflich, wenn man der Auffassung ist, diese Standards würden nicht für die Kirche gelten.

Die bisherigen Ausführungen verdeutlichen, unter welchen Bedingungen kirchlich-rechtliche Prozesse stattzufinden haben. Die Person, die von einer Straftat erfährt oder zumindest die Vermutung hat, dass eine Straftat vorliegen könnte, oder lediglich feststellt, dass ein Verstoß gegen das Präventionskonzept besteht, muss das alles nicht bedenken, bevor sie handelt. Die Rechtsanwender, also die kirchlichen Autoritäten, haben all dies zu bedenken. Im Zuge der Forderung nach möglichst großer Transparenz ist es jedoch hilfreich, wenn die rechtlichen Handlungsmaximen allen Personen bekannt sind, um rechtliche Vorgänge einordnen zu können.

2. Konkrete Handlungsweise

Was ist also zu tun, wenn ich z. B. Kenntnis von einem Verstoß gegen das Präventionskonzept erlange? Ich muss eine Meldung – zu Latein: *notitia de delicto* – machen. Diese Meldung erstatte ich in aller Regel in Deutschland bei einer der zuständigen Ansprechpersonen des für mich zuständigen Bistums. Natürlich ist es jedem unbenommen, diese Meldung auch direkt dem Bischof, dem kirchlichen Gericht, dem Dikasterium für die Glaubenslehre oder dem Papst mitzuteilen. Die Zuständigkeit ergibt sich aufgrund des Wohnsitzes (c. 1408 CIC/1983) der beschuldigten Person oder des vermeintlichen Tatortes (c. 1412 CIC/1983).[26]

Welche Quellen kann diese Meldung haben? Das DDF führt in Nr. 10 des Vademecums aus:

„Diese notitia kann demnach verschiedene Quellen haben: Sie kann formell dem Ordinarius oder Hierarchen mündlich oder schriftlich von dem mutmaßlichen Opfer, von

25 Breit diskutiert wurden strafprozessrechtliche Reformen jüngst auf der von der päpstlichen Kinderschutzkommission organisierten Tagung „Promoting and protecting the dignity of individuals in child and vulnerable adult abuse allegations: balancing confidentiality, transparency, and accountability." Abgedruckt in Heft 3 und 4 der Periodica de Re Canonica 109 (2020). Konkret vor allem der Beitrag von Charles J. Scicluna: The Rights of Victims in Canonical Penal Processes, 493–503.

26 Vgl. Lüdicke: Kommentar zu c. 1717. In: MK CIC, Rn. 5.

seinem Vormund oder von anderen Personen, die behaupten, über die Fakten informiert worden zu sein, vorgelegt werden; sie kann zum Ordinarius oder Hierarchen während der Ausübung seiner Aufsichtspflichten gelangen; sie kann dem Ordinarius oder Hierarchen von den staatlichen Behörden entsprechend den von den örtlichen Vorschriften vorgesehenen Modalitäten vorgelegt werden; sie kann von den Massenkommunikationsmitteln (einschließlich der social media) verbreitet werden; der Ordinarius oder Hierarch kann durch sich häufende Gerüchte wie auch auf jede andere angemessene Weise davon Kenntnis erlangen."[27]

Diese Vielzahl von Quellen deutet schon an, dass auch eine anonyme Meldung möglich ist. Explizit heißt es hierzu in Nr. 11:

„Mitunter kann die notitia de delicto von einer anonymen Quelle kommen, das heißt von nicht identifizierten oder nicht identifizierbaren Personen. Die Anonymität des Anzeigenden darf nicht dazu führen, diese notitia automatisch für falsch zu halten; dennoch ist es aus gut nachvollziehbaren Gründen angemessen, große Vorsicht walten zu lassen, eine derartige notitia zu beachten. Keinesfalls darf zu anonymen Beschuldigungen ermutigt werden."[28]

Die Meldung sollte den Namen des mutmaßlichen Täters, den Ort und die Zeit der Tat beinhalten. Wiederum heißt es aber in Nr. 13, wenn eine Meldung nicht alle diese Elemente beinhaltet:

„Zuweilen liefert die notitia de delicto keine Details zu den Umständen (Namen, Orte, Zeiten ...). Auch wenn sie vage und unbestimmt ist, muss sie einer angemessenen Wertung unterzogen und es muss ihr im Rahmen des Möglichen mit der geschuldeten Aufmerksamkeit nachgegangen werden."[29]

Der Amtsermittlungsgrundsatz wird also hochgehalten. Explizit wird dies nochmals in Nr. 10 § 1 SST seit 2001 betont:

„Wann immer der Ordinarius oder Hierarch eine mindestens wahrscheinliche Nachricht über eine schwerwiegendere Straftat erhält, muss er nach Durchführung einer Voruntersuchung nach Maßgabe von can. 1717 CIC bzw. can. 1468 CCEO die Kongregation für die Glaubenslehre darüber informieren, die, wenn sie den Fall nicht aufgrund besonderer Umstände an sich zieht, den Ordinarius oder den Hierarchen zum weiteren Vorgehen beauftragt."[30]

27 Dikasterium für die Glaubenslehre: Vademecum.
28 Ebd.
29 Ebd.
30 Dikasterium für die Glaubenslehre: Normen über die Straftaten, die der Kongregation für die Glaubenslehre reserviert sind (delicta graviora) i. d. F. vom 11. Oktober 2021.

Unterlässt der Ordinarius die Einleitung einer Voruntersuchung oder die Weiterleitung der Untersuchungsergebnisse an die DDF, begeht er seit dem 1. Juni 2019 eine Straftat gemäß Art. 1 § 1 b) VELM, die seine Absetzung zur Folge haben kann:

„die Verhaltensweisen, die von den in Artikel 6 genannten Personen verwirklicht werden und in Handlungen oder Unterlassungen bestehen, die darauf gerichtet sind, die zivilen Untersuchungen oder kirchenrechtlichen Untersuchungen verwaltungsmäßiger oder strafrechtlicher Natur gegenüber einem Kleriker oder einer Ordensperson bezüglich der unter dem Buchstaben a) dieses Paragraphen genannten Vergehen zu beeinflussen oder zu umgehen."[31]

Über die Hilfskonstruktion des Amtsmissbrauchs gemäß c. 1389 CIC/1983 A.F.[32] dürfte aber bereits vor dem 1. Juni 2019 eine Straftat vorgelegen haben. Weiterhin hat der kirchliche Gesetzgeber in Art. 3 VELM[33] die Anzeigepflicht für Kleriker und Ordensleute wiederbelebt, die bereits in c. 1935 § 1 CIC/1917 bestand, aber nicht in den CIC/1983 übernommen wurde. Seit dem 8.12.2021 besteht mit c. 1371 § 6 CIC/1983 auch eine konkrete Sanktion, womit die Nicht-Weiterleitung einer Meldung zweifelsfrei als Straftat gilt:

„Wer die Weitergabe einer Strafanzeige versäumt, zu der er vom kirchlichen Recht verpflichtet ist, soll nach Maßgabe des can. 1336 §§ 2–4, bestraft werden; je nach Schwere der Straftat werden andere Strafen hinzugefügt."

Online unter: https://www.vatican.va/roman_curia/congregations/cfaith/documents/rc_con_cfaith_doc_20211011_norme-delittiriservati-cfaith_ge.html (Stand: 19.03.2024).

31 Papst Franziskus: Motu Proprio „Vos estis lux mundi".

32 C. 1389 CIC/1983 A.F.: „§ 1 Wer kirchliche Gewalt oder einen kirchlichen Dienst mißbraucht, soll je nach Schwere der Tat oder Unterlassung bestraft werden, den Amtsentzug nicht ausgenommen, es sei denn, daß gegen diesen Mißbrauch schon eine Strafe durch Gesetz oder Verwaltungsbefehl festgesetzt worden ist.
§ 2 Wer aber aus schuldhafter Nachlässigkeit eine Handlung kirchlicher Gewalt, eines kirchlichen Dienstes oder einer kirchlichen Aufgabe unrechtmäßig zu fremden Schaden setzt oder unterläßt, soll mit einer gerechten Strafe belegt werden." Vgl. hierzu: Bamberg, Anne: La révocation, sanction de la négligence de l'autorité. Réflexions autour de motu proprio comme une mère aimante. In: Revue de Droit Canonique 68 (2018), 203–221, hier 216.

33 Vgl. Papst Franziskus: Motu proprio „Vos estis lux mundi", Art. 3 § 1: „Außer im Falle der Kenntnisnahme der Nachricht durch einen Kleriker in Ausübung seines Dienstes im forum internum, hat ein Kleriker oder ein Angehöriger eines Instituts des geweihten Lebens oder einer Gesellschaft des apostolischen Lebens jedes Mal, wenn er Nachricht darüber oder triftige Gründe zur Annahme hat, dass eine der Taten nach Artikel 1 begangen wurde, die Pflicht, sie beizeiten dem Ordinarius des Ortes, wo die Taten stattgefunden haben sollen, oder einem anderen Ordinarius gemäß can. 134 CIC und can. 984 CCEO zu melden, unbeschadet der Bestimmung des § 3 dieses Artikels."

Als Straftäter kommen allerdings nur Kleriker und Ordensleute in Frage. Dies ist bedauerlich, da c. 1935 §1 CIC/1917 die Anzeigepflicht für alle Gläubigen festschrieb und zwar in allen Fällen, bei denen eine Straftat gemäß dem Naturrecht gegen das Gemeinwohl vorlag.[34] Dies wäre eine notwendige Ergänzung de lege ferenda, die auch partikularrechtlich umsetzbar wäre, etwa für alle kirchlichen Angestellten.[35]

Wie geht es nun weiter, wenn die Meldung bei der zuständigen kirchlichen Behörde eingegangen ist? Aus Platzgründen und dem eher allgemeinem Fokus des Beitrags beschränke ich mich hier auf das universalkirchlich vorgeschriebene Verfahren. Soviel sei zum deutschen Verfahren gesagt: es weicht in erheblichem Maße von dem universalkirchlichen Verfahren ab, was mehr rechtliche Probleme als Verbesserungen in sich birgt.[36]

Der Bischof muss eine Voruntersuchung gemäß c. 1717 CIC/1983 einleiten. Darauf kann er gemäß DDF u. a. nur verzichten, wenn der mutmaßliche Täter bereits verstorben ist, denn gegen Tote kann nicht ermittelt werden. Ein anderer Grund für den Verzicht ist, wenn der mutmaßliche Täter zum Zeitpunkt der Tat kein Kleriker[37] war, wenn eine Straftat nach c. 1398 §1 CIC/1983 behauptet wird.[38] Die Voruntersuchung ist keine Ermittlung und kein Vorprozess, sondern ihr Gegenstand ist die Prüfung, ob die *notitia de delicto* wahrscheinlich ist und ein Strafprozess eingeleitet werden kann bzw. muss.[39] Nochmals in aller Deutlichkeit: der Prüfgegenstand der Voruntersuchung ist nicht, ob die Tat begangen worden

34 Vgl. Núnez, Gerardo: Vademécum sobre absusos de menores de la Congregación para la Doctrina de la Fe: reflexiones jurídicas y pastorales. In: Ius Canonicum 61 (2021), 139–196, hier 149.

35 Der Bestimmung in Nr. 11 der Interventionsordnung der DBK mangelt es an Bestimmtheit, um c. 1371 §6 CIC/1983 auf kirchliche Angestellte anwenden zu können. Gemäß c. 18 CIC/1983 müsste expressis verbis eine Pflicht zur Meldung normiert werden. Die Formulierung „haben unverzüglich zu informieren" bietet nicht die ausreichende Rechtssicherheit. Vgl. Bischof von Münster: Ordnung für den Umgang mit sexuellem Missbrauch Minderjähriger und schutz- oder hilfebedürftiger Erwachsener durch Kleriker und sonstige Beschäftigte im kirchlichen Dienst (Interventionsordnung). In: KABl Münster 156 (2022), 195–209.

36 Vgl. zu den Mängeln des deutschen Verfahrens: Althaus, Rüdiger: Der Umgang mit des sexuellen Missbrauchs beschuldigten Klerikern – Unschuldsvermutung oder Vorverurteilung? Eine Gratwanderung. In: Neumann, Thomas/Platen, Peter/Schüller Thomas (Hg.): Nulla est caritas sine iustitia (Festschrift Klaus Lüdicke; MK CIC. Beihefte 82). Essen 2023, 11–33; siehe auch Lüdicke: Nicht nur Worte, 618 f.; Exemplarisch sei auf folgende Aspekte verwiesen: Verfolgung von nicht strafbewährten Handlungen, der Begriff der schutzbedürftigen Person, das Konterkarieren der kanonischen Voruntersuchung gemäß c. 1717 CIC/1983, das Fehlen der Verfolgung von sexuellem Missbrauch an Erwachsenen.

37 Gemäß c. 266 §1 CIC/1983 ist eine Person Kleriker ab dem Empfang der Diakonenweihe.

38 Vgl. Dikasterium für die Glaubenslehre: Vademecum, Nr. 18.

39 Vgl. ebd., Nr. 33 und 34.

ist, sondern ob die *notitia de delicto* wahrscheinlich ist.[40] Es sind die subjektiven und objektiven Voraussetzungen der Strafbarkeit zu prüfen,[41] also ob ein strafbewährtes Gesetz verletzt wurde bzw. ein Straftatbestand vorliegt, der vermeintliche Täter die rechtliche Qualifikation als Täter besitzt (Kleriker oder nicht), das vermeintliche Opfer die rechtliche Qualifikation als Opfer besitzt, etwa ob das vermeintliche Opfer zum Tatzeitpunkt minderjährig war und damit c. 1398 CIC/1983 anwendbar ist, oder volljährig und damit c. 1395 §3 CIC/1983 in Frage kommt. Gemäß c. 1717 §2 CIC/1983 ist bei jeder Voruntersuchung darauf zu achten, dass weder der gute Ruf des Beschuldigten noch der gute Ruf der vermeintlichen Opfer unrechtmäßig geschädigt werden Das DDF führt hierzu aus:

> „Die cann. 1717 §2 CIC und 1468 §2 CCEO sowie die Artikel 4 §2 und 5 §2 VELM beziehen sich auf den Schutz des guten Rufs der beteiligten Personen (Beschuldigte, mutmaßliche Opfer, Zeugen), damit die Anzeige nicht zu Vorurteilen, Vergeltungsmaßnahmen und Diskriminierung führt. Die Voruntersuchungsführer müssen daher besondere Achtsamkeit walten lassen und alle entsprechenden Vorsichtsmaßnahmen treffen, da der Schutz des guten Rufes ein Recht der Gläubigen ist, das von den cann. 220 CIC und 23 CCEO garantiert wird. Es sei jedoch darauf hingewiesen, dass diese Canones nur vor der rechtswidrigen Verletzung dieses Rechts schützen; wenn also das Gemeinwohl in Gefahr ist, stellt die Verbreitung von Informationen über das Bestehen einer Anklage nicht unbedingt eine Verletzung des guten Rufs dar.“[42]

Keinesfalls soll durch diese Bestimmungen Vertuschung befördert werden, sondern es geht darum, dass Beschuldigungen nicht ohne vorherige Prüfung an die Öffentlichkeit gegeben werden. Eine voreilige Veröffentlichung kann zum Schaden der vermeintlichen Täter, aber auch der vermeintlichen Opfer und der meldenden Personen gereichen. Eine Rechtssicherheit besteht durch die Notwendigkeit, die Voruntersuchung mit einem Dekret einzuleiten (c. 1717 §3 CIC/1983).

Nach der Voruntersuchung, je nachdem ob es sich um minderjährige oder volljährige Opfer handelt, muss eine Meldung an die DDF erfolgen, die über das weitere Vorgehen entscheidet, oder der Bischof selbst muss direkt einen Strafprozess einleiten. Im Strafprozess selbst gelten dann wiederum alle vorher genannten Rechtsprinzipien. Der mutmaßliche Täter hat ein Recht auf Verteidigung, es werden Zeugen gehört und der Kirchenanwalt (promotor iustitiae) fungiert als Ankläger. Der Prozess folgt allerdings dem Schriftlichkeitsprinzip und ist nicht öffentlich. Allerdings hat Papst Franziskus, man muss sagen endlich, 2019 das

40 Vgl. Coetus Studii De Iure Poenali: Sessio IX vom 27.–29. April 1970. In: Communicationes 48 (2016), 202 und explizit 203: „Il Rev.mo secondo Consultore obietta che altro è se il delitto è certo, e altro è se la notizia del delitto è certa.“

41 Vgl. Lüdicke: Kommentar zu c. 1717. In: MK CIC, Rn. 3 und 4.

42 Dikasterium für die Glaubenslehre: Vademecum, Nr. 44.

päpstliche Geheimnis für Strafprozesse aufgehoben, d.h. Urteile dürfen entsprechend anonymisiert veröffentlicht werden, u.a. um eine Einheitlichkeit der Rechtsprechung und damit auch mehr Gerechtigkeit gewährleisten zu können.[43] Im März diesen Jahres stellte Papst Franziskus in der überarbeiteten Version von VELM klar, dass die Opfer ein Recht auf Information über das Urteil gemäß Art. 18 §3 besitzen, wenn es um Verfahren nach diesem Rechtstext geht:

„Unter Beachtung der Anweisungen des zuständigen Dikasteriums informiert der Metropolit die Person, die behauptet, geschädigt worden zu sein, und gegebenenfalls die Person, welche die Meldung gemacht hat, oder ihre gesetzlichen Vertreter auf Anfrage über den Ausgang der Untersuchung.“[44]

Ob dies auch allgemein für Strafverfahren gilt, ist derzeit nicht sicher.[45]

Abschließend darf der Straftatbestand im kirchlichen Recht, der sexuellen Missbrauch ahnden soll, nicht unerwähnt bleiben. Es gibt seit dem 8. Dezember 2021 marginale Veränderungen in der Formulierung der Straftatbestände des sexuellen Missbrauchs. Bezüglich Minderjährigen als Opfern heißt es nun in c. 1398, der unter dem Titel *Straftaten gegen Leben, Würde und Freiheit des Menschen* eingeordnet ist:

„§1. Mit der Amtsenthebung und anderen gerechten Strafen, wenn es die Schwere des Falles nahelegt, die Entlassung aus dem Klerikerstand nicht ausgenommen, soll ein Kleriker bestraft werden:

1° der eine Straftat gegen das sechste Gebot des Dekalogs mit einem Minderjährigen oder einer Person begeht, deren Vernunftgebrauch habituell eingeschränkt ist oder der das Recht einen gleichen Schutz zuerkennt;

2° der einen Minderjährigen oder eine Person, deren Vernunftgebrauch habituell eingeschränkt ist oder der das Recht einen gleichen Schutz zuerkennt, dazu verführt oder verleitet an echten oder simulierten pornographischen Darstellungen teilzunehmen oder diese umzusetzen;

3° der für sich gegen die guten Sitten in jedweder Form und mit jedwedem Mittel pornographische Bilder von Minderjährigen oder Personen, deren Vernunftgebrauch habituell eingeschränkt ist, erwirbt, aufbewahrt oder verbreitet.“

43 Papst Franziskus: Rescriptum ex Audentia SS.mi: Rescritto del Santo Padre Francesco con cui si promulga l’Istruzione Sulla riservatezza delle cause vom 17.12.2019. Online unter: https://press.vatican.va/content/salastampa/it/bollettino/pubblico/2019/12/17/1011/02062.html (Stand: 19.03.2024). Siehe auch Dikasterium für die Glaubenslehre: Delicta Graviora, Art. 28 §1.

44 Papst Franziskus: Motu proprio „Vos estis lux mundi“.

45 Vgl. Beal, John P.: Accountability and transparency according to canon and international law: A human rights perspective. In: Periodica de Re Canonica 109 (2020), 505–526.

Neben der löblichen Änderung des rechtssystematischen Ortes und der Übernahme der Straftatbestände bezüglich Pornographie bleibt jedoch der mehr als problematische Begriff *contra sextum*[46] erhalten. Noch weniger nachvollziehbar ist, dass in c. 1395 §3 CIC/1983 bei volljährigen Opfern immer noch von einem Verstoß gegen besondere Verpflichtungen gesprochen wird und nicht von einem Delikt gegen die Würde, das Leben und die Freiheit des Menschen:

„Mit der gleichen Strafe, die im § 2 erwähnt wird, soll ein Kleriker bestraft werden, der mit Gewalt oder durch Drohungen oder Missbrauch seiner Autorität eine Straftat gegen das sechste Gebot des Dekalogs begangen oder jemand gezwungen hat, sexuelle Handlungen vorzunehmen oder zu ertragen."

Neben der nicht nachvollziehbaren Beibehaltung des rechtssystematischen Ortes für sexuellen Missbrauch an Erwachsenen scheint der Gesetzgeber im vierzehnjährigen Reformprozess scheinbar nicht alle redaktionellen Versehen beseitigt zu haben. Löblich ist, dass nun klar ist, dass jede erwachsene Person Opfer sexueller Gewalt sein kann. Diese Straftat kann durch Gewalt, Drohung oder (neu) Missbrauch der Autorität begangen worden sein. Ein gewisses Unverständnis für die Endredaktion stellt sich ein, wenn hier auch sexuelle Handlungen erfasst werden, die Opfer an sich vornehmen müssen oder vom Täter ertragen müssen, also wohl die entsprechenden Hands-Of-Delikte. Warum diese bei Erwachsenen erfasst, jedoch bei Minderjährigen ausgelassen werden, ist weder strafrechtlich noch logisch nachvollziehbar.

Eine grundlegende Neufassung des Straftatbestands ist folglich ausgeblieben. *Contra sextum* inhäriert immer noch, dass es sich um ein Verbrechen handelt, das die moralische Integrität des Täters desavouiert.[47] Das Opfer ist immer noch nicht an erster Stelle. Der Verweis auf die Passage im Katechismus der Katholischen Kirche (KKK) Nr. 2336 trägt nicht zur Bestimmtheit bei („Die Überlieferung der Kirche hat das sechste Gebot als auf die gesamte menschliche Geschlechtlichkeit bezogen verstanden.") Dabei gibt es im KKK im Bereich *contra quinto* und *contra sextum* gute Ausgangsdefinitionen:

46 Zur Problematik dieses Tatbestandes siehe: LÜDICKE: Kommentar zu c. 1395. In: MK CIC, Rn. 4; PLATEN, Peter: Perspektiven für eine Reform des kirchlichen Strafrechts mit besonderem Blick auf den sexuellen Missbrauch Minderjähriger durch Geistliche. In: HAERING, Stephan (Hg.): In mandatis meditari (FS Hans Paarhammer; KST 58). Berlin 2012, 639–656, hier 648 f.; jüngst veröffentlich: MULHERON, Susan Michelle: Delicts „contra sextum Decalogi praeceptum": Historical Development and Canonical Application (Dissertationes. Series Canonica). Rom 2023; HACK, Tobias: Delicta contra sextum: moraltheologische Analyse einer problematischen Handlungsklassifizierung. In: MECKEL, Thomas/PULTE, Matthias (Hg.): Das neue kirchliche Strafrecht zwischen Kontinuität und Diskontinuität (Kirchen- und Religionsrecht 36). Münster 2023, 73–98.

47 Vgl. VISIOLI: protectione penale, 606.

KKK 2285 „Besonders schlimm ist sexueller Missbrauch, wenn er von Respektspersonen begangen wird und wenn Schwache dadurch gefährdet werden. Dies hat unseren Herrn zum Wehruf veranlaßt: ‚Wer einem von diesen Kleinen, die an mich glauben, Ärgernis gibt, für den wäre es besser, wenn er mit einem Mühlstein um den Hals im tiefen Meer versenkt würde!' (Mt 18,6)1. [...]."

KKK 2356 „Sexueller Missbrauch ist ein gewaltsamer Einbruch in die geschlechtliche Intimität eines Menschen. Er ist ein Verstoß gegen die Gerechtigkeit und die Liebe. Sexueller Missbrauch ist eine tiefe Verletzung des jedem Menschen zustehenden Rechtes auf Achtung, Freiheit, physische und seelische Unversehrtheit. Er fügt schweren Schaden zu, der das Opfer lebenslang zeichnen kann. Er ist stets eine in sich zutiefst verwerfliche Tat.[48]

3. Warum bestraft die Kirche Sexualdelikte?

Abschließend – um eine letzte Orientierungshilfe zu geben – stelle ich die wohl angesichts der ebenfalls staatlichen Strafbarkeit des sexuellen Missbrauchs fundamentale Frage, warum die Kirche überhaupt sexuelle Delikte bestraft, kann diese aber nur sehr kursorisch beantworten.

Die Kirche bestraft Verbrechen. Jedem Verbrechen liegt eine Sünde zugrunde, aber nicht jede Sünde ist ein Verbrechen. Ein Verbrechen (*crimen*) hat jedoch den Bereich des *forum internum* der Sünde verlassen und einen Schaden am Opfer und der Gemeinschaft im *forum externum ex sese* bewirkt. Folglich kann einem Verbrechen nicht mit der Buße, also den rein für das *forum internum* geeigneten Mitteln, begegnet werden.[49] Anders formuliert: die in c. 1311 § 2 CIC/1983 normierten Strafzwecke der Wiederherstellung der Gerechtigkeit, der Besserung des Täters (inklusive der Wiedergutmachung) und die Reparation des Ärgernisses können nicht durch interne Mittel, sondern nur mit den öffentlichen Mitteln des Strafrechts erreicht werden. Ärgernis hat hier eine communitäre Zielrichtung und nicht die umgangssprachliche Dimension des Schutzes des Rufes der Kirche. So definiert Riedel-Spangenberger ein Ärgernis als:

48 Nr. 2285 handelt vom Ärgernis der Verletzung der Menschenwürde und Nr. 2356 von der Vergewaltigung. Die Begriffe wurden vom Autor durch „sexueller Missbrauch" ersetzt.

49 Vgl. zu diesem strafrechtstheoretischen Zusammenhang: Müller, Daniela: Schuld – Geständnis – Buße. Zur theologischen Wurzel von Grundbegriffen des mittelalterlichen Strafprozessrechts. In: Schlosser, Hans/Spandel, Rolf/Willoweit, Dietmar (Hg.): Herrschaftliches Strafen seit dem Hochmittelalter. Formen und Entwicklungsstufen (Konflikt, Verbrechen und Sanktionen in der Gesellschaft Alteuropas 5). Köln/Weimar/Wien 2002, 403–420.

„Widerspruch hervorrufende, von einem erheblichen Teil der kirchlichen Gemeinschaft missbilligte Schädigung des kirchlichen Zeugnisses und der Ordnung der Kirche durch die Übertretung eines göttlichen oder kirchlichen Gebotes."[50]

Neben diesen allgemeinen Strafzwecken hat jede strafrechtliche Norm ein gesondertes Gut, das geschützt werden soll. In Bezug auf die sexualisierte Gewalt sind zwei Schutzgüter auszumachen: An erster Stelle die Würde, anders formuliert die körperliche und seelische Unversehrtheit des Menschen. Dieses Schutzgut wurde durch die Änderung des rechtssystematischen Ortes von c. 1398 CIC/1983 unter Titel VI *Straftaten gegen Leben, Würde und Freiheit des Menschen* hervorgehoben. Dieses erste Schutzgut findet sich auch im staatlichen Strafrecht. Als zweites Schutzgut kann die Integrität der Gemeinschaft und des kirchlichen Amtes identifiziert werden. Denn i. d. R. haben Täter ihr Amt missbraucht, um anderen Menschen erhebliches Leid zuzufügen, was gemäß c. 1326 § 1 °2 ein strafverschärfender Umstand ist. Dieses zweite Schutzgut wird nicht durch das staatliche Strafrecht geschützt, sondern ist kirchenspezifisch.[51] Keineswegs ist hiermit der Ruf der Kirche als Schutzgut gemeint, sondern der Schaden durch das Verbrechen des sexuellen Missbrauchs, der den Opfern, den Familien der Betroffenen, den Menschen in Gemeinden von Tatorten oder Einsatzorten von Tätern und damit der gesamten kirchlichen Gemeinschaft zugefügt wird. Beim zweiten Schutzgut steht der communitäre Aspekt[52] des Strafrechts im Vordergrund, anders formuliert der Schaden, der durch die Täter und ihre Verbrechen der Gemeinschaft zugefügt wurde.

Dieser Beitrag gibt erste Orientierungspunkte im rechtlichen Umgang mit sexuellem Missbrauch, zugleich ist als Resümee hinzufügen, dass noch sehr viel Arbeit vor den Kanonistinnen und Kanonisten und dem Gesetzgeber liegt. Eine konsequente und gerechte Anwendung des Rechts vermag hierbei ein kleiner Baustein für eine Brücke sein, die die Kluft zwischen dem Anspruch der Kirche, sie

„sei die Familie Gottes, die Expertin der Menschlichkeit. Und als ‚Mutter und Lehrmeisterin der Völker' sieht die katholische Kirche sich auf alle Zeit von Gott berechtigt, durch den Papst und seine Bischöfe nicht nur die sittlichen Grundsätze für die soziale Ordnung aufzu-

50 Riedel-Spangenberger, Ilona: s. v. Ärgernis kath. In: Campenhausen, Axel von u. a. (Hg.): Lexikon für Kirchen- und Staatskirchenrecht, 163–165, hier 164.

51 Vgl. Hallermann, Heribert: Ne bis in idem. Kanonistische Überlegungen zu einem alten Rechtssprichwort angesichts problematischer Aspekte der Anwendung des kirchlichen Sanktionsrechts. In: Ohly, Christoph/Rees, Wilhelm/Gerosa, Libero (Hg.): Theologia Iuris Canonici. (FS Ludger Müller; KST 67). Berlin 2020, 533–559; hier 540 und 554: „Der Missbrauch pastoraler Beziehungen, das heißt ein Verhalten im seelsorglichen, beratenden oder pflegerischen Kontext, durch das ein die Menschenwürde beschädigendes oder sittenwidriges Ziel angestrebt wird, kann beziehungsweise muss gemäß c. 1389 § 1 CIC/1983 als Amtsmissbrauch, abusus potestatis aut muneris, bestraft werden."

52 Zum Ansatz der communitären Dimension vgl.: Lüdicke: Einleitung vor 1311. In: MK CIC, Rn. 15–20; auch Neumann: Hat die Kirche die Pflicht zu strafen, bes. 215–218.

stellen, sondern auch die moralische Qualität allen menschlichen Handelns, einschließlich des politischen zu beurteilen“[53]

und dem Versagen der Verantwortlichen im rechtlichen Umgang mit Fällen sexuellen Missbrauchs, überwindet.

Literaturverzeichnis

ALTHAUS, Rüdiger: Der Umgang mit des sexuellen Missbrauchs beschuldigten Klerikern – Unschuldsvermutung oder Vorverurteilung? Eine Gratwanderung. In: NEUMANN, Thomas/PLATEN, Peter/SCHÜLLER Thomas (Hg.): Nulla est caritas sine iustitia (FS Klaus LÜDICKE; MK CIC. Beihefte 82). Essen 2023, 11–33.

ANUTH, Bernhard Sven: Kirchenschutz vor Kinderschutz? Eine kirchenstraf- und verfahrensrechtliche Problemanzeige zum Umgang mit sexuellem Missbrauch Minderjähriger durch Kleriker. In: HILPERT, Konrad/LEIMGRUBER, Stephan/SAUTERMEISTER, Jochen/WERNER, Gunda (Hg.): Sexueller Missbrauch von Kindern und Jugendlichen im Raum von Kirche (Quaestiones Disputatae 309). Freiburg i. Br. 2020, 129–146.

BAMBERG, Anne: La révocation, sanction de la négligence de l'autorité. Réflexions autour de motu proprio comme une mère aimante. In: Revue de Droit Canonique 68 (2018), 203–221.

BAUER, Manfred: Rechtlicher Umgang mit Scheitern und Fehlverhalten im Kirchenrecht. In: SCHÜLLER, Thomas/NEUMANN, Thomas (Hg.): Kirchenrecht im Dialog. Tagungsband zur Tagung des Instituts für Kanonisches Recht, 18.–20. Februar 2019 (Kirche und Recht Beihefte 5). Berlin 2020, 166–185.

BEAL, John P.: Accountability and transparency according to canon and international law: A human rights perspective. In: Periodica de Re Canonica 109 (2020), 505–526.

BISCHOF VON MÜNSTER: Ordnung für den Umgang mit sexuellem Missbrauch Minderjähriger und schutz- oder hilfebedürftiger Erwachsener durch Kleriker und sonstige Beschäftigte im kirchlichen Dienst (Interventionsordnung). In: KABl Münster 156 (2022), 195–209.

COETUS STUDII DE IURE POENALI: Sessio IX vom 27.–29. April 1970. In: Communicationes 48 (2016).

DIKASTERIUM FÜR DIE GLAUBENSLEHRE: Normen über die Straftaten, die der Kongregation für die Glaubenslehre reserviert sind (delicta graviora) i. d. F. vom 11. Oktober 2021. Online unter: https://www.vatican.va/roman_curia/congregations/cfaith/documents/rc_con_cfaith_doc_20211011_norme-delittiriservati-cfaith_ge.html (Stand: 19.03.2024).

DIKASTERIUM FÜR DIE GLAUBENSLEHRE: Vademecum zu einigen Fragen in den Verhalten zur Behandlung von Fällen sexuellen Missbrauchs Minderjähriger durch Kleriker vom 5. Juni 2022, Version 2.0. Online unter: https://www.vatican.va/roman_curia/congregations/cfaith/ddf/rc_ddf_doc_20220605_vademecum-casi-abuso-2.0_ge.html (Stand: 19.03.2024).

53 LÜDECKE: Warum erst 2010?, 354.

EICHHOLT, Bernd: Regulae iuris des Liber VI im staatlichen und kirchlichen Straf- und Prozessrecht. In: OHLY, Christoph/HAERING, Stephan/MÜLLER, Ludger (Hg.): Rechtskultur und Rechtspflege in der Kirche (FS Wilhelm Rees; KST 71). Berlin 2020, 39–52.

HACK, Tobias: Delicta contra sextum: moraltheologische Analyse einer problematischen Handlungsklassifizierung. In: MECKEL, Thomas/PULTE, Matthias (Hg.): Das neue kirchliche Strafrecht zwischen Kontinuität und Diskontinuität (Kirchen- und Religionsrecht 36). Münster 2023.

HAHN, Judith: The language of canon law. Oxford 2023.

HALLERMANN, Heribert: Ne bis in idem. Kanonistische Überlegungen zu einem alten Rechtssprichwort angesichts problematischer Aspekte der Anwendung des kirchlichen Sanktionsrechts. In: OHLY, Christoph/REES, Wilhelm/GEROSA, Libero (Hg.): Theologia Iuris Canonici (FS Ludger Müller; KST 67). Berlin 2020, 533–559.

KERRY, Lotte: Gottesfurcht und irdische Strafe. Der Beitrag des mittelalterlichen Kirchenrechts zur Entstehung des öffentlichen Strafrechts (Konflikt, Verbrechen und Sanktion in der Gesellschaft Alteuropas 10). Köln 2006.

LÜDECKE, Norbert: Warum erst 2010? Hinweise und Anfragen zur Vorgeschichte eines Skandaljahres der Kirche in Deutschland. In: ANUTH, Bernhard Sven/DENNEMARCK, Bernd/IHLI, Stefan (Hg.): „Von Barmherzigkeit und Recht will ich singen" (FS Andreas Weiß; Eichstätter Studien N. F. 84). Regensburg 2020, 353–380.

LÜDICKE Klaus: Nicht nur Worte, sondern Taten. Desiderate zum rechtlichen Umgang mit sexuellem Missbrauch in der Kirche. In: OHLY, Christoph/HAERING, Stephan/MÜLLER, Ludger (Hg.): Rechtskultur und Rechtspflege in der Kirche. (FS Wilhelm Rees; Kanonistische Studien und Texte 71). Berlin 2020, 609–622.

DERS. (Hg.): Münsterischer Kommentar zum Codex Iuris Canonici, unter besonderer Berücksichtigung der Rechtslage in Deutschland, Österreich und der Schweiz, Loseblattwerk. Essen seit 1985 [Stand: Oktober 2022].

MEDER, Stefan: Rechtsgeschichte. Köln ^{5}2014.

MULHERON, Susan Michelle: Delicts „contra sextum Decalogi praeceptum": Historical Development and Canonical Application (Dissertationes. Series Canonica 65). Rom 2023.

MÜLLER, Daniela: Schuld – Geständnis – Buße. Zur theologischen Wurzel von Grundbegriffen des mittelalterlichen Strafprozessrechts. In: SCHLOSSER, Hans/SPANDEL, Rolf/WILLOWEIT, Dietmar (Hg.): Herrschaftliches Strafen seit dem Hochmittelalter. Formen und Entwicklungsstufen (Konflikt, Verbrechen und Sanktionen in der Gesellschaft Alteuropas 5). Köln/Weimar/Wien 2002, 403–420.

NEUMANN, Johannes: Braucht die Kirche ein Recht? Funktion und Grenzen des Rechts in der Kirche. Johannes Neumann antwortet Ingo Hermann (Das theologische Interview 14). Düsseldorf 1970.

DERS.: Das Kirchenrecht – Chance und Versuchung. Graz 1972.

NEUMANN, Thomas: Hat die Kirche die Pflicht zu strafen? Rechtsdogmatische Überlegungen zu c. 1311 § 2 CIC/1983 N. F. In: DERS./PLATEN, Peter/SCHÜLLER, Thomas (Hg.): Nulla est cariats sine iustitia (FS Klaus Lüdicke; MK CIC. Beihefte 82). Essen 2023, 203–227.

Núnez, Gerardo: Vademécum sobre absusos de menores de la Congregación para la Doctrina de la Fe: reflexiones jurídicas y pastorales. In: Ius Canonicum 61 (2021), 139–196.

Oestmann, Peter: s. v. privilegium fori. In: Handwörterbuch zur deutschen Rechtsgeschichte, Bd. IV, Sp. 834–835. Online unter: https://www.hrgdigital.de/HRG.privilegium_fori (Stand: 28.09.2023).

Papst Franziskus: Apostolische Konstitution Pascite Gregem Dei vom 21. Mai 2021. Online unter: https://www.vatican.va/content/francesco/de/apost_constitutions/documents/papa-francesco_costituzione-ap_20210523_pascite-gregem-dei.html (Stand: 19.03.2024).

Ders.: Motu Proprio Vos estis lux mundi vom 7. Mai 2019. In: Acta Apostolicae Sedis 111 (2019), 823 –832; am 25. März 2023 wurde eine aktualisierte Fassung veröffentlicht. Online unter: https://www.vatican.va/content/francesco/it/motu_proprio/documents/20230325-motu-proprio-vos-estis-lux-mundi-aggiornato.html (Stand: 19.03.2024).

Ders.: Rescriptum ex Audentia SS.MI: Rescritto del Santo Padre Francesco con cui si promulga l'Istruzione Sulla riservatezza delle cause vom 17. Dezember 2019. Online unter: https://press.vatican.va/content/salastampa/it/bollettino/pubblico/2019/12/17/1011/02062.html (Stand: 19.03.2024).

Platen, Peter: Perspektiven für eine Reform des kirchlichen Strafrechts mit besonderem Blick auf den sexuellen Missbrauch Minderjähriger durch Geistliche. In: Haering, Stephan (Hg.): In mandatis meditari (FS Hans Paarhammer; KST 58). Berlin 2012, 639–656.

Riedel-Spangenberger, Ilona: s. v. Ärgernis kath. In: Campenhausen, Axel von u. a. (Hg.): Lexikon für Kirchen- und Staatskirchenrecht.

Rüthers, Bernd/Fischer, Christian/Birk, Axel (Hg.): Rechtstheorie mit juristischer Methodenlehre. München [10]2018.

Scicluna, Charles, J.: The Rights of Victims in Canonical Penal Processes. In: Periodica de Re Canonica 109 (2020).493–503.

Unabhängige Kommission zur Aufarbeitung sexuellen Missbrauchs: Was bedeutet Aufarbeitung sexuellen Kindesmissbrauchs? Online unter: https://www.aufarbeitungskommission.de/kommission/aufarbeitung/was-bedeutet-aufarbeitung/ (Stand: 19.03.2024).

Verrel, Torsten: Rechtlicher Umgang mit Fehlverhalten im staatlichen Recht. In: Schüller, Thomas/Neumann, Thomas (Hg.): Kirchenrecht im Dialog. Tagungsband zur Tagung des Instituts für Kanonisches Recht, 18.–20. Februar 2019 (KuR Beihefte 5). Fulda/Berlin 2020, 190–205.

Visioli, Matteo: La protezione penale del minore del nuovo libro VI del codice. In: Periodica de Re Canonica 110 (2021), 597–626.

Wijlens, Myriam: Der sexuelle Missbrauch von Minderjährigen. Entwicklungen im kanonischen Recht zwischen 1983 und 2020. In: Aschmann, Birgit (Hg.): Katholische Dunkelräume. Paderborn 2021, 77–95.

Der Schatten der Institution
DOI 10.17438/978-3-402-12333-1

Traumatisierung und epistemische Ungerechtigkeit als Herausforderungen autobiographischer Erzählungen über sexuellen und spirituellen Missbrauch

Ein Beitrag zu einer narrationssensiblen Theologie

JULIA VAN DER LINDE

Abstract

Um der Verantwortung der Theologie gegenüber Missbrauchsbetroffenen gerecht zu werden, bedarf es einer narrationssensiblen Theologie, die die in Betroffenenerzählungen in schriftliche Gestalt gebrachten Leiderfahrungen aufgreift und zunächst erzähltheoretisch fundiert analysiert. Dies ist hermeneutisch relevant, um auch solche Aspekte wahrzunehmen, die nicht auf der Textoberfläche liegen und trägt der Verantwortung gegenüber den sich verletzbar machenden Erzählenden Rechnung, sie nicht erneut zu verletzen, indem ihre Erfahrungen und Deutungen zu Unrecht angezweifelt werden. Es wird dargelegt, inwiefern erlebte Traumata und epistemische Ungerechtigkeit Herausforderungen für Produktion und Rezeption von Betroffenenerzählungen darstellen, auf die eine narrationssensible Theologie reagiert, indem sie sprachliche Ausdrucksformen erlebter Traumata herausarbeitet und damit rechnet, dass Verständnisschwierigkeiten aus erlebter Gewalt und Unrechtserfahrungen sowie epistemischer Ungerechtigkeit resultieren können.

To meet the responsibility of theology towards those affected by abuse, a narrative-sensitive theology is required that takes up the experiences of suffering that are put into written form in the narratives of those affected by abuse and analyses them on the basis of narrative theory. This is hermeneutically relevant to recognize aspects that are not on the text's surface and takes into careful account the responsibility towards the vulnerable narrators not to hurt them again by unjustly doubting their experiences and interpretations. It is shown how psychological trauma and epistemic injustice pose challenges to production and reception of the victims' narratives, to which a narrative-sensitive theology responds by working out verbal form of expression of experienced trauma and taking into account that difficulties of understanding can result from experienced violence and wrongdoing as well as epistemic injustice.

Erzählungen Betroffener als theologierelevantes Zeugnis

Seitdem Anfang 2010 Fälle sexuellen Missbrauchs am Canisius-Kolleg publik wurden, sind in Deutschland nicht nur zahlreiche Studien durchgeführt worden, die das Ausmaß sexuellen Missbrauchs in der katholischen Kirche untersuchen,[1] sondern es haben auch Betroffene selbst ihre Erfahrungen ins Wort gebracht und publiziert. Zu nennen sind hier etwa Doris Reisingers Buch „Nicht mehr ich. Die wahre Geschichte einer jungen Ordensfrau“, die Internetseite „Geschichten, die zählen“ der Unabhängigen Kommission zur Aufarbeitung sexuellen Kindesmissbrauchs, der auf Initiative des Katholischen Deutschen Frauenbundes e.V. entstandene Sammelband „Erzählen als Widerstand“ und der von Haslbeck u.a. herausgegebene Sammelband „Selbstverlust und Gottentfremdung“.[2] In den Erzählungen berichten die Autor:innen sowohl von sexuellem Missbrauch als auch von spirituellem Missbrauch und Machtmissbrauch, den sie als Kinder oder Erwachsene erlitten haben.[3] Indem sie trotz möglicher Scham- und Schuldgefühle ihr Schweigen brechen und aus ihrer Perspektive das Erfahrene erzählen und beurteilen, machen sich die Betroffenen zum einen verletzlich für die Reaktionen von Hörer:innen und Leser:innen. Sie gewinnen zugleich aber auch die „eigene Deutungsmacht über das Geschehene“[4] sowie die eigene Agency zurück.[5]

1 Hierzu vgl. die Einleitung in diesem Band.

2 Wagner, Doris: Nicht mehr ich. Die wahre Geschichte einer jungen Ordensfrau. Wien 2014; Unabhängige Kommission zur Aufarbeitung sexuellen Kindesmissbrauchs: Geschichten, die zählen. Online unter: https://www.geschichten-die-zaehlen.de/ (Stand: 19.03.2024); Haslbeck, Barbara u.a. (Hg.): Erzählen als Widerstand. Berichte über spirituellen und sexuellen Missbrauch an erwachsenen Frauen in der katholischen Kirche. Münster 2020; Dies. u.a. (Hg.): Selbstverlust und Gottentfremdung. Spiritueller Missbrauch an Frauen in der katholischen Kirche. Ostfildern 2023.

3 Die Verwendung des Missbrauchsbegriffs ist in diesen Kontexten umstritten, ebenso wie alternative Begriffe wie sexualisierte oder spiritualisierte Gewalt. Da nicht in allen Fällen Gewalt im engeren Sinne angewendet wird, wird diesem Beitrag mit der Rede von sexuellem und spirituellem Missbrauch ein personenbezogener Missbrauchsbegriff zugrunde gelegt, wie ihn Doris Reisinger entfaltet hat. Missbrauch bezeichnet hier den normwidrigen Umgang mit Menschen, bei dem sich eine Person über das Selbstbestimmungsrecht einer anderen hinwegsetzt. Vgl. Reisinger, Doris: Religiöse Eigenlogik und ihre Konsequenzen. Eine Analyse der katholischen Mehrdeutigkeit des Missbrauchsbegriffs. In: Dies. (Hg.): Gefährliche Theologien. Wenn theologische Ansätze Machtmissbrauch legitimieren. Regensburg 2021, 58–76; Dies.: Missbrauch von Menschen oder Missbrauch von Macht? Zur fundamentalen Bedeutung eines personenbezogenen Verständnisses von spirituellem Missbrauch. In: Lebendige Seelsorge 74/3 (2023), 146–151.

4 Leimgruber, Ute: Listen to the Victims! Über die (theologische) Relevanz des Erzählens über Missbrauch an erwachsenen Frauen in der katholischen Kirche. In: Concilium 59/4 (2023), 368–378, hier 368.

5 Vgl. Heyder, Regina: Narrating and Remembrance in the Face of Abuse in the Church. In: Religions 13/4 (2022), 1–12, hier 3; Mandry, Christof: Ruf in die Verantwortung. Nar-

Nachdem Täter:innen sie durch Gewalt und extreme Entrechtung zum „Objekt der Willkür“[6] gemacht haben und dabei darauf abzielten, ihnen „ihre Subjektivität und Sprache zu nehmen […], sie zu de-individualisieren, zu isolieren und schließlich zu entmenschlichen“[7], kann das Erzählen und Zuhören „als Versuch einer Gegenstrategie verstanden werden, die die Überlebenden wieder mit ihrer Subjekthaftigkeit zu versichern sucht“[8] und die aus der Welt Gedrängten wieder in die Welt stellen kann.[9]

Zudem wird in Betroffenenerzählungen anders als etwa in Aktenbeständen von Kirche oder Staatsanwaltschaft das Leid der Betroffenen in „Form von Erfahrungswissen“[10] in einer von den Erzählenden selbst gewählten Gestalt sichtbar und vermittelt. Die Betroffenen werden zu moralischen Zeug:innen, die „das Böse und das Leid, das es verursacht“[11] hat, bezeugen können. Es ist daher erforderlich, dass ihre Erzählungen einen wichtigen Stellenwert in der Aufarbeitung des Missbrauchs erhalten. Dabei können die Erzählungen zusammengenommen zudem nach Regina Heyder eine Art „Grounded Theory“ ermöglichen,[12] mithilfe derer sich verschiedene Phänomene und Deutungen sexuellen und spirituellen Missbrauchs „für weitere Forschung identifizieren“[13] lassen.

Darüber hinaus machen die Erzählungen ihre Leser:innen nach Christof Mandry zu *Bystandern*, verlangen von ihnen Stellung zu beziehen, fordern „zur Compassion und zur Solidarität mit den Opfern, mit den Betroffenen auf“[14], sind schließlich ein „Ruf in die Verantwortung“[15], der „aus a-moralischen Bystandern ethische Subjekte“[16] macht, indem die Erzählungen diejenigen, denen das Leid erzählt wird, in ihrer Verantwortung anfragen. Das bedeutet im Anschluss an Carolin Emcke zum einen, dass Leser:innen aufgefordert sind, sich zunächst dem Leid der Betroffenen zu widmen, indem sie deren Erzählung lesen und zu verstehen suchen und dabei die Erzählenden wahrnehmen „als die Person, die sie

rative Ethik angesichts der Erzählungen von Missbrauchsbetroffenen. In: Mandry, Christof/Meyer-Ahlen, Stefan (Hg.): Ermutigung zur Verantwortung. Festschrift für Josef Römelt (Studien der Moraltheologie N. F. Band 16). Münster 2022, 193–209, hier 207.

6 Emcke, Carolin: Weil es sagbar ist. Über Zeugenschaft und Gerechtigkeit. Frankfurt a. M. ⁴2016, 51.

7 Ebd., 99.

8 Ebd.

9 Vgl. ebd., 47, 98.

10 Margalit, Avishai: Ethik der Erinnerung. Max Horkheimer Vorlesungen. Frankfurt a. M. ²2002, 61.

11 Ebd., 60.

12 Vgl. Heyder: Narrating, 7; Leimgruber: Victims, 370.

13 Ebd., 371.

14 Mandry: Ruf, 207.

15 Ebd., 208.

16 Ebd.

früher einmal waren, bevor sie aus der Welt gedrängt wurden, und als die Person, zu der sie gemacht wurden durch Erfahrung von extremer Entrechtung und Gewalt."[17] Als „Außen-Zeugen, die Verschonten"[18], haben sie zudem gegenüber denjenigen, die „stumm gemacht werden sollten"[19] und selbst nicht erzählen können, die Verantwortung, das stumme Entsetzen zu überwinden und den anderen Verschonten vom erzählten Leid zu berichten, damit es „keine Unschuld des Nicht-Wissens geben kann."[20] Darüber hinaus trägt das Erzählen der Betroffenen dazu bei, den ihnen widerfahrenen Missbrauch als „gemeinsames Problem einer moralischen Gemeinschaft"[21] sichtbar und begreifbar zu machen, wodurch Leser:innen auch dazu aufgefordert sind, nach ihren Möglichkeiten Verantwortung für den Umgang mit diesem zu übernehmen.

Das bedeutet, dass Theolog:innen zudem herausgefordert sind, die Erzählungen der Betroffenen als theologierelevantes Zeugnis zu betrachten, als „authentische[n] theologische[n] Ort"[22], und so „in den Erzählungen der Viktimisierten Gott zu hören, damit wir Theologien erarbeiten können, die ihrem Leid und ihrem Widerstand gerecht werden."[23] Die Theologie ist dadurch aufgefordert, eine „leidunfähige Teilnahmslosigkeit"[24] zu überwinden und indem Gott „auf der Seite der Unterdrückten"[25] erkannt wird, Deutungen, die das Leiden „masochistisch als Prüfung oder sadistisch als Strafe"[26] verstehen, zu überwinden und stattdessen die Ursachen des Leidens zu untersuchen.[27]

Es ist infolgedessen auch Aufgabe von Theolog:innen, mithilfe ihrer theologischen Deutungskompetenz in den Erzählungen zu entdeckende religiöse Diskurse und Praktiken, theologische Ansätze, Denkfiguren und Deutungen sowie Unrechtserfahrungen sichtbar zu machen und aus theologischer Perspektive zu bearbeiten.[28] Dabei ist bewusst zu halten, dass die Theologie nicht nur eine Deu-

17 Emcke: Zeugenschaft, 98.
18 Ebd.
19 Ebd.
20 Ebd., 99.
21 Ebd.
22 Del Villar Tagle, Maria: Opfer von Missbrauch in kirchlichen Kontexten als Ort der Theologie. Übergänge vom Schweigen zum Wort, von der Vertuschung zur Anerkennung. In: Concilium 59/4 (2023), 406–414, hier 407.
23 Ebd.
24 Sölle, Dorothee: Leiden. Stuttgart ^{4}1978, 49.
25 Ebd.
26 Ebd.
27 Vgl. ebd.
28 Vgl. Reisinger, Doris: Wenn theologisch begründete Macht gefährlich wird. Interdisziplinäre Denkschneisen. In: Dies. (Hg.): Gefährliche Theologien. Wenn theologische Ansätze Machtmissbrauch legitimieren. Regensburg 2021, 7–15, hier 7; Striet, Magnus/ Werden, Rita: Vorwort. In: Dies. (Hg.): Unheilige Theologie! Analysen angesichts sexu-

tungskompetenz, sondern auch eine Deutungsmacht besitzt. Diese kann zum einen dazu eingesetzt werden, Missbrauch zu rechtfertigen und zu vertuschen. Zum anderen aber kann die Theologie ideologie- und gesellschaftskritisch wirksam sein, indem sie sensibel ist für Ungerechtigkeit und Unterdrückung und infolgedessen Missbrauch als gemeinsam anzugehendes Problem betrachtet, Ursachen identifiziert und Leid angemessen deutet.

Zwischen Text und Quelle: Betroffenenerzählungen aus Perspektive einer narrationssensiblen Theologie

Um den beschriebenen Anforderungen gerecht zu werden, bedarf es einer narrationssensiblen Theologie, die sich den Erzählungen der Betroffenen, ihren mühsam in Sprache und Text überführten Erfahrungen und Erinnerungen und ihrem Leid zuwendet. Dabei ist zu berücksichtigen, dass die theologisch relevanten Aspekte keineswegs immer offensichtlich an der Oberfläche der Erzählung liegen, manche Passagen können zudem auf den ersten Blick irritieren und Fragen aufwerfen, wovon Barbara Haslbecks mit der Frage „Warum haben die Frauen nicht nein gesagt?“[29] überschriebener Beitrag zeugt. Für die theologische Arbeit mit Betroffenenerzählungen stellt sich daher auch die Frage nach dem methodischen Vorgehen. Zur Beantwortung dieser Frage lässt sich u. a. an die in der Geschichtswissenschaft geführte Debatte zum Umgang mit autobiographischen Erzählungen anknüpfen.

Denn wenngleich es sich bei den meisten der oben genannten Erzählungen nicht um Autobiographien im klassischen Sinn handelt, stellen sie doch autobiographische Erzählungen dar, in denen die Erzählenden einen Teilausschnitt ihres Lebens unter Fokussierung des Missbrauchs schildern.[30] Autobiographischen Erzählungen ist eigen, dass sie „zwar bis zu einem gewissen Grad historische Ereignisse und Prozesse beschreiben, doch vielmehr darüber aussagen,

eller Gewalt gegen Minderjährige durch Priester (Katholizismus im Umbruch Band 9). Freiburg/Basel/Wien 2019, 7–14, hier 8.

29 Haslbeck, Barbara: Warum haben die Frauen nicht nein gesagt? Psychotraumatologische und systemische Einsichten. In: Dies. u. a. (Hg.): Erzählen als Widerstand. Berichte über spirituellen und sexuellen Missbrauch an erwachsenen Frauen in der katholischen Kirche. Münster 2020, 221–232.

30 Vgl. zur Debatte um Autobiographien innerhalb der Germanistik Wagner-Egelhaaf, Martina: Autobiographie (Sammlung Metzler Gattungen Band 323). Stuttgart/Weimar ²2005; Dies.: Autobiographie als literaturwissenschaftliches Problem. In: Depkat, Volker/ Pyta, Wolfram (Hg.): Autobiographie zwischen Text und Quelle (Geschichts- und Literaturwissenschaft im Gespräch Band 1). Berlin 2017, 43–55.

wie diese wahrgenommen und eingeordnet“[31] werden. Das, was in ihnen erzählt wird, unterliegt sowohl einer Selektion als auch einer Deutung durch die Erzählenden, wobei v. a. als Lebensthemen, identitätsrelevante Lebensübergänge und identitätsverändernde Brüche verstandene Erfahrungen ausgewählt werden.[32] Es handelt sich daher bei Betroffenenerzählungen wie bei allen autobiografischen Schilderungen um „narrative Konstruktionen, die ihren kommunikativen Sinn erst im Zusammenspiel verschiedener Aspekte entfalten“[33] und deren Bedeutungen zunächst herauszuarbeiten ist.

Als solche sind autobiographische Erzählungen auf der Schwelle zwischen Literatur im weitesten Sinne und historischer Quelle verortet.[34] Ihre absichtsvolle Sammlung, etwa bei „Geschichten, die zählen“, „Erzählen als Widerstand“ oder „Selbstverlust und Gottentfremdung“, weist zudem eine Nähe zur Oral-History-Bewegung auf, die schon seit den 1970er Jahren wenig wahrgenommenen bzw. marginalisierten Stimmen und Perspektiven Aufmerksamkeit verschaffen will.[35] Zugleich sind die Erzählungen von *Oral History* als Quellengattung jedoch abzugrenzen, sofern sie nicht aus einer Interviewsituation zwischen Historiker:innen und Zeitzeug:innen entstanden sind, bei der neben den Erzählenden auch die Interviewer Einfluss auf die Erzählung haben.[36]

Aufgrund der Schwellenstellung der autobiographischen Erzählung spricht sich der Historiker Volker Depkat dafür aus, autobiographische Erzählungen „zunächst und vor allem als *Texte* [zu] untersuchen, um sie als *Quellen* für historische, das heißt weiterhin auf äußere, textexterne Kontexte gerichtete Erkenntnisinteressen nutzbar zu machen.“[37] Dazu sei zu untersuchen, „wann, wie und warum ein historisches Ich sich als ein solches selbst thematisiert […] und wie sich diese Ich-Entwürfe zu den biographisch-sozialen Kontexten verhalten, in denen sie

31 Söhner, Felicitas: Umgang mit Identitätskonstruktion und Zeitwahrnehmung in der Oral History. In: Schilling, Elisabeth/O'Neill, Maggie (Hg.): Frontiers in time research. Einführung in die interdisziplinäre Zeitforschung. Wiesbaden/Heidelberg 2020, 11–28, hier 12.

32 Vgl. Lorenz, Anja: Biographie, Religiosität, Bildung. Zur Identitätsentwicklung durch religiöse Bildungsprozesse. Wiesbaden 2015, 62.

33 Klein, Christian: Analyse: Kontext. In: Ders. (Hg.): Handbuch Biographie. Methoden, Traditionen, Theorien. Berlin/Heidelberg ²2022, 303–307, hier 303.

34 Vgl. Wagner-Egelhaaf: Literaturwissenschaftliches Problem, 43; Depkat, Volker: Autobiographie als geschichtswissenschaftliches Problem. In: Ders./Pyta, Wolfram (Hg.): Autobiographie zwischen Text und Quelle (Geschichts- und Literaturwissenschaft im Gespräch Band 1). Berlin 2017, 23–40, hier 25.

35 Vgl. Abrams, Lynn: Oral History Theory. London/New York ²2016, 27; Leh, Almut: Oral History als Methode. In: Haas, Stefan (Hg.): Handbuch Methoden der Geschichtswissenschaft. Wiesbaden 2021, 1–20, hier 2.

36 Vgl. ebd., 27.

37 Depkat: Autobiographie, 30. Hervorhebungen im Original.

entstanden sind und in denen sie als kommunikative Akte wirken sollen."[38] Infolgedessen kritisiert er den häufig zu beobachtenden „mehr oder weniger direkten Durchgriff auf eine hinter ihnen stehende Wirklichkeit"[39], während Dagmar Günther zugleich die Reduktion auf eine referentielle Dimension problematisiert, bei der die autobiographische Erzählungen oft lediglich „auf eine vorgefertigte Hypothese illustrativ angewendet"[40] würden.

Eine Theologie, die Betroffenenerzählungen ernst nehmen und nicht allein zur Illustration aufgreifen will, muss daher auch im Anschluss an Depkats Überlegungen eine narrationssensible Theologie sein. Gemeint ist damit nicht eine narrative Explikation der Heilsgeschichte, wie sie Metz als memorativ-narrative Theologie vorschlägt,[41] sondern eine Theologie, die die Betroffenenerzählungen als in schriftliche Gestalt gebrachte Leiderfahrungen aufgreift und zu verstehen sucht, sie dazu als Texte ernst nimmt und untersucht, um sie dann als zeithistorische und schließlich theologische Quellen fruchtbar zu machen. Eine Theologie also, die die subjektiven Wahrnehmungen und Deutungen der Erzählenden bezüglich immanenter religiöser Diskurse und Praktiken, theologischer Deutungen und Denkfiguren sowie Unrechtserfahrungen aus den Erzählungen herausarbeitet, um sie anschließend zu analysieren und zu reflektieren und sich schließlich zu diesen verhalten zu können.

Dazu bedarf es einer erzähltheoretisch fundierten Analyse der Erzählung, die neben der *histoire*, d. h. der Handlungsebene (dem *Was* der Erzählung), und dem *discours*, d. h. der Darstellung (dem *Wie* der Erzählung), auch die kontextuellen Rahmenbedingungen sowohl der erinnerten Erfahrung als auch der Produktion und Rezeption der Erzählung untersucht.[42]

Im Folgenden werden diesbezüglich zwei Aspekte aufgegriffen, die die kontextuellen Rahmenbedingungen von Betroffenenerzählungen betreffen und

38 Ebd., 33.

39 Ebd., 29.

40 GÜNTHER, Dagmar: „And now for something completely different". Prolegomena zur Autobiographie als Quelle der Geschichtswissenschaft. In: Historische Zeitschrift 272/1 (2001), 25–61, hier 45.

41 Vgl. METZ, Johann: Kleine Apologie des Erzählens. In: ENGEMANN, Wilfried/LÜTZE, Frank (Hg.): Grundfragen der Predigt. Ein Studienbuch. Leipzig 2006, 217–229, hier 225.

42 Vgl. KLEIN: Analyse, 304. Zur Unterscheidung von histoire und discours siehe MARTÍNEZ, Matías: Plot. In: WEIMAR, Klaus/FRICKE, Harald/MÜLLER, Jan-Dirk (Hg.): Reallexikon der deutschen Literaturwissenschaft. Neubearbeitung des Reallexikons der deutschen Literaturgeschichte. Band 3 P–Z. Berlin 2007, 92–94, hier 92 f.; DERS.: Erzählen. In: MARTÍNEZ, Matías (Hg.): Handbuch Erzählliteratur. Theorie, Analyse, Geschichte. Stuttgart/Weimar 2011, 1–12, hier 1 f. Zur Analyse von Erzählungen siehe ausführlich DERS./SCHEFFEL, Michael: Einführung in die Erzähltheorie (C.H. Beck Studium). München [11]2019; GENETTE, Gérard: Die Erzählung (UTB Literatur- und Sprachwissenschaft 8083). Paderborn [3]2010.

besonders aufschlussreich für die weitere Untersuchung der Histoire- und Discoursebene sein können: Traumafolgen und aus der sozialen Situierung der Erzählenden und Lesenden resultierenden epistemischen Ungerechtigkeit, die sich auf unterschiedliche Weise, was Form und Inhalt anbelangt, in den Erzählungen niederschlagen. Es soll dafür sensibilisiert werden, dass die Berücksichtigung beider Aspekte nicht nur hermeneutisch relevant ist und mögliche Irritationen auflösen kann, sondern auch moralisch bedeutsam ist. Denn sie trägt der Verantwortung gegenüber den sich verletzbar machenden Erzählenden Rechnung, sie nicht erneut zu verletzen, indem ihnen aufgrund hermeneutischer Schwierigkeiten (erneut) nicht geglaubt wird.

Auswirkungen psychischer Traumata auf Produktion und Rezeption der Erzählung

Als eine „wichtige Sehhilfe für die Situation Betroffener“[43] hat Barbara Haslbeck die Psychotraumatologie bezeichnet. Als solche ist sie zugleich aufschlussreich für die kontextuellen Rahmenbedingungen der Produktion und Rezeption von Betroffenenerzählungen. Denn traumatische Erfahrungen können vielfältige Folgen für das Erleben und Verhalten der Erfahrungssubjekte haben und sich dadurch auch darauf auswirken, was Betroffene erzählen und wie sie dies tun. In sehr anschaulicher Weise lässt sich etwa bei Carolin Emcke nachlesen, wie ein Folteropfer weniger die Folterung schildert als vielmehr immer wieder – für Leser:innen zunächst irritierend und unverständlich – betont, zuvor neue teure Schuhe gekauft zu haben.[44]

Es wird im Folgenden daher zunächst skizziert, was unter einem Trauma zu verstehen ist und welche Folgen damit verbunden sein können, bevor dargestellt wird, inwiefern sich diese auf autobiographische Erzählungen auswirken können und bei der Rezeption zu berücksichtigen sind.

Psychische Traumata und ihre Folgen

Unter einem Trauma werden in der Psychologie Ereignisse verstanden, die extrem bedrohlich oder entsetzlich sind,[45] wie etwa die „Konfrontation mit tatsächlichem oder drohendem Tod, ernsthafter Verletzung oder sexueller Gewalt.“[46]

43 Haslbeck: Frauen, 222.

44 Vgl. Emcke: Zeugenschaft, 37–41.

45 Vgl. World Health Organisation: ICD-11: International Classification of Diseases (11th revision). Online unter: https://icd.who.int/ (Stand: 19.03.2024).

46 American Psychiatric Association (Hg.): Diagnostisches und statistisches Manual psychischer Störungen DSM-5®. Deutsche Ausgabe herausgegeben von Peter Falkai und Hans-Ulrich Wittchen. Göttingen ^{2}2018, 369.

Eine Differenzierung kann mit der Traumaforschung hinsichtlich der Verursachung sowie der Dauer vorgenommen werden. Zum einen können akzidentelle, zufällige Traumata, z. B. Naturkatastrophen, und interpersonelle, d. h. solche, die von Menschen verursacht sind, unterschieden werden. Darüber hinaus können Traumata einmalige, kurz andauernde Ereignisse sein (Typ I), mehrfach auftreten bzw. länger andauern (Typ II) oder medizinisch bedingt sein.[47] Hinsichtlich des Umgangs mit Betroffenenerzählungen sind v. a. die interpersonellen Traumata relevant, die darin in verschiedenen Formen thematisiert werden. Zum Typ I zählen beispielsweise sexuelle Übergriffe oder körperliche Gewalt, zum Typ II länger andauernde sexuelle und körperliche Gewalt/Missbrauch, die als Kind oder Erwachsener erlebt werden.[48] Sonja Hintermeier weist darüber hinaus auf emotionale Formen interpersoneller Traumatisierung hin, die immer sequenziell seien und erst neuerdings Eingang in die Traumaliteratur gefunden haben.[49]

Die möglichen Folgen eines Traumas für die von ihm betroffenen Menschen sind so zahlreich, dass sie sich hier nicht vollständig darstellen lassen. Stattdessen wird ein grober Überblick skizziert, der für die vielfältigen Folgen der Traumatisierung für das Erleben und Verhalten der betroffenen Personen sensibilisieren soll.

Unmittelbar nach dem traumatischen Ereignis erleben viele Menschen eine akute Belastungsreaktion, die u. a. mit „Angst, Wut, Panik oder Erstarrung"[50] sowie „einer Art ‚Betäubung', einer eingeschränkten Aufmerksamkeit und Desorientierung, sowie einer Unfähigkeit, Reize zu verarbeiten"[51] einhergeht. Ebenso können innere Unruhe, eine psychosomatische Überregung oder eine teilweise oder vollständige Amnesie auftreten. Darüber hinaus kann es vorkommen, dass die betroffenen Personen sich zurückziehen.[52] Neben dieser akuten Belastungsreaktion kann eine akute Belastungsstörung auftreten, bei der die genannten Symptome länger als drei Tage anhalten bzw. innerhalb von vier Wochen nach dem Trauma auftreten und bei der bei den betroffenen Personen zusätzlich ein

47 Vgl. Maercker, Andreas/Augsburger, Mareike: Die posttraumatische Belastungsstörung. In: Ders. (Hg.): Traumafolgestörungen. Berlin/Heidelberg [5]2019, 13–45, hier 16 f.; Dreßing, Harald/Foerster, Klaus: Posttraumatische Belastungsstörung in ICD 10, ICD 11 und DSM 5: Welche Bedeutung haben unterschiedliche Kriterien für Diagnostik und gutachtliche Praxis. In: Fortschritte der Neurologie-Psychiatrie 89/11 (2021), 578–592, hier 579.

48 Vgl. Maercker/Augsburger: Belastungsstörung, 16.

49 Vgl. Hintermeier, Sonja: Traumatisierung im Kindesalter und strukturelle Störungen. In: Zeitschrift für Psychodrama und Soziometrie 20/1 (2021), 9–22, hier 10.

50 Pausch, Markus/Matten, Sven: Trauma und Traumafolgestörung. In Medien, Management und Öffentlichkeit. Wiesbaden 2018, 20.

51 Hasić, Mirna/Hecht, Louisa: Akute Traumareaktionen. In: CME 20/7–8 (2023), 57–66, hier 58.

52 Vgl. ebd.; Pausch/Matten: Trauma, 20.

Wiedererleben des Traumas durch „Bilder, Gedanken, Träume, Illusionen, Flashback-Episoden“[53] auftritt. Außerdem kann sich in Folge des Traumas eine Posttraumatische Belastungsstörung (PTBS) entwickeln, deren Symptome über einen längeren Zeitraum anhalten können. Neben den bereits genannten Symptomen des Wiedererlebens gehören dazu die Vermeidung von Reizen, die mit dem Trauma in Verbindung gebracht werden, und eine „[a]nhaltende Wahrnehmung einer erhöhten gegenwärtigen Bedrohung, was sich z. B. in einer Hypervigilanz oder gesteigerten Schreckreaktionen zeigt“[54]. Des Weiteren können negative Veränderungen von Kognition und Stimmung auftreten, was u. a. die „Unfähigkeit, sich an einen wichtigen Aspekt des Traumas zu erinnern“[55] und „anhaltende verzerrte Kognitionen hinsichtlich Ursache und Folgen des Traumas“[56] einschließt.[57] Länger andauernde oder sich wiederholende traumatische Erlebnisse sowie die Kombination verschiedener Traumata können zudem eine komplexe PTBS auslösen, bei der neben den PTBS-Symptomen „schwerwiegende Probleme der Affektregulation“[58], „Minderwertigkeits-, Scham- und Schuldgefühle“[59] sowie „andauernde Probleme in der Beziehungsgestaltung“[60] bei den betroffenen Personen auftreten.[61] Schäfer u. a. weisen zudem auf die mit einer PTBS verbundene Komorbidität hin, wobei „am häufigsten affektive Störungen, Angststörungen wie die generalisierte Angststörung und die Panikstörung, somatoforme Störungen und Substanzstörungen“[62] auftreten.

Traumatisierungsspuren in autobiographischen Erzählungen
An den o. g. Ausführungen wird deutlich, dass sich die verschiedenen Folgen einer Traumatisierung nicht nur auf das Erinnern und Deuten des Erlebten auswirken können, sondern auch darauf, was erzählt wird und überhaupt erzählt werden kann (Histoire-Ebene) sowie die Darstellung des Erzählten (Discours-Ebene) und damit die Textproduktion autobiographischer Erzählungen. Zugleich haben Traumata und Traumafolgen dadurch einen Einfluss auf die Rezeption dieser Er-

53 Hasić/Hecht: Traumareaktionen, 59.
54 Dreßing/Foerster: Belastungsstörung, 581.
55 Ebd., 580.
56 Ebd.
57 Vgl. American Psychiatric Association: Manual, 369–373; World Health Organisation: Classification, 6B40 Posttraumatic Stress Disorder.
58 Dreßing/Foerster: Belastungsstörung, 582.
59 Ebd., 582.
60 Ebd.
61 Vgl. Maercker, Andreas: Komplexe PTBS. In: Ders. (Hg.): Traumafolgestörungen. Berlin/Heidelberg [5]2019, 47–60, hier 49–51; World Health Organisation: Classification, 6B41 Complex Post Traumatic Stress Disorder.
62 Schäfer, Ingo u. a.: Komorbide Störungen. In: Ders. (Hg.): S3-Leitlinie Posttraumatische Belastungsstörung. Berlin/Heidelberg 2019, 48–57, hier 48.

zählungen. Sind Leser:innen nicht für Traumata und ihre Folgen sowie deren Auswirkungen auf die Textproduktion autobiographischer Erzählungen sensibilisiert, „können Erzählungen über traumatisierende Erlebnisse oder Lebensphasen aufgrund ihres teilweise fragmentarischen und widersprüchlichen Charakters dazu führen, dass wir InterpretInnen sie in ihrem Wahrheitsgehalt übermäßig bezweifeln und die Spuren von extrem traumatisierenden Erfahrungen übersehen“[63]. Dadurch besteht zum einen „die Gefahr, nicht nur die erlittenen traumatisierenden Erlebnisse und deren Folgen in der Gegenwart zu übersehen, sondern diese, wie auch die Lebensphasen davor und danach, falsch zu interpretieren“[64]. Bereits hier wird deutlich, dass die Berücksichtigung von Traumafolgen und deren Auswirkungen auf die Produktion autobiographischer Erzählungen nicht nur hermeneutisch, sondern auch ethisch relevant ist, da durch eine unsensible Interpretation ansonsten ggf. die weitere Beschäftigung mit Aspekten ausbleibt, die wichtig für Aufarbeitung und Prävention sein könnten. Den Betroffenen kann zudem – und dies ist unbedingt zu vermeiden – Unrecht geschehen, indem ihnen ihre Wahrhaftigkeit abgesprochen wird und sie dadurch erneut viktimisiert werden.

Es ist für eine narrationssensible Theologie, die sich mit autobiographischen Erzählungen von Betroffenen beschäftigt, daher sowohl hermeneutisch als auch ethisch relevant, damit zu rechnen, dass Betroffenenerzählungen auf den ersten Blick möglicherweise unverständliche Schilderungen aufgrund von Traumatisierung aufweisen.

Gabriele Rosenthal hat autobiographische Texte von Holocaustüberlebenden auf „Spuren der Traumatisierung“[65] untersucht und herausgearbeitet, dass sich die Traumatisierung der Betroffenen in besonderen Formen des Erzählens niederschlagen kann. Folgende Merkmale hat sie dabei als Hinweise auf Traumatisierungen herausgearbeitet:

- „das emotionslose oder auch anekdotenhafte Erzählen von dramatischen Situationen,
- fragmentarisches Erinnern und Erzählen,
- temporale Sprünge, d.h. ein für die ZuhörerInnen verwirrender Wechsel in verschiedene Phasen der Vergangenheit und der Gegenwart,
- die Verknüpfung von mehreren bedrohlichen Situationen bzw. deren Anteilen zur Erzählung einer bedrohlichen Situation,

63 Rosenthal, Gabriele: Erleben – Erinnern – Sprechen über die Vergangenheit. Zu den Anzeichen von Traumatisierung in autobiographischen Texten. In: Pellner, Lara/Soeffner, Hans-Georg/Stanisavljevic, Marija (Hg.): Theresienstadt – Filmfragmente und Zeitzeugenberichte. Historiographie und soziologische Analysen. Wiesbaden/Heidelberg 2021, 267–285, hier 268.

64 Ebd.

65 Ebd., 270.

- die Dramatisierung von weniger bedrohlichen Situationen bzw. die Erzählung von Deckgeschichten,
- die Bagatellisierung von erlittenem Leid,
- das Erzählen von traumatischen Fremderlebnissen, d. h. man spricht über sich selbst, indem man vermeintlich über eine andere Person erzählt. Oder man erzählt von ähnlichen Erlebnissen, die andere durchleiden mussten,
- das Nicht-Erzählen zentraler Bestandteile einer Geschichte, einer zentralen traumatisierenden Situation oder insgesamt von traumatisierenden Phasen,
- extrem detailliertes Erzählen und überscharfes Erinnern (Hypermnesie) einzelner Erlebnisse."[66]

Diese Merkmale können bei der Analyse von Betroffenenerzählungen in der Theologie heuristisch angewendet werden, bedürfen jedoch der Verifikation und ggf. Ergänzung durch spezifische Forschung an Betroffenenerzählungen.

Darüber hinaus ist zu beachten, dass die skizzierten Traumafolgen auftreten können, jedoch nicht müssen, und damit den Erzählenden weder aufgrund daraus resultierender Traumatisierungsspuren noch aufgrund deren Fehlens ihre Wahrhaftigkeit, d. h. das eigene Für-wahr-halten ihrer Erzählung, abgesprochen werden sollte. Auch wenn keine Traumatisierungsspuren zu finden sind, kann es sich um Erzählungen von Erinnerungen und Deutungen von Erlebnissen extremer Gewalt und Entrechtung handeln, die die Erzählenden als furchtbar wahrgenommen haben.

Epistemische Ungerechtigkeit als zweifacher hermeneutischer Schlüssel

Eine weitere für den Umgang mit Betroffenenerzählungen hermeneutisch besonders aufschlussreiche und ethisch relevante kontextuelle Rahmenbedingung stellt die einem historischen Wandel unterliegende soziale Situierung der epistemischen Praxis dar. Diese ist sowohl hinsichtlich erzählter epistemischer Praxis interessant als auch mit Blick auf die autobiographische Erzählung Betroffener als eigene epistemische Praxis. Denn die Betroffenen erzählen zum einen davon, Deutungen vorgenommen und diese anderen mitgeteilt zu haben. Zugleich sind die Erzählungen selbst Zeugnis, indem die Erzählenden ihre sozialen Erfahrungen – auch die der erzählten epistemischen Praxis – in der Erzählung deuten und diese Deutungen den Leser:innen mitteilen.

In Bezug auf die erzählte epistemische Praxis hat Magdalena Hürten Miranda Frickers Theorie epistemischer Ungerechtigkeit als wichtigen hermeneutischen

66 Ebd., 274.

Zugang herausgestellt.[67] Fricker nimmt in ihrem auf der Schnittstelle von Ethik und Erkenntnistheorie angesiedelten Ansatz zwei wesentliche alltägliche Erkenntnispraktiken in den Blick, die sie als sozial situiert versteht: „anderen Menschen Wissen zu vermitteln, indem wir ihnen etwas erzählen, und unsere eigenen sozialen Erfahrungen sinnvoll deuten."[68] Dabei geht sie davon aus, „dass es eine besondere Art von Ungerechtigkeit gibt, die uns spezifisch als Erkennende und Wissende betrifft"[69]. Fricker bezeichnet diese als epistemische Ungerechtigkeit, die sie weiter in Zeugnisungerechtigkeit (testimonial injustice) und hermeneutische Ungerechtigkeit (hermeneutical injustice) unterteilt.

Im Folgenden wird sowohl auf Zeugnisungerechtigkeit als auch hermeneutische Ungerechtigkeit im Kontext von Betroffenenerzählungen eingegangen, wobei umrissen werden soll, dass Frickers Theorie epistemischer Ungerechtigkeit einen zweifachen hermeneutischen Schlüssel für Betroffenenerzählungen darstellt. Zum einen kann damit anknüpfend an Magdalena Hürten die erzählte epistemische Praxis auf der Histoire-Ebene der erzählten Ereignisse erschlossen werden. Zum anderen ist Frickers Theorie aufschlussreich hinsichtlich der kontextuellen Rahmenbedingungen der Textproduktion und Textrezeption und damit auch für die epistemische Praxis, die mit der Erzählung selbst verbunden ist, relevant. Diesbezüglich kann aufgezeigt werden, dass sich erlebte epistemische Ungerechtigkeit zum einen in der Textproduktion widerspiegeln kann und zugleich bei der Textrezeption epistemische Ungerechtigkeit entstehen kann und damit auch das Wissen um diese kontextuelle Rahmenbedingung sowohl hermeneutisch als auch ethisch relevant ist.

Zeugnisungerechtigkeit

Unter Zeugnisungerechtigkeit versteht Fricker ein „durch Identitätsvorurteile bedingtes Glaubwürdigkeitsdefizit"[70]. Hörer:innen greifen hier zur Beurteilung der Glaubwürdigkeit von Sprecher:innen auf „eine *un*zuverlässige Verallgemeinerung über die betreffende soziale Gruppe"[71] zurück, die mit „einer negativen Wertigkeit, die sich gegen Menschen qua ihres sozialen Typus"[72] richtet, einhergeht und „ohne angemessene Berücksichtigung der Beweise gefällt oder aufrecht erhalten"[73] wird. Infolgedessen wird Sprecher:innen die Kompetenz oder/und die

67 Vgl. Hürten, Magdalena: Epistemic Injustice als hermeneutische Methode in der Missbrauchsforschung. In: Lebendige Seelsorge 73/5 (2022), 370–375.

68 Fricker, Miranda: Epistemische Ungerechtigkeit. Macht und die Ethik des Wissens. München 2023, 24.

69 Ebd., 23.

70 Ebd., 57.

71 Ebd., 62. Hervorhebung im Original.

72 Ebd., 65.

73 Ebd., 62.

Aufrichtigkeit in Bezug auf die getätigte Äußerung abgesprochen und ihnen in ihrer „Eigenschaft als Subjekt der Kommunikation Unrecht getan"[74].

Menschen, die von Missbrauch berichten, können Zeugnisungerechtigkeit je nach zeithistorischem und regionalem Kontext aufgrund verschiedener Identitätsvorurteile erfahren, u. a. weil sie ein Kind oder eine Frau sind.[75] Hürten führt etwa das Beispiel eines Kölner Stadtdechanten an, der 1982 in einem Brief schreibt: „Die Frau, die ich noch sprechen muß, macht keinen unglaubwürdigen Eindruck; allerdings weiß man bei Frauen eben nie!"[76] Betroffene können außerdem auch aufgrund ihrer Eigenschaft als über Missbrauch Sprechende Zeugnisungerechtigkeit erfahren, z. B. wenn Vergewaltigungsmythen wie „Women routinely lie about rape" oder „Women claim they've been raped when they regret the sexual interaction"[77] zu Identitätsvorurteilen führen. Ebenso können sich Vorurteile auf ihre Identität als Betroffene beziehen, die ohne Blick auf den Einzelfall mit „mangelnde[r] Objektivität oder eine[r] beeinträchtigte[n] Wahrnehmung basierend auf der psychischen Belastung durch Missbrauch"[78] verbunden wird. Das Glaubwürdigkeitsdefizit kann sich noch verstärken, wenn sich die Aussage gegen eine mächtigere Person, wie z. B. einen Priester, richtet und von dieser ggf. sogar eine Gegenaussage vorliegt.[79]

Zeugnisungerechtigkeit führt zum einen zu einer epistemischen Beeinträchtigung eines Gesprächs, denn „Informationen, die an einen Zuhörer weitergegeben werden, werden nicht aufgenommen."[80] Fricker geht es jedoch v. a. um das mit der Zeugnisungerechtigkeit verbundene Unrecht. Zum einen entstehe ein intrinsisches Unrecht, indem „dem Subjekt in seiner Eigenschaft als Wissender Unrecht zugefügt wird"[81] und es damit „in einer für den menschlichen Wert wesentlichen Eigenschaft"[82] verletzt werde. Durch diesen primären Schaden können zudem se-

74 Ebd., 32.

75 Vgl. zur Zeugnisungerechtigkeit bei Kindern Burroughs, Michael/Tollefsen, Deborah: Learning to Listen: Epistemic Injustice and the Child. In: Episteme 13/3 (2016), 359–377; Carel, Havi/Györffy, Gita: Seen but not Heard: Children and Epistemic Injustice. In: The Lancet 384/9950 (2014), 1256 f., hier 1256.

76 Gercke, Björn u. a.: Pflichtverletzungen von Diözesanverantwortlichen des Erzbistums Köln in Umgang mit Fällen sexuellen Missbrauchs von Minderjährigen und Schutzbefohlenen durch Kleriker oder sonstige pastorale Mitarbeitende des Erzbistums Köln im Zeitraum von 1975 bis 2018. Online unter: https://mam.erzbistum-koeln.de/m/2fce82a0f87ee070/original/Gutachten-Pflichtverletzungen-von-Diozesanverantwortlichen-im-Erzbistum-Koln-im-Umgang-mit-Fallen-sexuellen-Missbrauchszwischen-1975-und-2018.pdf (Stand: 19.03.2024), 326; Vgl. Hürten: Epistemic Injustice, 371.

77 Tilton, Emily: Rape Myths, Catastrophe, and Credibility. In: Episteme (2022), 1–17, hier 3.

78 Hürten: Epistemic Injustice, 371.

79 Vgl. ebd.

80 Fricker: Ungerechtigkeit, 75.

81 Ebd., 76.

82 Ebd.

kundäre extrinsische Schäden verursacht werden. Diese können zum einen eine praktische Dimension haben, etwa indem es zu erneutem Missbrauch kommt, oder eine epistemische Dimension betreffen, indem Sprecher:innen aufgrund wiederholter Erfahrung von Zeugnisungerechtigkeit das Vertrauen in ihr Wissen sowie ihre epistemische Kompetenz und dadurch schließlich auch ihr Wissen verlieren.[83] Außerdem können sich Personen dazu entscheiden zu schweigen oder nur bestimmte Äußerungen zu tätigen, um keine erneute Zeugnisungerechtigkeit zu erfahren, was als Testimonial Smothering bezeichnet wird.[84] Davon zu unterscheiden ist die als Silencing bezeichnete präemptive Zeugnisungerechtigkeit, bei der von Sprecher:innen eine „potentielle Aussage gar nicht erst eingeholt wird“[85].

In Betroffenenerzählungen kann zum einen explizit von Zeugnisungerechtigkeit erzählt oder diese angedeutet werden. Zum anderen kann erlebte Zeugnisungerechtigkeit dazu führen, dass bestimmte Erfahrungen oder Deutungen nicht mitgeteilt werden oder gar nicht erzählt werden können, wodurch erlebte Zeugnisungerechtigkeit schon die Textproduktion beeinflusst. Darüber hinaus können auch Leser:innen die Glaubwürdigkeit der Erzählenden aufgrund von Identitätsvorurteilen beurteilen, wodurch Zeugnisungerechtigkeit bei der Textrezeption auftritt.

Um Letzteres zu verhindern, können Leser:innen die von Fricker formulierte Tugend der Zeugnisgerechtigkeit einüben. Dazu muss ihnen nach Fricker nicht nur bewusst sein, „dass die soziale Identität des Sprechers eine Rolle spielt, sondern auch, dass ihre *eigene* soziale Identität ihr Glaubwürdigkeitsurteil beeinflusst“[86]. Davon ausgehend können sie dann eine „reflexive und kritische Achtsamkeit für eigene Identitätsvorurteile“[87] entwickeln und ihre Urteile ggf. korrigieren, wenn sie vermuten, dass sie die Glaubwürdigkeit aufgrund eines Identitätsvorurteils zu niedrig beurteilt haben.[88]

Darüber hinaus kann die Tugend der Zeugnisungerechtigkeit dafür sensibilisieren, in den Betroffenenerzählungen solche Situationen aufzufinden, in denen Betroffene im kirchlichen Kontext Zeugnisungerechtigkeit erfahren haben. Davon ausgehend kann dann ggf. ein Fortbildungsbedarf kirchlichen Personals eruiert und weiter untersucht werden.

83 Ebd., 79–83.

84 Dotson, Kristie: Tracking Epistemic Violence, Tracking Practices of Silencing. In: Hypatia 26/2 (2011), 236–257, hier 244.

85 Fricker: Ungerechtigkeit, 181.

86 Fricker: Ungerechtigkeit, 131; Hervorhebung im Original.

87 Ebd., 133.

88 Vgl. ebd., 132.

Hermeneutische Ungerechtigkeit

Damit Menschen Anderen von ihrem erlebten Missbrauch überhaupt erzählen können, benötigen sie jedoch zunächst die hermeneutischen Ressourcen, um ihre Erfahrungen als solche zu deuten. Diese können Betroffenen aufgrund zufälligen Unglücks, aber auch aufgrund hermeneutischer Ungerechtigkeit fehlen.[89] Unter hermeneutischer Ungerechtigkeit versteht Fricker „die Ungerechtigkeit, dass aufgrund hermeneutischer Marginalisierung ein wichtiger Bereich der eigenen sozialen Erfahrung dem Verständnis der Allgemeinheit entzogen wird"[90]. Dem liegt die Annahme zugrunde, „dass unsere geteilten Verständnisse die Sichtweisen verschiedener sozialer Gruppen widerspiegeln"[91], wobei mächtigere Gruppen die Ausbildung dieser kollektiven hermeneutischen Ressourcen mehr beeinflussen als marginalisierte Gruppen, weshalb „ungleiche Machtverhältnisse gemeinsame hermeneutische Ressourcen verzerren können."[92] Dadurch entstehen zum einen hermeneutische Lücken, „an deren Stelle eine Bezeichnung stehen sollte, die verständlich zu machen im Interesse der Betroffenen liegt"[93], zum anderen werden Sprecher:innen auch deshalb nicht verstanden, weil sie sich nicht in einer bestimmten Ausdrucksweise mitteilen können.[94] Für den Missbrauchskontext weist etwa Ute Leimgruber darauf hin, dass bis vor kurzem ein Begriff für „Gewalt, die im Kontext von (potentiellen) Schwangerschaften geschieht"[95], fehlte, die Doris Reisinger schließlich als reproduktiven Missbrauch bezeichnet hat.[96] Ähnliches gilt für spirituellen Missbrauch, dessen Konzept und Begriff im deutschsprachigen Raum bis vor wenigen Jahren kaum bekannt waren und insbesondere im katholischen Kontext wenig rezipiert wurden.[97] Doris Reisinger versteht darunter eine „Verletzung spiritueller Selbstbestimmung"[98], d. h. eine Verletzung des „Recht[s] bzw. [der] Fähigkeit, spirituelle Handlungen aus eigenem Antrieb und frei von äußeren Zwängen vorzunehmen."[99]

89 Vgl. Jackson, Debra: „Me Too": Epistemic Injustice and the Struggle for Recognition. In: Feminist Philosophy Quarterly 4/4 (2018), 1–19, hier 9.

90 Fricker: Ungerechtigkeit, 216.

91 Ebd., 202.

92 Ebd.

93 Ebd., 219.

94 Vgl. ebd.

95 Leimgruber, Ute: Welche Erinnerung zählt? Die UnSichtbarkeit geschlechtsspezifischer Gewalt im Raum der Kirche. In: Keul, Hildegund (Hg.): UnSichtbar. Interdisziplinäre Stimmen zu Vulnerabilität, Vulneranz und Menschenrechten. Würzburg 2023, 103–130, hier 113.

96 Vgl. Reisinger, Doris: Reproductive Abuse in the Context of Clergy Sexual Abuse in the Catholic Church. In: Religions 13/3 (2022), 1–21.

97 Vgl. Reisinger, Doris: Spiritueller Missbrauch: Definition, Formen und Ermöglichungsbedingungen. In: Concilium 59/4 (2023), 435–444, hier 435; Hürten: Epistemic Injustice, 372; Heyder: Narrating, 6.

98 Reisinger: Spiritueller Missbrauch, 436.

99 Ebd.; siehe ausführlicher: ebd., 436–437.

Im Anschluss an Fricker sind zwei weitere Formen hermeneutischer Ungerechtigkeit herausgestellt worden. Diese liegen dann vor, wenn marginalisierte Gruppen zwar über hermeneutische Ressourcen verfügen, diese jedoch nicht von mächtigeren Gruppen anerkannt oder verstanden werden[100] bzw. wenn umgekehrt kollektive hermeneutische Ressourcen grundsätzlich vorhanden sind, diese aber für die Personen, die ihre Unrechtserfahrungen deuten wollen, nicht verfügbar sind.[101] Katherine Jenkins veranschaulicht letztere Form am Beispiel der Vergewaltigung. Grundsätzlich existiert eine hermeneutische Ressource, mit der sich die Erfahrung als Vergewaltigung deuten lässt. Weit verbreitete Vergewaltigungsmythen können jedoch dazu führen, dass Vergewaltigungen, die z. B. nicht durch Fremde begangen wurden, nicht mit physischer Gewalt einhergingen, bei denen vorher einvernehmliche sexuelle Handlungen stattfanden oder bei der die betroffene Person *aufreizend* gekleidet war, nicht als Vergewaltigung gedeutet werden, wenngleich geschulte Personen das Geschehene sofort als Vergewaltigung erkennen würden.[102] Arlene Lo zeigt dies parallel für Mythen auf, die sich auf das Konzept des Kindesmissbrauchs beziehen, wie „Child abuse only happens in communities of lower socio-economic status" oder „Only ‚bad' and ‚unloving' people are capable of abusing children"[103]. Bei Kindesmissbrauch kommt hinzu, dass zwar Erwachsene eine hermeneutische Ressource zur Deutung besitzen, Kinder hingegen oftmals nicht und stattdessen etwa unspezifisch über *Bauchschmerzen* klagen.[104] Für den kirchlichen Bereich ist zudem auf Mythen hinzuweisen, die Missbrauch lediglich mit Kindern und männlichen, homosexuellen Tätern assoziieren, wodurch hermeneutische Ressourcen zur Missbrauchsdeutung u. a. weibliche Erwachsene als Betroffenen ebenso wie heterosexuelle Männer und Frauen als Täter:innen ausklammerten und z. T. immer noch ausklammern.[105]

100 Pohlhaus bezeichnet diese Form als willfull hermeneutical ignorance, Medina als hermeneutical dissent und Dotson als contributory injustice. Vgl. Pohlhaus, Gaile: Relational Knowing and Epistemic Injustice: Toward a Theory of „Willful Hermeneutical Ignorance". In: Hypatia 27/4 (2012); Medina, José: Hermeneutical Injustice and Polyphonic Contextualism: Social Silences and Shared Hermeneutical Responsibilities. In: Social Epistemology 26/2 (2012), 201–220; Dotson, Kristie: A Cautionary Tale: On Limiting Epistemic Oppression. In: Frontiers: A Journal of Women Studies 33/1 (2012), 24.

101 Vgl. Jenkins, Katharine: Rape Myths and Domestic Abuse Myths as Hermeneutical Injustices. In: Journal of Applied Philosophy 34/2 (2017), 191–205, hier 201.

102 Vgl. ebd.,192–197, 200; Tilton: Rape, 5.

103 Lo, Arlene: Hermeneutical Injustice and Child Victims of Abuse. In: Social Epistemology 37/3 (2023), 364–377, hier 368.

104 Vgl. ebd., 370; Carel/Györffy: Children, 1256.

105 Vgl. Heyder: Narrating, 7; Reisinger, Doris: Unsichtbare Fälle, Biases und die Rolle von Primärquellen in der Forschung zu katholischen Machtdynamiken. Beobachtungen aus der Beschäftigung mit reproduktivem Missbrauch. In: Alessandro, Lia/Middelbeck-Varwick, Anja/Reisinger, Doris (Hg.): Kirchliche Macht und kindliche Ohn-

Auf der epistemischen Ebene besteht das Unrecht hermeneutischer Ungerechtigkeit darin, dass „die kollektiven hermeneutischen Ressourcen *strukturell mit Vorurteilen belastet*“[106] werden und „Gruppen mit mehr hermeneutischer Macht unverhältnismäßig viel Einfluss auf die Deutung haben“[107]. Hermeneutische Ungerechtigkeit ist zudem diskriminierend, womit zugleich ein moralisches Unrecht vorliegt.[108] Das primäre Unrecht kann verschiedene praktische Schäden nach sich ziehen. Denkbar wäre etwa, dass eine Person aufgrund hermeneutischer Ungerechtigkeit ihre Erfahrungen nicht als Missbrauch deuten und mitteilen kann, und infolgedessen den Missbrauchskontext nicht verlässt und weiterhin Missbrauch erfährt. Der sekundäre epistemische Schaden besteht wie bei der Zeugnisungerechtigkeit im „Verlust des epistemischen Selbstvertrauens der Betroffenen“[109].

Mit Blick auf die Betroffenenerzählungen gilt wie bei der Zeugnisungerechtigkeit, dass zum einen von erlebter hermeneutischer Ungerechtigkeit erzählt und diese dabei von den Erzählenden ggf. sogar erkannt und reflektiert werden kann. Zum anderen kann die hermeneutische Ungerechtigkeit die Textproduktion beeinflussen, indem bestimmte Erlebnisse aufgrund fehlender hermeneutischer Ressourcen nicht erzählt werden oder nur schwer gedeutet werden können, was sich schließlich sowohl auf die Histoire- als auch auf die Discoursebene auswirkt und Teile der Erzählung eventuell zunächst schwer verständlich erscheinen lässt. Darüber hinaus kann sich hermeneutische Ungerechtigkeit auch auf die Textrezeption auswirken, wenn Leser:innen die hermeneutischen Ressourcen der Erzählenden nicht teilen oder anerkennen oder aufgrund gesellschaftlicher Vorurteile und Mythen ein falsches Verständnis von Missbrauch haben und dieses ggf. sogar mit den Erzählenden teilen.

Eine Korrektur der von den Leser:innen bei der Textrezeption ausgehenden hermeneutischen Ungerechtigkeit erfordert zunächst eine reflexive Sensibilität dafür, „wie sich die Beziehung zwischen der eigenen sozialen Identität und der der Sprecherin auf die Verständlichkeit auswirkt“[110], damit dann die von Fricker formulierte Tugend der hermeneutischen Gerechtigkeit korrigierend wirken kann. Diese erfordert nach Fricker eine Haltung der

> „Wachsamkeit oder Empfänglichkeit für die Möglichkeit […], dass die Schwierigkeit, die die Gesprächspartnerin damit hat, etwas verständlich zu kommunizieren, nicht darauf zurückzuführen ist, dass sie ein Trottel ist oder etwas Unsinniges sagt, sondern auf irgend-

macht. Konturen, Kontexte und Quellen theologischer Missbrauchsforschung. Münster 2023, 95–114, hier 107.

106 Fricker: Ungerechtigkeit, 211. Hervorhebung im Original.

107 Ebd.

108 Vgl. ebd., 212.

109 Ebd., 222.

110 Ebd., 232.

eine Lücke in den geteilten hermeneutischen Ressourcen. Es geht darum zu erkennen, dass die Sprecherin mit einer objektiven Schwierigkeit ringt und nicht mit einem subjektiven Versagen."[111]

Für die Textrezeption muss diese Tugend um eine Selbstbezüglichkeit der Leser:innen erweitert werden. Ebenso wie Leser:innen die Möglichkeit in Betracht ziehen sollten, dass die Schwierigkeit der verständlichen Kommunikation der Erzählenden auf hermeneutische Ungerechtigkeit zurückgeführt werden kann, sollte berücksichtigt werden, dass Verständnisschwierigkeiten auch auf der Rezipientenebene liegen können, indem Leser:innen selbst hermeneutische Ressourcen fehlen, sie die der Erzählenden nicht teilen oder aufgrund von Vorurteilen und Mythen lediglich auf eine eingeschränkte hermeneutische Ressource zurückgreifen.

Eine Sensibilität für hermeneutische Ungerechtigkeit ermöglicht zudem, hermeneutische Lücken und durch Mythen eingeschränkte hermeneutische Ressourcen herauszuarbeiten und zu identifizieren, wo ggf. eine theologische Reflexion dazu beitragen kann, diese zu korrigieren oder mit neuen hermeneutischen Ressourcen zu füllen.

Narrationssensible Theologie im Modus des *Für-möglich-Haltens*

Es wurde aufgezeigt, dass es für Betroffene von sexuellem und spirituellem Missbrauch eine Möglichkeit darstellt, durch autobiographische Erzählungen zum einen die eigene Deutungsmacht und Agency zurückzuerlangen. Als moralische Zeug:innen teilen sie den Rezipient:innen zum anderen ihr Erfahrungswissen mit, wodurch den Erzählungen in der Aufarbeitung von Missbrauch ein besonderer Stellenwert zukommen sollte. Indem der erlebte Missbrauch durch das Erzählen nicht mehr nur ein individuelles Problem ist, sondern der moralischen Gemeinschaft überantwortet wird, werden Leser:innen außerdem in ihrer Verantwortung innerhalb dieser moralischen Gemeinschaft angefragt.[112] Sie sind aufgefordert, sich dem Leid der Betroffenen zu widmen, das stumme Entsetzen zu überwinden und für all diejenigen, die zum Schweigen gebracht werden sollten, das Leid weiterzutragen, damit es zukünftig kein Nicht-Wissen geben kann, das eine Nichtbeschäftigung mit dem Missbrauch begründet.

Theolog:innen sind darüber hinaus aufgefordert, die Erzählungen als theologierelevantes Zeugnis zu betrachten, das von ihnen verlangt, in ihnen den ge-

111 Ebd., 231.
112 Vgl. EMCKE: Zeugenschaft, 99.

kreuzigten Gott wahrzunehmen[113] und die leidunfähige Teilnahmslosigkeit gegen eine Sensibilität für das erfahrene Leid und Unrecht einzutauschen. Masochistische und sadistische Leiddeutungen sind dabei zu überwinden. Im Sinne einer gesellschaftlichen und institutionellen Verantwortung ist stattdessen nach den Ursachen des Leidens zu fragen. Mithilfe theologischer Deutungskompetenz lassen sich diesbezüglich religiöse Diskurse, theologische Ansätze, Denkfiguren, Deutungen und Unrechtserfahrungen aus den Erzählungen herausarbeiten und ideologie- und gesellschaftskritisch auf ihren Beitrag zum Missbrauch und zur Vertuschung untersuchen.

Damit dies gelingen kann und Betroffenenerzählungen innerhalb der Theologie nicht auf eine rein illustrative Dimension reduziert werden, bedarf es einer narrationssensiblen Theologie. Diese muss zum einen sensibel sein für Betroffenenerzählungen und das durch sie zugänglich gemachte Erfahrungs- und Deutungswissen. Zum anderen dafür, diese zuerst als Text wahrzunehmen und zu analysieren, um sie dann als zeithistorische und theologische Quellen weiter untersuchen zu können. Das erfordert, Betroffenenerzählungen zunächst erzähltheoretisch fundiert zu analysieren, indem Histoire- und Discoursebene ebenso wie kontextuelle Rahmenbedingungen untersucht werden. Ein solcher Zugang, der sensibel ist für die unterschiedlichen Ebenen einer Erzählung, ermöglicht es, in den Erzählungen auch solche Aspekte wahrzunehmen und aus diesen herauszuarbeiten, die nicht auf der Textoberfläche zugänglich sind, und andernfalls unentdeckt blieben.

Diesbezüglich konnten Traumafolgen und epistemische Ungerechtigkeit als zwei wichtige bei der Analyse zu berücksichtigende kontextuelle Rahmenbedingungen der Produktion und Rezeption von Betroffenenerzählungen herausgestellt und als Herausforderungen für autobiographisches Erzählen von Missbrauch identifiziert werden. Nicht nur kann auf der Ebene der Histoire explizit von erlebten Traumata und ihren Folgen sowie von erfahrener epistemischer Ungerechtigkeit erzählt werden. Sie wirken sich auch darauf aus, was erfahren und erinnert wird, was wie erzählt wird und was wie rezipiert wird. Sind Leser:innen hierfür nicht sensibilisiert, stellt dies nicht nur ein hermeneutisches Problem dar, in dessen Folge die Erzählungen ggf. irritieren, nicht verstanden oder falsch gedeutet werden. Es kann auch dazu führen, dass die erzählten Erfahrungen und Deutungen zu Unrecht angezweifelt werden und die Betroffenen dadurch erneut Unrecht erfahren und verletzt werden.

Um dieses Risiko des Falschverstehens und der erneuten Verletzung Betroffener zu verringern, bedarf es einer narrationssensiblen Theologie im Modus des

113 Vgl. u. a. Moltmann, Jürgen: Der gekreuzigte Gott. Das Kreuz Christi als Grund und Kritik christlicher Theologie. München 1972; Sobrino, Jon: Christologie der Befreiung. Ostfildern [2]2008.

Für-möglich-Haltens. Diese wird ihrer Verantwortung gegenüber den Betroffenen gerecht, indem sie zum einen durch eine umfassende Textanalyse bereit ist, *Spuren* erlebter Traumata und epistemischer Ungerechtigkeit zu entdecken und zu berücksichtigen. Zum anderen hält sie es für möglich und rechnet damit, dass Schwierigkeiten des Verständnisses und der Interpretation aus erlebter Gewalt und Unrechtserfahrungen resultieren können, ebenso wie aus fehlenden oder ungeeigneten hermeneutischen Ressourcen – sowohl auf Seiten der Erzählenden als auch der Lesenden. Außerdem lassen sich so auch Aspekte herausarbeiten, die nicht auf der Textoberfläche liegen und z. B. den Umgang mit Betroffenen und ihren Zeugnissen betreffen können. Ggf. wird die Notwendigkeit von sensibilisierenden Schulungen kirchlichen Personals im Umgang mit Betroffenen sichtbar oder es zeigen sich hermeneutische Lücken und unzureichende hermeneutische Ressourcen, die von der Theologie bearbeitet werden können. Es kann aber auch sichtbar werden, wovon nicht erzählt wird, wo es ggf. ergänzende inter- und intradisziplinäre Forschung braucht und wo Deutungen entschieden widersprochen werden muss, etwa weil Unrechtserfahrungen aufgrund ungeeigneter hermeneutischer Ressourcen nicht als solche verstanden werden konnten.

Eine Beschäftigung mit dem methodischen Umgang mit Betroffenenerzählungen ist aus ethischer Sicht daher auch eine Frage danach, wie Theologie ihre Deutungskompetenz wissenschaftlich angemessen, ideologie- und gesellschaftskritisch und zugleich verantwortlich gegenüber den Betroffenen für die Auseinandersetzung mit erlebtem Missbrauch fruchtbar machen kann.

Literaturverzeichnis

Abrams, Lynn: Oral History Theory. London/New York ²2016.

American Psychiatric Association (Hg.): Diagnostisches und statistisches Manual psychischer Störungen DSM-5®. Deutsche Ausgabe herausgegeben von Peter Falkai und Hans-Ulrich Wittchen. Göttingen ²2018.

Burroughs, Michael/Tollefsen, Deborah: Learning to Listen: Epistemic Injustice and the Child. In: Episteme 13/3 (2016), 359–377.

Carel, Havi/Györffy, Gita: Seen but not Heard: Children and Epistemic Injustice. In: The Lancet 384/9950 (2014), 1256 f.

Del Villar Tagle, Maria: Opfer von Missbrauch in kirchlichen Kontexten als Ort der Theologie. Übergänge vom Schweigen zum Wort, von der Vertuschung zur Anerkennung. In: Concilium 59/4 (2023), 406–414.

Depkat, Volker: Autobiographie als geschichtswissenschaftliches Problem. In: Ders./Pyta, Wolfram (Hg.): Autobiographie zwischen Text und Quelle (Geschichts- und Literaturwissenschaft im Gespräch Band 1). Berlin 2017, 23–40.

Dotson, Kristie: Tracking Epistemic Violence, Tracking Practices of Silencing. In: Hypatia 26/2 (2011), 236–257.

DIES.: A Cautionary Tale: On Limiting Epistemic Oppression. In: Frontiers: A Journal of Women Studies 33/1 (2012), 24.

DREẞING, Harald/FOERSTER, Klaus: Posttraumatische Belastungsstörung in ICD 10, ICD 11 und DSM 5: Welche Bedeutung haben unterschiedliche Kriterien für Diagnostik und gutachtliche Praxis. In: Fortschritte der Neurologie-Psychiatrie 89/11 (2021), 578–592.

EMCKE, Carolin: Weil es sagbar ist. Über Zeugenschaft und Gerechtigkeit. Frankfurt a. M. [4]2016.

FRICKER, Miranda: Epistemische Ungerechtigkeit. Macht und die Ethik des Wissens. München 2023.

GENETTE, Gérard: Die Erzählung (UTB Literatur- und Sprachwissenschaft 8083). Paderborn [3]2010.

GERCKE, Björn/STIRNER, Kerstin/RECKMANN, Corinna/NOSTHOFF-HORSTMANN, Max: Pflichtverletzungen von Diözesanverantwortlichen des Erzbistums Köln in Umgang mit Fällen sexuellen Missbrauchs von Minderjährigen und Schutzbefohlenen durch Kleriker oder sonstige pastorale Mitarbeitende des Erzbistums Köln im Zeitraum von 1975 bis 2018. Online unter: https://mam.erzbistum-koeln.de/m/2fce82a0f87ee070/original/Gutachten-Pflichtverletzungen-von-Diozesanverantwortlichen-im-Erzbistum-Koln-im-Umgang-mit-Fallen-sexuellen-Missbrauchszwischen-1975-und-2018.pdf (Stand: 19.03.2024).

GÜNTHER, Dagmar: „And now for something completely different". Prolegomena zur Autobiographie als Quelle der Geschichtswissenschaft. In: Historische Zeitschrift 272/1 (2001), 25–61.

HASIĆ, Mirna/HECHT, Louisa: Akute Traumareaktionen. In: CME 20/7–8 (2023), 57–66.

HASLBECK, Barbara/HEYDER, Regina/LEIMGRUBER, Ute/SANDHERR-KLEMP, Dorothee (Hg.): Erzählen als Widerstand. Berichte über spirituellen und sexuellen Missbrauch an erwachsenen Frauen in der katholischen Kirche. Münster 2020.

DIES.: Warum haben die Frauen nicht nein gesagt? Psychotraumatologische und systemische Einsichten. In: DIES./HEYDER, Regina/LEIMGRUBER, Ute/SANDHERR-KLEMP, Dorothee (Hg.): Erzählen als Widerstand. Berichte über spirituellen und sexuellen Missbrauch an erwachsenen Frauen in der katholischen Kirche. Münster 2020, 221–232.

DIES./LEIMGRUBER, Ute/NAGEL, Regina/RATH, Philippa/CHITTISTER, Joan (Hg.): Selbstverlust und Gottentfremdung. Spiritueller Missbrauch an Frauen in der katholischen Kirche. Ostfildern 2023.

HEYDER, Regina: Narrating and Remembrance in the Face of Abuse in the Church. In: Religions 13/4 (2022), 1–12.

HINTERMEIER, Sonja: Traumatisierung im Kindesalter und strukturelle Störungen. In: Zeitschrift für Psychodrama und Soziometrie 20/1 (2021), 9–22.

HÜRTEN, Magdalena: Epistemic Injustice als hermeneutische Methode in der Missbrauchsforschung. In: Lebendige Seelsorge 73/5 (2022), 370–375.

JACKSON, Debra: „Me Too": Epistemic Injustice and the Struggle for Recognition. In: Feminist Philosophy Quarterly 4/4 (2018), 1–19.

JENKINS, Katharine: Rape Myths and Domestic Abuse Myths as Hermeneutical Injustices. In: Journal of Applied Philosophy 34/2 (2017), 191–205.

KLEIN, Christian: Analyse: Kontext. In: DERS. (Hg.): Handbuch Biographie. Methoden, Traditionen, Theorien. Berlin/Heidelberg [2]2022, 303–307.

LEH, Almut: Oral History als Methode. In: HAAS, Stefan (Hg.): Handbuch Methoden der Geschichtswissenschaft. Wiesbaden 2021, 1–20.

LEIMGRUBER, Ute: Listen to the Victims! Über die (theologische) Relevanz des Erzählens über Missbrauch an erwachsenen Frauen in der katholischen Kirche. In: Concilium 59/4 (2023), 368–378.

DIES.: Welche Erinnerung zählt? Die UnSichtbarkeit geschlechtsspezifischer Gewalt im Raum der Kirche. In: KEUL, Hildegund (Hg.): UnSichtbar. Interdisziplinäre Stimmen zu Vulnerabilität, Vulneranz und Menschenrechten. Würzburg 2023, 103–130.

LO, Arlene: Hermeneutical Injustice and Child Victims of Abuse. In: Social Epistemology 37/3 (2023), 364–377.

LORENZ, Anja: Biographie, Religiosität, Bildung. Zur Identitätsentwicklung durch religiöse Bildungsprozesse. Wiesbaden 2015.

MAERCKER, Andreas: Komplexe PTBS. In: DERS. (Hg.): Traumafolgestörungen. Berlin/Heidelberg [5]2019, 47–60.

DERS./AUGSBURGER, Mareike: Die posttraumatische Belastungsstörung. In: DERS. (Hg.): Traumafolgestörungen. Berlin/Heidelberg [5]2019, 13–45.

MANDRY, Christof: Ruf in die Verantwortung. Narrative Ethik angesichts der Erzählungen von Missbrauchsbetroffenen. In: DERS./MEYER-AHLEN, Stefan (Hg.): Ermutigung zur Verantwortung (FS Josef Römelt; Studien der Moraltheologie N.F. Band 16). Münster 2022, 193–209.

MARGALIT, Avishai: Ethik der Erinnerung. Max Horkheimer Vorlesungen. Frankfurt a.M. [2]2002.

MARTÍNEZ, Matías: Plot. In: WEIMAR, Klaus/FRICKE, Harald/MÜLLER, Jan-Dirk (Hg.): Reallexikon der deutschen Literaturwissenschaft. Neubearbeitung des Reallexikons der deutschen Literaturgeschichte. Band 3 P–Z. Berlin 2007, 92–94.

DERS.: Erzählen. In: MARTÍNEZ, Matías (Hg.): Handbuch Erzählliteratur. Theorie, Analyse, Geschichte. Stuttgart/Weimar 2011, 1–12.

DERS./SCHEFFEL, Michael: Einführung in die Erzähltheorie (C.H. Beck Studium). München [11]2019.

MEDINA, José: Hermeneutical Injustice and Polyphonic Contextualism: Social Silences and Shared Hermeneutical Responsibilities. In: Social Epistemology 26/2 (2012), 201–220.

METZ, Johann: Kleine Apologie des Erzählens. In: ENGEMANN, Wilfried/LÜTZE, Frank (Hg.): Grundfragen der Predigt. Ein Studienbuch. Leipzig 2006, 217–229.

MOLTMANN, Jürgen: Der gekreuzigte Gott. Das Kreuz Christi als Grund und Kritik christlicher Theologie. München 1972.

PAUSCH, Markus/MATTEN, Sven: Trauma und Traumafolgestörung. In Medien, Management und Öffentlichkeit. Wiesbaden 2018.

POHLHAUS, Gaile: Relational Knowing and Epistemic Injustice: Toward a Theory of „Willful Hermeneutical Ignorance". In: Hypatia 27/4 (2012).

REISINGER, Doris: Religiöse Eigenlogik und ihre Konsequenzen. Eine Analyse der katholischen Mehrdeutigkeit des Missbrauchsbegriffs. In: DIES. (Hg.): Gefährliche

Theologien. Wenn theologische Ansätze Machtmissbrauch legitimieren. Regensburg 2021, 58–76.

DIES.: Wenn theologisch begründete Macht gefährlich wird. Interdisziplinäre Denkschneisen. In: DIES. (Hg.): Gefährliche Theologien. Wenn theologische Ansätze Machtmissbrauch legitimieren. Regensburg 2021, 7–15.

DIES.: Reproductive Abuse in the Context of Clergy Sexual Abuse in the Catholic Church. In: Religions 13/3 (2022), 1–21.

DIES.: Missbrauch von Menschen oder Missbrauch von Macht? Zur fundamentalen Bedeutung eines personenbezogenen Verständnisses von spirituellem Missbrauch. In: Lebendige Seelsorge 74/3 (2023), 146–151.

DIES.: Spiritueller Missbrauch: Definition, Formen und Ermöglichungsbedingungen. In: Concilium 59/4 (2023), 435–444.

ROSENTHAL, Gabriele: Erleben – Erinnern – Sprechen über die Vergangenheit. Zu den Anzeichen von Traumatisierung in autobiographischen Texten. In: PELLNER, Lara/SOEFFNER, Hans-Georg/STANISAVLJEVIC, Marija (Hg.): Theresienstadt – Filmfragmente und Zeitzeugenberichte. Historiographie und soziologische Analysen. Wiesbaden/Heidelberg 2021, 267–285.

SCHÄFER, Ingo/FROMMBERGER, Ulrich/GAST, Ursula/KRUSE, Johannes/LAMPE, Astrid/LOTZIN, Annett/REDDEMANN, Olaf: Komorbide Störungen. In: SCHÄFER, Ingo/GAST, Ursula/HOFMANN, Arne/KNAEVELSRUD, Christine/LAMPE, Astrid/MAERCKER, Andreas/ROSNER, Rita/WÖLLER, Wolfgang: S3-Leitlinie Posttraumatische Belastungsstörung. Berlin/Heidelberg 2019, 48–57.

SOBRINO, Jon: Christologie der Befreiung. Ostfildern ²2008.

SÖHNER, Felicitas: Umgang mit Identitätskonstruktion und Zeitwahrnehmung in der Oral History. In: SCHILLING, Elisabeth/O'NEILL, Maggie (Hg.): Frontiers in time research. Einführung in die interdisziplinäre Zeitforschung. Wiesbaden/Heidelberg 2020, 11–28.

SÖLLE, Dorothee: Leiden. Stuttgart ⁴1978.

STRIET, Magnus/WERDEN, Rita: Vorwort. In: DIES. (Hg.): Unheilige Theologie! Analysen angesichts sexueller Gewalt gegen Minderjährige durch Priester (Katholizismus im Umbruch Band 9). Freiburg i. Br./Basel/Wien 2019, 7–14.

TILTON, Emily: Rape Myths, Catastrophe, and Credibility. In: Episteme (2022), 1–17.

UNABHÄNGIGE KOMMISSION ZUR AUFARBEITUNG SEXUELLEN KINDESMISSBRAUCHS: Geschichten die zählen. Online unter: https://www.geschichten-die-zaehlen.de/ (Stand: 19.03.2024).

WAGNER, Doris: Nicht mehr ich. Die wahre Geschichte einer jungen Ordensfrau. Wien 2014.

DIES.: Spiritueller Missbrauch in der katholischen Kirche. Freiburg i. Breisgau 2019.

WAGNER-EGELHAAF, Martina: Autobiographie (Sammlung Metzler Gattungen Band 323). Stuttgart/Weimar ²2005.

DIES.: Autobiographie als literaturwissenschaftliches Problem. In: DEPKAT, Volker/PYTA, Wolfram (Hg.): Autobiographie zwischen Text und Quelle (Geschichts- und Literaturwissenschaft im Gespräch Band 1). Berlin 2017, 43–55.

WORLD HEALTH ORGANISATION: ICD-11: International Classification of Diseases (11th revision). Online unter: https://icd.who.int/ (Stand: 19.03.2024).

Autorinnen und Autoren

Prof. Dr. **Tillmann Bartsch** ist Professor für Empirische Kriminologie und Strafrecht an der Georg-August-Universität Göttingen und stellvertretender Direktor am Kriminologischen Forschungsinstitut Niedersachsen e. V. (KFN), Hannover.

Dr. **Rebekka Burke** ist Leiterin des Referats Religionspädagogik in Kindertagesstätten im Erzbistum Hamburg.

Prof. Dr. **Philipp B. Donath** ist Professor für Rechtswissenschaften, insbesondere Arbeitsrecht an der University of Labour Frankfurt a. M.

Prof. Dr. **Klaus Große Kracht** ist apl. Professor für Neuere und Neueste Geschichte am Historisches Seminar der Universität Münster. Seit 2022 ist er wissenschaftlicher Mitarbeiter an der Forschungsstelle für Zeitgeschichte in Hamburg.

Karl Haucke ist Mitglied verschiedener Betroffeneninitiativen, des Betroffenenrates bei der Unabhängigen Beauftragten für Fragen des sexuellen Kindesmissbrauchs (UBSKM) sowie des Nationalen Rates gegen sexuelle Gewalt an Kindern und Jugendlichen. Er ist Gründungsmitglied des Instituts für Prävention und Aufarbeitung sexualisierter Gewalt IPA e. V. an der Universität Bonn sowie von Umsteuern! Robin Sisterhood e. V. als Träger von Leuchtzeichen der Beratungsstelle für Betroffene sexualisierter Gewalt im kirchlichen Kontext.

Dipl.-theol. **Ludger Hiepel** M. A., Theologe und Altorientalist (abgeschlossene Promotion), ist Akademischer Rat a. Z. am Institut für Biblische Exegese und Theologie (IBET) der Katholisch-Theologischen Fakultät der Universität Münster.

Prof. Dr. **Jan Loffeld** ist Professor für Praktische Theologie und Leiter des Department of Practical Theology and Religious Studies an der Tilburg School of Catholic Theology/Utrecht Campus.

Dr. theol. Lic. iur can. **Thomas Neumann** ist Akademischer Rat a. Z., Studiengangkoordinator und Fachstudienberater für das Lizentiat im Kanonischen Recht am Institut für Kanonisches Recht der Katholisch-Theologischen Fakultät der Universität Münster.

Dr. **Michael Pfister** ist Akademischer Rat a. Z. am Seminar für Mittlere und Neuere Kirchengeschichte der Katholisch-Theologischen Fakultät der Universität Münster.

Dr. **Jürgen Schmiesing** ist wissenschaftlicher Mitarbeiter im Forschungsprojekt „Betroffene – Beschuldigte – Kirchenleitung. Sexualisierte Gewalt im Bistum Osnabrück" an der Universität Osnabrück.

Julia van der Linde Mag. theol. M. A. ist wissenschaftliche Mitarbeiterin am Seminar für Moraltheologie der Katholisch-Theologischen Fakultät der Universität Münster.